Lehrbuch 2

Dr. Elke Schmidt-Wessel

Der Industriemeister

Lehrbuch zur Weiterbildung
Industriemeisterin
Industriemeister

Betriebswirtschaftliches Handeln

22., überarbeitete Auflage

Zur Sparte »Industriemeister« im FELDHAUS VERLAG gehören:
Der Industriemeister Lehrbuch 1
Der Industriemeister Lehrbuch 2
Der Industriemeister Lehrbuch 3
Der Industriemeister Übungs- und Prüfungsbuch

ISBN 978-3-88264-719-8

Alle Rechte vorbehalten
Das Werk und seine Teile sind urheberrechtlich geschützt. Jede Nutzung bedarf der schriftlichen Zustimmung des Verlages. Nachdrucke, Fotokopien, elektronische Speicherung oder Verbreitung sowie Bearbeitungen – auch auszugsweise – sind ohne diese Zustimmung verboten! Verstöße können Schadensersatzansprüche auslösen und strafrechtlich geahndet werden.

© 2023
FELDHAUS VERLAG GmbH & Co. KG
Postfach 73 02 40
22122 Hamburg
Telefon +49 40 679430-0
Fax +49 40 67943030
post@feldhaus-verlag.de
www.feldhaus-verlag.de

Satz und Layout: FELDHAUS VERLAG, Hamburg
Umschlaggestaltung: Reinhardt Kommunikation, Hamburg
Druck und Verarbeitung: WERTDRUCK, Hamburg

Bibliografische Information der Deutschen Nationalbibliothek
Die Deutsche Nationalbibliothek verzeichnet diese Publikation in der Deutschen Nationalbibliografie; detaillierte bibliografische Daten sind im Internet über http://dnb.d-nb.de abrufbar.

Vorwort

Das Lehrwerk »Der Industriemeister« hat eine lange Tradition: Bereits 1954 erschien die erste Auflage. Mit drei überarbeiteten Lehrbüchern und einem begleitenden Übungs- und Prüfungsbuch legen wir jetzt die **22. Auflage** vor.

Natürlich haben sich die Industriemeisterprüfungen gewandelt – und folglich auch unser Lehrwerk. Anfangs orientierten sich die Inhalte häufig an nur regional verbindlichen Vorschriften. Seitdem im Zuge der Reform ein bundeseinheitlicher Rahmenplan für die **fachrichtungsübergreifenden Basisqualifikationen** bzw. grundlegenden Qualifikationen geschaffen wurde, der für die Industriemeisterprüfungen verbindlich ist, liefern dessen Inhalte die wesentlichen – aber nicht alleinigen – Vorgaben für unsere Arbeit.

Alle Lehrbücher folgen der Gliederung von Verordnung und Rahmenplan, arbeiten diese aber nicht akribisch ab, sondern ergänzen, vertiefen und verknüpfen Inhalte dort, wo es uns geboten erscheint. Damit wird nicht nur eine Brücke zu den handlungsspezifischen Qualifikationen geschlagen, sondern auch zu beruflichen Praktikern und Praktikerinnen, die uns den Nutzen unserer Bücher als Leitfaden im Alltag des Industriemeisters immer wieder bestätigen.

Wo möglich und sinnvoll, wird der Lernstoff mit **Beispielen aus der Praxis** veranschaulicht, denn für eine handlungsorientiert ausgerichtete Weiterbildung bedarf es mehr als der Darstellung der bloßen Fakten. Ziel unserer Lehrbücher ist auch, einen sachgerechten Übergang zu den handlungsspezifischen Qualifikationen zu gewährleisten.

Handlungsorientierung ist ein wesentliches didaktisches Element in der modernen Aus- und Weiterbildung. Für alle Fachgebiete gilt aber auch: Ohne fundiertes Wissen bildet sich keine Handlungskompetenz; das Aufnehmen von Fakten ist unabdingbare Grundvoraussetzung für einen erfolgreichen Lehrgang und die bestandene Prüfung. Industriemeisterinnen und Industriemeister dürfen sich andererseits aber auch nicht nur auf das erworbene Wissen zurückziehen; sie müssen »damit umgehen«, es zum richtigen Zeitpunkt in angemessener Weise anwenden können. Viele klassische Aufgaben des mittleren Managements fallen in ihren Pflichtenkreis, sei es als kundige Moderatoren und Moderatorinnen bei der Mitarbeiterführung oder kostenbewusste Einkäufer und Einkäuferinnen in ihrem Funktionsbereich.

Der Inhalt des Lehrwerks wurde sorgfältig geprüft und – wo notwendig – überarbeitet oder ergänzt. Nichts Wesentliches weglassen und nichts unnötig aufblähen – ein wohl allgemeingültiger »roter Faden« zum beruflichen Erfolg, den Herausgeberin, Autoren und Verlag allen zukünftigen Industriemeisterinnen und Industriemeistern wünschen!

Hinweise zu eventuellen Fehlern oder Anregungen zur Verbesserung unseres Lehrwerks sind stets willkommen, gern an mail@elkeschmidt.de.

Herausgeberin und Verlag

Inhaltsverzeichnis

2	**Betriebswirtschaftliches Handeln**	
2.0	Ökonomische Handlungsprinzipien und volkswirtschaftliche Zusammenhänge	13
2.0.1	Ökonomische Handlungsprinzipien	13
2.0.2	Volkswirtschaftliche Grundbegriffe: Produktionsfaktoren, Wirtschaftssubjekte, -kreisläufe und -sektoren	15
2.0.3	Begriffe der Betriebswirtschaftslehre	18
2.1	**Berücksichtigen der ökonomischen Handlungsprinzipien von Unternehmen unter Einbeziehung volkswirtschaftlicher Zusammenhänge und sozialer Wirkungen**	**19**
2.1.1	Unternehmensformen und deren Einbindung in volkswirtschaftliche Zusammenhänge	19
2.1.1.1	Rechtsformen im Überblick und Grundbegriffe des Gesellschaftsrechts	19
2.1.1.2	Einzelunternehmen	23
2.1.1.3	Personengesellschaften	23
2.1.1.3.1	BGB-Gesellschaft (Gesellschaft bürgerlichen Rechts, GbR)	24
2.1.1.3.2	Partnerschaftsgesellschaft	24
2.1.1.3.3	Offene Handelsgesellschaft (OHG)	25
2.1.1.3.4	Kommanditgesellschaft (KG)	26
2.1.1.4	Kapitalgesellschaften	26
2.1.1.4.1	Gesellschaft mit beschränkter Haftung (GmbH)	27
2.1.1.4.2	Unternehmergesellschaft (haftungsbeschränkt)	27
2.1.1.4.3	Aktiengesellschaft (AG)	28
2.1.1.4.4	Kommanditgesellschaft auf Aktien (KGaA)	28
2.1.1.5	Sonstige Rechtsformen	29
2.1.1.6	Konzentrationsformen der Wirtschaft	32
2.1.1.6.1	Zusammenschlussrichtungen und -methoden	32
2.1.1.6.2	Zusammenschlussformen	33
2.1.1.6.3	Auswirkungen von Unternehmenskonzentrationen	35
2.1.1.7	Internationalisierung und Globalisierung	36
2.1.2	Hauptfunktionen in Unternehmen	37
2.1.2.1	Die Funktionen im Überblick	37
2.1.2.1.1	Kern- und Nebenfunktionen	37
2.1.2.1.2	Die Funktionen der Verwaltung	38
2.1.2.1.3	Die Funktionen der Leitung/Führung	38
2.1.2.1.4	Die sozialen Funktionen	39
2.1.2.2	Kern-Funktionsbereiche und deren Wechselbeziehungen und -wirkungen	40
2.1.2.2.1	Beschaffung	41
2.1.2.2.2	Produktion	42
2.1.2.2.3	Absatz	43
2.1.3	Produktionsfaktor Arbeit	44
2.1.3.1	Formen der menschlichen Arbeit	44
2.1.3.2	Bedingungen der menschlichen Arbeitsleistung und deren Einflussfaktoren	45
2.1.3.3	Das Arbeitssystem in Bezug auf die menschliche Arbeit	46
2.1.3.4	Beurteilungsmerkmale des menschlichen Leistungsgrades	47
2.1.4	Die Bedeutung des Produktionsfaktors Betriebsmittel	48

2.1.4.1	Auswirkungen von Investitionen auf Mitarbeiter, Produktionsabläufe und Finanzierung	48
2.1.4.2	Notwendigkeit von Investitionen in Produktionsgüter	49
2.1.4.3	Bedeutung der Kapazitätsauslastung aus betriebswirtschaftlicher Sicht	50
2.1.4.4	Aspekte der Substitution menschlicher Arbeit durch Betriebsmittel	53
2.1.5	Bedeutung der Energie und Werkstoffe als Kostenfaktor	54
2.1.5.1	Werkstoffe, Arbeitsstoffe und Energie als betriebswirtschaftliche Faktoren	54
2.1.5.2	Werkstoff-, Arbeitsstoff- und Energieverluste	56
2.1.5.3	Stoff- und Energiewiedergewinnung	56
2.2	**Die Grundsätze der betrieblichen Aufbau- und Ablauforganisation**	**58**
2.2.1	Grundstrukturen betrieblicher Organisation	58
2.2.1.1	Grundfragen und Grundbegriffe der Organisation	58
2.2.1.1.1	Organisationsbegriff und Systembegriff	58
2.2.1.1.2	Organisation und Arbeitsteilung	60
2.2.1.1.3	Disposition und Improvisation	63
2.2.1.1.4	Ziele des Organisationssystems	64
2.2.1.1.5	Organisation im Fertigungsbereich	65
2.2.1.2	Aufbauorganisation und Ablauforganisation: Unterschied und Zusammenhang	67
2.2.2	Bedeutung der Leitungsebenen: Organisationseinheiten, Organisationssysteme und Organigramme	68
2.2.2.1	Wesentliche Hierarchie- und Organisationseinheiten: Stellen und Instanzen	68
2.2.2.1.1	Stellenarten und Leitungsebenen (Managementebenen)	68
2.2.2.1.2	Stellen im organisatorischen Zusammenhang	70
2.2.2.1.3	Zentralisation und Dezentralisation	70
2.2.2.2	Aufgaben und Kompetenzen	72
2.2.2.3	Organisationssysteme	73
2.2.2.3.1	Das Einliniensystem	73
2.2.2.3.2	Das Stabliniensystem	74
2.2.2.3.3	Das Mehrliniensystem (Funktionsmeistersystem)	75
2.2.2.3.4	Das Matrixsystem	76
2.2.2.4	Ergebnisorientierte Organisationseinheiten	77
2.2.2.5	Organigramme (Organisationspläne)	79
2.2.3	Entwicklung der Aufbauorganisation	80
2.2.3.1	Aufgabenanalyse und Aufgabensynthese als Voraussetzung zur Stellenbildung	81
2.2.3.1.1	Aufgabenanalyse	81
2.2.3.1.2	Aufgabensynthese und Stellenbildung	82
2.2.3.2	Wesen, Zweck und Inhalt von Tätigkeitsbeschreibungen, Stellenprofilen und Stellenbeschreibungen	82
2.2.3.3	Stellenplan und Stellenbesetzung	85
2.2.4	Aufgaben der Unternehmensplanung in Zusammenhang mit Produktion und Fertigung	85
2.2.4.1	Festlegung des Produktionsprogramms und -volumens	88
2.2.4.1.1	Langfristige (strategische) Programmplanung	88
2.2.4.1.2	Mittelfristige (taktische) Programmplanung	89
2.2.4.1.3	Volumenplanung in der kurzfristigen Programmplanung	90
2.2.4.2	Festlegung des Produktionsablaufs/Gliederung der Erzeugnisse	92
2.2.4.3	Aufnahme neuer Produkte oder Herstellverfahren	94
2.2.4.3.1	Finden und Beurteilen von Produktideen	94
2.2.4.3.2	Produktlebenszyklus	95

2.2.4.3.3	Portfolio-Analyse	95
2.2.5	Grundlagen der Ablaufplanung	97
2.2.5.1	Formen der Arbeitsteilung und deren Auswirkungen auf die Arbeitsplanung	97
2.2.5.2	Einflüsse auf die Ablaufplanung in industriellen Fertigungsprozessen	97
2.2.5.3	Einflüsse auf den Material- und Werkstofffluss	100
2.2.5.3.1	Räumliche Faktoren der Materialflussgestaltung	101
2.2.5.3.2	Fertigungstechnische Faktoren der Materialflussgestaltung	102
2.2.5.3.3	Fördertechnische Faktoren der Materialflussgestaltung	103
2.2.6	Elemente des Arbeitsplans / Daten des Arbeitsgegenstandes	104
2.2.6.1	Aufbau und Arten von Arbeitsplänen	104
2.2.6.2	Arbeitsgegenstandsbezogene Daten und Abläufe	105
2.2.6.3	Betriebsmittelbezogene Daten und Abläufe	106
2.2.7	Aspekte der Gestaltung des Arbeitsvorgangs	108
2.2.7.1	Arbeitsbedingungen	108
2.2.7.2	Arbeitsverfahren, Arbeitsmethode und Arbeitsweise	108
2.2.7.3	Arbeitsplatztypen	109
2.2.7.4	Organisationstypen der Fertigung	109
2.2.7.4.1	Werkstattfertigung	110
2.2.7.4.2	Gruppenfertigung	111
2.2.7.4.3	Reihenfertigung (Straßen-, Linienfertigung)	111
2.2.7.4.4	Fließfertigung	112
2.2.7.4.5	Inselfertigung	113
2.2.7.4.6	Flexible Fertigung	113
2.2.7.4.7	Die fraktale Fabrik	114
2.2.7.4.8	Sonstige Organisationstypen und -prinzipien	114
2.2.7.5	Qualitätsvorgaben	115
2.2.8	Aufgaben der Bedarfsplanung	115
2.2.8.1	Grundfragen der Personalplanung	116
2.2.8.1.1	Personalbedarfsplanung	116
2.2.8.1.2	Personaleinsatzplanung	118
2.2.8.1.3	Planung von Schichteinsätzen	118
2.2.8.2	Produktionsmittel- und Betriebsmittelplanung	119
2.2.8.2.1	Planung des Anlagen- und Maschinenparks	119
2.2.8.2.2	Werkzeugplanung	120
2.2.8.3	Materialplanung	121
2.2.9	Produktionsplanung, Auftragsdisposition und deren Instrumente	121
2.2.9.1	Aspekte der Produktionsplanung	121
2.2.9.1.1	Auftragsdisposition	122
2.2.9.1.2	Betriebsmittelbereitstellungsplanung	124
2.2.9.1.3	Maschinenbelegungsplanung (Scheduling)	124
2.2.9.1.4	Materialbereitstellungsplanung	126
2.2.9.2	Materialdisposition und Bedarfsbestimmung	126
2.2.9.2.1	Materialbeschaffung	126
2.2.9.2.2	Materialbereitstellungsprinzipien	127
2.2.9.2.3	Bedarfs- und Bestellmengenplanung	129
2.2.9.2.4	Das Bereitstellungssystem	129
2.2.9.2.5	Dispositionsverfahren und optimale Bestellmenge	130
2.2.9.2.6	Bestellstrategien: Zeitraum, Menge und Sicherheitsbestand	131
2.2.9.2.7	Beschaffungscontrolling	132
2.3	**Nutzen und Möglichkeiten der Organisationsentwicklung**	**133**
2.3.1	Organisationsentwicklung in betrieblichen Abläufen	133
2.3.1.1	Grundgedanken der Organisationsentwicklung	133

2.3.1.2	Auswirkungen der Organisationsentwicklung auf die Prozessgestaltung und Funktionsausübung	136
2.3.1.3	Phasen des Organisationszyklus	139
2.3.2	Organisationsentwicklung als Mittel für Veränderungsprozesse	141
2.3.2.1	Wandel von Kosten und Prozessstrukturen	143
2.3.2.2	Wandel der Organisations- und Kommunikationsstrukturen	144
2.4	**Anwenden von Methoden der Entgeltfindung und der kontinuierlichen betrieblichen Verbesserung**	**146**
2.4.1	Formen der Entgeltfindung	146
2.4.1.1	Anforderungs- und leistungsabhängige Entgeltdifferenzierung	146
2.4.1.2	Grundlagen der Arbeitsbewertung	147
2.4.1.3	Lohnarten	149
2.4.1.3.1	Zeitlohn	149
2.4.1.3.2	Leistungslohn: Akkordlohn, Prämienlohn und Leistungszulagen	150
2.4.2	Innovation und Kontinuierliche Verbesserung (KVP)	157
2.4.2.1	Methoden und Instrumente der KVP	157
2.4.2.2	KVP als wesentliches Element von Innovation und Nachhaltigkeit	159
2.4.3	Bewertung von Verbesserungsvorschlägen	159
2.4.3.1	Bewertungsmaßstäbe und Bewertungsfaktoren	160
2.4.3.2	Bewertungskriterien	161
2.4.4	Aspekte ergonomischer Arbeitsplatzgestaltung	162
2.4.4.1	Anthropometrische Arbeitsplatzgestaltung	165
2.4.4.2	Physiologische Arbeitsplatzgestaltung	165
2.4.4.3	Psychologische Arbeitsplatzgestaltung	165
2.4.4.4	Organisatorische Arbeitsplatzgestaltung	166
2.4.4.5	Informationstechnische Arbeitsplatzgestaltung	166
2.4.4.6	Sicherheitstechnische Arbeitsplatzgestaltung	166
2.5	**Durchführen von Kostenarten-, Kostenstellen- und Kostenträgerzeitrechnungen sowie von Kalkulationsverfahren**	**167**
2.5.1	Grundlagen des Rechnungswesens	167
2.5.1.1	Bereiche des Rechnungswesens im Überblick	167
2.5.1.2	Buchführung	169
2.5.1.2.1	Aufgaben und Bedeutung der Buchführung	169
2.5.1.2.2	Gesetzliche Grundlagen der Buchführung	169
2.5.1.2.3	Grundsätze ordnungsmäßiger Buchführung (GoB)	171
2.5.1.3	Inventur und Inventurverfahren	172
2.5.1.3.1	Inventursysteme	173
2.5.1.3.2	Inventurverfahren	175
2.5.1.3.3	Inventar (Bestandsverzeichnis)	175
2.5.1.4	Bilanz, Gewinn- und Verlustrechnung (G+V) und Anhang	176
2.5.1.4.1	Grundlagen der Bilanzierung und Erfolgsermittlung	176
2.5.1.4.2	Aussagewert von Bilanz, G+V, Anhang und Lagebericht	179
2.5.1.4.3	Bestandsveränderungen	180
2.5.1.5	Abschreibungen	180
2.5.1.5.1	Gesetzliche Grundlagen der Abschreibung	180
2.5.1.5.2	Abschreibungsverfahren	182
2.5.1.6	Leasing	186
2.5.1.6.1	Grundlagen und Formen des Leasings	186
2.5.1.6.2	Leasing als Alternative zum Kauf	187
2.5.2	Ziele und Aufgaben der Kostenrechnung	188
2.5.2.1	Überwachungs-, Steuerungs- und Bewertungsaufgaben	188
2.5.2.2	Ermittlung von Selbstkosten	188

2.5.2.3	Informationen für Planung und Entscheidung	189
2.5.2.4	Ermittlung des Betriebsergebnisses	189
2.5.2.5	Kalkulation der Preisgestaltung auf der Grundlage von Vollkosten und Teilkosten	190
2.5.2.5.1	Vollkosten	190
2.5.2.5.2	Teilkosten	190
2.5.3	Grundbegriffe der Kosten- und Leistungsrechnung	191
2.5.3.1	Zahlungs- und Leistungsvorgänge	191
2.5.3.2	Kostenarten	191
2.5.3.2.1	Grundkosten	192
2.5.3.2.2	Zusatzkosten	192
2.5.3.2.3	Anderskosten	192
2.5.3.2.4	Einzel- und Gemeinkosten	193
2.5.3.2.5	Fixe und variable Kosten	193
2.5.4	Aufbau der Kosten- und Leistungsrechnung	194
2.5.5	Leistungs- und Kostendaten/Erfassung und Belegwesen	194
2.5.6	Durchführung der Kostenrechnung: Kostenarten-, Kostenstellen-, Kostenträgerzeit- und -stückrechnung	196
2.5.6.1	Unternehmensbezogene Abgrenzung von Aufwendungen/Erträgen und Kosten/Leistungen	196
2.5.6.2	Gliederung der Kosten nach Verbrauchsarten	197
2.5.6.3	Zurechnung der Kosten auf die Kostenträger	199
2.5.6.4	Verhalten bei Beschäftigungsänderung	200
2.5.6.5	Zuordnung der Kosten zu Kostenstellen	200
2.5.6.6	Aufbau und Struktur des Betriebsabrechnungsbogens (BAB)	202
2.5.6.7	Umlage von Kosten im BAB	205
2.5.6.8	Ermittlung von Zuschlagssätzen	207
2.5.6.9	Kostenträgerzeitrechnung mithilfe eines Kostenträgerblatts	207
2.5.7	Kalkulationsverfahren	209
2.5.7.1	Divisionskalkulation	210
2.5.7.1.1	Einfache Divisionskalkulation	210
2.5.7.1.2	Mehrstufige Divisionskalkulation	210
2.5.7.2	Zuschlagskalkulation	210
2.5.7.3	Vor- und Nachkalkulation	212
2.5.8	Maschinenstundensatzrechnung in der Vollkostenrechnung	212
2.5.8.1	Gründe für die Einführung einer Maschinenstundensatzrechnung	212
2.5.8.2	Maschinenabhängige Fertigungsgemeinkosten und Restgemeinkosten	212
2.5.8.3	Ermittlung des Maschinenstundensatzes	213
2.5.9	Zusammenhänge zwischen Erlösen, Kosten und Beschäftigungsgrad	215
2.5.9.1	Veränderungen des Beschäftigungsgrades und die Auswirkungen auf die Erlöse und Kostenstruktur	215
2.5.9.1.1	Begriff des Beschäftigungsgrads	215
2.5.9.1.2	Auswirkungen auf die Gesamtkosten und -erlöse – rechnerisch und grafisch	215
2.5.9.1.3	Der Zusammenhang zwischen Gesamt- und Stückkosten	217
2.5.9.1.4	Vier »kritische Punkte«	219
2.5.9.2	Besondere Kostenverläufe	221
2.5.10	Grundzüge der Deckungsbeitragsrechnung	222
2.5.10.1	Vergleich zwischen Vollkosten- und Teilkostenrechnung	222
2.5.10.2	Deckungsbeitragsrechnung als Stückrechnung im Einproduktunternehmen	223
2.5.10.3	Bestimmung der Gewinnschwelle	224
2.5.10.4	Deckungsbeitragsrechnung als Periodenrechnung im Einproduktunternehmen	225

2.5.11	Statische Investitionsrechnung	225
2.5.11.1	Kostenvergleichsrechnung	226
2.5.11.1.1	Gesamtkostenvergleich	227
2.5.11.1.2	Stückkostenvergleich	229
2.5.11.1.3	Kostenvergleich bei Ersatzinvestition	231
2.5.11.2	Gewinnvergleichsrechnung	233
2.5.11.3	Die Rentabilitätsvergleichsrechnung	234
2.5.11.4	Amortisationsvergleichsrechnung	236
2.5.12	Zweck und Ergebnis betrieblicher Budgets	238
2.5.12.1	Aufstellung von Budgets	240
2.5.12.2	Maßnahmen zur Budgetkontrolle	241
2.5.12.3	Maßnahmen zur Budgeteinhaltung	242

Literaturverzeichnis 245

Stichwortverzeichnis 247

Inhaltsübersicht Lehrbuch 1

1 Rechtsbewusstes Handeln
Arbeitsmethodik · Rechtsgrundlagen · Arbeitsvertrag und Tarifvertrag · Betriebsverfassungsrecht · Die Arbeitsgerichtsbarkeit · Arbeitsschutzrecht und Arbeitssicherheitsrecht · Ziele und Aufgaben des Umweltrechts · Sozialversicherung und Arbeitsförderung · Produkthaftung und Datenschutz

Inhaltsübersicht Lehrbuch 3

3 Anwendung von Methoden der Information, Kommunikation und Planung
Erfassen, Analysieren und Aufbereiten von Prozess- und Produktionsdaten · Planungstechniken und Analysemethoden · Präsentationstechniken · Das Erstellen von technischen Unterlagen, Entwürfen, Statistiken, Tabellen und Diagrammen · Anwenden von Projektmanagementmethoden · Auswählen und Anwenden von Informations- und Kommunikationsformen und -mitteln · Kommunikation im Betrieb

4 Zusammenarbeit im Betrieb
Die Entwicklung und Förderung von Persönlichkeit, Kenntnissen, Fähigkeiten und Sozialverhalten · Die Einflüsse von Arbeitsorganisation und Arbeitsplatz auf das Sozialverhalten · Gruppenstrukturen und Gruppenverhalten · Führungsverhalten und Führungsgrundsätze · Führungsmethoden und Führungstechniken in der Praxis · Kommunikation und Kooperation

5 Naturwissenschaftliche und technische Gesetzmäßigkeiten
Basisfakten aus Chemie und Physik · Auswirkungen auf Materialien, Maschinen, Prozesse, Mensch und Umwelt · Energie erzeugen und nutzen · Grundlagen der Statistik

Inhaltsübersicht Übungs- und Prüfungsbuch

1 Erfolgreiches Lernen und richtige Prüfungsvorbereitung

2 Übungsaufgaben zu allen Prüfungsbereichen

3 Programmierte, gebundene Fragen

4 Offene, ungebundene Fragen

Um die Lesbarkeit nicht zu erschweren, wird in unseren Texten meistens die männliche Schreibweise verwendet. Selbstverständlich sind ebenso alle Industriemeisterinnen und sonstigen weiblichen Funktionsträger angesprochen!

2 Betriebswirtschaftliches Handeln

2.0 Ökonomische Handlungsprinzipien und volkswirtschaftliche Zusammenhänge

Der IHK-Rahmenplan sieht für die Inhalte des Prüfungsbereichs »Betriebswirtschaftliches Handeln« die Berücksichtigung ökonomischer Prinzipien, Zusammenhänge und Wirkungen vor, ohne diese jedoch in den anschließend aufgelisteten Vermittlungsbereichen vorzusehen.

Da nicht davon ausgegangen werden kann, dass allen Industriemeisteranwärtern die Bedeutung von Begriffen wie »ökonomisches Prinzip«, »Minimalkostenkombination«, »Wirtschaftskreislauf« usw. hinreichend bekannt ist, wird hier eine kurze Einführung vorangestellt.

2.0.1 Ökonomische Handlungsprinzipien

Unter wirtschaftlichen (ökonomischen) Handlungsprinzipien sind Grundsätze und Regeln zu verstehen, die auf die am Wirtschaftsleben Beteiligten einwirken bzw. von den Wirtschaftssubjekten – gemeint sind damit die privaten Haushalte, die Unternehmen und der Staat – zu beachten sind. Die elementarsten Prinzipien sollen hier kurz vorgestellt werden.

1. Bedürfnisse sind unendlich – Knappheit zwingt zum Wirtschaften

Die Zahl der menschlichen Bedürfnisse ist unendlich groß. Diese Bedürfnisse können sich auf materielle Gegenstände oder auf immaterielle Ziele beziehen; sie können dem Individuum bewusst (offene Bedürfnisse) oder unbewusst vorhanden sein (latente Bedürfnisse). Nicht nur einzelne Menschen haben ihre Individualbedürfnisse; auch Gruppen und ganze Gesellschaften haben kollektive Bedürfnisse: Etwa nach Steuergerechtigkeit, nach besseren Bahnverbindungen oder nach weniger Gewalt im Fernsehen.

Die Mittel zur Bedürfnisbefriedigung sind allerdings knapp. Daher muss – in Anpassung an die vorhandenen Mittel – aus allen Bedürfnissen eine Auswahl getroffen werden, die tatsächlich in die Tat umgesetzt (»mit Kaufkraft ausgestattet«) wird. Diese Auswahl wird **Bedarf** genannt. Bedarf wird als Nachfrage an den Markt herangetragen und erstreckt sich auf **knappe** Güter, die – im Gegensatz zu **freien Gütern** wie Atemluft oder Sonnenlicht – nicht in unbegrenzter Menge zur Verfügung stehen und nicht ohne Gegenleistung in Anspruch genommen werden können. Diese als **wirtschaftliche Güter** bezeichneten Realgüter, Dienstleistungen und Rechte werden unter Einsatz von **Produktionsfaktoren** erzeugt und bereitgestellt und sind daher mit Bereitstellungskosten verbunden. Die geforderte Gegenleistung ist ihr Preis.

Gäbe es keine Knappheit, wäre wirtschaftliches Handeln nicht erforderlich. **Wirtschaften ist zielbewusstes Handeln zur Befriedigung wirtschaftlicher Bedürfnisse mit knappen Mitteln.**

2. Rationales wirtschaftliches Handeln folgt dem ökonomischen Prinzip

Gäbe es keine Knappheit, wäre wirtschaftliches Handeln nicht erforderlich. Rational handelnde Wirtschaftssubjekte versuchen dabei,

– entweder mit einem bestimmten Einsatz (»Input«) einen möglichst großen Erfolg (»Output«) zu erzielen (**ökonomisches Maximalprinzip**):

Frau Meier möchte auf dem Markt 3 € für Weintrauben ausgeben. Sie kauft bei demjenigen Händler, der ihr für diesen eingesetzten Betrag die größte Menge an Weintrauben überlässt. Damit handelt sie nach dem Maximalprinzip;

– oder einen bestimmten angestrebten Erfolg (»Output«) mit dem geringstmöglichen Einsatz (»Input«) herbeizuführen (**ökonomisches Minimalprinzip**):

Frau Müller möchte auf dem Markt ein Kilo Weintrauben kaufen. Sie kauft bei demjenigen Händler, der ihr diese Menge für den geringsten Preis überlässt. Damit handelt sie nach dem Minimalprinzip.

Höchst wahrscheinlich kaufen Frau Meier und Frau Müller bei demselben Händler. Daraus wird deutlich, dass Maximal- und Minimalprinzip letztlich Ausprägungen ein- und desselben Grundsatzes sind, der als **Ökonomisches Prinzip** bezeichnet wird.

Nach dem ökonomischen Prinzip zu handeln heißt, rational (vernunftgeleitet) zu handeln und keine Mittel zu verschwenden.

3. Die Minimalkostenkombination kennzeichnet das günstigste Verfahren

Es gibt Produktionsprozesse, bei denen, naturwissenschaftlich oder technisch bedingt, nur eine bestimmte Kombination von Produktionsfaktoren das Erzeugnis ergibt (z. B. bei zahlreichen chemischen Verbindungen).

Es gibt aber auch Fertigungsprozesse, bei denen in gewissen Grenzen ein Produktionsfaktor durch einen anderen **substituiert** (ersetzt) werden kann; z. B. kann in bestimmten Fällen menschliche Arbeitsleistung durch Maschineneinsatz substituiert werden oder umgekehrt (wobei Maschinen nach volkswirtschaftlicher Definition zum Produktionsfaktor Kapital gehören). In diesen Fällen ist es sinnvoll, die Kombinationsmöglichkeiten der Produktionsfaktoren durchzurechnen, um für eine angestrebte Erzeugnismenge die günstigste Faktorkombination zu ermitteln.

Allerdings sind nicht die Mengenverhältnisse (die Produktivität) ausschlaggebend. Welcher Faktoreinsatz »am günstigsten« ist, hängt von den Kosten ab. Man wird versuchen, jeweils den teureren der Produktionsfaktoren soweit durch den billigeren zu ersetzen, **bis die Faktorkombination insgesamt die geringsten Kosten ergibt.** Je nach der gestellten Aufgabe bzw. der herzustellenden Stückzahl kann z. B. der Faktor Arbeit (Lohn) billiger oder teurer sein als der Faktor Kapital (Maschinenkosten). Die Minimalkostenkombination wird bei Einzel-, bei Serien- und bei Massenfertigung jeweils unterschiedlich ausfallen. Die kostengünstigste Faktorkombination, das heißt das kostengünstigste Herstellungsverfahren, muss daher im Einzelfall errechnet werden.

Ziel des unternehmerischen Handels ist die Minimalkostenkombination!

2.0.2 Volkswirtschaftliche Grundbegriffe: Produktionsfaktoren, Wirtschaftssubjekte, -kreisläufe und -sektoren

Volkswirtschaft und Volkswirtschaftslehre

Die **Volkswirtschaft** besteht aus der Gesamtheit aller Haushalte, Betriebe und Behörden eines Landes und dem Netz der wirtschaftlichen Beziehungen und Abläufe, das sie verbindet. Hinzu kommen die wirtschaftlichen Beziehungen zum Ausland.

Die **Volkswirtschaftslehre (VWL)** erfasst das gesamtwirtschaftliche Geschehen im Wesentlichen statistisch und leitet aus den erhobenen und geordneten Daten Erkenntnisse ab. Dabei sind von Fall zu Fall auch Analysen des einzelbetrieblichen Verhaltens notwendig, um die Motive der volkswirtschaftlichen Abläufe verstehen zu können.

Produktionsfaktoren

Produktionsfaktoren sind diejenigen Güter, die im Produktionsprozess eingesetzt werden. Die Volkswirtschaftslehre unterscheidet die **Elementarfaktoren**

Arbeit: menschliche Arbeitsleistung

Boden: von der Natur bereitgestellte Ressourcen

Kapital: bei der Erzeugung von Gütern eingesetzte Produktionsmittel, die selbst durch den Einsatz von Arbeit und Boden entstanden sind (»produzierte Produktionsmittel«), weswegen der Produktionsfaktor Kapital auch als abgeleiteter (derivativer) Faktor bezeichnet wird. Zum Faktor Kapital zählen auch Geldmittel, die durch den Verkauf von Produkten zugeflossen sind und für den Betrieb eingesetzt werden können.

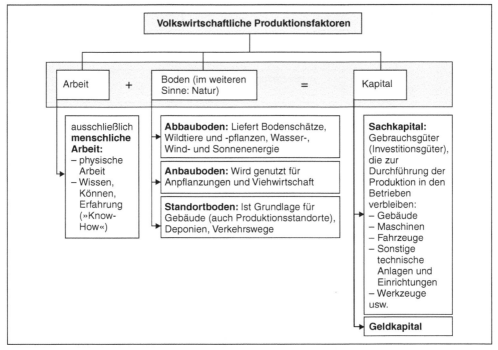

Volkswirtschaftliche Produktionsfaktoren: Arbeit, Boden, Kapital

Wirtschaftssubjekte

Die VWL unterscheidet die **Wirtschaftssubjekte**

– Unternehmen,

– private Haushalte (wozu auch gemeinnützige Einrichtungen, Vereine usw. gehören) und

– Staat

und in der erweiterten Betrachtung auch

– Bankensektor und

– Ausland.

Die volkswirtschaftlichen Güter- und Geldströme werden in Wirtschaftskreisläufen dargestellt, die das Zusammenspiel der Wirtschaftssubjekte verdeutlichen. Der einfachste Wirtschaftskreislauf ist derjenige, der nur die Beziehungen zwischen Unternehmen (die Arbeitskraft von den Haushalten erhalten und dafür Löhne zahlen) und privaten Haushalten (die Konsumgüter von den Unternehmen beziehen und dafür mit Geld zahlen), darstellt. In einem solchen Kreislauf werden Werte in einem beständigen »Geben und Nehmen« hin- und herbewegt, ohne dass Einflüsse von außen einwirken können. Man spricht daher von einer geschlossenen Volkswirtschaft.

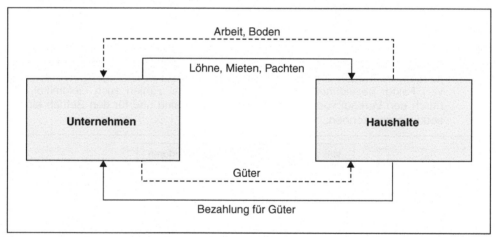

Einfacher Wirtschaftskreislauf in einer geschlossenen Volkswirtschaft

Aus diesem einfachen Kreislauf wird durch die Ergänzung um den Bankensektor als Geldsammelstelle einerseits und Kreditvergabestelle andererseits das Modell einer evolutorischen (sich entwickelnden, zum Wachstum fähigen) Wirtschaft, in der Sparen und Investieren möglich sind.

2 Betriebswirtschaftliches Handeln 2.0 Ökonomische Handlungsprinzipien ...

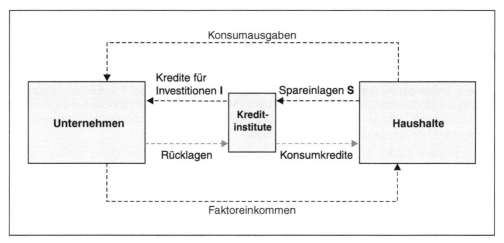

Erweiterter Wirtschaftskreislauf (nur Geldstrom) in einer geschlossenen Volkswirtschaft

Im (hier nicht gezeigten) vollständigen Wirtschaftskreislauf ist der Staat als Umverteilungsstation einbezogen: Er empfängt Steuern von Haushalten und Unternehmen und leistet Zahlungen an diese, die teilweise Löhne für empfangene Arbeit bzw. Bezahlung für empfangene Güter und Dienstleistungen darstellen und teilweise als Transfereinkommen ohne direkte Gegenleistungen (z. B. Subventionen an Unternehmen, Sozialleistungen an Privatpersonen) ausgezahlt werden. Auch die Kapitalsammelstellen werden vom Staat in Anspruch genommen, der sie je nach finanzieller Situation und politischer Absicht als Sparkasse oder als Kreditgeber nutzt. Es handelt sich dabei immer noch um einen geschlossenen Kreislauf, weil es keine anderen Volkswirtschaften gibt, aus denen Geld und Güter zufließen bzw. in die Geld und Güter abfließen könnten. Erst durch den Einbezug mindestens einer anderen Volkswirtschaft entsteht ein offener Kreislauf.

Die volkswirtschaftlichen Güter- und Geldströme kommen nicht nur durch berechenbare materielle Absichten der Wirtschaftssubjekte zustande, sondern werden auch durch die Erwartungen der Wirtschaftssubjekte, also psychologische Motive, bestimmt. Aus der Kenntnis, dass z. B. die Unternehmen oder die Haushalte sich im Durchschnitt oder im Normalfall wirtschaftlich so oder so verhalten werden, kann man **Tendenzen,** vielleicht auch **Gesetzmäßigkeiten** ableiten, die als Grundlage für eine allgemeingültige volkswirtschaftliche Theorie wie auch für die Wirtschaftspolitik dienen können.

Die volkswirtschaftlichen Erkenntnisse sind aber auch für Unternehmen wichtig, die sich auf die zu erwartenden Entwicklungen einstellen wollen. Deshalb müssen auch diejenigen, die im Betrieb Verantwortung tragen, volkswirtschaftliche Zusammenhänge kennen, um ihre Bedeutung für die zukünftige Betriebsführung richtig einschätzen zu können.

Konjunktur

Die in einem Wirtschaftskreislauf umlaufenden Werte bleiben, ebenso wie die Geschwindigkeit ihres Umlaufs, nicht konstant, sondern schwanken – teilweise erheblich – im Zeitverlauf. Diese expansiv (ausweitend) oder kontraktiv (verringernd) wirkenden Schwankungen bestimmen die als Konjunktur bezeichnete gesamtwirtschaftliche Lage der betreffenden Volkswirtschaft.

Wirtschaftssektoren

Die Volkswirtschaftslehre gliedert die Unternehmen meist in drei Wirtschaftssektoren:

- Der **primäre Sektor** umfasst die Betriebe der Urerzeugung (Rohstoffgewinnungsbetriebe als Anbau- oder Abbaubetriebe).
- Dem **sekundären Sektor** sind die Betriebe der gewerblichen Produktion (Bearbeitungs- und Verarbeitungsbetriebe, auch Handwerksbetriebe wie das Bauhauptgewerbe – Hoch- und Tiefbau –, die selbstständig marktreife Produkte herstellen) zugeordnet, die keine Rohstoffgewinnungsbetriebe sind.
- Der **tertiäre Sektor** fasst alle Dienstleistungsbetriebe zusammen. Dazu gehören auch die Handelsbetriebe, da sie keine Sachgüter produzieren, und die so genannten freien Berufe (Steuerberater, Anwälte, Autoren usw.). Für statistische Zwecke erfolgt bisweilen eine Aufspaltung nach Handels- und übrigen Dienstleistungsbetrieben, so dass quasi ein vierter Sektor entsteht. In der Literatur findet sich gelegentlich auch die Bezeichnung der Informationswirtschaft als **quartärer Sektor**.

2.0.3 Begriffe der Betriebswirtschaftslehre

Betriebswirtschaft vollzieht sich in den Betrieben, wobei die Volkswirtschaft, der sie angehören, den Rahmen setzt.

Die **Betriebswirtschaftslehre** dient der Optimierung der Betriebsführung. Dafür sind Kenntnisse der wissenschaftlichen Grundlagen, der wirtschaftlichen Zusammenhänge und der gesetzlichen Rahmenbedingungen erforderlich. Letztere bestehen z. B. in Regelungen des Wettbewerbs, des Arbeitsrechts und Arbeitsschutzrechts, des Verbraucherschutzes, des Umweltrechts, der Produkthaftung und vielen weiteren Regulierungen – zahlreiche davon werden in Lehrbuch 1 ausgiebiger behandelt.

Die Begriffe »Unternehmen«, »Betrieb« und »Firma« werden umgangssprachlich oft als Synonyme behandelt. Tatsächlich bedeuten sie aber nicht dasselbe:

- **Unternehmen** (auch: Unternehmungen) sind wirtschaftlich und rechtlich selbstständige Gebilde, die ihre Leistungen am Markt anbieten und Verträge abschließen. Sie kombinieren Produktionsfaktoren zur Erstellung ihrer Leistungen und agieren nach den bereits genannten ökonomischen Handlungsprinzipien. Um dies tun zu können, verfügen sie über eine eigene finanzielle Basis (Eigenkapital) und nehmen in aller Regel zusätzlich Fremdkapital am Kapitalmarkt auf.

- Als **Betriebe** werden dagegen die zu den Unternehmen gehörenden und damit unselbstständigen Produktionsstätten bezeichnet. Sie kombinieren menschliche Arbeitsleistung, den Einsatz von Betriebsmitteln (Maschinen, Werkzeugen, sonstige Betriebs- und Geschäftsausstattung) und Materialien (Roh-, Hilfs-, Betriebsstoffe, fertig bezogene Teile) und streben dabei nach Verwirklichung der Minimalkostenkombination. Zu einem Unternehmen können mehrere Betriebe (Betriebsstätten) gehören.

- Die **Firma** ist lediglich der Name des Unternehmens, unter dem es seine Geschäfte betreibt, klagen und beklagt werden kann. Näheres hierzu wird im folgenden Kapitel erläutert.

2.1 Berücksichtigen der ökonomischen Handlungsprinzipien von Unternehmen unter Einbeziehung volkswirtschaftlicher Zusammenhänge und sozialer Wirkungen

2.1.1 Unternehmensformen und deren Einbindung in volkswirtschaftliche Zusammenhänge

2.1.1.1 Rechtsformen im Überblick und Grundbegriffe des Gesellschaftsrechts

Unternehmen beteiligen sich am Wirtschaftsleben mit dem Ziel, Gewinne zu erzielen. Die juristischen Regeln und Rahmenbedingungen ihres Handelns ergeben sich aus ihrer Rechtsform. Die Rechtsform bestimmt auch maßgeblich über die Beziehungen der verschiedenen Akteure innerhalb des Unternehmens und über die Beziehungen des Unternehmens zu seinem Umfeld.

Das folgende Schema nimmt eine Einordnung der wichtigsten Rechtsformen in Deutschland vor. Nicht jede Rechtsform passt zu jedem Unternehmen, und da die Wahl der Rechtsform eine Entscheidung von langfristiger Bindungswirkung ist, muss sie sorgfältig und wohlüberlegt getroffen werden. Vor Erläuterung der einzelnen Rechtsformen sollen einige wesentliche Begriffe geklärt werden.

Privatrecht und Öffentliches Recht

In der umseitigen Übersicht sind die Rechtsformen des Privatrechts und des Öffentlichen Rechts unterschieden.

– **Privatrecht** ist der Teil des Rechts, der (von Ausnahmen abgesehen) die Beziehungen zwischen Privatpersonen regelt. Das Privatrecht ist hauptsächlich im Bürgerlichen Gesetzbuch (BGB), im Handelsgesetzbuch (HGB) und den Gesetzen über die Handelsgesellschaften, im Urheberrecht sowie im Arbeitsrecht verankert.

– Das **Öffentliche Recht** ist der Teil des Rechts, der die Beziehungen zwischen den Behörden sowie zwischen Behörden und Privatpersonen regelt. Es umfasst Völkerrecht, Verfassungsrecht, Verwaltungsrecht, Sozialrecht, Strafrecht und das Verfahrensrecht für die Gerichte.

Natürliche und juristische Personen

Alle Menschen sind »natürliche Personen«. Nach der Geburt wird man beim Standesamt angemeldet, zur Eintragung von Namen, Vornamen usw. in das Personenstandsregister.

Eine »juristische Person« wird nicht von Natur aus, sondern auf der Grundlage von Gesetzen juristisch geschaffen. Ihrem Wesen nach ist sie eine Einrichtung, Institution, Organisation, Betriebe o. ä., die auf Beschluss von Menschen errichtet wird. Dazu muss für juristische Personen, die **auf der Grundlage von privatem Recht** errichtet werden, die Gründung in **notariell beurkundeter Form** erfolgen.

Der Name der juristischen Person muss dann zusammen mit dem Vertrag beim Registergericht (in der Regel in einem Amtsgericht) in das richtige Register eingetragen werden. Für Handelsgesellschaften ist es das Handelsregister, für Genossenschaften das Genossenschaftsregister, für Vereine das Vereinsregister. Juristische Personen des privaten Rechts sind rechtlich **Privatpersonen**.

Juristische Personen des öffentlichen Rechts sind Einrichtungen, denen dieser Status durch Gesetze verliehen wurde und die damit rechtlich zu Behörden werden. Die Industrie- und Handelskammern sind z. B. solche Einrichtungen.

Juristische Personen, private wie Behörden, sind zunächst nur Einrichtungen, die selbst nicht tätig werden können. Sie brauchen dazu Organe. Das sind z. B. beim Verein der Vorstand und die Mitgliederversammlung, bei der Aktiengesellschaft sind es der Vorstand, der Aufsichtsrat und die Hauptversammlung.

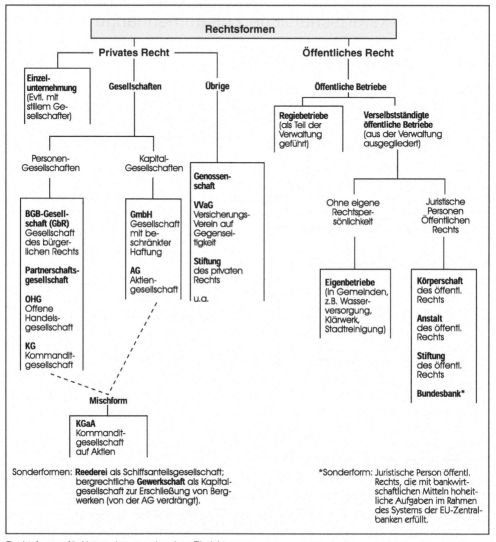

Rechtsformen für Unternehmen und andere Einrichtungen

Nachfolgend werden die Rechtsformen erwerbswirtschaftlich orientierter Unternehmen betrachtet (Hinweis: Die Begriffe »Unternehmung« und »Unternehmen« (letzteres als der juristisch verwendete Begriff) werden hier synonym verwendet).

Unterschieden werden Einzelunternehmen, Personengesellschaften und Kapitalgesellschaften.

Merkmale zur Unterscheidung der Rechtsformen

Die Unternehmensrechtsformen unterscheiden sich in den folgenden wesentlichen Merkmalen:

- Rechtsgrundlage,
- Rechtspersönlichkeit,
- Firma,
- Geschäftsführung,
- Zahl der Gesellschafter,
- Organe,
- Haftung,
- Gewinn- und Verlustverteilung.

Einige der obigen Begriffe sollen hier vorab erklärt werden.

- **Rechtsgrundlage:** Wesentliche Rechtsgrundlage für alle Kaufleute ist das Handelsgesetzbuch (HGB). Einige der hier behandelten Gesellschaften (BGB-Gesellschaft, Partnerschaftsgesellschaft) betreffen aber Nichtkaufleute, weswegen die HGB-Vorschriften für sie nicht gelten. Andere Rechtsformen unterliegen zwar dem HGB, sind aber zusätzlich in speziellen Gesetzen geregelt (z. B. GmbH-Gesetz, Aktiengesetz).
- **Rechtspersönlichkeit:** Eine Rechtsperson ist, wer rechtsfähig ist, d. h. Träger von Rechten und Pflichten sein kann. Dabei werden natürliche Personen (alle Menschen) und juristische Personen unterschieden. Zu den letzteren gehören die Kapitalgesellschaften, während die Personengesellschaften nur teilrechtsfähig sind (so darf eine OHG gem. § 124 HGB unter ihrer Firma bestimmte Rechte erwerben und Verbindlichkeiten eingehen, Eigentum und andere dingliche Rechte an Grundstücken erwerben, vor Gericht klagen und verklagt werden. Sie besitzt aber nicht selbst die Kaufmannseigenschaft, sondern diese liegt bei den Gesellschaftern).
- **Firma:** Dies ist der Name, unter dem ein Kaufmann seine Geschäfte betreibt, Unterschriften leistet und unter dem er klagen bzw. verklagt werden kann. Nur Kaufleute dürfen eine Firma führen; Nichtkaufleute führen lediglich Geschäftsbezeichnungen.
- **Geschäftsführung:** Mit diesem Begriff wird nicht die Tätigkeit des Leitens bezeichnet, sondern das Organ eines Gesellschaftsunternehmens, das diese Tätigkeit ausführt.
- **Gesellschafter:** Natürliche oder juristische Personen, die an der Gründung einer Gesellschaft beteiligt sind oder der Gesellschaft später durch Rechtsakt beitreten. Für einige Gesellschaftsformen ist eine Mindestzahl von Gesellschaftern bei Gründung vorgeschrieben.
- **Organe:** Jede Rechtsform sieht bestimmte Personen oder Personengruppen vor, denen die Beschlussfassung oder die Überwachung der Geschäftsführung obliegt.
- **Haftung:** Dieses für die Rechtsformwahl sehr wesentliche Kriterium kann die persönliche, unbeschränkte Haftung von Gesellschaftern oder auch Haftungsbeschränkungen vorsehen. Dabei bedeuten
    - **unmittelbare Haftung:** Der Gläubiger kann sich mit seiner Forderung an einen beliebigen Gesellschafter wenden, der dagegen keine Einrede vorbringen kann.
    - **solidarische Haftung:** Der einzelne Gesellschafter haftet auch für Geschäfte, die ein anderer Gesellschafter im Rahmen des gemeinsamen Geschäftstätigkeit besorgt hat, und folglich gesamtschuldnerisch.
    - **unbeschränkte Haftung:** Der einzelne Gesellschafter haftet mit seinem gesamten – auch dem privaten – Vermögen.
    - **beschränkte Haftung:** Die Haftung der Gesellschafter ist auf das von ihnen jeweils eingebrachte haftende Kapital (Stammkapital, Grundkapital) beschränkt. Die Haf-

tungsbeschränkung der Kapitalgesellschaften bedeutet nicht, dass für die Verbindlichkeiten nur das Stammkapital (GmbH) oder Grundkapital (AG) haftet: Vielmehr haftet das Gesellschaftsvermögen, das im Liquidationsfalle das Stamm- oder Grundkapital im Allgemeinen deutlich übersteigt. Die Gesellschafter können aber nicht mit ihrem persönlichen Vermögen in Anspruch genommen werden; sie verlieren maximal ihre Einlage.

Nachfolgend werden, getrennt nach Einzelunternehmen, Personen- und Kapitalgesellschaften, die wesentlichen Merkmale für jede wichtige Gesellschaftsform nach deutschem Recht vorgestellt. Dabei wird auf die Genossenschaft nur kurz eingegangen. Anschließend werden die **Europäische Gesellschaft** (**SE** von lat. Societas Europaea) als Rechtsform für Unternehmen in der Europäischen Union und die **Europäische Wirtschaftliche Interessenvereinigung (EWIV)** behandelt. Auf die Darstellung der Rechtsformen öffentlicher Betriebe kann verzichtet werden.

Gesellschaftsunternehmen: Grundsätzliches

Unter Gesellschaftsunternehmen werden hier alle Unternehmen verstanden, die keine Einzelunternehmen (vgl. Abschn. 2.1.1.2) sind. Hierunter fallen sowohl **Personengesellschaften** als auch **Kapitalgesellschaften**.

Motive für den Zusammenschluss mehrerer Personen zu einer Gesellschaft sind vor allem
– der Wunsch nach Bündelung vorhandenen Kapitals und verbesserter Kapitalbeschaffung,
– die Verteilung des unternehmerischen Risikos,
– die Aufteilung von Aufgaben und Arbeit,
– die Bündelung und Nutzung unterschiedlicher Kenntnisse, Fertigkeiten und Fähigkeiten,
– die Verfolgung gemeinsamer wirtschaftlicher oder auch ideeller Interessen.

In diesem Zusammenhang stellen sich viele Fragen nach der Gestaltung der Gesellschaft, z. B.
– Wer bringt was (an Know-How, an Sachmitteln) bzw. wie viel (an Geldkapital) ein?
– Wer soll/darf Entscheidungen treffen?
– Wer soll welche Aufgaben übernehmen?
– Wer soll/darf die Gesellschaft nach außen vertreten?
– Wer haftet in welcher Höhe und Weise für gemeinsame Verpflichtungen?
– Wie/wann kann ein Gesellschafter aufgenommen werden oder ausscheiden?
– Wie sollen Gewinne/Verluste verteilt werden? ... usw.

Regelungen hierzu treffen der individuelle Gesellschaftsvertrag und/oder das Gesellschaftsrecht. Es regelt die Innenbeziehungen der Beteiligten untereinander und die Außenbeziehungen der Gesellschaft zur Umwelt.

Das Bürgerliche Gesetzbuch (BGB) regelt

– den (hier nicht behandelten) Verein,
– die Gesellschaft bürgerlichen Rechts (GbR).

Das Handelsgesetzbuch (HGB) regelt

– die Handelsgesellschaften OHG und KG,
– die Stille Gesellschaft.

Einzelrechte regeln

– die Aktiengesellschaft (AktG),
– die GmbH (GmbHG),
– die eingetragene Genossenschaft (GenG).

Keine Gesellschaftsform: Die stille Gesellschaft

Die stille Gesellschaft ist keine Rechtsform, sondern – als Sonderform der Personengesellschaft – ein Rechtsverhältnis, das als reine Innengesellschaft nur das Innenverhältnis des Unternehmens betrifft. Dabei beteiligt sich ein nach außen nicht in Erscheinung tretender und somit stiller Gesellschafter mit einer Einlage am Unternehmen eines anderen Unternehmers, in dessen Vermögen die Einlage rechtlich übergeht. Der stille Gesellschafter erhält eine Gewinnbeteiligung und ist, wenn dies nicht durch Gesellschaftervertrag ausgeschlossen wird, in angemessenem Anteil auch – allerdings nur bis zur Höhe seiner vereinbarten Einlage – an Verlusten beteiligt. Bei einer typischen stillen Gesellschaft ist er im Falle der Liquidation des Unternehmens nicht an den stillen Reserven der Gesellschaft beteiligt; wird eine solche Beteiligung jedoch vereinbart, liegt eine atypische stille Gesellschaft vor. Der stille Gesellschafter darf den Jahresabschluss einsehen und prüfen sowie Rechenschaft über beendete und schwebende Geschäfte verlangen; weitergehende Rechte hat er nicht. Eine Beteiligung als stiller Gesellschafter ist theoretisch in jeder Rechtsform möglich, kommt aber meist in Einzelunternehmen und Personengesellschaften vor. Rechtsgrundlagen sind die §§ 230–236 HGB.

2.1.1.2 Einzelunternehmen

Das Einzelunternehmen wird von einem einzigen Inhaber gegründet und betrieben. Da hierfür kein Mindestkapital vorgeschrieben ist und nur wenige Formalitäten erforderlich sind, ist diese Rechtsform sehr häufig bei Klein- und Kleinstunternehmen anzutreffen.

Der Einzelunternehmer muss nicht zwangsläufig ein Handelsgewerbe betreiben und daher nicht Kaufmann im Sinne des HGB sein. Ist er jedoch Kaufmann, muss er die Bezeichnung »eingetragener Kaufmann« oder »eingetragene Kauffrau« bzw. eine der Abkürzungen e.K. oder e.Kfm./e.Kfr. im Firmennamen führen.

Das Einzelunternehmen im Überblick:

Rechtsgrundlage	§§ 1 – 104 HGB; Rechnungslegungsvorschriften §§ 238 – 263 HGB
Vertrag	entfällt
Firma	Personen-, Sach- oder Fantasiefirma oder Kombination mit Unterscheidungskraft und Rechtsformzusatz
Mindestkapital	nicht vorgeschrieben
Geschäftsführung und Vertretung	durch den Inhaber oder von ihm bestimmte/n Vertreter
Haftung	unmittelbare, unbeschränkte Haftung des Inhabers
Sonstiges	Eintrag für Kaufleute ins Handelsregister vorgeschrieben

2.1.1.3 Personengesellschaften

Personengesellschaften sind vor allem dadurch gekennzeichnet, dass
– sie keine juristischen Personen und nur teilrechtsfähig sind,
– die Gesellschaft selbst keine Gewinnsteuern zahlt,
– mindestens ein Gesellschafter voll haftet, d. h. persönlich mit seinem Privatvermögen,
– jeder voll haftende Gesellschafter gesamtschuldnerisch für die Gesellschaft eintritt,
– Abstimmungsergebnisse nach Köpfen zählen,
– nur voll haftende Gesellschafter zur Geschäftsführung berechtigt sind,
– die Gesellschaft mit dem Tod eines voll haftenden Gesellschafters erlischt.

Nachfolgend werden einige verbreitete Personengesellschaften vorgestellt.

2.1.1.3.1 BGB-Gesellschaft (Gesellschaft bürgerlichen Rechts, GbR)

Die GbR oder auch BGB-Gesellschaft ist eine Vereinigung zwischen mehreren Personen, die sich durch den Gesellschaftsvertrag gegenseitig verpflichten, die Erreichung eines gemeinsamen Zweckes in der durch den Vertrag bestimmten Weise zu fördern, insbesondere die vereinbarten Beiträge zu leisten (§ 705 BGB).

Oft handelt es sich dabei um private Gruppen, die einen gemeinsamen Zweck verfolgen, z. B. Lotto-Tippgemeinschaften und Mieter-Wohngemeinschaften. Dagegen sind Erben-, Wohnungseigentümer- und private Lebensgemeinschaften keine BGB-Gesellschaften.

Auch im Geschäftsleben gibt es Zusammenschlüsse in der Rechtsform der GbR, z. B.

– Arbeitsgemeinschaften (ARGE) im Baugewerbe und Handwerk,

– Bankenkonsortien,

– Zusammenschlüsse von Freiberuflern, z. B. Gemeinschaftspraxen von Ärzten, Gemeinschaftskanzleien von Rechtsanwälten (vgl. auch Partnerschaftsgesellschaft).

Die GbR im Überblick:

Rechtsgrundlage	§§ 705 – 740 BGB
Vertrag	formfrei; Schriftform und notarielle Beurkundung nur bei enthaltenen Grundstücksgeschäften vorgeschrieben
Firma	keine; nur Geschäftsbezeichnung
Mindestkapital	nicht vorgeschrieben
Geschäftsführung	im Innenverhältnis beliebig regelbar; im Außenverhältnis durch jeden Gesellschafter
Gesellschafter	mindestens zwei; i.d.R. natürliche Personen, in gewerblich geprägten GbR (etwa ARGEn) auch Kapitalgesellschaften
Haftung	jeder Gesellschafter haftet unmittelbar, solidarisch und unbeschränkt mit seinem Gesamtvermögen
Gewinn-/ Verlustverteilung	frei wählbar; falls nicht bestimmt: zu gleichen Anteilen

2.1.1.3.2 Partnerschaftsgesellschaft

Die Partnerschaft gehört zu den Personengesellschaften. Sie ist ein Zusammenschluss von freiberuflich Tätigen, die die Möglichkeiten der Haftungsbeschränkungen, die diese Rechtsform gegenüber der BGB-Gesellschaft bietet, nutzen wollen. Häufige Anwendungsfälle sind Gemeinschaftspraxen von Ärzten und Gemeinschaftskanzleien von Rechtsanwälten, Steuerberatern usw.

Die PartnerG im Überblick:

Rechtsgrundlage	Partnerschaftsgesellschaftsgesetz (PartGG), ergänzend §§ 705–740 BGB, 105–160 HGB
Vertrag	Schriftform vorgeschrieben
Firma	Partnerschaftsname: Nachname mindestens eines Partners, Zusatz »& Partner«, Berufsbezeichnungen aller in der Partnerschaft vertretenen Berufe
Mindestkapital	nicht vorgeschrieben
Geschäftsführung	im Innenverhältnis beliebig regelbar; im Außenverhältnis durch jeden Partner
Gesellschafter	mindestens zwei; alle Partner müssen Angehörige freier Berufe gem. § 18 EStG sein
Haftung	grundsätzlich gesamtschuldnerische, persönliche Haftung jedes Partners, die Haftung aus fehlerhafter Berufsausübung kann vertraglich auf denjenigen Partner beschränkt werden, der die Leistung erbracht bzw. geleitet bzw. verantwortet hat. Angehörige bestimmter freier Berufe mit berufsrechtlich geregelter Haftpflichtversicherung können seit 2013 die Form der Partnerschaftsgesellschaft mit beschränkter Berufshaftung (PartGmbB) wählen
Gewinn-/Verlustverteilung	frei wählbar; falls nicht bestimmt: zu gleichen Anteilen
Sonstiges	Eintrag ins Partnerschaftsregister erforderlich

2.1.1.3.3 Offene Handelsgesellschaft (OHG)

Die OHG ist eine Personengesellschaft. Sie wird gegründet, um ein Handelsgewerbe zu betreiben. Gesellschafter einer OHG können natürliche oder juristische Personen und Personengesellschaften (nicht aber GbR) sein. Die Vollhaftereigenschaft aller Gesellschafter begründet u. U. hohes Vertrauen bei Geschäftspartnern und eine hohe Kreditwürdigkeit, ist aber für den einzelnen Gesellschafter entsprechend risikobehaftet. Auch zwischen den Gesellschaftern ist daher großes gegenseitiges Vertrauen unabdingbar.

Die OHG im Überblick:

Rechtsgrundlage	§§ 105–160 HGB, Rechnungslegungsvorschriften §§ 238–263 HGB
Vertrag	formfrei; Schriftform und notarielle Beurkundung nur bei enthaltenen Grundstücksgeschäften vorgeschrieben
Firma	Personen-, Sach- oder Fantasiefirma oder Kombination mit Unterscheidungskraft und Rechtsformzusatz
Mindestkapital	nicht vorgeschrieben
Geschäftsführung	durch jeden einzelnen Gesellschafter, wenn vertraglich nicht anders bestimmt
Vertretung	grundsätzlich Einzelvertretungsmacht; vertraglicher Ausschluss einzelner Gesellschafter möglich und nach außen wirksam, soweit im Handelsregister eingetragen und bekannt gemacht
Gesellschafter	mindestens zwei
Organe	Gesellschafter
Haftung	unmittelbare, solidarische, unbeschränkte Haftung jedes Gesellschafters
Gewinn-/Verlustverteilung	wenn vertraglich nicht anders bestimmt, erhält jeder Gesellschafter vom Gewinn 4 % des von ihm eingebrachten Kapitals; Restverteilung nach Köpfen. Verlustverteilung nach Köpfen
Sonstiges	Eintrag ins Handelsregister erforderlich

2.1.1.3.4 Kommanditgesellschaft (KG)

Die KG wird, ebenso wie die OHG, gegründet, um ein Handelsgewerbe zu betreiben. Auch bei dieser Personengesellschaft können die Gesellschafter natürliche oder juristische Personen und Personengesellschaften sein. Der Unterschied besteht darin, dass nur ein Vollhafter (Komplementär) erforderlich ist und einige (oder alle anderen) Gesellschafter als Teilhafter (Kommanditisten) nur mit einer festgelegten Summe haften. Durch diese Konstruktion kann die Geschäftsführung beschränkt werden, während zugleich Kapitalgeber erschlossen werden.

Die KG im Überblick:

Rechtsgrundlage	§§ 161–177 HGB, Rechnungslegungsvorschriften §§ 238–263 HGB
Vertrag	formfrei; Schriftform und notarielle Beurkundung nur bei enthaltenen Grundstücksgeschäften vorgeschrieben
Firma	Personen-, Sach- oder Fantasiefirma oder Kombination mit Unterscheidungskraft und Rechtsformzusatz
Mindestkapital	nicht vorgeschrieben. Die Hafteinlage der Kommanditisten muss im Gesellschaftsvertrag vereinbart und im Handelsregister eingetragen werden
Geschäftsführung	durch jeden einzelnen Komplementär (Vollhafter), wenn vertraglich nicht anders bestimmt. Die Kommanditisten (Teilhafter) sind von der Geschäftsführung ausgeschlossen
Vertretung	grundsätzlich Einzelvertretungsmacht jedes Komplementärs; vertraglicher Ausschluss einzelner Gesellschafter möglich und nach außen wirksam, soweit im Handelsregister eingetragen und bekannt gemacht
Gesellschafter	mindestens ein Komplementär und ein Kommanditist
Organe	Gesellschafter, Geschäftsführung; ggf. – falls vertraglich vereinbart – Beirat zur Beratung und Kontrolle der geschäftsführenden Gesellschafter
Haftung	unmittelbare, solidarische, unbeschränkte Haftung jedes Komplementärs; auf seine Hafteinlage beschränkte Haftung des jeweiligen Kommanditisten
Gewinn-/ Verlustverteilung	wenn vertraglich nicht anders bestimmt, erhält jeder Gesellschafter vom Gewinn 4 % des von ihm eingebrachten Kapitals; Restverteilung und Verlustverteilung in einem den Umständen nach angemessenen Verhältnis
Sonstiges	Eintrag der KG ins Handelsregister erforderlich

Eine Sonderform der KG und zugleich eine Kombination aus unterschiedlichen Rechtsformen stellt die GmbH & Co. KG dar. Dabei ist der vollhaftende Gesellschafter keine natürliche Person, sondern eine GmbH. Mit dieser Konstruktion wird das Haftungsrisiko beschränkt. Auf die gleichfalls eine Kombinations-Rechtsform darstellende KGaA wird in Zusammenhang mit der Aktiengesellschaft eingegangen.

2.1.1.4 Kapitalgesellschaften

Kapitalgesellschaften sind vor allem dadurch gekennzeichnet, dass

– sie eigene Rechtspersönlichkeiten (juristische Personen) darstellen,
– sie selbst Gewinnsteuern zahlen,
– es keine mit dem Privatvermögen haftenden Gesellschafter gibt (Ausnahme: KGaA),
– dass die Geschäfte von Angestellten ohne Kapitalbeteiligung geführt werden können (Ausnahme: KGaA),
– Stimmrechte in Gesellschafterversammlungen nach Kapitalanteilen bemessen sind.

2.1.1.4.1 Gesellschaft mit beschränkter Haftung (GmbH)

Die GmbH wird häufig als Gesellschaftsform gewählt, weil sie als Kapitalgesellschaft eine Haftungsbeschränkung zulässt, dabei ein geringeres Stammkapital als die AG (bei der von Grundkapital gesprochen wird) erfordert und, außer bei großen GmbH ab 500 Arbeitnehmern, keinen Aufsichtsrat benötigt.

Die GmbH im Überblick:

Rechtsgrundlage	GmbH-Gesetz; §§ 238 ff, 264 ff HGB
Vertrag	notarielle Beurkundung vorgeschrieben Firma Personen-, Sach- oder Fantasiefirma oder Kombination mit Unterscheidungskraft und Rechtsformzusatz
Mindestkapital	Stammkapital mindestens 25.000 € Geschäftsführung durch einen oder mehrere Geschäftsführer, die nicht Gesellschafter sein müssen
Gesellschafter	zur Gründung sind eine Person oder mehrere Personen erforderlich
Rechte der Gesellschafter	die Gesellschafter können ihre Geschäftsanteile grundsätzlich frei verkaufen oder vererben. Sie haben ein Recht auf Anteil am Reingewinn nach dem Verhältnis der Geschäftsanteile und am Liquidationserlös, ferner Stimmrecht in der Gesellschafterversammlung
Vertretung	obliegt dem Vorstand
Organe	Geschäftsführer, nur bei großen GmbH: Aufsichtsrat als Kontrollorgan; Gesellschafterversammlung
Haftung	beschränkt auf das Vermögen der Gesellschaft (nicht identisch mit dem Stammkapital!). Gesellschafter verlieren maximal ihr im Geschäftsanteil angelegtes Kapital
Gewinnverteilung	nach Ausgleich von Verlustvortrag: evtl. Zuführung zu Gewinnrücklagen auf Beschluss der Gesellschafterversammlung (gesetzliche Rücklage gibt es bei der GmbH nicht); ansonsten Verteilung des Reingewinns gemäß Geschäftsanteilen
Sonstiges	Eintrag ins Handelsregister erforderlich Die Gewinnbesteuerung erfolgt nach dem Körperschaftsteuerrecht

Auf die Kombinations-Rechtsform der GmbH & Co. KG wurde bereits im Abschnitt über die Kommanditgesellschaft eingegangen.

2.1.1.4.2 Unternehmergesellschaft (haftungsbeschränkt)

Seit 2008 ist die Gründung einer »Unternehmergesellschaft (haftungsbeschränkt)« auf Grundlage des § 5a GmbHG möglich. Sie darf in ihrer Firma auch die Kurzform »UG (haftungsbeschränkt)« führen. Ihre Besonderheit ist, dass sie ohne vorgeschriebenes Mindeststammkapital gegründet werden darf: Theoretisch kann sie mit einem Gründungskapital von 1 € gegründet werden (praktisch wird dies nicht möglich sein, denn allein die Kosten der Gründung sind, obwohl mit der Reform 2008 auch ein vereinfachtes, kostengünstigeres Gründungsverfahren eingeführt wurde, um ein Vielfaches höher). Damit wird den Bedürfnissen von Existenzgründern entsprochen, für die die Aufbringung des Stammkapitals einer »normalen« GmbH in Höhe von 25.000 € eine zu hohe Hürde darstellt. Allerdings besteht die Pflicht zur Bildung einer gesetzlichen Rücklage in Höhe von 25 % des um einen Verlustvortrag geminderten Jahresüberschusses, d. h. Überschüsse dürfen nicht vollständig ausgeschüttet werden.

2.1.1.4.3 Aktiengesellschaft (AG)

Die Aktiengesellschaft ist eine Kapitalgesellschaft, die über ein in Aktien zerlegtes Grundkapital verfügt. Diese Aktien können im Regelfall ohne besondere Meldungen und Vorkehrungen auf andere Eigentümer übertragen werden. Damit ist die AG relativ unabhängig von einzelnen Eignern. Aktien können unter bestimmten Bedingungen an Börsen gehandelt und von Kleinanlegern erworben werden. Verteilt sich das Grundkapital einer AG auf viele kleinere Anlagenhalter, spricht man von Publikumsgesellschaft und Streubesitz.

Viele große Unternehmen mit bedeutendem wirtschaftlichem Einfluss sind Aktiengesellschaften. Die besonderen Publizitätspflichten, die die AG je nach Größe zur mehr oder weniger detaillierten Veröffentlichung ihres Jahresabschlusses und ihrer Geschäftsberichte verpflichten, tragen dieser Bedeutung Rechnung, ebenso wie die gesetzlichen Regelungen über die Organe, die neben der Hauptversammlung der Gesellschafter und dem die Geschäfte führenden Vorstand einen Aufsichtsrat als Kontrollorgan vorsehen.

Die AG im Überblick:

Rechtsgrundlage	Aktiengesetz; §§ 238 ff, 264 ff HGB
Vertrag	notarielle Beurkundung vorgeschrieben
Firma	Personen-, Sach- oder Fantasiefirma oder Kombination mit Unterscheidungskraft und Rechtsformzusatz
Mindestkapital	Grundkapital mindestens 50.000 €, auf Aktien zerlegt. Mindestbetrag bei Aktien, die auf einen festen Nennwert lauten (Nennbetragsaktien): 1 €; Stückaktien repräsentieren einen bestimmten, nicht aufgedruckten Anteil am Grundkapital. Geschäftsführung durch den Vorstand, der in der Regel aus mehreren Personen besteht, von denen eine den Vorstandsvorsitz innehat
Gesellschafter	zur Gründung sind eine Person oder mehrere Personen erforderlich
Rechte der Gesellschafter	Die Aktionäre haben einen Recht auf Anteil am Gesellschaftsvermögen, aus dem ein Recht auf Dividende, ein Bezugsrecht für junge Aktien bei Kapitalerhöhung und ein Anteil am Liquidationserlös resultiert, und ein Verwaltungsrecht (Recht zur Teilnahme an der Hauptversammlung, Stimmrecht, Auskunfts- und Anfechtungsrechte)
Vertretung	obliegt dem Vorstand
Organe	Vorstand (Geschäftsführung), Aufsichtsrat (Kontrollorgan), Hauptversammlung (beschließendes Organ; Gesellschafter)
Haftung	beschränkt auf das Vermögen der Gesellschaft (nicht: das Grundkapital!); Gesellschafter verlieren maximal ihr in Aktien angelegtes Kapital
Gewinnverteilung	nach Ausgleich von Verlustvortrag: Dividendenausschüttung an Aktionäre, ggf. Zuführung zu Rücklagen durch Vorstands- oder Hauptversammlungsbeschluss
Sonstiges	Eintrag ins Handelsregister erforderlich Die Gewinnbesteuerung erfolgt nach dem Körperschaftsteuerrecht

2.1.1.4.4 Kommanditgesellschaft auf Aktien (KGaA)

Eine Kombination aus verschiedenen Rechtsformen stellt die KGaA dar, die Merkmale der Aktiengesellschaft mit denen der Kommanditgesellschaft verbindet. Hervorstechendstes Merkmal ist die Existenz von vollhaftenden Gesellschaftern (Komplementären), die anstelle eines Vorstands (wie bei der AG vorhanden) die Geschäfte führen. Dennoch zählt die KGaA zu den Kapitalgesellschaften; an die Stelle von Kommanditisten treten Kommanditaktionäre.

Bis vor einigen Jahren führte die KGaA eine Randexistenz und wurde vor allem als geeignete Rechtsform für Familienunternehmen angesehen, die über die Ausgabe von Aktien zusätzliches Kapital einwerben wollten, ohne Gefahr zu laufen, durch Aktienaufkäufe an der Börse übernommen zu werden. Eines der wenigen Großunternehmen in der Rechtsform der KGaA war der Henkel-Konzern. Erst mit einem BGH-Urteil aus 1997, wonach Komplementäre der KGaA auch Kapitalgesellschaften sein dürfen, wuchs die Zahl der Unternehmen mit dieser Rechtsform (Henkel firmiert inzwischen als AG § Co.KGaA). Die Profifußballbereiche mehrerer Sportvereine haben die Rechtsform der GmbH & Co.KGaA gewählt, wofür die Übernahmeresistenz dieser Rechtsform das wesentliche Argument gewesen sein dürfte.

2.1.1.5 Sonstige Rechtsformen

Die folgenden Ausführungen erläutern kurz einige weitere Rechtsformen.

Genossenschaften

Genossenschaften haben wirtschaftlich außerordentliche Bedeutung durch eine Vielfalt von Anwendungsmöglichkeiten:

– Einkaufsgenossenschaften (Konsumgenossenschaften der Verbraucher, Einkaufsgenossenschaften des Handels, Bezugsgenossenschaften des Handwerks und der Landwirtschaft),

– Absatzgenossenschaften (der Handwerker, der Landwirtschaft),

– Produktionsgenossenschaften (Milcherzeugnisse),

– Nutzungsgenossenschaften (Landwirtschaftsmaschinennutzung),

– Kreditgenossenschaften (Genossenschaftsbanken),

– Verkehrsgenossenschaften,

– Wohnungsbaugenossenschaften u. a.

Die auf der Grundlage eines Statuts von mindestens sieben Personen errichtete Genossenschaft wird durch Eintragung in das Genossenschaftsregister eine vereinsähnliche juristische Person mit offener Mitgliederzahl und den Organen Generalversammlung (der Mitglieder), Vorstand und Aufsichtsrat.

Ihr Zweck ist nicht Gewinnerzielung, sondern Selbsthilfe. Der Genosse muss eine Pflichteinlage einzahlen. Bei Austritt erfolgt Auszahlung seines Geschäftsguthabens.

Rechtsformen auf Ebene der Europäischen Union

a) Europäische Gesellschaft (Societas Europaea, SE)

Die SE ist die Gesellschaftsform im Europäischen Recht, die der Aktiengesellschaft entspricht und daher oft auch als »Europa-AG« bezeichnet wird. Sie entsteht entweder durch den Zusammenschluss (Verschmelzung) oder die Gründung einer gemeinsamen Tochtergesellschaft bestehender Gesellschaften, durch Gründung einer Holding-Gesellschaft (Dachgesellschaft) oder durch die Umwandlung einer nationalen Aktiengesellschaft. Für eine erste Unternehmensgründung kommt diese Rechtsform daher kaum in Frage. Voraussetzung ist das Vorhandensein eines grenzüberschreitenden Elements (z. B. Verschmelzung bestehender Aktiengesellschaften aus mindestens zwei Mitgliedstaaten). Die Leitungsstruktur muss, anders als bei der AG, nicht dualistisch mit Vorstand als Leitungsorgan und Aufsichtsrat als Kontrollorgan gestaltet sein, sondern es ist zulässig, dass beide Funktionen in einem Gremium (also in einem monistischen System) vereinigt werden. Bei Umwandlung der Rechtsform von einer AG in eine SE muss die künftige Ausgestaltung der Mitbestimmung mit den Vertretern der Arbeitnehmer in einem Beteiligungsverfahren ausgehandelt werden. Die Möglichkeiten und formalen Anforderungen eines Rechtsformwechsels regelt das deutsche Umwandlungsgesetz (UmwG), das Beteiligungsverfahren der Arbeitnehmer das SE-Beteiligungsgesetz (SEBG).

Die SE im Überblick:

Rechtsgrundlage	Verordnung EG Nr. 2157/2001 (SE-VO) und Richtlinie 2001/86/EG, in nationales Recht übertragen mit dem Gesetz zur Einführung der Europäischen Gesellschaft (SEEG) als Artikelgesetz, bestehend aus dem SE-Ausführungsgesetz (SEAG) und dem die Rechte der Arbeitnehmer regelnden SE-Beteiligungsgesetz (SEBG). Ergänzend kommen Vorschriften des deutschen Aktiengesetzes (AktG) und Handelsgesetzbuches (HGB) sowie des Umwandlungsgesetzes (UmwG) zur Anwendung.
Vertrag	richtet sich nach der Art des Zustandekommens (z. B. Verschmelzungsvertrag; notariell bestätigte Zustimmung der Hauptversammlung zum Umwandlungsplan und zur Satzung)
Firma	Namenszusatz »SE«
Mindestkapital	Grundkapital mindestens 120.000 € in Aktien
Geschäftsführung	durch mindestens einen geschäftsführenden Direktor
Gesellschafter	die Gründung kann ausschließlich durch juristische Personen erfolgen
Vertretung	obliegt den geschäftsführenden Direktoren gemeinschaftlich, soweit die Satzung keine Alleinvertretung oder Prokura vorsieht. Sind geschäftsführende Direktoren nicht bestimmt, obliegt die Vertretung dem Verwaltungsrat
Rechte der Gesellschafter	Recht auf Gewinnanteil; Stimmrecht in der Hauptversammlung
Organe	Hauptversammlung der Aktionäre und: – im dualistischen System: ein Aufsichts- und ein Leitungsorgan mit mindestens 3 Mitgliedern im Aufsichtsorgan und – bei mehr als 3 Mio. € Grundkapital – 2 Mitgliedern im Leitungsorgan – im monistischen System: ein Verwaltungsorgan (Verwaltungsrat; Board of Directors). Anzahl der Mitglieder nach Satzung; Mitgliedstaaten können Mindest- und Höchstzahlen festlegen (in Deutschland: 3 Mitglieder im Verwaltungsrat, sofern die Satzung nichts anderes bestimmt; bei Grundkapital ab 3 Mio. € müssen es mindestens 3 Mitglieder sein)
Haftung	beschränkt auf das Vermögen der Gesellschaft (nicht identisch mit dem Stammkapital!). Gesellschafter verlieren maximal ihr im Geschäftsanteil angelegtes Kapital
Gewinnverteilung	Dividendenausschüttung mit steuerlicher Behandlung entsprechend den nationalen Vorschriften des Sitzlandes
Sonstiges	Eintrag ins nationale Handelsregister im Land des Stammsitzes erforderlich; Bekanntmachung der Gründung über das Amtsblatt der Europäischen Union. Im Land des Geschäftssitzes besteht unbeschränkte Steuerpflicht, in Ländern mit Niederlassungen und Betriebsstätten beschränkte Steuerpflicht.

Bemühungen um die Schaffung von Gesellschaftsformen speziell für kleinere und mittelgroße Unternehmen, für die die Rechtsform einer SE (die ja eine Aktiengesellschaft darstellt) nicht geeignet ist, sind bisher trotz großer Anstrengungen in den 2010er Jahren bislang gescheitert.

b) Europäische wirtschaftliche Interessenvereinigung (EWIV)

Diese Rechtsform, die als Personengesellschaft betrachtet wird, ist durch eine »Verordnung« (= Gesetz) des Ministerrates der Europäischen Union für die Mitgliedsländer der

EU geschaffen worden. Angesichts der Hemmnisse rechtlicher, steuerlicher und psychologischer Art, die durch vielfältige nationale Unterschiede zwischen den Mitgliedsstaaten der EU bestehen, sollen die Europäischen wirtschaftlichen Interessenvereinigungen helfen, über Nationalgrenzen hinweg wirtschaftlich tätig zu sein. Konkrete Aufgaben der EWIV bestehen darin, die Handels- und Kooperationshemmnisse zwischen den Mitgliedsstaaten in konkreten Fällen festzustellen, sie ihren Mitgliedern zu verdeutlichen und zur Überwindung dieser Hemmnisse beizutragen.

Die Interessenvereinigung ist von ihren Gründern in dem Staat ihres Sitzes in das von diesem Staat bestimmte Register einzutragen. Im Gründungsvertrag muss der Name der Vereinigung angegeben sein, mit den voran- oder nachgestellten Worten »Europäische wirtschaftliche Interessenvereinigung«. Mitglieder einer EWIV können natürliche Personen, Institutionen und Gesellschaften sein, wobei gefordert ist, dass diese aus mindestens zwei EU-Mitgliedstaaten kommen. Die Vereinigung darf über kein Mitglied die Kontrollmacht besitzen oder es direkt begünstigen. Sie selbst darf keine Gewinne erzielen. Erträge werden unter den Mitgliedern verteilt.

In Deutschland gilt die EWIV als Handelsgesellschaft nach HGB mit Bezügen zur OHG.

Die EWIV im Überblick:

Rechtsgrundlage	Verordnung EWG Nr. 2137/85 (EWIV), in nationales Recht übertragen mit dem Gesetz zur Ausführung der EWG-Verordnung über die Europäische wirtschaftliche Interessenvereinigung (EWIV-AG). Ergänzend kommen Vorschriften des deutschen Handelsgesetzbuches (HGB) über die offene Handelsgesellschaft zur Anwendung.
Vertrag	Schriftform des Gründungsvertrags empfohlen, aber nicht vorgeschrieben
Firma	Zusatz EWIV (ACHTUNG: Diese Bezeichnung gilt im deutschsprachigen Raum; andere Mitgliedstaaten kürzen entsprechend ihrer Landessprache ab!)
Mindestkapital	kein Mindestkapital vorgeschrieben und auch nicht zwingend erforderlich. Oft werden nötige Finanzmittel in Form von Mitgliedsbeiträgen bereitgestellt
Gesellschafter	zur Gründung sind mindestens zwei Mitglieder aus unterschiedlichen Mitgliedstaaten erforderlich
Rechte der Gesellschafter	Stimmrecht in der Mitgliederversammlung. Jedes Mitglied hat eine Stimme, sofern die Satzung nicht einzelnen Mitgliedern mehr Stimmen zugesteht. Kein einzelnes Mitglied darf stimmlos sein oder Stimmenmehrheit besitzen. Recht auf Gewinnanteil (s.u.)
Vertretung	ein oder mehrere Geschäftsführer
Organe	Geschäftsführung und Mitgliederversammlung.
Haftung	gesamtschuldnerisch und unbeschränkt; Ausnahme: assoziierte Mitglieder, die nur haften, wenn dies vertraglich festgelegt ist
Gewinnverteilung	soweit mit der EWIV selbst Gewinn erzielt wird (was nicht Gegenstand der Gesellschaft ist), wird dieser zu gleichen Teilen oder in dem im Gründungsvertrag bestimmten Verhältnis an die Mitglieder ausgeteilt
Sonstiges	Eintrag ins nationale Handelsregister im Land des Stammsitzes erforderlich; Bekanntmachung der Gründung über das Amtsblatt der Europäischen Union. Zahl der Arbeitnehmer ist auf 500 begrenzt. Mitglieder aus Staaten außerhalb der EU können als assoziierte Mitglieder aufgenommen werden. Gewinnbesteuerung des jeweiligen Gewinnanteils erfolgt beim Empfänger in dessen Sphäre. Gewinn kann – ggf. steuerfrei – für erwartete Ausgaben und laufende/geplante Projekte zurückgestellt werden.

Eine weiterführende Form ist die grenzübergreifend von mindestens fünf Mitgliedern aus mindestens zwei Mitgliedstaaten gründbare **Europäische Genossenschaft SCE** (Societas Cooperativa Europaea).

2.1.1.6 Konzentrationsformen der Wirtschaft

2.1.1.6.1 Zusammenschlussrichtungen und -methoden

Kooperation ist Zusammenarbeit. Konzentration ist Zusammenschluss.

- Schließen sich Unternehmen gleicher Produktions- oder Handelsstufen zusammen, dann spricht man von einem **horizontalen** (auf einer Ebene liegenden) Zusammenschluss.

    Beispiele: Hüttenwerk mit Hüttenwerk oder Brauerei mit Brauerei.

- Schließen sich Unternehmen vor- und nachgelagerter Produktions- oder Handelsstufen zusammen, dann ist das ein **vertikaler** (senkrechter) Zusammenschluss.

    Beispiele: Erzbergwerk – Eisenhütte – Walzwerk – Stahlhandel.

- Schließlich gibt es eine Konzentration, bei der keine wirtschaftliche Verbindung zwischen den Tätigkeitsgebieten der Unternehmen besteht. Untereinander branchenfremde Unternehmen, wie auch nicht zusammenhängende Produktions- oder Handelsstufen können als Unternehmen zusammengefasst sein. Eine solche nicht organische Anhäufung ist ein **Konglomerat**, das auch als diagonaler Zusammenschluss bezeichnet wird.

    Beispiel: Zum Oetker-Konzern gehören weltweit ca. 350 Unternehmen aus den drei Hauptgeschäftsbereichen Konsumgüter, Hotellerie und Informationstechnik. Im Geschäftsbereich Konsumgüter/Nahrungsmittel finden sich verschiedene Brauereien, die Konditorei Coppenrath & Wiese, Hersteller von Backformen und Backzutaten und viele mehr.

Bei der **Kooperation** bleibt die rechtliche Selbstständigkeit der Unternehmen erhalten. Wirtschaftlich arbeiten sie in Teilbereichen längerfristig oder, bei größerem Umfang, projektabhängig auf Zeit zusammen. Wirtschaftliche Zusammenarbeit größeren Umfanges wird gern als »Joint Venture«, Gemeinschaftsvorhaben, bezeichnet. Die Zusammenarbeit kann z. B. in der Abgrenzung der Produktionsprogramme bestehen, um durch Spezialisierung die Wettbewerbsfähigkeit jedes der beteiligten Unternehmen zu verbessern, sie kann in der Abgrenzung der Absatzgebiete bestehen, um sich am Markt keine Konkurrenz zu machen.

Eine ausgeprägtere Zusammenarbeit kann z. B. bei der Herstellung von Kraftfahrzeugen darin bestehen, dass ein Zulieferbetrieb dem Fahrzeughersteller die Motoren liefert. Rechtliche Grundlage einer Kooperation ist immer ein Vertrag zwischen den Partnern.

Durch **Konzentration** wird die wirtschaftliche Selbstständigkeit der Partner eingeschränkt, kaum oder auch erheblich. Gleiches gilt für die rechtliche Selbstständigkeit. Formal mag sie bestehen bleiben, erkennbar daran, dass z. B. jede der beteiligten Aktiengesellschaften ihren eigenen Vorstand, ihren eigenen Aufsichtsrat und ihre eigene Hauptversammlung behält. Die vertraglichen Vereinbarungen können aber so weit gehen, dass sich schließlich eine wirtschaftliche Einheit ergibt. Rechtliche Grundlage der Konzentration ist entweder ein Vertrag oder Anteilserwerb.

Wer 25 % Kapitalanteil an einer Aktiengesellschaft besitzt, hat die **»Sperrminorität«**. Das heißt, dass wichtige Beschlüsse, wie Kapitalherauf- oder -herabsetzung oder Satzungsänderungen, die nur mit einer qualifizierten Mehrheit von mehr als 75 % beschlossen werden können, nicht ohne Zustimmung des Minderheitsanteilseigners möglich sind. Auf dieser Basis kann bereits einiger Einfluss auf die Gesellschaft ausgeübt werden. Mit mehr als

50 % Beteiligung hat man das Sagen in der Geschäftspolitik, ist allerdings bei Beschlüssen, die eine qualifizierte Mehrheit erfordern, auf Zustimmung anderer Aktionäre angewiesen und muss dafür Konzessionen machen. Erst mit mehr als 75 % der Stimmen beherrscht man die Hauptversammlung vollständig.

2.1.1.6.2 Zusammenschlussformen

Zur inhaltlichen und graduellen Unterscheidung sind folgende Begriffe zu erörtern:

a) Konsortium
b) Kartell
c) Syndikat
d) Interessengemeinschaft
e) Konzern und
f) Trust.

Zu a) Konsortium

Die Bildung eines Konsortiums bedeutet horizontale Zusammenarbeit auf vertraglicher Grundlage zur Durchführung eines bestimmten geschäftlichen Vorhabens (Konsortialgeschäft). Ein Konsortium hat die Rechtsform einer GbR, die nach Durchführung des Vorhabens aufgelöst wird.

Beispiele:

– *Ein Bankenkonsortium, das bei Gründung oder Kapitalerhöhung einer Aktiengesellschaft die Aktienemission (den Aktienverkauf) am anonymen Kapitalmarkt für die AG übernimmt; eine federführende Bank kann auf diese Weise durch Zusammenarbeit mit anderen Banken weltweit interessierte Kapitalanleger ansprechen;*

– *eine Arbeitsgemeinschaft (»Arge«) verschiedenartiger Unternehmen des Bau- und Baunebengewerbes übernimmt den gemeinschaftlichen Streckenbau eines U-Bahn-Abschnittes, eines Autobahnteils, den Bau eines Wasserkraftwerkes usw.*

Zu b) Kartell

Die Bildung eines Kartells führt zu horizontaler Zusammenarbeit auf vertraglicher Grundlage. Die wirtschaftliche und rechtliche Selbstständigkeit der Unternehmen bleibt im Übrigen unberührt.

Kartelle sind auf eine Einschränkung des Wettbewerbs gerichtet. Das Gesetz gegen Wettbewerbsbeschränkungen von 1957 (GWB) verbietet Kartelle grundsätzlich, lässt aber Ausnahmen zu.

Man kann heute unterscheiden

– verbotene,
– erlaubnispflichtige,
– meldepflichtige Kartelle.

Strikt verboten sind z. B.

– Preiskartell (einheitliche Preise würden das wichtigste Marktregulativ ausschalten),
– Quotenkartell (zur Festlegung von Produktions- oder Absatzquoten der Mitglieder),
– Gebietskartell (zur Festlegung der Absatzgebiete),
– Syndikat (gemeinschaftliche Vertriebs- oder Beschaffungsorganisation).

Der **Erlaubnis** (oder Duldung) bedürfen

- Rationalisierungskartell (Produktionsabsprachen zur besseren Produktionsanlagen-Ausnutzung),
- Exportkartell, wenn sich die Absprachen auch auf das Inland auswirken,
- Importkartell (zur Stärkung gegenüber ausländischen Monopolen),
- Strukturkrisenkartell (um Strukturkrisen zu überleben),
- »Ministerkartell« (kann fallweise vom Wirtschaftsminister genehmigt werden, wenn das Gemeinwohl es erfordert).

Nur meldepflichtig, weil nicht marktschädlich, sind

- Konditionenkartell (zur Festlegung einheitlicher Liefer- und Zahlungsbedingungen),
- Rabattkartell (zur Festlegung einheitlicher Rabattgewährung), da es die Vergleichbarkeit der Preise verbessert,
- Spezialisierungskartell (zur existenzerhaltenden Produktionsprogrammaufteilung),
- Kooperationskartell (zur rationalisierenden Zusammenarbeit kleiner und mittlerer Unternehmen),
- Normen- und Typenkartell (zur technischen Vereinheitlichung),
- Angebots- und Kalkulationsschemakartell (zur Vereinheitlichung von Angeboten und Kalkulationen),
- Exportkartell, wenn es sich nicht auf das Inland auswirkt.

Zu c) Syndikat

Ein Syndikat ist die straffste Form eines Kartells. Hier liegt ein teilweiser wirtschaftlicher und rechtlicher Zusammenschluss vor, indem Kernfunktionen der beteiligten Unternehmen, wie der Absatz oder auch die Beschaffung, einer selbstständigen Handelsgesellschaft übertragen werden. Syndikate fallen unter das Kartellverbot.

Beispiel:

Auf gleicher Produktions- und Handelsstufe stehende Unternehmen bildeten 1919 auf staatliche Veranlassung für Kali, Kohle und Energiewirtschaft jeweils gemeinschaftliche Verkaufskontore, die besonders im Stahlhandel als Werkshandelsgesellschaften mit eigener Rechtsform bekannt waren und zentral den Verkauf der Leistungen vornahmen. Es handelte sich um Zwangssyndikate, um auf diesem Gebiet nicht durch Wettbewerb Einbrüche zu erleiden. Sie wurden 1945 durch Besatzungsrecht aufgelöst.

Zu d) Interessengemeinschaft

Die Interessengemeinschaft (IG) ist, wie der Name sagt, auf Wahrung bestimmter gemeinsamer Interessen gerichtet. Zumeist wird dazu in Form einer Gesellschaft bürgerlichen Rechts eine zentrale Institution errichtet. Die freie Vertragsgestaltung lässt nach Inhalt und Intensität großen Spielraum. Im selben Maß wird die wirtschaftliche Freiheit der einzelnen Mitglieder aufgegeben.

Die Gestaltung kann Kartellen ähnlich sein (Produktionsgemeinschaft, Rationalisierungsgemeinschaft), bis zu konzernähnlicher Struktur. Bekannt wurden Interessengemeinschaften als Gewinngemeinschaften, die durch Gewinnausgleich einerseits eine Minderung der Steuern erreichten und andererseits zur Finanzierung finanzschwacher Mitglieder, u. a. auch durch gemeinschaftliche Kreditaufnahme, beitrugen.

Zu e) Konzern

Im Konzern bleibt die rechtliche Selbstständigkeit der einzelnen Unternehmen bestehen. Sie verlieren jedoch ihre wirtschaftliche Unabhängigkeit und stehen unter einheitlicher Leitung.

Konzerne sind grundsätzlich erlaubt. Das Bundeskartellamt kann jedoch Zusammenschlüsse untersagen, wenn sie zu einer marktbeherrschenden Stellung führen würden.

Für Konzerne gibt es viele Zusammenschlussvarianten. Sie können durch Aufkauf von Beteiligungen oder durch Unternehmensvertrag (§ 291 AktG) zustande kommen.

Es gibt zwei Grundtypen des Konzerns:

– Ein Gleichordnungskonzern (§§ 18f AktG) liegt bei Gleichstellung der Unternehmen vor, ohne Überordnungs- und Unterordnungsverhältnis. Es sind dann Schwestergesellschaften.
– Beim Unterordnungskonzern (§§ 16ff AktG) spricht man von Muttergesellschaft und Tochtergesellschaft.

Die Grundformen mischen sich bei vielfach durch Beteiligungen verschachtelten Unternehmen.

Zu f) Trust

Der Trust ist der engste Zusammenschluss, dessen zentrale wirtschaftliche Leitung besonders ausgeprägt ist. Auch die rechtliche Selbstständigkeit der Unternehmen kann aufgehoben sein.

Der Trust kommt in zwei Formen vor.

– Mit einer **Holdinggesellschaft** (Dachgesellschaft, Kontrollgesellschaft) an der Spitze: Sie hält die Mehrheitsanteile der dadurch abhängigen Gesellschaften. Sie ist Verwaltungs- und Kontrollgesellschaft. Durch ihre Kapitalmehrheit kann die Dachgesellschaft die kapitalseitigen Aufsichtsratsmitglieder wählen und über diese die Vorstände besetzen lassen. Die Holdinggesellschaft steuert den Trust mit Zielvorgaben, insbesondere mit Rentabilitätszielen für die einzelnen Bereiche **(Profit-Center).**
– Durch **Fusion** (Verschmelzung) werden mehrere Unternehmen zu einer einzigen zusammengefügt.

Fusionen können erfolgen durch

– die Verschmelzung durch Neubildung eines Unternehmens und
– die Verschmelzung durch Aufnahme des einen Unternehmens in die andere.

Das **Umwandlungsgesetz** (UmwG) unterscheidet zahlreiche Arten von Unternehmensverschmelzungen, insbesondere auch die Verschmelzung verschiedener Rechtsformen.

Eine Fusion hebt die wirtschaftliche und die rechtliche Selbstständigkeit der einzelnen Unternehmensteile auf. Es gibt dann, z. B. bei der Fusion mehrerer Unternehmen zu einer AG, nur noch eine Firma, einen Vorstand, einen Aufsichtsrat und eine Hauptversammlung.

2.1.1.6.3 Auswirkungen von Unternehmenskonzentrationen

Konzentrationen ermöglichen einerseits Rationalisierungen in allen Bereichen, in Beschaffung, Produktion und Absatz, in Forschung und Entwicklung wie auch in der Verwaltung. Solche Rationalisierungen kommen im Allgemeinen dem Konsumenten in Form von Preisminderungen durch Wettbewerb zugute. Andererseits kann der Wettbewerb eingeschränkt werden, wenn ein Unternehmen eine marktbeherrschende Stellung erreicht, was man etwa ab 25 % Marktanteil – der Einspruchsschwelle des Bundeskartellamtes gegen eine marktbeherrschende Position durch Zusammenschluss – annehmen kann. Daraus können nicht nur hohe Angebotspreise folgen, sondern auch eine Einschränkung der Angebotsvielfalt.

Weltumspannende Zusammenschlüsse, die zu der vieldiskutierten Globalisierung von Unternehmen führen, haben für die wirtschaftlich schwachen Länder die Vorteile des Wissenstransfers, moderner Ausbildungsstandards und sie können dort auch den Wohlstand fördern. Aber auch Fehlentwicklungen werden weltweit gestreut.

Ob Konzentration das Angebot am Markt verbessert oder ob sie nachteilig ist, kann nur von Fall zu Fall entschieden werden. Wie differenziert dies gesehen werden muss, zeigt die im vorigen Abschnitt dargestellte unterschiedliche Bewertung von Kartellen. Der Beurteilungsmaßstab muss aus volkswirtschaftlicher Sicht sein, ob die Bedürfnisbefriedigung der Konsumenten preisgünstiger und vielfältiger wird oder nicht; denn die Bedürfnisse sind der Anlass des Wirtschaftens.

Für die Beschäftigten sind Konzentrationen in der Regel mit Umstellungsängsten verbunden, auch wenn sie letztendlich oft zu sozialen Verbesserungen führen. Konzentrationen sind zumeist Ausdruck struktureller Nachfrageänderungen als Folge der technischen Entwicklung und Ausdruck der Anpassung der Wirtschaft an die Konsumentenbedürfnisse, die darüber mit ihrer Kaufkraft abstimmen.

2.1.1.7 Internationalisierung und Globalisierung

Die Märkte für Güter und Dienstleistungen befinden sich seit mehreren Jahrzehnten – mit zunehmender Geschwindigkeit – in einem Prozess des weltweiten und grenzüberschreitenden Zusammenwachsens. Begünstigt durch moderne Kommunikations- und Transportmittel, zudem beschleunigt durch die marktwirtschaftliche Neuausrichtung in Osteuropa und Fernost, verbreiten sich Wissen und Technologien rasant und weltweit. Kapitalströme ziehen, von staatlichen Beschränkungen immer weniger erfasst, auf der Suche nach den rentabelsten Investitionsmöglichkeiten und Märkten rund um den Globus.

Der internationalisierte Wettbewerb eröffnet Wachstumschancen für inländische Unternehmen, birgt aber auch ernste Risiken, wenn etwa Produktionen in »Billiglohnländer« oder in Länder mit geringen Umweltschutzstandards ausweichen. Durch die vielfachen Verflechtungen von Unternehmen und Märkten entwickeln sich immer intensivere Wirtschaftsbeziehungen zwischen den verschiedenen Staaten, und politisches Handeln hat zunehmend die wirtschaftlichen Auswirkungen zu berücksichtigen.

Unternehmen sind heute aber nicht nur international vernetzt: Im Bemühen, sich im internationalen Wettbewerb gut zu behaupten, überschreiten sie selbst die nationalen Grenzen, gründen Niederlassungen und unterhalten Tochterunternehmen in anderen Ländern – volkswirtschaftlich wird dieses Engagement als »**Direktinvestition**« bezeichnet. Diese Entwicklung betrifft schon seit langem nicht mehr nur die großen Unternehmen, sondern zunehmend kleine und mittlere Unternehmen (KMU) aller Branchen. Damit stellt sich regelmäßig die Frage nach der Rechtsform.

Grundsätzlich ist es möglich, die ausländische »Tochter« entweder als haftungsrechtlich unselbstständige Zweigniederlassung der Muttergesellschaft zu führen oder in einer im Niederlassungsland zugelassenen Rechtsform neu zu gründen.

Besondere Regeln gelten innerhalb der Europäischen Union, die den in Mitgliedstaaten ansässigen Unternehmen gesellschaftsrechtlich Niederlassungsfreiheit gewährt. Ein Unternehmen mit Sitz in einem EU-Mitgliedsstaat kann für sich eine Rechtsform aus einem der anderen Mitgliedsstaaten wählen. Vor dem Brexit war die Gründung einer – gegenüber einer deutschen GmbH vergleichsweise unkomplizierten und preiswerten – Gründung in der britischen Rechtsform der **Ltd.** (private company limited by shares) beliebt. Seit dem Ausstieg Großbritanniens aus der Europäischen Union (dem sogenannten Brexit) wird diese Unternehmensform in Deutschland nicht mehr anerkannt, und bestehende Unternehmen in dieser Rechtsform werden als Personengesellschaften aufgefasst, deren Gesellschafter als natürliche Personen haftbar gemacht werden können.

Inzwischen wurde mit der bereits vorgestellten **Europäischen Gesellschaft SE** (Societas Europaea) eine Organisationsform für europaweit agierende Unternehmen geschaffen, und die gleichfalls oben behandelte **Europäische wirtschaftliche Interessenvereinigung (EWIV)** bietet Unternehmen und Freiberufler die Möglichkeit, eine Personenvereinigung einzugehen.

Grenzüberschreitende Tätigkeit erfordert aber nicht nur die Befassung mit Fragen der Rechtsform: Selbstverständlich ist die Kenntnis der rechtlichen und wirtschaftlichen Rahmenbedingungen im Niederlassungsland unverzichtbar. Insbesondere die Stärkung der **interkulturellen Kompetenz** der Mitarbeiter, die sich nicht auf Sprachkenntnisse beschränkt, sondern das Wissen um (moralische, ethische, soziale, religiöse, politische) Werthaltungen und Vorstellungen, Traditionen und gesamtgesellschaftliche Grundhaltungen (etwa zu Geschlechterrollen, Meinungsfreiheit, Umgang mit Sexualität) umfasst, rückt immer mehr in das Bewusstsein – und die Personalentwicklungsplanungen – der Unternehmensleitungen.

2.1.2 Hauptfunktionen in Unternehmen

2.1.2.1 Die Funktionen im Überblick

2.1.2.1.1 Kern- und Nebenfunktionen

Die **Kernfunktionen** eines Industriebetriebes sind

– Beschaffung,
– Produktion und
– Absatz.

Um das Zusammenspiel der Kernfunktionen in Gang zu setzen, bedarf es der **Nebenfunktionen**:

– Leitung und
– Verwaltung.

Bei größeren Unternehmen kommt zumeist Forschung und Entwicklung (F&E) hinzu.

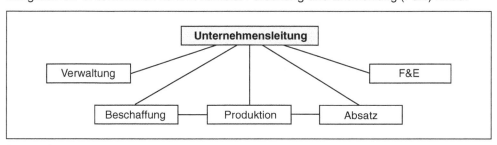

Die Hauptfunktionen in einem industriellen Unternehmen

Diese Darstellung der Funktionen kann das Beziehungsnetz nur oberflächlich andeuten. Die Leitung und die Verwaltung verbinden alle Funktionen mit einem Organisationsnetz, das den Ablauf der Funktionen rationell sichern soll.

2.1.2.1.2 Die Funktionen der Verwaltung

Wesentliche **Funktionen der Verwaltung** sind

- das **externe Rechnungswesen:** Finanzbuchhaltung und Jahresabschluss zur Dokumentation, Rechenschaftslegung und Information auch gegenüber Stellen außerhalb des Unternehmens (etwa Finanzamt, Kreditinstituten, Öffentlichkeit);
- das **interne Rechnungswesen** mit den Bestandteilen **Kosten- und Leistungsrechnung** als Betriebsbuchhaltung zur internen Betriebsabrechnung (als zeitraumbezogene Rechnung) und Kalkulation (als auf Erzeugniseinheiten bezogene, für die Preisfindung unerlässliche Rechnung), **Planungsrechnung** und **betriebliche Statistik;**
- der **Finanzierungsbereich,** der für die jederzeitig zur Aufrechterhaltung des Betriebs erforderliche Liquidität sorgt und die Mittel für **Ersatz- und Erweiterungsinvestitionen** beschafft;
- die Abwicklung des **Zahlungsverkehrs;**
- das **Controlling,** das – oft als Stabsstelle der Führung – die für die Steuerung des Unternehmens erforderlichen Daten und Informationen zusammenträgt, aufbereitet und bereitstellt;
- der **Personalbereich** (Human Resources) zur Personalbeschaffung, -verwaltung und – entlohnung;
- der IT-Bereich, der die informationstechnische Infrastruktur errichtet, aufrechterhält, anforderungsgerecht anpasst und für Datensicherheit sorgt;
- **Dienstleistungs- und flankierende Funktionen** wie Empfang, Poststelle, Telefonzentrale, Datenschutzbeauftragte, Schreibdienst;
- **integrative Managementbereiche:** Qualitäts-, Umwelt-, Arbeitsschutz- und Gesundheitsmanagement.

Diese Aufzählung ist keineswegs vollständig! Die Ausprägung der Verwaltung hängt, ebenso wie diejenige der Fertigungsbereiche, maßgeblich von der Aufgabe, der Unternehmensgröße und anderen individuellen Gegebenheiten des Unternehmens ab.

2.1.2.1.3 Die Funktionen der Leitung/Führung

Führung: Darunter wird ganz allgemein der bewusste Einfluss des Führenden auf die geführten Person(en) verstanden. Einfluss wiederum ist das Bewirken von Veränderungen im Verhalten und darüber hinaus in den Einstellungen und Werthaltungen der Geführten und darf nicht mit Manipulation verwechselt werden: Diese nämlich zielt darauf ab, der Person, von der die Manipulation ausgeht, Vorteile zu verschaffen, ohne dass die beeinflusste Person dies durchschaut, und fragt nicht danach, ob der manipulierten Person womöglich Schaden zugefügt wird. Führung meint auch nicht »Macht«gebrauch um jeden Preis.

Führung in diesem Sinne findet an vielen Stellen im Unternehmen statt, auch zwischen gleichrangigen Kollegen. Wo sie von Vorgesetzten ausgeht, der mit formaler Autorität ausgestattet ist, ist sie gleichzusetzen mit Personalführung.

Führung wird aber auch als Synonym für das Spitzenpersonal aufgefasst, das die Leitung des Unternehmens innehat und damit

- die **strategische (langfristige) Ausrichtung** des Unternehmens bestimmt,
- die **Ziele** vorgibt,
- die **Verfügungsgewalt über Menschen, Sach- und Geldmittel** ausübt,
- die wichtigen **Entscheidungen** trifft,
- das Unternehmen nach außen **repräsentiert** und in rechtlichen Fragen **vertritt** und
- den Orientierungsrahmen für die **Unternehmenskultur** (oft in Form eines Leitbilds) setzt.

Im Gegensatz zur ausführenden Arbeit, die von Arbeitskräften in der Produktion und Sachbearbeiterin in der Verwaltung erbracht wird, wird ihre Aufgabe als **dispositiv** (hier im Sinne von »verfügend«) bezeichnet. Je höher der dispositive Anteil an einer Aufgabe (und dementsprechend geringer der ausführende Anteil) ist, desto höher ist die Führungsperson in der Hierarchie des Unternehmens angesiedelt. Entscheidungsstellen werden auch als Instanzen bezeichnet.

Der Bereich »Führung« wird im Prüfungsbereich 4 »Zusammenarbeit im Betrieb« (Lehrbuch 3) noch ausführlicher erläutert. Der hierarchische Aufbau eines Unternehmens wird im Rahmen der Erklärungen zur Aufbau- und Ablauforganisation in Abschnitt 2.2 gesondert behandelt. Hier – im unmittelbaren Anschluss – geht es zunächst um die Funktionen des Industriebetriebs.

2.1.2.1.4 Die sozialen Funktionen

Dass ein Unternehmen eine technisch-ökonomisch-soziale Einheit ist, wurde spätestens seit Bestehen der mittelalterlichen Zünfte juristisch dokumentiert. In den Zunftordnungen wurde festgeschrieben, dass die Lehrlinge für die Zeit ihrer Ausbildung in die Familie des Meisters aufgenommen werden. Der daraus folgende **patriarchalische Führungsstil** blieb selbst in der Industrie bis in die siebziger Jahre des zwanzigsten Jahrhunderts vorherrschend. Er prägte diese Epoche, in der die Beschäftigten als Untergebene galten, während der Unternehmer die Rolle des Vorgesetzten hatte, dessen Fürsorge für die Untergebenen stark von seiner Persönlichkeit abhing. Die Belegschaft selbst großer Betriebe fühlte sich zusammengehörig, was in Begriffen wie »Siemensianer«, »AEGler«, »Kruppianer« zum Ausdruck kam.

Die ständig fortschreitende technische Entwicklung erfordert heute nicht mehr Untergebene, sondern Mitarbeiter an vielen Stellen der Fertigungsprozesse, die nur durch deren Spezialkenntnisse optimal durchgeführt werden können. Gegenseitiger Respekt für die individuellen Leistungen ist heute die Grundlage für eine Leistungsoptimierung. An die Stelle des patriarchalischen Führungsstils ist das **Mitarbeiterprinzip** getreten. Dieses liegt im Interesse aller, die durch die Existenz eines Unternehmens ihre wirtschaftliche Grundlage haben. Eine soziale Funktion kommt in der gegenseitigen Verantwortung zum Ausdruck, die jeder Betriebsangehörige in seinem Aufgabenbereich für den wirtschaftlichen Ablauf der technischen Funktionen hat. Sie kommt weiter darin zum Ausdruck, dass die Verantwortung der Vorgesetzten nicht nur die Schaffung der organisatorischen Voraussetzungen für einen wirtschaftlichen Ablauf betrifft, sondern auch den Geist, in dem eine gemeinschaftliche Aufgabe erfüllt wird. Hierfür spielt eine **sozialorientierte Unternehmensphilosophie** die entscheidende Rolle.

Ergänzend sind in diesem Zusammenhang die für alle Arbeitsverhältnisse gesetzlichen Mindestbedingungen zum Schutze der Arbeitnehmer, das Betriebsverfassungsgesetz und die von Gewerkschaften und Arbeitgebern abgeschlossenen Tarifverträge zu erwähnen.

Neben die sozialen Funktionen, die ein Unternehmen im Innern durch die gemeinschaftliche Leistungserstellung hat, treten die äußeren sozialen Funktionen. Naturgemäß ist jedes Unternehmen, ob klein oder groß, in ein Beziehungsumfeld eingebettet, das einerseits aus Lieferanten und Kunden besteht, andererseits aber aus Familienangehörigen der Beschäftigten, aus Anwohnern, Behörden, kritischen Medien. Zu diesem Umfeld bestehen – ob gewollt oder nicht – Beziehungen, die dem Unternehmen günstige oder ungünstige Existenzbedingungen schaffen können. Imagepflege und Public Relations sind deshalb wichtig. Sie genügen aber nicht, ein günstiges Umweltklima für ein Unternehmen zu schaffen. Wenn die Selbstdarstellung nicht auch im Handeln gegenüber dieser vielgestaltigen Umwelt deutlich wird, kann schnell ein Klima des Misstrauens und der Ablehnung entstehen.

Die Schließung eines Unternehmens hat vielfältige Auswirkungen auf die Mitarbeiter und das Umfeld. Allein das beweist seine internen und externen sozialen Funktionen und die damit verbundenen vielfältigen sozialen Verpflichtungen.

Neben den bereits genannten Funktionen, die durchweg in der Aufbauorganisation eines Unternehmens zum Ausdruck kommen, hat ein Unternehmen soziale Funktionen – als Ganzes im Rahmen einer Volkswirtschaft, vor allem aber nach innen durch die wechselseitigen Beziehungen aller im Unternehmen Beschäftigten.

2.1.2.2 Kern-Funktionsbereiche und deren Wechselbeziehungen und -wirkungen

Im Produktionsbetrieb stellen Beschaffung, Produktion und Absatz die Kernfunktionen da. Zwischen ihnen bestehen naturgemäß starke Wechselwirkungen, die sich aus der Logik des industriellen Prozesses ergeben.

Die betriebliche Leistungserstellung ist ein Transformationsprozess, der den »Input« des Beschaffungsmarktes, also menschliche und maschinelle Arbeitskraft sowie Roh-, Hilfs- und Betriebsstoffe, in den für den Absatzmarkt bestimmten »Output«, die Erzeugnisse des Betriebes, umformt.

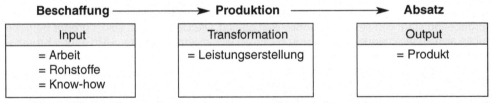

Produktion als Transformationsprozess

Der hier gezeigte Transformationsprozess ist Teil einer Wertschöpfungskette, der sich – über die Grenzen des eigenen Unternehmens hinausreichend – von der Rohstoffbeschaffung über die Fertigung, die Vertriebslogistik, ggf. weiterverarbeitende Betriebe und vermittelnde Handelsbetriebe bis zum Endkunden erstreckt. Die Organisation und Koordination von Informationen, Gütern, Arbeit, Betriebsmittel- und Kapitaleinsatz entlang dieser unternehmensübergreifenden Kette wird unter dem Begriff des »**Supply Chain Management**« **(SCM)** erfasst.

Die in diesem Transformationsprozess beteiligten Stellen sind vielfach verflochten, wirken aufeinander ein und können kaum isoliert betrachtet werden.

2 Betriebswirtschaftliches Handeln   2.1 Berücksichtigen der ökonomischen ...

Beispiele für Wechselbeziehungen:

Das Unternehmen hat sich für ein bestimmtes Produktionsprogramm entschieden. Damit sind Vorfestlegungen über die in Frage kommenden Produktionsverfahren, die Art des benötigten Materials, der benötigten Fachkräfte, der Beschaffenheit der Lager und der Transportmittel usw. getroffen.

Während der Corona-Pandemie waren internationale Lieferketten vielfach gestört oder sogar völlig zusammengebrochen. Das Fehlen bestimmter Materialien und Bauteile führte teilweise zu verminderter oder gar stillstehender Produktion von Gütern, etwa bei Automobilen, für die sich die Lieferzeiten teilweise vervielfachten.

Die Aufzählung der Wechselwirkungen ließe sich beliebig fortsetzen. im Folgenden werden die drei Kernbereiche Beschaffung – Produktion – Absatz näher beleuchtet.

In der folgenden Abbildung werden die Kernfunktionen mit den Beziehungen und Abläufen innerhalb des Betriebes und nach außen schematisch dargestellt. Der größte Teil umfasst den Güterfluss vom Beschaffungsmarkt über die Produktion (»Kombination der Produktionsfaktoren«) bis zum Absatzmarkt. Im unteren Teil ist der dem Güterstrom entgegenfließende Geldstrom eingezeichnet.

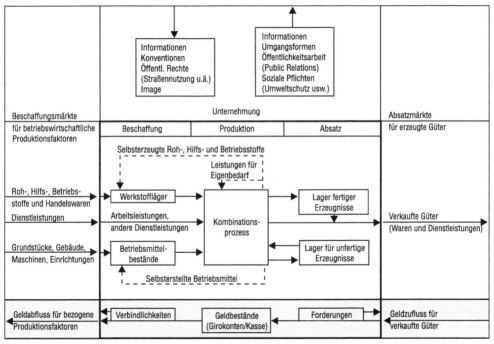

Die Kernfunktionen eines Industriebetriebes im Unternehmensumfeld

2.1.2.2.1 Beschaffung

Im Beschaffungsbereich können die Funktionen **dem Ablauf entsprechend** gegliedert werden.

Im Rahmen der Beschaffungsfunktion bedeutet dies im Einzelnen:

– **Internes Bestellen:** Das Bestellbüro der Fertigungsleitung bestellt dem Fertigungsbedarf entsprechend nach Art, Menge und Termin beim Einkaufsbüro.

- **Externes Bestellen:** Das Einkaufsbüro ermittelt den günstigsten Lieferanten und bestellt dort.
- **Ware annehmen:** Die Warenannahme nimmt Lieferungen an, wobei sie den äußeren Zustand der Lieferung und die mengenmäßige Übereinstimmung mit den Bestellpositionen prüft.
- **Ware prüfen:** Die Eingangsmaterial-Prüfstelle nimmt, wo nötig, die technische Prüfung der Anlieferungen nach Qualität und Abmessungen vor.
- **Ware einlagern:** Die Transportstelle transportiert die Lieferung zum Materiallager. Das Materiallager lagert sachgerecht ein. Dabei können sich vielfältige Erfordernisse ergeben, z. B. Materialqualität erhalten (Stahlteile ölen, bestimmte Papiererzeugnisse und Apparate klimatisieren), Diebstahl verhindern, besonders bei wertvollem Material usw.
- **Lagerbestände bereithalten:** Das Materiallager hält die Materialien zum Einsatz in der Produktion bereit, stellt sie u. U. nach Stücklisten abholfertig zusammen.

Entsprechende Funktionen sind bei der Beschaffung für Eigenbedarf des Unternehmens auszuüben.

2.1.2.2.2 Produktion

Die Fertigung ist die zentrale Funktion eines Industriebetriebes. Sie mit dem **Ziel der Minimalkostenkombination** der Produktionsfaktoren einzurichten ist eine technische Aufgabe. Sie ist wesentlich abhängig vom Fertigungstyp.

Massenfertigung:

Eine Voraussetzung der Massenfertigung ist der Absatz einer großen Masse gleichartiger Erzeugnisse. Zur Glättung des Produktionsprozesses wird auf Lager gefertigt und ab Lager geliefert. Merkmale dieses Fertigungstyps ist einmalige, minutiöse Arbeitsvorbereitung und Dauerlauf der Fertigung auf entsprechend konzipierten Anlagen. Vorteil der Massenfertigung: Sehr rationeller Fertigungsprozess. Nachteil: unelastischer Produktionsapparat.

Beispiele: Zementherstellung, Massenfertigung an Fließbändern.

Sortenfertigung und Reihenfertigung:

Bei der Sortenfertigung liegen Prozesse ähnlich der Massenfertigung vor. Es werden jedoch Produkte hergestellt, die der Art nach verwandt sind, sich aber im Typ unterscheiden. Ähnlich ist die Reihenfertigung zu sehen. Es können sehr ähnliche, nur durch bestimmte Einzelheiten unterschiedene Geräte nebeneinander als Produktreihen gefertigt werden.

Beispiele: Biersorten, Ziegelsteine, Textilien.

Kuppelfertigung:

Kuppelfertigung liegt vor, wenn mit der Herstellung eines Produktes entweder naturbedingt oder durch das gewählte Fertigungsverfahren zugleich Nebenprodukte (Kuppelprodukte) anfallen.

Beispiele: Aufspaltung chemischer Stoffe, bei der neben dem Hauptprodukt auch Nebenprodukte wirtschaftlich verwertbar sind; Brenn- und Heizgaserzeugung aus Steinkohle, wobei als Kuppelprodukt Koks anfällt.

Serienfertigung:

Bei diesem Fertigungstyp werden abwechselnd Groß- und Kleinserien verschiedener Produkte einer Branche hergestellt.

Beispiele: Elektrotechnische Geräte, Kraftfahrzeuge.

Partiefertigung, Chargenfertigung:

Die Produkte unterscheiden sich bei diesen Fertigungstypen partie- bzw. chargenweise. Die Unterschiede ergeben sich durch Abweichungen im eingesetzten Material oder durch nicht völlig beherrschte Fertigungsverfahren. Innerhalb einer Partie oder Charge besteht weitgehend Gleichheit der Produkte.

Beispiele: Stahlschmelze, Porzellanbrennerei, Färberei.

Einzelfertigung:

Jedes Einzelprodukt pflegt sich bei diesem Fertigungstyp vom anderen zumindest geringfügig zu unterscheiden. Das Fertigungsprogramm wird häufig durch eine Hauptmaterialart bestimmt; durch Holz bei der Einzelfertigung von Möbeln, durch Metall bei Kunstschmiedearbeiten. Aber auch eine funktionelle Spezialisierung kann produktbestimmend sein.

Beispiele: Schiffbau, Kraftwerksbau, Bau von Hafenanlagen, Bau von Stahlwerken.

Wie die Produktionsabläufe zu gestalten sind, kann durch das Produkt selbst vorgegeben sein, indem chemische Prozesse oder technische Anforderungen zwangsläufig zu einer bestimmten Anordnung der Arbeitsplätze führen (etwa bei der Herstellung von Gas und Bier). Wenn mehrere Fertigungsverfahren in Frage kommen, muss eine strategische Entscheidung von oft großer Tragweite getroffen werden, denn diese Entscheidung beinhaltet die Festlegung auf bestimmte maschinelle Anlagen und deren Anordnung zueinander in möglicherweise eigens zu errichtenden Gebäuden, auf bestimmte Betriebsmittel, auf die Zahl und Qualifikation von Arbeitnehmern usw.

Die operativen Aufgaben der Produktion sind

– die kurzfristige **Fertigungsprogrammplanung** (wieviel wovon?),

– das Zusammenstellen von abzuarbeitenden **Aufträgen,**

– die **Kapazitätsplanung und -steuerung,**

– die **Bereitstellungsplanung** bezüglich der benötigen Materialien, Arbeitskräfte und Betriebsmittel,

– das S**teuern und Überwachen** der Produktion (also die praktische Umsetzung der vorhergegangenen Planungen),

Auch die Sicherstellung der Produktion durch **Überwachung, Instandhaltung und Instandsetzung** der Anlagen und die **Qualitätssicherung** sind hier zu nennen.

2.1.2.2.3 Absatz

Da jedes Unternehmen von den speziellen Bedürfnissen gesteuert werden muss, die am Markt erkennbar werden, ist die Marktforschung der wichtigste Kompass für die Absatzplanung. Daraus ergeben sich Forderungen an die Produktion und, wenn vorhanden, auch an die Forschung und Entwicklung.

Im laufenden Geschäft sind die Funktionen

– das Werben um Kunden,
– das Hereinholen von Aufträgen,

- das Verwalten des Fertigfabrikatelagers,
- der Versand,
- das Ausstellen der Lieferscheine und Rechnungen und
- das Organisieren des Versandes, auch in versandtechnischen Sonderfällen (Exportprobleme, Spezialverpackung für Überseelieferungen usw.).

2.1.3 Produktionsfaktor Arbeit

Die volkswirtschaftliche Betrachtungsweise bedient sich für die Beurteilung der Gütererzeugung des Modells der Kombination der Produktionsfaktoren. Die dabei benutzten Produktionsfaktoren, Arbeit, Boden und Kapital, sind sehr abstrakte Faktoren, die dadurch ermöglichen, jede Art Betrieb modellartig zu erfassen und gesamtwirtschaftliche Zusammenhänge zu erklären.

Die betriebswirtschaftliche Betrachtungsweise hat diese Modellbildung im Prinzip übernommen, verwendet aber für die Bezeichnung der Produktionsfaktoren Begriffe, die konkret im Betriebsgeschehen vorkommen.

In der Betriebswirtschaftslehre werden in Anlehnung an E. GUTENBERG (1951) unterschieden:

Der Faktor **Arbeit,** gegliedert in

- **dispositive Arbeit** (vgl. Abschnitt 2.1.2.1.3) und
- **objektbezogene Arbeit.**

Die Faktoren **Boden** und **Kapital** werden zusammengefasst, dann aber unterteilt in

- **Betriebsmittel** (Grundstücke, Gebäude, Anlagen, Maschinen, maschinelle Anlagen, Einrichtungen) und
- **Werkstoffe** (Roh-, Hilfs-, Betriebsstoffe) – nicht zu verwechseln mit dem REFA-Begriff »Werkstoffe«; wir befinden uns hier im wirtschaftlichen, nicht im technischen Bereich.

Im Laufe der Zeit wurden immer wieder andere Produktionsfaktoren für betriebswirtschaftliche Modelle genannt. Die Faktoren wurden differenziert und dadurch vermehrt. Das mag für einzelne Untersuchungen sinnvoll sein, bringt aber für das Grundlagenverständnis keinen erkennbaren Nutzen.

Beispielsweise wird in neuerer Zeit häufig die Information als betriebswirtschaftlicher Produktionsfaktor genannt. Andere nennen weitere nicht quantifizierbare Faktoren, wie Geistkapital oder Erfahrung als Produktionsfaktoren. Inwieweit sich aus einer Differenzierung der Faktoren neue Erkenntnisse ergeben, muss jeweils geprüft werden.

Information, um bei diesem Beispiel zu bleiben, war jedenfalls, seit gewirtschaftet wird, immer eine Grundlage ökonomischen Handelns. Sie ist im dispositiven Faktor enthalten. Entsprechend lassen sich andere »neue« Produktionsfaktoren den oben genannten zuordnen.

2.1.3.1 Formen der menschlichen Arbeit

Zur Beschreibung menschlicher Arbeit werden unterschiedliche Unterscheidungen getroffen, etwa

- in energetische und informatorische Arbeit, wobei die Arbeitswissenschaft erstere weiter unterteilt in motorische Arbeit (Arbeit in Bewegung) und mechanische Arbeit (z. B. Tragen);
- in geistige und körperliche Arbeit.

In der Betriebswirtschaft wird nach den zu erfüllenden Aufgaben unterschieden zwischen
- ausführender (objektbezogener) Arbeit in den Ausprägungen als
- manuelle objektbezogene Arbeit, wie Arbeit am Werkstück,
- geistige objektbezogene Arbeit, wie Entwurfs-, Konstruktions- und Einrichtungsarbeit,
- operative Arbeit, die teils geistige und teils manuelle Tätigkeiten umfasst, wie Verwaltungs-, Vorbereitungs-, Bereitstellungs- und Verwertungsarbeiten (Verkauf).

Menschliche Arbeit kann – jedenfalls bisher – nicht vollständig ersetzt werden: Zum einen, weil weder Betriebsmittel noch Werkstoffe ohne den **dispositiven Faktor** zum Zusammenwirken gebracht werden können, und zum anderen, weil menschliche Fähigkeiten wie Entscheidungsfähigkeit und Improvisationsvermögen an vielen Stellen benötigt werden. Nicht zuletzt sind Maschinen auch nicht in der Lage, Verantwortung für ihr Tun zu übernehmen – ein Grund, warum z. B. vollständig autonom fahrende Autos ohne menschlichen »Aufpasser« wohl noch auf längere Sicht nicht im Straßenverkehr unterwegs sein werden.

2.1.3.2 Bedingungen der menschlichen Arbeitsleistung und deren Einflussfaktoren

Die menschliche Arbeitsleistung hängt von zahlreichen Faktoren ab, die das **Arbeitssystem** ausmachen:

a) von den Voraussetzungen, die der Arbeitende erfüllt,

b) von den Voraussetzungen, die der Arbeitsplatz erfüllt, und

c) von den Voraussetzungen, die das Umfeld erfüllt.

Zu a) Voraussetzung für die optimale Erfüllung einer Arbeitsaufgabe sind Fachkenntnis, Begabung, Erfahrung, Leistungsfähigkeit (körperliche und geistige) und Leistungsbereitschaft – letztere wiederum hängt stark von den unter b) und c) genannten Voraussetzungen ab.

Zu b) Eine quantitativ und qualitativ optimale Arbeitsleistung wird durch die Gestaltung des Arbeitsplatzes ermöglicht und begrenzt. Gestaltung des Arbeitsplatzes bedeutet zuerst, ergonomische Anpassung an die Körpermaße bei bequemer Arbeitshaltung, so dass der Arbeitsplatz eine fließende Arbeitsausübung ermöglicht, ohne zusätzliche, arbeitsplatzbedingte Anstrengung.

Zu c) Zur Optimierung des Arbeitsplatzes gehört auch ein arbeitsförderndes Umfeld, wie geeignete Beleuchtung, Farbgebung, Temperatur am Arbeitsplatz, Freiheit von Zugluft, Strahlung, Lärm, Vibration und unzuträglicher Luftfeuchtigkeit.

Einfluss auf die Arbeitsleistung haben nicht zuletzt auch

- das Betriebsklima, das wiederum vom praktizierten Führungsstil und der damit zusammenhängenden Kollegialität abhängt, und
- die organisatorische Zuverlässigkeit des Systems, in dem die Arbeit stattfindet.

2.1.3.3 Das Arbeitssystem in Bezug auf die menschliche Arbeit

In Abschnitt 2.2 wird der Begriff des »sozio-technischen Systems« eingeführt. Ein solches System entsteht überall dort, wo Menschen und Maschinen nach bestimmten Regeln unter bestimmten Bedingungen zusammenwirken.

Ein Produktionsbetrieb mit allen ihn bestimmenden Aktionsträgern und allen in ihm verankerten Bedingungen und Regeln kann als ein solches System auf gefasst werden. In diesem Falle wird von einem Arbeitssystem gesprochen, das DIN EN ISO 6385 wie folgt definiert:

»*System, welches das Zusammenwirken eines einzelnen oder mehrerer Arbeitender/ Benutzer mit den Arbeitsmitteln umfasst, um die Funktion des Systems innerhalb des Arbeitsraumes und der Arbeitsumgebung unter den durch die Arbeitsaufgaben vorgegebenen Bedingungen zu erfüllen*«.

Arbeitssysteme werden häufig anhand der folgenden Merkmale beschrieben.

- **Arbeitsaufgabe:** Aus der Aufgabe ergeben sich die Begründung für die Schaffung und der Zweck der Existenz des Systems. Ihre Erfüllung setzt einen
- **Input (Eingabe)** in Form von gegenständlichen Materialien, Menschen bzw. menschlicher Arbeitsleistung, Informationen oder Energien voraus, die im Zuge der Aufgabenerfüllung in irgendeiner Weise (räumlich oder in ihrem Zustand/ihrer Beschaffenheit) verändert werden sollen, und bedingt einen Output (Ausgabe) von in diesem Sinne veränderten gegenständlichen Materialien, Menschen bzw. menschlicher Arbeitsleistung, Informationen oder Energien.
- **Menschen und Betriebsmittel** werden koordiniert (»...in Beziehung stehend...«) eingesetzt, um die Transformation des Inputs in den Output zu bewirken. Dabei folgen sie einem bestimmten
- **Arbeitsablauf** (»...festgelegte Regeln...«), der die räumliche und zeitliche Abfolge der Arbeitsschritte festlegt und aufeinander abstimmt. Der gesamte Prozess hat dabei die verschiedenen auf das System einwirkenden
- **Umwelteinflüsse** (»...bestimmten Bedingungen...«) zu beachten, die ökonomischer, sozialer, organisationsbedingter oder physikalischer Art sein können.

Hinsichtlich der Größe der betrachteten Komplexe wird häufig folgende Unterscheidung getroffen:

- »Makro-Arbeitssysteme« kennzeichnet Abteilungen, Betriebe oder komplette Unternehmen;
- »Mikro-Arbeitssysteme« meint einzelne Arbeitsplätze und zu Arbeitsgruppen zusammengefasste Arbeitsplätze.

Hinsichtlich des letzteren Begriffes muss darauf hingewiesen werden, dass »Arbeitsplatz«, »Stelle« und »Arbeitssystem« nicht dasselbe meinen und daher nicht notwendigerweise identisch sind:

- Ein **Arbeitsplatz** wird von einem Menschen oder einer Maschine ausgefüllt und kann (muss aber nicht) durch einen bestimmten Ort gekennzeichnet sein. An ihm kann – je nachdem, wie der Fertigungsablauf organisiert ist –, an einer oder an mehreren Arbeitsaufgaben (mit)gearbeitet werden. Auf die verschiedenen Organisationstypen der Fertigung wird in Abschnitt 2.2.7.4 näher eingegangen.
- Eine **Stelle** besteht aus einem oder mehreren Arbeitsplätzen, wobei aus den im angeführten Abschnitt genannten Gründen immer mindestens ein Mensch beteiligt ist.

- In einem Arbeitssystem ist, da es ein sozio-technisches System ist, immer mindestens ein Mensch beteiligt. Dieser kann eine Stelle (»einstellige Einzelarbeit«) oder, wenn er an mehreren Betriebsmitteln tätig ist, auch mehrere Stellen (»mehrstellige Einzelarbeit«) bekleiden. Wenn dem System mehrere Menschen angehören, können diese entweder eine Stelle (»einstellige Gruppenarbeit«) oder mehrere Stellen (»mehrstellige Gruppenarbeit«) ausfüllen.

Eine weitere Unterscheidung, die an die vorherigen Betrachtungen zur Materialflussgestaltung anknüpft, betrifft die Ortsgebundenheit, d. h. die Frage, ob das Material dem Arbeitsplatz zugeführt wird oder der Arbeitsplatz dem Material bzw. der Arbeitsaufgabe folgt.

- Ortsgebundene Arbeitssysteme sind dadurch gekennzeichnet, dass die in ihnen tätigen Menschen sowie die darin verwendeten Betriebsmittel an einem festen Platz ihrer Aufgabe nachgehen. Materialströme werden dem System zugeführt bzw. aus diesem herausgeführt.
- Ortsungebundene Arbeitssysteme sind dagegen mit dem Arbeitsgegenstand in Bewegung.

Beispiele:

Ein Arbeitssystem, in dem ein Arbeiter mittels einer Spezialmaschine Formteile stanzt, ist ein ortsgebundenes Arbeitssystem. Das zu bearbeitende Material wird durch ein Förderband herangeführt; auf dem gleichen Wege werden die gefertigten Teile zur Montagestation weiterbefördert.

Ein Arbeitssystem, bestehend aus einem Auslieferungsfahrzeug und einem Fahrer, bewegt sich während der Arbeitswoche zwischen den im ganzen Bundesgebiet verteilt liegenden Kundenorten. Der Arbeitsgegenstand ist das beförderte Gut. Für den Betrieb des Arbeitssystems ist die Zufuhr von Benzin erforderlich, die an unterschiedlichen Orten erfolgt: Die Materialeingabeorte (Auslieferungslager, Tankstellen) sind also, ebenso wie die Abgabeorte (Kundeneingangslager), feste Punkte, zu denen sich das Arbeitssystem hinbewegt.

2.1.3.4 Beurteilungsmerkmale des menschlichen Leistungsgrades

Die Beurteilung des Leistungsgrades eines Ausführenden (Leistungsgrad = Verhältnis zwischen Ist-Leistung und erwarteter Leistung) ist nie ganz ohne subjektive Wertung möglich. Für die Leistungsgradschätzung ist es notwendig, dass der Arbeitende für die Arbeit geeignet, motiviert und trainiert ist. Eine Leistungsgradschätzung ist deshalb nicht vor Ablauf einer Einarbeitungszeit mit hinreichender Einübung der erforderlichen Handgriffe vertretbar.

Andererseits muss der Beurteilende ein möglichst hohes Maß an Erfahrung für die Leistungsgradschätzung, ausgehend von der Vorstellung einer **Normalleistung** in Ansehung des Arbeitenden, besitzen.

Eine besondere Variante von Arbeitsleistungen ergibt sich aus der **Gruppenarbeit.**

Bei der Gruppenarbeit gibt es zwei Möglichkeiten der Arbeitsteilung, die Art- und die Mengenteilung.

- **Mengenteilung** liegt vor, wenn jedes Gruppenmitglied die gleiche Arbeit verrichtet, sodass die Gruppenleistung gleich der Summe der gleichartigen Einzelleistungen ist.
- **Artteilung** liegt vor, wenn jedes Gruppenmitglied eine andere Arbeit an einem gemeinsamen Erzeugnis verrichtet. Um Gleichmäßigkeit der Belastung zu erreichen, kann dabei ein regelmäßiger Platzwechsel erfolgen, so dass jeder im Wechsel jede Arbeit verrichtet.

Der Leistungsgrad wird bei Gruppenarbeit durch die Gruppenmitglieder untereinander vorgegeben. Bei der Aufgabenteilung nach Tätigkeitsarten bestimmt dagegen der zeitlängste Vorgang das Gruppentempo und damit die Gruppenleistung.

Mit zunehmender technischer Entwicklung nimmt zwar die Menge der menschlichen Arbeit in der Warenerzeugung ab, die Anforderungen an die Fähigkeiten hinsichtlich Systemverständnis, Steuerungs- und Überwachungsaufgaben nehmen aber erheblich zu.

Mit der Reduzierung des Faktors Arbeit im Bereich der industriellen Warenerzeugung geht demnach eine **Funktionsverschiebung** von objektbezogener (ausführender) zu dispositiver Arbeit einher.

Obgleich auch in manchen Branchen des Dienstleistungssektors die Effizienzsteigerung menschlicher Arbeit durch Kapitalgüter immens ist – man denke für Transportleistungen an Lkw, Bahnen, Schiffe und Flugzeuge oder im Bankwesen an den Einsatz von Automaten –, nimmt der Anteil der Beschäftigten in diesem Sektor zu.

Der Trend, dass sich die Produktionsfaktoren »dispositive Arbeit« und »objektbezogene Arbeit« von der Warenerzeugung zum Dienstleistungssektor verschieben, kann sich angesichts der technischen Entwicklung, die den Produktionsfaktor Betriebsmittel in der relativ stetigen Warenerzeugung zur Reife bringt und verbilligt, nicht umkehren.

2.1.4 Die Bedeutung des Produktionsfaktors Betriebsmittel

2.1.4.1 Auswirkungen von Investitionen auf Mitarbeiter, Produktionsabläufe und Finanzierung

Investitionen in neue Technologien wirken sich durchweg auf die Produktionsabläufe und damit auch auf die zu leistende menschliche Arbeit aus. Mit zunehmender Automatisierung wandeln sich nicht nur die Tätigkeiten, die immer weniger ausführende und immer mehr dispositive Anteile enthalten, und die Qualifikationsanforderungen. Unter Umständen ist mit ihr auch ein Arbeitsplatzabbau verbunden, und das ist natürlich in sozialer Hinsicht bedenklich: Denn der Produktivitätszuwachs der neuen Technologie kommt ja zunächst nicht dem freigesetzten Arbeitnehmer, sondern den Kapitalgebern zugute. Andererseits wurden zur Durchführung der Automatisierung evtl. anderweitig Arbeitsplätze geschaffen.

Kapitalgeber sind notwendig, denn Investitionen sind untrennbar mit Finanzierung verbunden: Die Mittel, die investiert werden sollen, müssen zunächst durch Finanzierungsaktivitäten bereitgestellt werden. Deswegen sind Finanzierung und Investition gewissermaßen »zwei Seiten einer Medaille«.

Geldanlagen in Investitionsgüter sind im Allgemeinen langfristiger Natur. Wenn Eigenkapital verwendet werden kann, hat dies den Vorteil der unbefristeten Verfügbarkeit: Kein Gläubiger verlangt das Geld zurück und ist damit in der Lage, dem Unternehmen die Existenzgrundlage zu entziehen. Andererseits ist die durchschnittliche Ausstattung der Industriebetriebe in Deutschland mit Eigenkapital im internationalen Vergleich eher mäßig: Sie liegt bei ca. 30 % (USA: um 50 %). Häufig wird daher Fremdkapital in Anspruch genommen werden müssen. Dieses muss in seiner Fristigkeit an die Bindungsdauer der Investition angepasst werden und wird oft nur gegen Stellung von Sicherheiten, z. B. Sicherungsübereignung der finanzierten Anlagen, gewährt.

2.1.4.2 Notwendigkeit von Investitionen in Produktionsgüter

Die technische Weiterentwicklung vollzieht sich in immer kürzer werdenden Zyklen. Der Druck des Wettbewerbs am Markt, aber auch rechtliche und gesellschaftliche Forderungen an das Unternehmen hinsichtlich Umweltschutz, Arbeitsbedingungen/Arbeitssicherheit usw., erfordern eine regelmäßige Anpassung des Betriebs an den Stand der Technik durch Investitionen.

Investitionen erfordern **Kapitaleinsatz** und bedingen eine oft langjährige **Kapitalbindung.** Sie müssen daher sowohl in Hinblick auf die Zusammensetzung der eingesetzten finanziellen Mittel als auch in Hinblick auf die Güter, in die investiert wird, sorgfältig erwogen werden; denn:

– Investitionen sind mit Unsicherheit behaftet! Wenn sich später herausstellt, dass auf die falsche Technologie oder das falsche Produktionsverfahren gesetzt wurde oder dass steuerliche Folgen falsch eingeschätzt oder dass gesetzliche Grundlagen rückwirkend zu Ungunsten des Betriebs verändert wurden, kann dies existenzgefährdend sein.

– Investitionen müssen das in ihnen gebundene Kapital angemessen verzinsen – andernfalls sind sie für Kapitalgeber uninteressant und werden zugunsten anderer Anlageformen unterlassen.

Investitionen erfolgen nicht nur in Sachmittel, sondern können auch Finanzen oder immaterielle Güter betreffen.

Allgemein werden folgende Formen unterschieden:

Investitionsform	Investitionsgründe
Sachinvestitionen	Erstinvestitionen (Anfangs-,Errichtungsinvestitionen), Ersatz- oder Erhaltungsinvestitionen, Rationalisierungsinvestitionen oder Erweiterungs- oder Ergänzungsinvestitionen, z. B. für maschinelle Anlagen und Werkzeuge Grundstücke und Gebäude oder Vorräte
Finanzinvestitionen:	in Beteiligungen oder verzinsliche Wertpapiere
Immaterielle Investitionen:	Forschung und Entwicklung Werbung und Öffentlichkeitsarbeit Personalentwicklung, Aus- und Fortbildung oder soziale Leistungen (betriebliche Altersvorsorge, Gesundheit ...).

Investitionen volkswirtschaftlich betrachtet

In einer lebendigen Wirtschaft spielen alle oben genannten Investitionsarten eine Rolle. Entstehung, Änderung, Erweiterung von Produktionskapazitäten gehören dazu.

Eine besondere Rolle spielt jedoch die **Ersatzinvestition.** Der Verschleiß der Produktionsanlagen wird in den Kalkulationen des Unternehmens durch »kalkulatorische Abschreibungen« berücksichtigt. Damit fließen über den Preis der Produkte die Mittel zurück, die benötigt werden, um die Substanz durch Ersatzinvestitionen erhalten zu können.

Während betriebswirtschaftliche Investitionsbegriffe **zukunftsbezogene** Zweckbegriffe sind, stellen die volkswirtschaftlichen Investitionsbegriffe **vergangenheitsbezogene,** rechnerische Gesamtgrößen dar, die aus den Vorjahreszahlen aller Unternehmen ermittelt werden.

Wurde in einer Volkswirtschaft in einem Jahr rechnerisch gerade der Verschleiß ersetzt, waren also die Investitionen insgesamt gerade so hoch wie die Abschreibungen, dann hat sich das Vermögen in den Unternehmen nicht geändert. Die so genannte Bruttoinvestition (= volkswirtschaftliche Gesamtinvestition) reichte gerade zur Ersatzinvestition.

Überschritt die Bruttoinvestition den zum Verschleißersatz erforderlichen Betrag, dann nahm das Volksvermögen zu. Die Mehrinvestition, die den Vermögenszuwachs bewirkt hat, nennt man Nettoinvestition.

Bruttoinvestition – Abschreibungen = **Nettoinvestition**

Reicht die Brutto-Investition nicht zum Ersatz der Abschreibungen aus, dann schrumpft das Produktionsvermögen der Volkswirtschaft.

Wachstum, Stagnation oder Schrumpfung einer Volkswirtschaft hängen infolge einer gewissen Kontinuität der Abschreibungssumme im Wesentlichen von der Bruttoinvestition in Betriebsmittel ab.

Die wegen der schnellen technischen und wirtschaftlichen Veränderungen schon chronischen Existenzängste der Erwerbstätigen müssen aufgefangen werden durch betriebliche Fortbildung für Steuerungs- und Überwachungstätigkeiten oder – in größeren Betrieben – durch Umsetzen auf frei werdende Arbeitsplätze in anderen Bereichen. Wenn jedoch durch die zunehmende Automation der Fertigung die Zahl der Arbeitsplätze kleiner wird, müssen die externen Auffangmöglichkeiten ins Bewusstsein rücken, wie Umschulung oder Weiterbildung für qualifiziertere Tätigkeiten in der Wirtschaft.

2.1.4.3 Bedeutung der Kapazitätsauslastung aus betriebswirtschaftlicher Sicht

Kapazität ist das **Fertigungsvermögen** eines Betriebes in einem definierten Zeitabschnitt. Welches Fertigungsvermögen überhaupt benötigt wird, ist Gegenstand einer umfangreichen und sorgfältigen Planung, die sich an den Absatzerwartungen orientiert. Die für die Beschaffung zuständigen Fachabteilungen (Einkauf und Finanzabteilung in Bezug auf Betriebsmittel, insbesondere maschinelle Anlagen; Personalabteilung in Bezug auf zu beschaffende Arbeitskräfte) benötigen Informationen darüber, was mit welchen Mitteln und in welcher Menge in welchem Zeitraum produziert werden soll.

Bei Anschaffungen langfristig nutzbarer, kostenintensiver Betriebsmittel wird die Entscheidung in der Regel von der Geschäftsleitung in Abstimmung mit der Finanzabteilung, die die nötigen Mittel bereitstellen und die Anschaffungsentscheidungen durch Investitionsrechnungen untermauern muss, getroffen.

Kapazitätsplanung im engeren Sinne ist Personalbedarfsplanung und Betriebsmittelplanung. Beide Bereiche beinhalten sowohl strategische als auch operative Elemente. An dieser Stelle wird ausschließlich auf die Betriebsmittelplanung eingegangen; die Personalplanung wird in Abschnitt 2.2.8 behandelt. Vorab werden einige wichtige Kapazitätsbegriffe erklärt.

Quantitative Kapazität	Mengenmäßiges Leistungsvermögen in einem Zeitabschnitt, das vorrangig an der Ausbringungsmenge je Zeiteinheit und ersatzweise z. B. nach (Maschinen-)stunden oder nach verbrauchten Materialmengen gemessen wird
Qualitative Kapazität	Art und Güte des Leistungsvermögens, z. B. bezüglich der Genauigkeit der Einhaltung von Maßvorgaben innerhalb vorgegebener Toleranzspannen oder bezüglich der Variabilität der Produktion.
Technische Kapazität	Technisches Leistungsvermögen eines Betriebsmittels, für das es herstellerseitig ausgelegt wurde.

2 Betriebswirtschaftliches Handeln   2.1 Berücksichtigen der ökonomischen ...

Maximalkapazität	Größtmögliche Leistungsabgabe während der Betrachtungsperiode durch ununterbrochenen bzw. nur durch unvermeidbare Rüst- und Wartungszeiten unterbrochenen Einsatz
Effektive Kapazität	Tatsächlich während einer Periode produktiv nutzbare Kapazität unter Berücksichtigung anlagen-, personal- oder rechtlich induzierter Verlustzeiten (wie viel an Kapazität tatsächlich in einer Periode verfügbar war, kann exakt erst im Nachhinein angegeben werden)
Optimale Kapazität	Wirtschaftliche Kapazität, die auf diejenige Ausbringungsmenge pro Zeiteinheit ausgerichtet ist, für die die Stückkosten minimiert werden.
Mindestkapazität	Minimale Leistung, die erbracht werden muss, um das Betriebsmittel überhaupt (technisch oder ökonomisch) betreiben zu können.
Normalkapazität	Die unter Normalbedingungen erreichte Leistungsabgabe
Durchschnittliche Kapazität	Die Leistungsabgabe, die über mehrere Perioden hinweg durchschnittlich erzielt werden soll (s. u., Kapazitätsharmonisierung)

Aus der Gegenüberstellung der in einer Periode benötigten Kapazität und der effektiven Kapazität derselben Periode ergibt sich der **Kapazitätsauslastungsgrad**:

$$\text{Kapazitätsauslastungsgrad in \%} = \frac{\text{Kapazitätsbedarf}}{\text{effektive Kapazität}} \cdot 100$$

Beispiel:

Die Fertigungsplanung meldet für die Planperiode eine Einlastung mit 12.500 Mengeneinheiten (ME). Die effektiv (real) zur Verfügung stehende Kapazität liegt bei 20.000 Stück. Der Kapazitätsauslastungsgrad ist also

$$\text{Kapazitätsauslastungsgrad in \%} = \frac{12.500}{20.000} \cdot 100 = 62,5\ \%$$

Die Gegenüberstellung der tatsächlich in einer Periode abgerufenen Kapazität (etwa ausgedrückt durch die tatsächliche Ausbringungsmenge) mit der effektiven Kapazität ergibt den **Kapazitätsausnutzungsgrad** oder **Beschäftigungsgrad**:

$$\text{Beschäftigungsgrad in \%} = \frac{\text{Ausbringung (Istleistung)}}{\text{effektive Kapazität}} \cdot 100$$

Analog zu diesen Mengengrößen können auch zeitliche Größen errechnet werden:

$$\text{Hauptnutzungsgrad in \%} = \frac{\text{Hauptnutzungszeit}}{\text{theoretische Einsatzzeit}} \cdot 100$$

Die **Hauptnutzungszeit** ist dabei die tatsächlich gemessene IST-Einsatzzeit. Sie unterscheidet sich von der zuvor ermittelten Planbelegungszeit dadurch, dass Zeiten, die auf Neben- und zusätzliche Nutzungen verwendet wurden, und Zeiten ablauf-, personen- und störungsbedingter Unterbrechungen berücksichtigt werden. Anders ausgedrückt ist die Hauptnutzungszeit die Zeit, in der das Betriebsmittel seine **eigentliche Aufgabe** erfüllt.

HINWEIS: Die Arbeitsplanung im industriellen Fertigungsprozess wird ausführlicher in Abschnitt 2.2.5 behandelt. Dort werden weitere Zeitbegriffe erläutert.

Die Maximierung der Kapazitätsauslastung und die Vermeidung von **Leerkosten** durch ungenutzte Kapazitäten ist ein wesentliches Ziel der Produktionsplanung und -steuerung.

Es ist jedoch nur zu verwirklichen, wenn die beschafften Betriebsmittel keine Überkapazitäten aufweisen. Diese werden sich aber nur dort verhindern lassen, wo eine in ihrer Intensität im Zeitverlauf gleichförmige Produktion möglich ist. Vielfach werden schwankende Absatzmöglichkeiten jedoch zu Situationen führen, in denen die vorhandene Kapazität entweder nicht voll ausgeschöpft werden kann oder aber nicht ausreicht.

Welche Strategie bei der Kapazitätsplanung verfolgt wird, hängt vor allem mit den folgenden Faktoren zusammen:

– **Lieferbereitschaftsgrad:** Je höher der angestrebte Lieferbereitschaftsgrad angesetzt wird, desto mehr Kapazitäten müssen vorgehalten werden, um auch Spitzenbedarfe befriedigen zu können. In diesem Falle werden außerhalb der Spitzenzeiten immer Kapazitäten ungenutzt bleiben, d. h. die Kapazitätsauslastung wird über längere Betrachtungszeiträume betrachtet mehr oder weniger deutlich unter 100 % liegen. Zu groß bemessene Kapazitäten binden Geldmittel und verursachen Kosten (etwa durch Abschreibungen oder durch das Vorhalten teilweise nicht produktiv beschäftigter Arbeitskräfte). Das Unternehmen wird daher eine optimale Kapazität anstreben und dabei auch einen gewissen Anteil an nicht oder nicht sofort bedienten Kundenaufträgen akzeptieren.

– Die **zeitliche Verteilung der Produktion:** Kommt es regelmäßig zu (z. B. saisonal bedingten) Nachfrageschwankungen, wird versucht werden, eine weitgehende **Kapazitätsharmonisierung** zu erreichen – etwa durch Lagerfertigung (bei Einproduktbetrieben als einzige Option) oder indem in Zeiten schwacher Nachfrage nach einem Produkt die Fertigung eines anderen Produkts intensiviert wird.

– Das **Instandhaltungsmanagement:** Stillstandszeiten durch notwendige oder aber vorgeschriebene Wartungen und Instandhaltungen müssen ebenso bei der quantitativen Planung der Betriebsmittel berücksichtigt werden wie die Folgen ungeplanter Ausfälle.

Strategien der Kapazitätsanpassung werden in Lehrbuch 3, Abschnitt 3.5 (Projektmanagement) noch ausführlicher behandelt.

Die Kapazitätsauslastung hängt eng mit der Terminplanung zusammen: Wenn Anfangs- und Endtermine für einzelne Aufträge festgelegt werden, ist dies selten ohne Berücksichtigung der Verfügbarkeit von Kapazitäten möglich – denn dass diese unbegrenzt ist, wird der Ausnahmefall sein. Es gilt:

– Sind ausreichende Kapazitäten vorhanden, so kann die Terminplanung **auftragsorientiert** erfolgen, d. h. konkurrierende Aufträge werden nicht berücksichtigt.

– Das Vorhandensein von **Kapazitätsgrenzen** bzw. die Zielsetzung einer gleichmäßigen Kapazitätsauslastung erfordern eine **kapazitätsorientierte** Terminplanung, die, ausgehend vom Kapazitätsbestand, den Kapazitätsbedarf terminiert.

– Bei bestehenden **Kapazitätsengpässen** erfolgt die Planung **zunächst auftrags-, anschließend kapazitätsorientiert.**

Die operative Betriebsmittelbereitstellungsplanung muss die Einlastung, d. h. die Verteilung der Aufträge auf die hintereinander gelagerten Kapazitäten der beteiligten betrieblichen Bereiche (Konstruktion, Fertigung, ggf. Zwischenlagerung, Montage, Kontrolle, Versand) vornehmen. Dabei muss darauf geachtet werden, dass Maschinen und Anlagen mit möglichst gleichartigen Anforderungen ausgelastet werden, um ständiges Umrüsten zu verhindern: Rüst- und Einstellzeiten sind unproduktive Zeiten.

Die notwendigen Berechnungen werden heute durchweg von leistungsfähigen Produktionsplanungs- und –steuerungssystemen (PPS) vorgenommen. In der manuellen Einlastung würde wie folgt vorgegangen:

- Zunächst werden die notwendigen **Durchlaufzeiten** errechnet, die sich aus der Addition der mengenbezogenen Bearbeitungszeiten, Rüstzeiten und Einstellzeiten ergeben. Im ersten Schritt kann diese Berechnung das Vorhandensein von Kapazitäten noch nicht berücksichtigen.
- Die Berücksichtigung von Kapazitäten erfolgt erst im zweiten Schritt, in dem konkurrierende Aufträge (etwa durch die Anwendung von Prioritätsregeln, vgl. Abschnitt 2.2.9.1.3) in eine Reihenfolge gebracht werden.
- In einer weiteren Feinplanung werden dann die einzelnen Arbeitsgänge terminiert. Maßnahmen der Kapazitätsabstimmung sind dabei
    - die technische Anpassung: Auslagerung einzelner Arbeitsvorgänge auf andere Kapazitäten;
    - die zeitliche Anpassung: Verschieben einzelner Arbeitsvorgänge auf einen späteren Zeitpunkt. Die in Abschnitt 2.2.9.1.3 beschriebene Maschinenbelegungsplanung ist hierfür ein Beispiel.

Eine möglichst gut zutreffende Vorhersage (Prognose) der Nachfrage für die Planperiode ist eine wesentliche Voraussetzung für eine gelingende Kapazitätsplanung. Aus ihr ergeben sich wiederum die Bedarfe an Material, das für die Produktion zur Verfügung stehen muss. Auf verschiedene Methoden der Bedarfs- und Bestellmengenplanung wird in Abschnitt 2.2.9 ausführlich eingegangen.

2.1.4.4 Aspekte der Substitution menschlicher Arbeit durch Betriebsmittel

Seit dem Einsetzen der Industrialisierung, deren Beginn auf das Ende des 18. Jahrhunderts datiert wird, hat der Faktor Betriebsmittel eine wachsende Bedeutung erlangt. Mit dem technologischen Fortschritt trat eine tiefgreifende **Strukturveränderung** der Betriebe vom Handwerksbetrieb und von der Manufaktur zu Industriebetrieben ein, in denen Maschinen eingesetzt wurden. In Abschnitt 2.2.1.1.2 wird diese Veränderung an dem berühmten Beispiel einer Stecknadelproduktion vor und nach dem Einbezug von Maschinen in den Herstellungsvorgang gezeigt. Dort liegt der Schwerpunkt auf der Veränderung der **Arbeitsteilung** und der Arbeitsvorgänge, und in der historischen Schilderung überwiegt die Begeisterung über die erzielte Mengensteigerung. Nicht viel später zeigte sich allerdings, dass die Märkte für die Vielzahl von Produkten, die die Fabriken ausstießen, nicht unbegrenzt aufnahmefähig waren: Es wurden nur bestimmte Mengen benötigt, und um diese herzustellen, wurden immer weniger Menschen benötigt.

Der Einsatz maschineller Anlagen vermag also die Effizienz des Faktors »Arbeit« in solchem Maße zu steigern, dass trotz zunehmender Gütererzeugung immer weniger Menschen dafür arbeiten müssen. Der dynamische (= sich in immer kürzeren Intervallen erneuernde) technologische Fortschritt führt zu immer weiter gehender **Rationalisierung** der Produktionsprozesse. Maschineneinsatz ist durchweg kostengünstiger als der Einsatz menschlicher Arbeitskräfte: Maschinen brauchen keine Pausen und keinen Urlaub, fallen meist nur für kurze Zeiträume aus und schaffen in der gleichen Zeit oft ein Vielfaches an Output. Es liegt also nahe, menschliche Arbeit durch maschinelle Arbeit zu substituieren, wo immer dies möglich ist.

Im 19. Jahrhundert entwickelte sich auf dem **sozialen Gebiet** die »Soziale Frage« mit heute unvorstellbaren sozialen Problemen. Erst auf Druck von Arbeiterverbänden und örtlichen Revolten wurden im Laufe vieler Jahrzehnte die Sozialsysteme entwickelt, die auch heute noch den Kern unserer Sozialordnung bilden. In den westeuropäischen Staaten wurden die sozialen Probleme durch ein zunächst schwaches, aber immer mehr verstärktes soziales Netz abgefangen. Kranken- und Renten-Pflichtversicherungen mit Arbeitgeberbeteiligung wurden eingeführt, Mindestlöhne gesetzlich festgesetzt. Heute kommen viele zusätzliche betriebliche Sozialmaßnahmen hinzu. Zu erwähnen sind auch staatlich geförderte Weiterbildungs- und Umschulungsmaßnahmen.

In vielen Fällen wird durch Maschineneinsatz die Qualität der Erzeugnisse verbessert. Qualitätssicherungssysteme sorgen dafür, dass der Ausstoß eine gleichbleibend hohe Qualität aufweist. Menschliche Fehler aufgrund monotoner und ermüdender Prozesse im Fertigungsablauf treten weniger auf, denn diese Arbeiten müssen nicht mehr von Menschen erledigt werden, sondern werden von Maschinen übernommen. Heute bedeutet dies in den westlichen Industrieländern nicht mehr zwangsläufig »Freisetzung«, also Arbeitslosigkeit, sondern die Chance zur Hinwendung zu anspruchsvolleren, abwechslungsreicheren und interessanteren Arbeitsfeldern, auf denen menschliche Arbeit (noch) nicht durch Maschinen substituiert werden kann.

Im Zuge des sich heute vollziehenden erneuten Wandels, der in Deutschland mit dem Begriff »**Industrie 4.0**« umschrieben wird, entstehen neue Formen der Zusammenarbeit zwischen Mensch und Maschinen. Mit den so genannten »**Smart Factories**« entstehen Fertigungsumgebungen, in denen kollaborative Mensch-Technik-Interaktionen stattfinden – etwa die Zusammenarbeit eines Menschen mit seinem »Roboter-Kollegen«, wobei sich letzterer an die Verrichtungen und das Arbeitstempo des Menschen anpasst. Arbeitsvorgänge mit hoher Fehleranfälligkeit oder mit Gefährdungspotenzial, aber auch Wartungen und (insbesondere) Reparaturen aufgrund unerwarteter störungsbedingter Ausfälle werden durch intelligente Assistenzsysteme unterstützt, etwa indem die ausführenden Mitarbeiter in einer Umgebung erweiterter Realität (Augmented Reality, AR) durch Visualisierungen via Datenbrille in ihrem Tun angeleitet werden. Virtual Reality (VR) und Augmented Reality werden in diesem Zusammenhang auch als kontext-sensitive Benutzerschnittstellen bezeichnet. Wo Menschen in der Smart Factory Aufgaben zu erfüllen haben, die körperlichen Einsatz erfordern, werden individuelle, z. B. altersbedingte, Einschränkungen berücksichtigt, indem die Mitarbeitenden an genau den Stellen unterstützt werden, an denen sie diese Unterstützung benötigen.

Die »menschenleere Fabrik« wird nach Ansicht vieler Fachleute also nicht entstehen. Allerdings wird sich menschliche Arbeit zunehmend von der körperlichen Arbeit in Richtung einer steuernden, kontrollierenden und in Störungsfällen intervenierenden Tätigkeit verändern, in deren Rahmen der Einzelne mehr Verantwortung übernimmt. Zugleich werden neue Qualifikationen erforderlich: Die Verknüpfungen zwischen Produktions- und Informationstechnologie werden immer enger und verlangen nach interdisziplinär aus- und ständig weitergebildeten Mitarbeitern. Die neuen Systeme müssen verstanden, weiterentwickelt, programmiert und gewartet werden. Es ist aber unstrittig, dass die Zahl der in der Industrie benötigten Mitarbeiter zurückgehen wird und insbesondere gering qualifizierte Arbeitskräfte vom Stellenabbau betroffen sein werden.

2.1.5 Bedeutung der Energie und Werkstoffe als Kostenfaktor

2.1.5.1 Werkstoffe, Arbeitsstoffe und Energie als betriebswirtschaftliche Faktoren

Im Sinne des Produktionsfaktors handelt es sich bei »Werkstoffen« um Roh-, Hilfs- und Betriebsstoffe.

2 Betriebswirtschaftliches Handeln 2.1 Berücksichtigen der ökonomischen ...

- **Rohstoffe** sind alle Materialien und Teile, die als wesentliche Bestandteile in das Erzeugnis eingehen.
- **Hilfsstoffe** gehen ebenfalls in das Erzeugnis ein, sind aber, wie z. B. Schweißdrähte, Leim, Kleinmaterial, als Produktbestandteil nur untergeordnet nachweisbar.
- **Betriebsstoffe** sind nicht Bestandteil eines Erzeugnisses. Sie dienen aber bei seiner Herstellung als Antriebsstoff, Schmiermittel oder Reinigungsmittel.

Zu den Betriebsstoffen gehören auch Energieträger wie Gas, Benzin und elektrischer Strom.

Alle Stoffe, die bei der Arbeit verwendet werden, werden gelegentlich zusammenfassend als »Arbeitsstoffe« bezeichnet. Dieser Begriff entstammt aber nicht der betriebs- oder volkswirtschaftlichen Grundlagenlehre, sondern wird vor allem in Zusammenhang mit chemischen oder biologischen Stoffen und Zubereitungen verwendet. Das Vorgängergesetz der Gefahrstoffverordnung (→ Lehrbuch 1) hieß »Arbeitsstoffverordnung«. Nachfolgend wird durchgängig der Begriff »Werkstoffe« verwendet.

Im Gegensatz zu den langfristig im Unternehmen gebundenen Betriebsmitteln werden die im Produktionsfaktor »Werkstoffe« zusammengefassten Roh-, Hilfs- und Betriebsstoffe mehr oder weniger häufig im Jahr umgeschlagen (»umgewälzt«). Sie sind demnach kurzfristiger gebunden. Dennoch binden sie kontinuierlich finanzielle Mittel, abhängig von der Menge und dem Wert der durchschnittlich im Betrieb befindlichen Bestände dieser Werkstoffe. Hieraus folgt das Bemühen, die Lagerbestände klein zu halten. Als Idealfall gilt für automatisierte Fertigung der lagerlose Betrieb, der Werkstoffanlieferung und Erzeugnisauslieferung so terminiert hat, dass Lagerkosten nicht entstehen (vgl. »Just-in-Time-Steuerung, Abschnitt 2.2.9.2.2). Geldmittel sind dann nur für die im Fertigungsprozess befindlichen Stoffe gebunden. Eine Verkürzung der Durchlaufzeit verringert übrigens bei Vollbeschäftigung nicht die Kapitalbindung im Fertigungsprozess, lässt aber mehr Umsatz zu.

Grundsätzlich ist es Aufgabe der betrieblichen Materialwirtschaft, die Lagerbestände niedrig und frei von »Lagerleichen« – Materialien, bei denen keine oder so gut wie keine Bewegung stattfindet – zu halten, um die **Kapitalbindung** gering zu halten. Die Vorräte müssen aber so ausreichend sein, dass Betriebsstockungen vermieden werden. In vielen Betrieben gilt der Grundsatz, »Eiserne Bestände« in der Höhe zu halten, dass bei Ausfall einer Anlieferung – sei es durch Verzug oder Materialfehler – dieser Sicherheitsbestand die Frist bis zum Eintreffen einer Ersatzlieferung überbrücken kann.

Die Kapitalbindung ist im Bereich der Werkstoffe weniger bedenklich als im Bereich der Betriebsmittel; denn hier gibt es die Möglichkeit, einen Teil der Werkstoffe im Notfall kurzfristig zu veräußern. Das Hauptproblem liegt in dem Dilemma, unbedingt die ununterbrochene Fertigung zu sichern, aber dies mit möglichst geringen Beständen, um die Kapitalbindung und damit Zinskosten gering zu halten. Eine gute Kenntnis der Fertigungserfordernisse einerseits und der Lieferfristen am Beschaffungsmarkt andererseits ist wichtig, damit die sparsame Lagerhaltung nicht zu Wartezeiten in der Fertigung führt.

Nicht erst seit der Gas- und Strommangellage infolge des Ukrainekriegs widmen die Betriebe zunehmendes Augenmerk der Suche nach Sparpotenzialen beim Energieverbrauch, da die Preise für Energierohstoffe permanent steigen. Dabei spielen neben Kostengesichtspunkten auch **Umweltaspekte** eine Rolle, wobei in den letzten Jahren dem Klimaschutz eine herausragende Bedeutung zugewachsen ist. In Lehrbuch 1 wurden die Ziele des Klimaschutzes bereits dargestellt. Dort wurde schon auf das im Klimaschutzgesetz verankerte Ziel einer Senkung der Treibhausgasemissionen um 65 % bis 2030 und Erreichung der Klimaneutralität in Bezug auf Treibhausgasemissionen bis 2045 hingewiesen. Hierzu muss auch die Industrie beitragen: Hierfür werden Investitionsförderprogramme für die Stahl- und die chemische Industrie aufgelegt. Ferner werden Pilotprojekte zur

Umstellung der Stahlerzeugung auf die Verwendung von »grünem« Wasserstoff statt fossiler Energieträger gefördert.

Die Veröffentlichung der eigenen Aktivitäten in Bezug auf Umweltbelange ist seit 2017 für große, am Kapitalmarkt aktive Unternehmen verpflichtend: Gemäß dem **CSR-Richtlinie-Umsetzungsgesetz,** mit dem die EU-Richtlinie zur Corporate Social Responsibility (CSR) in deutsches Recht umgesetzt wurde, müssen sie in ihren Lage- oder Konzernlageberichten Rechenschaft über ihr nachhaltiges Wirken ablegen (das neben Umweltbelangen auch Arbeitnehmer-, Sozial-, Menschenrechts-, inbesondere Diversitätsbelange und Korruptionsbekämpfung beinhaltet).

Bereits jetzt werben viele Unternehmen mit ihrer entweder bereits jetzt oder bis 2030 erreichten **Klimaneutralität** und versehen ihre Produkte mit dem Label »klimaneutral«. Diese Klimaneutralität wird aber häufig nicht allein durch eingesparte Emissionen, sondern durch den Zukauf von CO2-Zertifikaten erreicht. Zertifikate für Projekte in Entwicklungsländern werden vergleichsweise so günstig gehandelt, dass ihr Erwerb deutlich weniger Kosten verursacht als Investitionen in Anlagen und Verfahren, mit denen die eigenen Produkte tatsächlich emissionsarm hergestellt werden könnten. Wettbewerbs- und Umweltschützer bezeichnen diese Praxis als **»Greenwashing«.**

2.1.5.2 Werkstoff-, Arbeitsstoff- und Energieverluste

Ein ökonomisches wie ökologisches Ziel beim Umgang mit Werkstoffen muss deren sparsame Verwendung im Produktionsprozess sein. Durch die »Kontinuierliche Verbesserung« (Abschnitt 2.4.2) von Produktionsverfahren und -anlagen und konsequentes Qualitätsmanagement wird versucht, Werkstoffverluste so gering wie möglich zu halten. Verluste durch Materialfehler können durch sorgfältige Eingangskontrollen vermieden werden, Verluste durch Schwund durch ebenso sorgfältige Lagerverfahren und -kontrollen. Die Vermeidung von Verlusten durch Ausschuss und Verschnitt ist eine der wesentlichen Aufgaben der Fertigung. Zu ihrer Erfüllung können neben der Optimierung der Verfahren (etwa Verschnittoptimierung) auch Maßnahmen wie Schulungen der Mitarbeiter, Lohnanreize und Prämien – z. B. auch für Verbesserungsvorschläge, vgl. Abschnitt 2.4.3 – beitragen.

Energie geht nicht wirklich »verloren«, kann aber ineffektiv eingesetzt und damit verschwendet werden, etwa wenn Stromerzeugung angestrebt, tatsächlich aber Abwärme erzeugt wird. Der **Wirkungsgrad** der Energieumwandlung drückt aus, zu wie viel Prozent der eingesetzte Energieträger tatsächlich in die gewünschte Energie umgewandelt wird.

Bei der Stromerzeugung erreichen Kohlekraftwerke heute einen Wirkungsgrad von über 45 %, kombinierte Gas- und Dampfturbinenanlagen kommen auf 55 %. Bei erneuerbaren Energien liegen die Wirkungsgrade deutlich darunter (beim Einsatz von Photovoltaikanlagen zur Umwandlung von Sonnenenergie in elektrischen Strom z. B. nur um 20 %), was aber wegen der praktisch unbegrenzt verfügbaren Energieträger nur eine untergeordnete Rolle spielt. Problematisch ist hier vielmehr die noch nicht gelöste Frage der Speicherung.

2.1.5.3 Stoff- und Energiewiedergewinnung

Angesichts steigender Rohstoffpreise wird die Rückgewinnung von Werkstoffen – auch zur Energiegewinnung – immer wichtiger. Wo immer möglich, wird versucht, Stoffe zur Wiederverwendung aufzubereiten. Diese Form der Abfallverwertung, insbesondere durch Recycling, ist zugleich erklärtes Ziel des **Kreislaufwirtschaftsgesetzes«** (→ Lehrbuch 1).

Grundsätzlich werden vier Formen des Recycling unterschieden:

- **Wiederverwendung** der gebrauchten Materialien in derselben Art und Weise, etwa bei langlebigen Verpackungsbehältern wie Fässern, Paletten, Flaschen usw. Aus ökologischer Sicht ist die Wiederverwendung die am wenigsten umweltbelastende Form des Recycling; allerdings ist die Wirtschaftlichkeit der notwendigen Rückhol- und Sammelsysteme nicht immer gegeben.

- **Weiterverwendung** der gebrauchten Materialien für einen anderen Zweck, etwa wenn Abgase in Antriebsenergie umgewandelt werden oder Abwärme zum Heizen benutzt wird. Meist ist nur eine einmalige Weiterverwendung möglich.

- **Wiederverwertung** der gebrauchten Materialien und Abfälle nach Aufbereitung, so dass sie im Produktionsprozess wieder gemäß ihrem ursprünglichen Zweck eingesetzt werden können, etwa wenn Altöl gereinigt und erneut in der Produktion eingesetzt wird oder wenn aus gebrauchten Kunststoffteilen wiederum Kunststoffteile hergestellt werden. Da jedoch mit jeder Aufbereitung die Qualität der Materialien geringer wird, ist der Anzahl der Wiederverwertungszyklen eine Grenze gesetzt.

- **Weiterverwertung** der gebrauchten Materialien und Abfälle zu einem anderen als dem ursprünglichen Verwendungszweck, etwa wenn Kunststoffe nicht sortenrein getrennt werden können und als Kunststoffgemische z. B. zu Gartenbänken oder Schallschutzwänden für Autobahnen weiterverarbeitet werden.

Bezüglich der **Energienutzung** besteht neben der geschilderten Weiterverwendung – Abwärme als Heizwärme – von gebrauchten Materialien die Möglichkeit zum Einsatz erneuerbarer Energie aus nachhaltigen, praktisch unerschöpflichen Quellen. Praktisch genutzt werden die Solarenergie, die Windenergie, die Bioenergie (Energie aus Biomasse), die Wasserkraft und die Erdwärme (Geothermie).

Im Rahmen des betrieblichen Umweltmanagements, bei Großunternehmen zunehmend auch im Rahmen eines Öko-Controlling, werden Stoffe und Energie in **Öko-Bilanzen** als Input-Output-Ströme erfasst und bewertet. Durch diese »Bilanzierung« wird die Effizenz des Stoff- und Energieverbrauchs bei der Herstellung eines einzelnen Produkts oder auch für einen ganzen Betrieb ermittelt.

2.2 Die Grundsätze der betrieblichen Aufbau- und Ablauforganisation

2.2.1 Grundstrukturen betrieblicher Organisation

2.2.1.1 Grundfragen und Grundbegriffe der Organisation

2.2.1.1.1 Organisationsbegriff und Systembegriff

Der Begriff der Organisation begegnet uns im Alltag in verschiedenen Ausprägungen. So werden zum Beispiel oft Vereine, Verbände und sonstige Institutionen als »Organisationen« bezeichnet. Meist verstehen wir unter Organisation aber die Tätigkeit des Organisierens und nicht deren Ergebnis, wobei die Umgangssprache wiederum verschiedene Bedeutungen kennt. Wer sagt, dass er »etwas organisiert«, meint damit häufig nichts weiter, als dass er sich »um etwas kümmert« oder »etwas beschafft«.

Im Allgemeinen bezeichnet Organisieren aber mehr, nämlich die Regelung von Abläufen und Beziehungen zwischen Menschen untereinander oder Menschen und Dingen – Maschinen, Werkzeugen und Werkstoffen, Belegen usw. – überall dort, wo in Zusammenarbeit ein gemeinsames Ziel erreicht werden soll.

Organisation ist also überall dort anzutreffen, wo Zusammenarbeit oder, anders ausgedrückt, **Arbeitsteilung** praktiziert wird (→ Abschn. 2.2.1.1.2). Mit der Durchsetzung der Arbeitsteilung – zunächst in Handel und Handwerk, später in der Industriegesellschaft – wuchs das Bewusstsein für die Notwendigkeit der organisatorischen Gestaltung von Werkstätten, Betrieben und Verwaltungen und der sich darin vollziehenden Tätigkeiten, und so war es nur folgerichtig, dass sich die Organisationslehre zu einem eigenständigen und wichtigen Gebiet der Betriebswirtschaftslehre entwickelte.

In der Organisationslehre findet sich eine Vielzahl von Definitionen des Organisationsbegriffes. Sehr gebräuchlich ist die folgende:

> »Organisation ist die Schaffung von Systemen zur Erfüllung von Daueraufgaben« (E. GROCHLA)

Aus dieser Definition lässt sich herleiten, wann Organisation erforderlich ist – und wann nicht: Offensichtlich setzt sie das **Vorhandensein einer Aufgabe** voraus (eine zweckfreie Plauderrunde ist demnach kein System, das gestaltet werden müsste), die in verschiedene Arbeitsschritte bzw. Teilaufgaben **zerlegbar** sein muss (sonst gäbe es nichts zu gestalten) und sich **immer wieder** stellt.

Mit obiger Definition wird ein weiterer, in der Organisationslehre sehr bedeutsamer, Begriff eingeführt, nämlich der des Systems.

> »Ein **System** ist die Menge von in Beziehung stehenden Menschen und Maschinen, die unter bestimmten Bedingungen nach festgelegten Regeln bestimmte Aufgaben erfüllen sollen« (E. GROCHLA).

Systeme, in denen Menschen und Maschinen gemeinsam an einer Aufgabe arbeiten, werden auch als **sozio-technische Systeme** bezeichnet.

Diese Definition macht klar, dass auch ein Industriebetrieb ein System ist.

2 Betriebswirtschaftliches Handeln 2.2 Aufbau- und Ablauforganisation

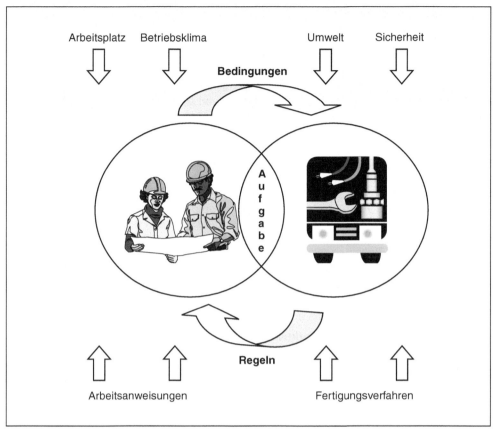

Menschen und Maschinen im sozio-technischen System

Betrachtet man beide Definitionen im Zusammenhang, wird deutlich, dass Organisation mit **Planung** verbunden ist: Zur Erledigung der sich wiederholt in gleicher Weise stellenden Aufgabe wird ein Gerüst aus zusammenwirkenden »Aktionsträgern« – Menschen, Maschinen, sonstigen Sachmitteln und Informationen – dauerhaft so konstruiert, dass sich in ihm bestimmte, festgelegte »Prozeduren« vollziehen können. Einmalig auftretende Probleme entziehen sich einer solchen Planung und damit auch dem Organisieren; ihnen begegnet man mit **Improvisation** (→ Abschn. 2.2.1.1.3).

Die betriebliche Organisation erstreckt sich auf eine Vielzahl von Aspekten und ist überall, im Großen – bei Betrachtung des Unternehmens als Ganzes – wie im Kleinen, also in einzelnen Verrichtungen an einzelnen Arbeitsplätzen, anzutreffen.

In jedem Falle, im Großen wie im Kleinen, bedeutet betriebliches Organisieren, Antworten auf folgende Fragen zu geben:

– Wie muss ein System in seinen Strukturen beschaffen sein und

– wie muss ein Ablauf innerhalb dieses Systems gestaltet werden, damit das angestrebte Ziel erreicht werden kann?

Diese Kernfragen führen unmittelbar zu den Begriffen der Aufbauorganisation und Ablauforganisation, denen in den folgenden Betrachtungen breiter Raum gewidmet ist.

Zuvor sollen aber weitere Grundbegriffe aus der Organisationslehre behandelt werden.

2.2.1.1.2 Organisation und Arbeitsteilung

Im vorangegangenen Abschnitt wurde bereits darauf hingewiesen, dass der Begriff der Organisation untrennbar mit demjenigen der Arbeitsteilung verbunden ist.

Wo Menschen zusammenleben, findet Arbeitsteilung statt. Im Frühstadium der kulturellen Entwicklung der menschlichen Zivilisationen beschränkte sie sich auf den Familienverband, dessen Mitglieder – häufig in Abhängigkeit von Geschlecht, Alter und Stellung innerhalb der Familie – unterschiedliche Aufgaben erfüllten. Ein Austausch von Gütern fand nicht statt; jeglicher Bedarf wurde in der Familiengemeinschaft selbst erzeugt und auch selbst verbraucht.

Mit dem Zusammenrücken der Menschen in dörflichen und städtischen Lebensgemeinschaften einerseits und der wachsenden – oft notgeborenen – Mobilität andererseits ging eine weiter reichende Aufgabenverteilung einher. »Wer was machte«, hing von persönlichen Merkmalen des Ausführenden – Talenten, Fertigkeiten, Kenntnissen, Leistungsfähigkeit –, vor allem aber davon ab, welche Güter oder Dienste in der betreffenden oder einer anderen erreichbaren Lebensgemeinschaft benötigt wurden und somit Tauschwert besaßen. Die vom Einzelnen im Rahmen des erwählten »Berufes« produzierte Menge überstieg den Eigenbedarf; zugleich verzichtete er darauf, andere, ebenfalls benötigte Güter selbst herzustellen.

Aus dem einfachen Tausch, bei dem jeder Partner gegen Hergabe seines eigenen Produktes genau das Gut erhielt, das er gerade selbst benötigte, entstanden Tauschketten.

Folge war die Entwicklung zur **Marktwirtschaft** mit der Entstehung von Geld, Märkten, verschiedenen Formen des Handels, Handelsgebräuchen und gesetzlichen Regelungen.

Ein ebenso simples wie einleuchtendes Beispiel für Arbeitsteilung in der beginnenden Industrialisierung liefert der schottische Nationalökonom Adam SMITH (1723–1790) in seinem 1774 erschienenen Hauptwerk »An Inquiry into the Nature and Causes of the Wealth of Nations« (deutscher Titel: »Eine Untersuchung über Natur und Wesen des Volkswohlstandes«):

»Ein Arbeiter, der zur Herstellung von Stecknadeln nicht angelernt wäre, der also mit dem Gebrauch der dazu verwendeten Maschinen nicht vertraut wäre, könnte selbst bei äußerster Anstrengung täglich gerade nur eine, sicherlich jedoch keine zwanzig Nadeln herstellen.

Bei der derzeitigen Herstellungsart dagegen ist nicht nur das Ganze ein selbstständiges Gewerbe, sondern es zerfällt wiederum in eine Anzahl Zweigbetriebe, von denen die meisten wieder in sich selbständig sind. Der eine Arbeiter zieht den Draht, ein anderer streckt ihn, ein dritter schneidet ihn ab, ein vierter spitzt ihn zu, ein fünfter schleift ihn am oberen Ende, damit der Kopf angesetzt werden kann. Die Anfertigung des Kopfes macht wiederum zwei oder drei verschiedene Tätigkeiten erforderlich: Das Ansetzen desselben ist eine Arbeit für sich, das Weißglühen der Nadeln ebenso, ja sogar das Einwickeln der Nadeln in Papier bildet eine selbstständige Arbeit. Auf diese Weise zerfällt die schwierige Aufgabe, eine Stecknadel herzustellen, in etwa achtzehn verschiedene Teilarbeiten, die in manchen Fabriken alle von verschiedenen Händen ausgeführt werden, während in anderen zuweilen zwei oder drei derselben von einem Arbeiter allein besorgt werden.

Ich habe eine kleine Manufaktur dieser Art gesehen, in der nur zehn Mann beschäftigt waren und folglich einige zwei oder drei verschiedene Arbeiten zu übernehmen hatten. Obgleich sie nun sehr arm und infolgedessen mit den nötigen Maschinen nur ungenügend versehen waren, so konnten sie jedoch, wenn sie sich tüchtig daranhielten, an einem Tag zusammen etwa zehn Pfund Stecknadeln anfertigen.

Ein Pfund enthält über 4000 Nadeln mittlerer Größe. Diese zehn Arbeiter konnten demnach täglich über 48000 Nadeln herstellen. Da nun auf jeden der zehnte Teil von 48000 Nadeln entfällt, so kann man auch sagen, dass jeder täglich 4800 Nadeln herstellte. Hätten sie dagegen alle einzeln und unabhängig voneinander gearbeitet und wäre niemand besonders angelernt gewesen, so hätte gewiss keiner 20, vielleicht sogar nicht einmal einer eine Nadel täglich anfertigen können, d. h. sicher nicht den 240sten, vielleicht nicht einmal den 4800sten Teil von dem, was sie jetzt infolge einer entsprechenden Teilung und Vereinigung der verschiedenen Arbeitsvorgänge zu leisten im Stande sind.«

Im letzten Satz weist SMITH auf eine Besonderheit der industriellen Arbeitsteilung hin: Sie zerlegt die Fertigungsaufgabe in verschiedene Teilaufgaben, die teils unabhängig voneinander begonnen und ausgeführt werden können (Draht vorbereiten, Kopf herstellen) und teils zeitlich/sachlogisch aufeinander folgen (Draht ziehen, Draht strecken, Draht schneiden...), letztlich aber vereinigt werden müssen (Kopf ansetzen), um ein fertiges Endprodukt zu ergeben.

Sein Beispiel steht für die wesentliche Erkenntnis, dass durch Arbeitsteilung die **Arbeitsproduktivität,** die sich im Verhältnis von Arbeitseinsatz zu Arbeitsergebnis ausdrückt, bedeutend gesteigert werden kann: »Die Arbeitsteilung dürfte die produktiven Kräfte der Arbeit mehr als alles andere fördern und verbessern« (SMITH).

Grundsätzlich können zwei Formen der betrieblichen Arbeitsteilung unterschieden werden: Die verrichtungs- und die objektorientierte Arbeitsteilung.

Die **verrichtungsorientierte Arbeitsteilung,** auch **funktionale Organisation** genannt, verteilt die betrieblichen Aufgaben nach dem Kriterium der unterschiedlichen Verrichtungen; zugleich werden **Stellen** mit gleichen Aufgaben zusammengefasst.

Beispiel:

Die »Schmitz & Schulz PC Components GmbH« stellt Computergehäuse in Werkstattfertigung her, d. h. Arbeitsplätze mit gleichartiger Verrichtung (z. B. stanzen, schweißen, montieren...) sind jeweils in einer Werkstatt (Stanzerei, Schweißerei, Montagewerkstatt...) zusammengefasst, und die einzelnen Werkstücke durchlaufen diese Werkstätten in der durch die produktionstechnischen Erfordernisse diktierten Reihenfolge.

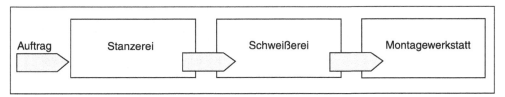

Verrichtungsorientierte Arbeitsteilung

Diese Form der Arbeitsteilung, bei der jeder Mitarbeiter nur einen Teilprozess innerhalb des Gesamt-Produktionsprozesses ausführt (→ Abschn. 2.2.5.1, »Artteilung«), ist charakteristisch für die industrielle Fertigung.

Die **objektorientierte Arbeitsteilung** erfolgt nach Aufgabenobjekten. Dies können Produkte, aber auch Regionen oder Kundengruppen sein. Häufig sind Unternehmen auf der zweiten Hierarchieebene – also unmittelbar unterhalb der Führungsspitze – nach dem Objektprinzip gegliedert. In diesem Fall spricht man von **Spartenorganisation.**

Beispiele:

Ein Unternehmen stellt verschiedene Arten von Kraftfahrzeugen her. Unterhalb der Geschäftsführungsebene erfolgt eine Untergliederung in die Sparten »Personenkraftwagen«, »Zweiräder« und »Rasenmäher«.

Die Sparkasse in Geldhausen ist unterhalb der Geschäftsleitungsebene verrichtungsorientiert ausgerichtet. Der Schalterbereich ist jedoch objektorientiert in die Geschäftsbereiche »Privatkundengeschäft« und »Geschäftskundengeschäft« eingeteilt; »Objekte« sind dabei die Kunden. Innerhalb dieser Bereiche ist jeder Kunde einer bestimmten Kundenberaterin zugeteilt, die alle gewünschten Geschäfte – Geldanlage, Kreditgewährung, Barauszahlung, Sortenbeschaffung usw. – für »ihren« Kunden abwickelt (im Gegensatz dazu wäre die »klassische« Trennung nach Giro-, Spar-, Kassenschalter usw. verrichtungsorientiert!)

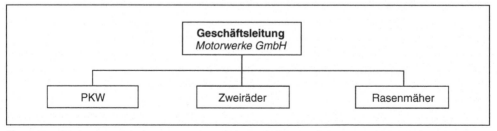

Spartenorganisation

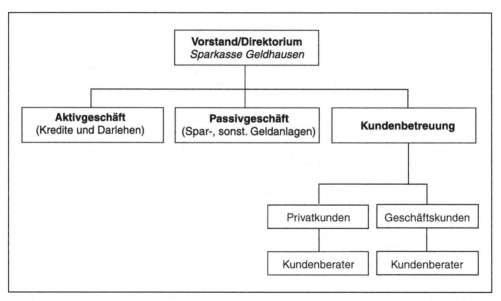

Objektorientierung in nachrangiger Hierarchieebene

Bezüglich der **einzelnen Arbeitsplätze im Fertigungsbereich** ist Objektorientierung eher selten anzutreffen, denn sie würde bedeuten, dass der einzelne Mitarbeiter als Generalist mit dem gesamten Herstellungsprozess befasst ist (→ Abschn. 2.2.5.1, »Mengenteilung«). Verwirklicht ist sie häufig aber in Bezug auf Gruppen.

Beispiel:

Die Mitarbeiter einer jeden Arbeitsgruppe erstellen gemeinsam jeweils ein bestimmtes Produkt. Die Fertigung ist also insoweit objektorientiert organisiert. Jeder Mitarbeiter beherrscht alle notwendigen Arbeitsschritte, so dass eine gegenseitige Vertretung oder ein bewusster Aufgabentausch (»Job Rotation«) möglich ist, und steuert innerhalb seines Teams durch seine Arbeitsleistung eine Teilmenge zum Gesamtprozess bei. Keiner der Mitarbeiter vollzieht jedoch jemals den gesamten Herstellungsprozess an einem konkreten Stück allein.

Beispiele für die **Ausrichtung an Aufgabenobjekten** finden sich häufig im Dienstleistungsbereich.

Jeder Mitarbeiter der Kundendienstabteilung eines Küchengroßgeräteherstellers ist einer bestimmten Regionalgruppe zugeteilt. Jede Anforderung des Kundendienstes, unabhängig von der Geräteart und der Art des Defektes, wird der Regionalgruppe allein aufgrund des Kundenortes zugewiesen und von demjenigen Gruppenmitglied, das gerade Zeit hat bzw. sich gerade in der Nähe des Kunden aufhält, bearbeitet.

2.2.1.1.3 Disposition und Improvisation

In Abschnitt 2.2.1.1.1 wurde bereits darauf hingewiesen, dass Organisation an das Vorhandensein einer zerlegbaren Daueraufgabe geknüpft ist und einer Planung bedarf. Improvisation wurde im gleichen Zuge als ungeplante Reaktion auf eine unvorhergesehene und einmalige Problemstellung bezeichnet.

Damit könnte der Eindruck entstanden sein, dass Improvisation gewissermaßen das Gegenteil von Organisation sei. Jedoch schließen sich Organisation und Improvisation nicht aus; vielmehr sind sie in jedem System nebeneinander anzutreffen: In jedem Betrieb stellen sich immer wieder Probleme, die außerhalb des üblichen Aufgabenerfüllungsspektrums stehen, so noch nie aufgetreten sind und sehr wahrscheinlich auch nicht wieder auftreten werden – und denen durch ungeplantes, sofortiges Handeln begegnet wird.

Zwischen Organisation und Improvisation ist die Disposition angesiedelt. Dieser Begriff wird immer dann verwendet, wenn eine Aufgabe zu erledigen ist, die zwar zu den Regelaufgaben des Betriebes gehört, in ihrer konkreten Ausprägung aber nicht vorhersehbar war und daher einer kurzfristigen Planung vor der sich direkt anschließenden Handlung bedarf, wobei sie sich auf die vorhandene Organisationsstruktur und die durch sie vorgegebene Aufgaben-, Kompetenz- und Verantwortungsverteilung stützt.

Zur Verdeutlichung folgendes Beispiel:

Ein Speditionsunternehmen, das sich auf die Durchführung von Wohnungsumzügen im gesamten Bundesgebiet spezialisiert hat, aber auch kurzfristige Transporte für gewerbliche Auftraggeber durchführt, verfügt über eine bestimmte Anzahl von Fahrzeugen, Fahrern und Packern, über deren Einsatz unter Beachtung von Lenk- und Ruhezeiten, Wartungsintervallen usw. ein Mitarbeiter am Unternehmensstandort entscheidet.

Wenn ein Kunde einen Umzugsauftrag erteilt, wird dieser in einer bestimmten Weise behandelt: Aufnahme, Weitergabe, Bestätigung des Auftrags usw. sind festgelegt. Es liegt nun aber in der Natur der Aufgabenstellung, dass die konkreten Ausprägungen eines eingehenden Auftrages – Abhol- und Anlieferorte, Umzugstag, Menge und Besonderheiten des Umzugsgutes usw. – vorab nicht bekannt sind.

Bei der Zuteilung eines Fahrzeuges und des Personals zu einem Auftrag sind – im Interesse der Wirtschaftlichkeit, die durch eine hohe Kapazitätsauslastung gefördert wird – zusätzlich die weiteren vorliegenden Aufträge zu berücksichtigen: Gibt es die Möglichkeit, durch geschickte Planung – etwa die Verbindung mit einem gewerblichen Transport – eine Leerfahrt zu vermeiden? Können mehrere Aufträge durch Zuladung miteinander verbunden werden? usw., wobei täglich neu eingehende Kundenaufträge dazu führen können, dass die bereits getroffenen Zuordnungen wieder verworfen werden.

Hier handelt es sich um eine typische Dispositionsaufgabe: Gestützt auf ein dauerhaft bestehendes organisatorisches Gerüst wird kurzfristig geplant und gehandelt. Nicht zuletzt drückt sich dies auch in der Stellenbezeichnung des Mitarbeiters aus, der »Disponent« genannt wird.

2.2.1.1.4 Ziele des Organisationssystems

Unternehmen verfolgen Ziele. Zunächst stellen sie sich selbst eine bestimmte Aufgabe, die sie am Markt erfüllen wollen. Aus dieser auch als **Sachziel** bezeichneten Marktaufgabe lassen sich bereits viele der Teilaufgaben ableiten, für deren Erfüllung dauerhafte organisatorische Einheiten geschaffen werden müssen. Durch die Festlegung des Sachziels wird die Struktur des zu schaffenden Systems also bereits maßgeblich bestimmt.

Beispiel:

Die »Schmitz & Schulz PC Components GmbH« hat sich zur Aufgabe gestellt, den Markt mit Computergehäusen und peripheren Komponenten wie Tastaturen, Mäusen usw. zu versorgen. Hieraus ergibt sich eine Fülle von Teilaufgaben, etwa »Konstruktion«, »Einkauf von Vorprodukten«, »Anwerbung von Kundenaufträgen«, »Montage«, »Personalbeschaffung«, »Rechnungsabwicklung« usw., die dauerhaft von verschiedenen Fachabteilungen und Fachgruppen erfüllt werden: Konstruktionsbüro, Einkauf, Marketing, Fertigung, Personalabteilung, Buchhaltung usw.

Aus diesem Beispiel wird deutlich, dass die verschiedenen Tätigkeitsfelder dem Sachziel teils unmittelbar (Konstruktion, Fertigung) zuarbeiten und teils »nur« mittelbar dienen (Personalabteilung, Buchhaltung), ohne aber deswegen verzichtbar zu sein. Mit der Erfüllung des Sachziels verbindet das Unternehmen die Verfolgung der von den Entscheidungsträgern festgelegten **Formalziele.** Dies sind

– **Erfolgsziele** wie Gewinnmaximierung, Umsatzsteigerung, Kostenreduktion usw.;

– **Finanzziele** wie Liquidität, Erreichung einer bestimmten Finanzstruktur (also z. B. eines bestimmten Deckungsverhältnisses von Anlagevermögen und langfristig verfügbarem Kapital) oder Gewährung einer hohen Gewinnausschüttung an die Anteilseigner usw.;

– an anderen als geldlichen Größen ausgerichtete **Leistungsziele,** z. B. Herstellung einer bestimmten Menge, Erlangung und Wahrung eines bestimmten Marktanteils, Gewährleistung einer bestimmten Produktqualität usw..

Nicht alle dieser Ziele können gleichzeitig erreicht werden; oft werden Ziele zueinander in Konflikt stehen. Es gilt also, bestimmte Ziele festzuschreiben und ggf. in einem Zielkatalog nach Wichtigkeit zu staffeln.

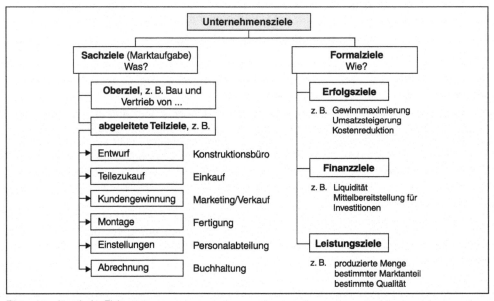

Das unternehmerische Zielsystem

Der Erreichung der gesetzten Ziele soll durch eine entsprechende Organisation zugearbeitet werden. Organisation ist also kein Selbstzweck, sondern

Ziel der Organisation ist die Schaffung von Systemen, die durch die zweckentsprechende Integration von Menschen und Sachmitteln eine dauerhaft optimale Aufgabenerfüllung ermöglichen.

Die Beispiele der letzten Abschnitte haben bereits aufgezeigt, welche betrieblichen Ziele mit ihrer Hilfe befördert werden können; ausdrücklich genannt wurden die Steigerung der Arbeitsproduktivität und die Verbesserung der Wirtschaftlichkeit.

Auch bei der Errichtung der Unternehmensorganisation sind bestimmte – ökonomisch motivierte – Ziele anzustreben und Grundsätze zu beachten:

– **Wirtschaftlichkeit:** Die Errichtung, aber auch die Unterhaltung organisatorischer Strukturen kosten Zeit und Geld. Zu viel Organisation **(Überorganisation)** kann den Arbeitsfluss behindern und Mitarbeiter demotivieren, etwa wenn unsinnige Dokumentationspflichten zu beachten oder Dienstwege über –zig Instanzen einzuhalten sind. Ebenso ist zu wenig Organisation **(Unterorganisation)** nachteilig, etwa wenn für Aufgaben, deren Erfüllung zwingend notwendig ist, keine Zuständigkeitsregelung getroffen wurde oder kurzfristig ausfallende Mitarbeiter keine geregelte Vertretung haben. Es gilt daher, das richtige Maß an Organisation zu finden, bei dem der Organisationszweck und die Wirtschaftlichkeit optimal vereint sind. Dies gelingt nur, wenn alle an den Kernprozessen beteiligten Stellen optimal in zeitlicher, räumlicher und personeller Hinsicht **koordiniert** werden.

– **Zweckmäßigkeit:** In der obigen Erläuterung steckt bereits der Gedanke, dass die Organisation so beschaffen sein muss, dass sie den Unternehmenszielen und -zwecken dient. Organisation ist kein Selbstzweck!

– **Anpassungsfähigkeit:** Unternehmen müssen sich zunehmend an sich dynamisch verändernde Umfeldbedingungen anpassen können. Eine zu starre Organisation kann die Wettbewerbsfähigkeit so weit einschränken, dass Marktchancen nicht wahrgenommen werden können und das Überleben des Unternehmens gefährdet ist. Auf diese **Anpassungs- (Adaptions-, Adaptations-)Problematik** und die Erfordernis einer hinreichenden **Flexibilität** der Strukturen wird in den Ausführungen zur Organisationsentwicklung (Abschnitt 2.3) noch intensiver eingegangen.

2.2.1.1.5 Organisation im Fertigungsbereich

In der Betriebswirtschaftslehre wurde der Produktionsbereich der Unternehmen lange Zeit nur wenig beachtet, da er durch die seit Ende des 19. Jahrhunderts kontinuierlich betriebene Umsetzung der Ergebnisse arbeitswissenschaftlicher Forschungen (in Deutschland vor allem vom REFA-Verband für Arbeitsstudien und Betriebsorganisation e.V.) als »durchoptimiert« galt. Die Aufmerksamkeit konzentrierte sich vielmehr auf den Managementbereich und hier auf die Entwicklung neuer Konzepte, Strategien und Instrumente z. B. für die Planung, Entscheidungsvorbereitung, Mitarbeiterführung usw.

Eine Änderung dieser Sichtweise trat erst im Zuge der Entwicklung ein, die wir heute als »Globalisierung des Wettbewerbs« bezeichnen: Studien, die den Vergleich weltweit operierender Unternehmen zum Inhalt hatten, kamen um 1990 zu dem Ergebnis, dass die Ursachen für die Überlegenheit bestimmter Unternehmen im globalen Wettbewerb im Produktionsbereich zu suchen seien. Eine Studie des Massachusetts Institute of Technology (MIT), in der Unternehmen der Automobilbranche verglichen wurden, belegte die Überlegenheit japanischer Hersteller, z. B. hinsichtlich des Zeitbedarfs in der Entwicklung neuer Produkte bis zu deren Marktreife (heute häufig als »**Time-to-Market**« bezeichnet), des Investitions- und Personalbedarfs in der Produktion, der Qualität und der Flexibilität.

Es zeigte sich, dass Automation ein wichtiger, aber nicht der alleinige Grund für eine hohe Produktivität (d. h. das mengenmäßige Verhältnis zwischen Output, z. B. produzierter Stückzahl, und Input, z. B. eingesetzte Arbeitsstunden) ist: Vielmehr spielen auch die Organisation der Produktionsprozesse, die Qualifikation der ausführenden Kräfte und die Führungseignung der Vorgesetzten eine wesentliche Rolle.

Ein in diesem Zusammenhang oft genannter Begriff ist derjenige des Lean Production. Auf weitere traditionelle und neue Formen der Fertigungsorganisation wird in den folgenden Abschnitten noch ausführlich eingegangen werden.

Lean Production

Die bereits erwähnte MIT-Studie beschreibt das japanische Produktionskonzept des »Lean Production« (Schlanke Produktion) und stellt dabei am Beispiel der Massenproduktion im Automobilbau die folgenden Merkmale besonders heraus:

– Aufgaben werden von Teams erledigt, denen ein für die Aufgabenverteilung und die teaminterne Koordination verantwortlicher Teamleiter (ein »mitarbeitender Vorarbeiter«) vorsteht. Die Teammitglieder können aufgrund ihrer breit angelegten Qualifikation verschiedene Einzelaufgaben innerhalb der Teamaufgabe übernehmen.

– Soweit möglich, werden Entscheidungsrechte auf ausführende Mitarbeiter übertragen, deren Stellenaufgaben auf diese Weise qualitativ angereichert werden.

– Die Mitarbeiter werden aufgefordert und ermutigt, von ihren Befugnissen auch Gebrauch zu machen.

Beispiel:

In einem Automobilwerk erfolgt die Endmontage eines PKW durch ein Team von Monteuren am Fließband. Jeder einzelne Mitarbeiter hat das Recht, dieses Band sofort anzuhalten, wenn er einen Fehler bemerkt, und die Mitarbeiter werden ständig ermutigt, von diesem Recht auch Gebrauch zu machen, sobald sie hierfür eine Notwendigkeit sehen. Diese Regelung steht im Gegensatz zur »konventionellen« Produktion, in der das Anhalten des Bandes wegen des damit einhergehenden Produktionsausfalls (»Leerkosten«) verpönt ist.

Bei »konventioneller« Produktion würde ein Fehler im laufenden Prozess auch dann nicht behoben, wenn er einem Mitarbeiter direkt auffiele; vielmehr würde das fehlerhafte Produkt (hinreichende Endkontrollen vorausgesetzt) erst am Ende des Fertigungsdurchlaufs ausgeschieden. Abgesehen von den Ausschuss- oder Nachbearbeitungskosten dieses konkreten Stückes bestünde eine gewisse Wahrscheinlichkeit, dass regelmäßig wiederholte, dem Prozess gewissermaßen »innewohnende« Fehler oder Mängel als Ursache für eine wiederholte Ausschussproduktion erst mit erheblicher Verzögerung entdeckt und behoben würden, denn kein Monteur hätte die Veranlassung, besonders auf Fehler zu achten – er könnte/dürfte ja sowieso nicht reagieren!

Macht jeder Monteur dagegen von seinem Recht Gebrauch, das Band sofort zu stoppen, wenn er einen Fehler – etwa eine Passungenauigkeit – entdeckt, ist die Wahrscheinlichkeit groß, dass diese Entdeckung räumlich wie zeitlich sehr nah an der Fehlerquelle erfolgt, diese also schnell identifiziert und der Fehler behoben werden kann. Sowohl der »Verböserung« der Fehlerfolgen (etwa indem in ein bereits fehlerhaftes und damit nicht brauchbares Stück weiteres Material und weitere Arbeitsleistung investiert wird) als auch der Wiederholung eines Fehlers wird damit entgegengewirkt.

Viele Produktionsleiter werden Vorbehalte dagegen äußern, Mitarbeitern das Recht zum Anhalten des Bandes einzuräumen, mit der Begründung, dann würde das Band ja viel zu häufig stehen und der Produktionsausfall in unannehmbare Höhen steigen. Tatsächlich zeigt aber die Praxis, dass dort, wo dieses System angewendet wird, kaum Stopps vor-

kommen; denn wenn jeder Fehler ein sofortiges Anhalten des Bandes nach sich ziehen kann, ist die Wahrscheinlichkeit groß, dass der Fehlerverursacher vom Team direkt und eindeutig identifiziert und möglicherweise für Lohnabschläge wegen häufigen Produktionsstillstandsverantwortlich gemacht wird. Folglich bemüht sich jeder Mitarbeiter um fehlerfreies Arbeiten. Dem System wohnt also ein bedeutender Selbstkontrollmechanismus inne.

2.2.1.2 Aufbauorganisation und Ablauforganisation: Unterschied und Zusammenhang

Schon in der Einleitung wurde der Kernauftrag der Organisation umrissen. Danach sind die Strukturen eines Systems (= Aufbauorganisation) dauerhaft so anzulegen, dass mittels der sich darin planvoll vollziehenden Abläufe (= Ablauforganisation) das angestrebte Ziel möglichst gut erreicht werden kann.

Zwischen Aufbau- und Ablauforganisation besteht ein untrennbarer Zusammenhang; denn die Art und Weise, in der ein System gestaltet ist, wirkt sich unmittelbar auf die sich darin vollziehenden Prozesse aus. Viele Abläufe werden durch den Systemaufbau eindeutig festgelegt und können »nur so und nicht anders« geschehen. Bei der Errichtung eines Systems müssen also unbedingt sowohl die angestrebten Ziele als auch die geplanten, teils von Verfahrenstechnik oder Sachlogik diktierten und teils frei gestaltbaren Abläufe bedacht werden.

Im Folgenden soll der Begriff des Systems durch denjenigen des Industriebetriebs ersetzt werden.

Aufbauorganisation

Ein Organ hat als Teil eines Lebewesens eine bestimmte Aufgabe zu erfüllen. Isoliert kann es jedoch nicht arbeiten; es funktioniert nur im Zusammenspiel mit anderen, durch Nerven- und Gefäßbahnen miteinander verbundenen Organen, die in ihrer Gesamtheit den Organismus ergeben, und in einen Halteapparat eingebettet sind. Alles zusammen bildet einen Körper.

Überträgt man dieses Bild auf den Organisationsbegriff, so könnte man sagen, dass die Aufbauorganisation den Körper des Betriebes darstellt. Ihre Elemente sind die Menschen, Maschinen, Sachmittel, Rechte und Werte sowie deren Stellung und Beziehungen zueinander.

Zur Aufbauorganisation gehören unter anderem die Begriffe »Stelle«, »Instanz« und »Hierarchie«, die in den Abschnitten 2.2.2 und 2.2.3 ausführlich behandelt werden.

Ablauforganisation

Vorstehend wurde die Aufbauorganisation mit einem lebendigen Körper verglichen. Wollte man diesen Vergleich fortsetzen, könnte man die Ablauforganisation anhand der Abläufe in einem Körper – Bewegungsabläufe, Blutkreislauf, Verdauung usw. – verdeutlichen. Anders ausgedrückt: Die Ablauforganisation regelt die dynamischen Vorgänge innerhalb des durch die Aufbauorganisation geschaffenen statischen Rahmens.

Im Unternehmen regelt die Ablauforganisation, **wie** die im Rahmen der betrieblichen Aufgabenerfüllung anfallenden Tätigkeiten zu erledigen sind.

In Industriebetrieben werden dabei häufig folgende Begriffe gegeneinander abgegrenzt:

– **Produktionsorganisation:** Dieser Begriff ist der umfassendere und bezieht sich auf größere Bereiche und Zeiträume. Er steht für die Beschreibung des übergeordneten Zusammenhanges zwischen allen Bereichen, die im weitesten Sinne mit der Entstehung eines Produktes zu tun haben, und kann auch als Grob- oder **Makroorganisation** bezeichnet werden. Unter Entstehung ist dabei zum einen der Werdegang eines Produktes von der Idee über die Realisierung bis zur Marktreife zu verstehen; zum anderen die Organisation des grundsätzlichen Zusammenspiels zwischen Beschaffung, Eingangslager, Fertigung, Kontrolle, Ausgangslager, Absatz und den jeweils beteiligten Verwaltungen und Entscheidungsträgern.

- **Fertigungsorganisation:** Im Rahmen der zuvor vorgestellten Produktionsorganisation stellt die Fertigungsorganisation die Feinabstimmung **(Mikroorganisation)** des Fertigungsprozesses dar. Sie erstreckt sich auf das Zusammenspiel der verschiedenen an der Fertigung beteiligten Stellen – Material-, Informations- und Belegfluss, Montageschritte, Zeitabstimmung usw. – und die Abläufe an den einzelnen Arbeitsplätzen, also die Aktionen der Arbeitnehmer, den Einsatz von Maschinen und Werkzeugen usw. Die Fertigungsorganisation wird in der Praxis des Industriebetriebes meist als **Arbeitsvorbereitung** (AV) bezeichnet.

Für integrative Ansätze, die die Gestaltung und Lenkung des Produktionsbereiches umfassen und damit aufbau- und ablauforganisatorische Aspekte vereinigen, wird heute gelegentlich der Begriff des »Produktionsmanagements« verwendet. Seine Aufgaben gliedern sich in die Produktionsplanung, -steuerung und -kontrolle. Hierauf wird im weiteren Verlauf noch ausführlich eingegangen.

2.2.2 Bedeutung der Leitungsebenen: Organisationseinheiten, Organisationssysteme und Organigramme

2.2.2.1 Wesentliche Hierarchie- und Organisationseinheiten: Stellen und Instanzen

2.2.2.1.1 Stellenarten und Leitungsebenen (Managementebenen)

Entsprechend der in jedem Industriebetrieb anzutreffenden Gliederung der Aufgaben in Ausführungsaufgaben (Realisationsaufgaben) und Entscheidungsaufgaben lassen sich folgende **Stellenarten** unterscheiden:

- **Ausführende Stellen:** Hierunter sind diejenigen Stellen zu verstehen, die mit Ausführungskompetenzen, ggf. auch mit Verfügungskompetenzen, ausgestattet sind und unmittelbar am Leistungserstellungsprozess beteiligt sind, aber keine weitergehenden Kompetenzen haben, etwa Gesellen, Facharbeiter und kaufmännische Angestellte mit Sachbearbeitungsfunktionen. Wie schon im vorstehenden Beispiel verdeutlicht wurde, orientiert sich die Stellenbildung in diesem Bereich an der Art der Arbeitsteilung, also daran, ob die Verrichtung oder das Objekt im Vordergrund stehen.

- **Dienstleistungsstellen:** Diese Stellen beschaffen Informationen, auf deren Basis übergeordnete Stellen Entscheidungen vorbereiten und treffen können. Den Dienstleistungs- und den Leitungsstellen häufig (aber nicht notwendigerweise) zwischengeschaltet sind:

- **Stabsstellen,** die die von den Dienstleistungsstellen zusammengetragenen Informationen auswerten, zu Handlungsempfehlungen oder -alternativen aufbereiten und weiterleiten an die

- **Instanzen,** die letztendlich die Entscheidungen treffen.

2 Betriebswirtschaftliches Handeln 2.2 Aufbau- und Ablauforganisation

Diese Stellen stehen in einem organisatorischen Zusammenhang von Über-, Unter- und Gleichstellung, der als **Hierarchie** bezeichnet wird. Die folgende Abbildung zeigt einen solchen, für Unternehmen typischen Hierarchieaufbau, wobei der Anteil der ausführenden Arbeiten an der Gesamttätigkeit eines einzelnen Stelleninhabers um so größer ist, je weiter unten die Stelle angesiedelt ist; nach oben nimmt der Anteil der dispositiven (leitenden, entscheidenden) Aufgaben zu.

Bezogen auf die Leitungsebenen folgen Unternehmen meist dieser Dreiteilung:

– Die oberste Leitungsebene **(Top Management)** aus Geschäftsleitung und ggf. Bereichsleitungen, die die Führungs- und Repräsentationsaufgaben wahrnimmt;

– die mittlere Leitungsebene **(Middle Management,** z. B. Hauptabteilungs- und Abteilungsleiter) mit den Aufgaben:

– Einsatz und Anleitung der Mitarbeiter,
– Koordination der Zusammenarbeit,
– Ausübung der Kontrolle im eigenen Zuständigkeitsbereich,
– Treffen von Entscheidungen im eigenen Bereich,
– Entscheidungsvorbereitung für die oberste Leitungsebene;

– die untere Leitungsebene **(Lower Management;** z. B. Fachgruppenleiter, **Meister)** mit den Aufgaben:

– Arbeitsvorbereitung,
– Übertragung der Ausführung an die ausführenden Stellen,
– Überwachung der untergeordneten ausführenden Stellen,
– Mitwirkung bei der Ausführung.

Mit abnehmendem Rang sinkt der Anteil der Leitungsvollmachten an der Stellenaufgabe, während der Anteil an ausführenden Tätigkeiten zunimmt. Während den Stelleninhabern aller drei Leitungsebenen Leitungsaufgaben zukommen, sind die so genannten Führungsaufgaben der obersten Ebene vorbehalten.

Die Anzahl der Hierarchieebenen wird als **Leitungstiefe,** die Anzahl der einer Instanz (einer vorgesetzten Stelle) unterstellten Stellen (Mitarbeiter) als **Leitungsspanne** oder **Kontrollspanne** (bisweilen auch: Subordinationsspanne) bezeichnet.

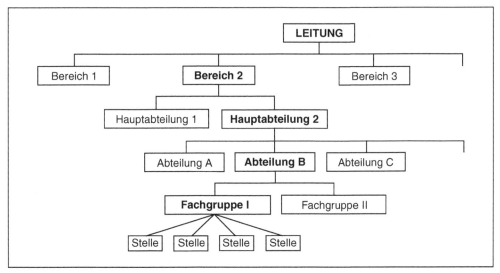

Der hierarchische Unternehmensaufbau

Aus der Abbildung wird deutlich, dass

– die Aufbauorganisation in der **Horizontalen** die Aufgabenverteilung abbildet und

– in der **Vertikalen** den Aufbau der Instanzen – die Hierarchie – darstellt.

2.2.2.1.2 Stellen im organisatorischen Zusammenhang

In Abhängigkeit von der Größe und den Aufgaben des Unternehmens werden verschieden große Stellen gebildet, die wiederum – nach den oben beschriebenen Kriterien »Verrichtung« oder »Objekt« – in Abteilungen und Hauptabteilungen zusammengefasst werden. Sowohl zwischen den Stellen innerhalb einer Abteilung als auch zwischen den verschiedenen Abteilungen, Hauptabteilungen und der Leitungsebene gibt es zahlreiche Beziehungen, die mit folgenden Begriffen umrissen werden können.

– **Materielle Beziehungen:** Diese betreffen den Austausch von Gegenständen (Gütern, Vorprodukten, Schecks...). Aufgabe der Organisation ist es, diejenigen Stellen, die im Rahmen eines Bearbeitungsprozesses zusammenarbeiten und Material austauschen müssen, räumlich und zeitlich so zu koordinieren, dass Transportwege und Wartezeiten minimiert werden.

– **Kommunikationsbeziehungen:** Zur Abstimmung von Arbeitsabläufen und zur Entscheidungsfindung und -weitergabe ist der Austausch von Informationen unerlässlich. Dieser erfordert zwar nicht unbedingt räumliche Nähe, aber Festlegungen darüber, »wer wen wann über was« zu informieren hat. Informationen können Mitteilungen, Anweisungen oder Kontrollmeldungen (Vollzugsmeldungen) sein und einseitig oder wechselseitig erfolgen. Außerdem muss festgelegt werden, ob Informationen direkt oder nur unter Einhaltung eines bestimmten »Dienstwegs« zum vorgesehenen Empfänger weitergegeben werden dürfen und ob außer dem Informationsfluss »von oben nach unten« oder umgekehrt auch ein horizontaler oder diagonaler Informationsaustausch zwischen den Abteilungen oder Hauptabteilungen zu erfolgen hat.

Die letztgenannten Ausführungen beziehen sich auf die **Hierarchie** innerhalb des Unternehmens, also darauf, dass die Stellenanordnung in einer Organisation durch Über , Unter- und Gleichstellungsverhältnisse geprägt ist, die sich in einem **Organigramm** (→ Abschnitt 2.2.2.5) darstellen lassen und (ebenso wie die innerhalb dieses Systems auf einzelne Stellen übertragene Aufgaben, Rechten und Pflichten) in **Stellenbeschreibungen** (→ Abschnitt 2.2.3.2) aufgezeichnet sind.

Die konkrete Ausgestaltung der materiellen und informationellen Stellenbeziehungen hängt sehr stark vom Grad der räumlichen Zentralisation bzw. Dezentralisation ab.

2.2.2.1.3 Zentralisation und Dezentralisation

Die Begriffe der Zentralisation und Dezentralisation können in unterschiedlicher Weise aufgefasst werden: Meist jedoch umschreiben sie eine räumliche Komponente. Zentralisation in diesem Sinne ist die Bündelung gleichartiger Aufgaben in ein- und derselben Stelle bzw. am selben Ort; Dezentralisation meint demgegenüber die räumlich getrennte Verteilung gleichartiger Aufgaben auf mehrere Stellen.

Nahezu jede Zentralisation nach einem Kriterium – z. B. nach der Verrichtung, nach dem Arbeitsgegenstand (Objekt), aber auch nach den anderen Kriterien der Aufgabenanalyse und -synthese – zieht die Dezentralisation nach anderen Kriterien nach sich. Die Verwandtschaft zu den vorweg erfolgten Darstellungen zur Verrichtungs- bzw. Objektorientierung sowie zu den Begriffen der Artteilung und Mengenteilung ist offensichtlich; dennoch sollen hier zur Verdeutlichung weitere Beispiele angeführt werden.

In einem Betrieb wird die Fertigung verrichtungsorientiert gegliedert; man könnte auch sagen: Es erfolgt eine Verrichtungszentralisation. Hieraus folgt, dass ein- und dasselbe Objekt verschiedene Werkstätten durchlaufen muss: Hinsichtlich der Objekte liegt also Dezentralisation vor.

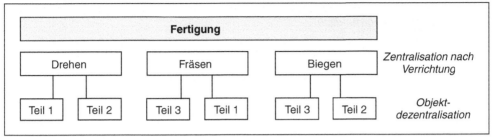

Verrichtungszentralisation mit nachgelagerter Objektdezentralisation

Würde die Fertigung objektzentralisiert, ergäbe sich daraus zwangsläufig eine Verrichtungsdezentralisation:

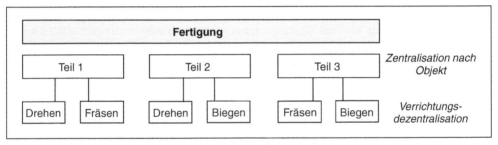

Objektzentralisation mit nachgelagerter Verrichtungsdezentralisation

In einem anderen Betrieb besitzt die Fertigung eines bestimmten Produktes eine herausragende Stellung, während andere Produkte nur zeitweilig und in Abhängigkeit von den jeweiligen, sich häufig ändernden Marktgegebenheiten wechselnd hergestellt werden.
Hier ist eine Mischform aus Verrichtungs- und Objektzentralisation realisiert.

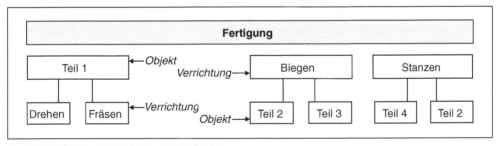

Kombinierte Objekt- und Verrichtungszentralisation

Die Frage, ob Aufgaben zentral oder dezentral erledigt werden sollen, stellt sich vor allem in Unternehmen mit mehreren Betriebsstellen, Niederlassungen, Filialen usw. Dort, wo Material zu bewegen ist, erfolgt im allgemeinen eine Objektzentralisation: Ein bestimmtes Produkt wird komplett an einem bestimmten Ort gefertigt.

Beispiel:

Ein Automobilwerk praktiziert eine weitgehend automatisierte Straßenfertigung, wobei die Fertigungsbetriebe für die verschiedenen Modelltypen an verschiedenen Standorten errichtet wurden. Die Objektzentralisation ermöglicht eine optimale Anlagen- und Arbeitskräftenutzung. Dort, wo Zulieferteile für mehrere Modelle benötigt werden, sind Materialströme allerdings unvermeidlich.

Ein interessantes Beispiel für eine dezentrale Fertigung mit zentraler Montage liefert die Flugzeugfertigung:

Für ein Großraumflugzeug vom Typ Airbus werden etwa 3,5 Millionen Einzelteile von mehr als 6000 Zulieferern in der ganzen Welt hergestellt. Diese Einzelteile werden in Betriebsstätten in verschiedenen europäischen Partnerländern, darunter auch Deutschland, zu so genannten Fraktionen vormontiert. Diese Fraktionen wiederum werden mit einem speziell dafür konstruierten Großtransportflugzeug nach Toulouse geflogen und dort endmontiert. Das Verfahren erfordert eine hohe Präzision bei der Vorfertigung.

In Bereichen, die ohne Materialbewegungen auskommen, ist es häufig zweckmäßig, gleiche Verrichtungen auf einen Ort zu konzentrieren. Dies betrifft z. B. die Buchhaltung, da die darin beschäftigten Spezialisten nur an einem Ort vorgehalten werden müssen und eine einheitliche Abwicklung der Transparenz dient und bessere Entscheidungsvorlagen liefert, oder die Werbung, die aus Kostengründen, aber auch wegen der einheitlichen Außendarstellung des Unternehmens, von einer zentralen Stelle geplant und gesteuert wird.

Im auf die Leitungsaufgaben übertragenen Sinne können die Begriffe der Zentralisation und Dezentralisation aber auch **das Ausmaß** meinen, in dem Entscheidungsbefugnisse auf wenige Personen an der Unternehmensspitze konzentriert oder aber auf nachrangige Mitarbeiter übertragen werden:

– Konzentrieren sich Aufgaben mit bedeutendem Entscheidungsspielraum ausschließlich auf die Stellen des Top-Managements, so liegt Zentralisation vor. Ihr Vorteil wird darin gesehen, dass sie der Führungsspitze eine konsequentere, widerspruchsfreiere Führung ermöglicht, als dies bei Delegation von Entscheidungsbefugnissen auf nachrangige Stellen zu erwarten wäre. Gegen Zentralisation spricht jedoch die vergleichsweise starke Belastung des Spitzenmanagements und der geringe Motivationsanreiz, der von dieser Form der Führung auf Mitarbeiter ausgeht.

– Werden Entscheidungskompetenzen auf nachrangige Mitarbeiter übertragen, spricht man von Entscheidungsdezentralisation. Sie wirkt sich in der Regel positiv auf Engagement und Kreativität der so »aufgewerteten« Mitarbeiter aus. Die positiven Erfahrungen mit dem so genannten »Lean Management«, flachen Organisationsstrukturen also, die sich durch weitgehende Verlagerung von Verantwortung und Entscheidungskompetenz auf nachgeordnete – auch ausführende – Stellen auszeichnen, bestätigen, dass mit Dezentralisation nicht auch zwangsläufig ein Koordinationsverlust einhergehen muss. Voraussetzung hierfür ist allerdings der Ersatz so genannter »fallweiser Regelungen« (die jeden Einzelfall reglementieren) durch den Erlass genereller Regelungen (die lediglich eine Richtschnur für das Handeln in bestimmten, nur allgemein umrissenen Situationen darstellen). Diese Philosophie wird auch als **»Substitutionsprinzip der Organisation«** bezeichnet.

2.2.2.2 Aufgaben und Kompetenzen

In Abhängigkeit von den von ihnen zu bewältigenden Aufgaben werden Stellen mit angemessenen Rechten und Pflichten, die zusammengefasst als **Kompetenzen** bezeichnet werden können, ausgestattet. Die wichtigsten dieser Kompetenzen sind

- **Ausführungskompetenz:** Kompetenz zur Erledigung bestimmter Aufgaben nach festgelegten Regeln;
- **Verfügungskompetenz:** Recht zur Hinzuziehung bestimmter Materialien und Hilfsmittel oder zur Einsicht und Nutzung bestimmter Informationen von außerhalb des eigenen Arbeitsplatzes;
- **Antragskompetenz:** Recht, Entscheidungsprozesse anzustoßen;
- **Mitsprachekompetenz:** Recht zur Mitwirkung an Entscheidungen in Form eines Anhörungsrechts, Mitberatungsrechts oder Mitentscheidungsrechts;
- **Entscheidungskompetenz:** Recht zur Entscheidung über bestimmte Aktionen (Maßnahmenkompetenz) oder zur Festlegung von Rahmenbedingungen für Aktionen Dritter (Richtlinienkompetenz);
- **Anordnungskompetenz:** Recht, andere zu bestimmtem Tun oder Unterlassen zu bewegen;
- **Stellvertretungskompetenz:** Recht, das Unternehmen nach außen zu vertreten und in seinem Namen Verträge abzuschließen (bisweilen wird dieser Begriff aber auch verwendet, wenn jemand das Recht hat, andere Stelleninhaber zu vertreten und für diese zu handeln).

2.2.2.3 Organisationssysteme

Wie inzwischen bekannt ist, beinhaltet die Aufbauorganisation die grundsätzliche Regelung vor allem der hierarchischen und informationellen Beziehungen zwischen den verschiedenen Aktionseinheiten innerhalb eines Systems. Die folgenden Betrachtungen beziehen sich insbesondere auf diejenigen informationellen Beziehungen, die mit dem Begriff der Weisungsbefugnis umschrieben werden können.

Die wesentlichen klassischen Formen der Aufbauorganisation, die auch als Organisationssysteme bezeichnet werden, sind

- Einliniensystem,
- Stabliniensystem,
- Mehrliniensystem und
- Matrixsystem.

Diese Systeme sollen im Folgenden näher beschrieben werden. Dabei werden jeweils die besonderen Erfordernisse der Organisation im Fertigungsbereich beachtet, da sich diese von denjenigen der anderen betrieblichen, meist von kaufmännischen/verwaltenden Tätigkeiten dominierten Funktionsbereichen unterscheiden.

In den folgenden Darstellungen wird jeweils auch auf die Eignung des jeweiligen Organisationssystems für kleine und mittlere Unternehmen einerseits und Großunternehmen andererseits eingegangen.

2.2.2.3.1 Das Einliniensystem

Das Einliniensystem ist der »Klassiker« unter den Organisationssystemen; es geht auf eine bereits 1916 veröffentlichte Beschreibung von FAYOL zurück. Beim Einliniensystem gelangen Anweisungen streng vertikal »von oben nach unten«. Jede untergeordnete Stelle hat nur einen unmittelbaren Vorgesetzten, und nur von diesem können Weisungen entgegengenommen werden. Der unterstellte Mitarbeiter ist allein gegenüber dem direkten Vorgesetzten für die Erfüllung der an ihn delegierten Aufgaben verantwortlich. Ebenso werden Kontrollmeldungen und sonstige Mitteilungen von unten nach oben nur in direkter Linie weitergeleitet.

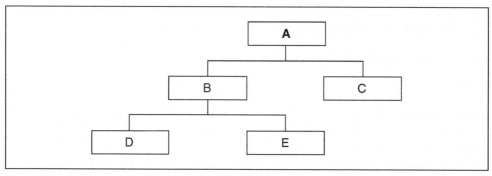

Das Einliniensystem

Der Vorteil des Einliniensystems ist in der Klarheit von Zuständigkeiten und Verantwortung zu sehen. Bei einer großen Anzahl von Hierarchieebenen können sich die langen Dienstwege aber als nachteilig erweisen, und bei einer großen Anzahl von unterstellten Mitarbeitern steht der Vorgesetzte sowohl vor dem Problem, eine optimale Arbeitsteilung zu finden, als auch vor der Schwierigkeit, die Aufgabenerfüllung zu kontrollieren und die Mitarbeiter zu motivieren. Sind die Aufgaben der Mitarbeiter sehr unterschiedlich, stellt sich zudem das Problem, diesen Unterschieden in der Wahrnehmung der Leitungsaufgabe gerecht zu werden: Der Vorgesetzte ist als Generalist, nicht als Spezialist gefragt. Aus alldem resultiert, dass das Einliniensystem vornehmlich in kleinen oder mittleren, also überschaubaren, Unternehmen vorzufinden ist.

Je nach Art der Aufgabenteilung wird das Einliniensystem im Fertigungsbereich in den bereits bekannten Organisationsformen verwirklicht:

Funktionale Organisation: Die Aufgabenteilung erfolgt nach dem Verrichtungsprinzip. Die funktionale oder verrichtungsorientierte Organisation (→ Abschnitt 2.2.1.1.2) ermöglicht aufgrund der mit ihr einhergehenden Zusammenfassung gleichartiger oder verwandter Tätigkeiten eine hohe Spezialisierung der ausführenden Stellen und damit eine kostengünstige Leistungserstellung. Demgegenüber fallen jedoch meist Kosten für Transporte von Material und Informationen (die so genannten Beziehungskosten) stärker ins Gewicht als bei der nachfolgend dargestellten divisionalen Organisation. Deshalb eignet sich die funktionale Organisation besonders für Unternehmen, die entweder nur ein Produkt fertigen oder deren Produktion beim Mehrproduktbetrieb nur wenige Umstellungen erfordert.

Divisionale Organisation: Bei einer Aufgabenteilung nach dem Objektprinzip und gleichzeitiger Anwendung des Einliniensystems entsteht eine divisionale (objektorientierte) Organisation (→ Abschnitt 2.2.1.1.2). Sie empfiehlt sich für Mehrproduktunternehmen mit eher unterschiedlichen Produkten, die eine Spezialisierung erfordern. Eine Organisation, bei der bereits auf der zweiten Hierarchieebene – also unterhalb der Führungsebene – eine Gliederung nach dem Objektprinzip erfolgt, wird **Spartenorganisation** genannt. Auf diese wird in Abschnitt 2.2.2.4 noch näher eingegangen.

2.2.2.3.2 Das Stabliniensystem

Das Stabliniensystem ist auch ein Einliniensystem. Allerdings gibt es hierin nicht nur von oben nach unten, sondern auch horizontal verlaufende Linien, die von der Leitung oder auch von einzelnen Abteilungen zu den so genannten Stäben führen. Stäbe sind Stellen oder Fachabteilungen, die die Abteilungen »in der Linie«, denen sie jeweils zugeordnet sind, beraten und mit aufbereiteten Informationen und Entscheidungsvorlagen versorgen, aber selbst in der Linie nicht weisungsbefugt sind: Unterhalb eines Stabes gibt es Weisungsrechte allenfalls gegenüber anderen, nachgeordneten Stabstellen.

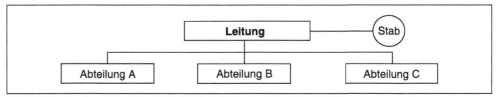

Stablinienorganisation (Prinzipdarstellung)

Der Vorteil dieses Systems liegt in der Entlastung der Instanzen. Ein oft vorgebrachter kritischer Einwand betrifft die »unverantwortete Expertenmacht« der Stäbe: Einerseits besitzen die Stäbe naturgemäß häufig einen Informationsvorsprung vor der Instanz, der sie zugeordnet sind, und können diesen für die Durchsetzung eigener Ziele nutzen; andererseits können sie für die Folgen, die aus der Umsetzung ihrer Empfehlungen resultieren, nicht zur Verantwortung gezogen werden, da die Entscheidungsvollmacht allein bei der Linieninstanz liegt.

Größere Unternehmen sind häufig im Stabliniensystem organisiert. Dabei werden oft solche Aufgaben, die die Entfaltung von Kreativität in der Entwicklung neuer Ideen oder das Aufspüren von Trends und Veränderungen in der Unternehmensumwelt erfordern, auf Stäbe übertragen. In vielen Unternehmen sind die Rechtsabteilungen, Abteilungen für Werbung und Öffentlichkeit oder das Controlling als Stäbe angelegt.

Abschnitt 2.2.2.5 enthält ein Beispiel für einen **Organisationsplan** eines Industriebetriebs, der nach dem Stabliniensystem errichtet ist.

2.2.2.3.3 Das Mehrliniensystem (Funktionsmeistersystem)

Der amerikanische Ingenieur Frederic Winslow TAYLOR (1856–1915, Begründer des »Scientific Management«, von dem an späterer Stelle noch die Rede sein wird) entwickelte ein System, bei dem ein Stelleninhaber mehrere Fachvorgesetzte haben und folglich von mehreren Stellen Anweisungen erhalten kann. Für dieses System werden in der Literatur unterschiedliche Bezeichnungen verwendet, von denen »Funktionsorganisation«, »Funktionalsystem« und »Funktionsmeistersystem« die gebräuchlichsten sind (Achtung: Die in Abschnitt 2.2.1.1.2 vorgestellte »funktionale Organisation« meint etwas anderes!).

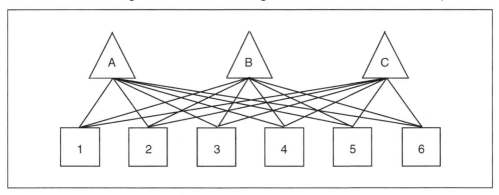

Das Funktionsmeistersystem nach TAYLOR

Taylors Grundgedanke war, dass es für den Gesamtbetrieb nur von Vorteil sein könne, wenn mehrere Fachleute in der übergeordneten Ebene ihre Fachkompetenz einbrächten. Taylor stellte sich auf der Meisterebene eine Reihe von Spezialisten vor, von denen jeweils klar gegeneinander abgegrenzte Aufgaben wahrgenommen würden, etwa als Arbeitsverteiler, Geschwindigkeitsmeister, Prüfmeister usw. Innerhalb des eigenen Verantwortungsbereiches sollte jeder dieser Fachleute gegenüber den Inhabern der ausführenden Stellen weisungsberechtigt sein.

Es liegt auf der Hand, dass ein solches System ein hohes Maß an Kooperation zwischen den Vorgesetzten erfordert, da ansonsten die Gefahr widersprüchlicher Weisungen besteht. Auch aus Kompetenzüberschreitungen auf Seiten der Weisungsberechtigten können Konflikte resultieren. Auf Seiten der Weisungsempfänger können mangelnde Klarheit über die Priorität der von verschiedenen Vorgesetzten erhaltene Anweisungen zu ungewünschten Handlungen führen, eine Verweigerungshaltung hervorrufen oder sogar in den Versuch gipfeln, Vorgesetzte gegeneinander auszuspielen. Die Befürworter dieses Systems, das allerdings in seiner reinen Form keine praktische Bedeutung besitzt, betonen aber neben dem Vorteil der »geballten Kompetenz« seine hohe Flexibilität.

2.2.2.3.4 Das Matrixsystem

Das Matrixsystem zeichnet sich durch einen zweidimensionalen Aufbau der Organisationsstruktur auf. Meist vereinigt sich in der Matrixorganisation die Anwendung des Objektprinzips mit der des Verrichtungsprinzips, wobei sich das Objektprinzip oft in der Gliederung nach den verschiedenen Produkten (»Produktmanagement«) ausdrückt.

Hieraus resultiert zwangsläufig die Überlagerung zweier Leitungsebenen in einem Mehrliniensystem.

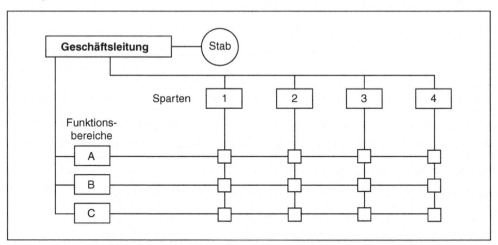

Matrixorganisation – Prinzipdarstellung

Der Vorteil dieser Organisationsform liegt darin, dass sowohl die auf das Produkt als auch die auf die Funktion bezogenen Spezialkenntnisse ausgeschöpft werden. Die Teilung der Leitungs- und Weisungsbefugnisse kann jedoch, wie schon im vorangegangenen Abschnitt zum Funktionalsystem ausgeführt wurde, zu Konfliktsituationen führen, die sich unproduktiv auswirken können. Auch in den Außenbeziehungen können Probleme entstehen, wenn etwa Kunden und Lieferanten mehr als einen Ansprechpartner vorfinden, wenn sie unterschiedliche Sparten beliefern, bzw. anfragen. Zudem kann ein organisatorischer

»Wasserkopf« durch das Aufblähen von Leitungsstellen entstehen – hohe Kosten eingeschlossen.

Eine Spezialform der Matrixorganisation ist die **Tensororganisation**, bei der mindestens ein weiteres Organisationskriterium berücksichtigt wird. Neben der Verrichtung und dem Produkt können dies z. B. Regionen, Märkte oder Kundengruppen sein. Auf diese Weise entsteht eine drei- oder mehrdimensionale Organisationsstruktur, für die die genannten Vor- und Nachteile der Matrixorganisation in erhöhtem Maße gelten. Nennenswerte praktische Bedeutung besitzt diese Organisationsform derzeit in bundesdeutschen Unternehmen nicht.

2.2.2.4 Ergebnisorientierte Organisationseinheiten

Eine Organisation ergebnisorientiert zu strukturieren bedeutet einerseits, Hierarchien abzubauen, um kurze Entscheidungswege zu realisieren, und andererseits, Kompetenzen an Mitarbeiter abzugeben und diesen höhere Entscheidungsfreiräume, aber auch höhere Verantwortung zu übertragen.

Ergebnisorientierung bedeutet auch, Ziele zu verabreden und den Mitarbeitern die Wahl des Weges zur Zielerreichung weitgehend selbst zu überlassen: Dies setzt motivierte Mitarbeiter und ein gutes Vertrauensverhältnis zwischen Vorgesetzten und Mitarbeitern voraus. Insgesamt erfordern die neueren Formen der Organisation ein neues Verständnis der Rolle des Mitarbeiters im Betrieb.

Eine Form der ergebnisorientierten Strukturierung ist die Spartenorganisation, die bereits in Abschnitt 2.2.2.3.1 angerissen wurde. Dabei handelt es sich um eine Aufbauorganisation, die in der zweiten Hierarchieebene objektorientiert (divisional) nach verschiedenen Geschäftsbereichen differenziert, die mehr oder weniger autonom handeln (das Gegenteil, die **funktionale Organisation,** wurde an gleicher Stelle sowie in Abschnitt 2.2.1.1.2 behandelt). Bei hoher Autonomie

– das **Profit-Center-Konzept,** bei dem jede Sparte ein weitgehend selbstständiges, gewinnorientiertes Subunternehmen darstellt, in der der Spartenleiter für die Erreichung des vorformulierten Gewinnziels verantwortlich ist. Sinnvoll ist dieses Konzept daher vor allem für Unternehmensbereiche, die ihre Leistung am unternehmensexternen Markt absetzen und dabei durch selbst ausgeübte Kostenverantwortung und eigenverantwortliche Preiskalkulation den erzielten Gewinn tatsächlich selbst steuern können.

– das **Cost-Center-Konzept,** bei dem ein bestimmtes Umsatzziel oder ein bestimmter Output zu minimalen Kosten oder innerhalb eines vorweg festgelegten Kostenlimits angestrebt wird. Verwendung findet es z. B. im Bereich der Fertigung. Kritisiert wird an diesem Konzept häufig die fehlende Marktorientierung, da es keine Anstöße zur Steigerung der Leistung beinhaltet. Ein Ansatz, diesen Mangel zu beheben, ist die Einführung inner-betrieblicher Verrechnungspreise für beanspruchte und abgegebene Leistungen, durch die marktähnliche Verhältnisse geschaffen werden sollen.

Die einzelnen Sparten im Rahmen dieser und sonstiger Center-Konzepte handeln weitgehend unabhängig von den anderen Sparten und auch verhältnismäßig autonom in Bezug auf die vorgelagerten Funktionsbereiche des Unternehmens. Das Beziehungsgeflecht, in dem Informationen ausgetauscht und logistischen Handling mit Materialien, Produkten und Dokumenten stattfindet, beschränkt sich fast ausschließlich auf die eigene Sparte. Damit entspricht die Spartenorganisation dem Organisationsprinzip der **operationalen Geschlossenheit,** weswegen diese Organisationsform auch **operationale Organisation** genannt wird.

Isolierte, autonome Teilbereiche eines Unternehmens werden auch als **Strategische Geschäftseinheiten (SGE)** oder Business Units bezeichnet. Sie setzen eine nach Sparten differenzierende Kosten- und Leistungsrechnung voraus, da nur so der Grad der Zielerfüllung festgestellt werden kann. Als ein Vorteil von SGE wird häufig die hohe Motivationswirkung angeführt. Die Motivation, mit der eigenen SGE im Vergleich zu anderen besonders gut abzuschneiden, kann aber **Spartenegoismen** fördern, die letztlich dem Gesamtbetrieb schaden.

Die in Abschnitt 2.1.1.6 beschriebene Kooperationsform der **Holding** kann ebenfalls als Spartenorganisation aufgefasst werden: Dabei arbeiten mehrere rechtlich selbstständige Unternehmen unter einer gemeinsamen Dachorganisation zusammen.

Eine Sonderform der Spartenorganisation ist die für Ingenieur- oder Architektenbüros typische, in der Industrie bevorzugt im Anlagenbau anzutreffende **Projektorganisation**. Als Gliederungsvorgabe dienen dabei Großprojekte (z. B. große Industriebauten, Staudämme, Verkehrssysteme). Für jedes dieser Projekte, die häufig langjährigen Bestand haben, wird eine komplette Organisationsstruktur geschaffen, wobei zumindest die mit der Planung, Konstruktion, Ausführung und Kontrolle beschäftigten Mitarbeiter, bisweilen aber auch die nur indirekt mit der Leistungserstellung befassten Mitarbeiter, für die gesamte Dauer des Projektes diesem eindeutig zugeordnet werden. Ist ein Projekt abgeschlossen und schließt sich kein gleichartiges oder ähnliches Folgeprojekt zeitlich unmittelbar an, muss eine umfassende Neustrukturierung der Gesamtorganisation und eine Verteilung der Mitarbeiter auf andere Aufgabengebiete erfolgen. Problematisch an dieser Organisationsform ist die zeitliche Abstimmung von Projekten und Folgeprojekten.

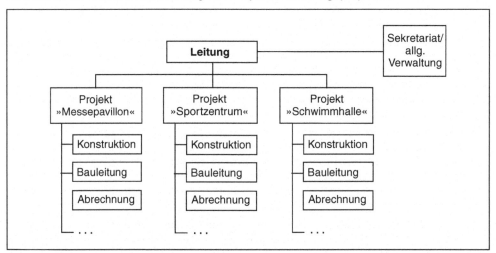

Projektorganisation

Oft werden die Begriffe »Projektorganisation« und »Projektmanagement« synonym verwendet. Dies ist aber eine recht unscharfe Betrachtungsweise, wie in Lehrbuch 3, Abschnitt 3.5, der sich sehr ausführlich mit dem modernen Projektmanagement auseinandersetzt, noch gezeigt werden wird.

Häufig sind Betriebe in der zweiten Hierarchieebene in einen kaufmännischen und einen technischen Sektor geteilt. Diese Organisationsform wird bisweilen als **Sektoralorganisation** bezeichnet.

Die klassische, auf TAYLOR zurückzuführende Trennung von Kopf- und Handarbeit trennte die ausführenden Aufgaben der Fertigung von deren Planung, Verantwortung und Kontrolle. Die neuen Formen der Arbeitsorganisation, von denen noch verschiedentlich die Rede sein wird, setzen dagegen auf die »Verschlankung« von Produktion und Management, die eine Zusammenziehung von planenden, ausführenden und kontrollierenden Funktionen und die Delegation von Verantwortung und Befugnissen auf ausführende Mitarbeiter mit sich bringt.

Häufig erfolgt die Übertragung all dieser Funktionen und Kompetenzen, die einen bestimmten Teilbereich der Fertigung betreffen, auf **Arbeitsgruppen (»Teams«)**, die in einem vorab festgelegten Entscheidungsrahmen autonom, d. h. selbstgesteuert und unabhängig, entscheiden.

In Abschnitt 2.2.1.1.2 wurde ein kurzes Beispiel für Gruppenarbeit bei objektorientierter Fertigungsorganisation vorgestellt, aus dem sich bereits die wesentlichen Vorteile der Gruppenarbeit ableiten lassen, nämlich

– Förderung des Verständnisses für den gesamten Fertigungsprozess und die Bedeutung des eigenen Beitrages;
– Förderung der Einsatzfähigkeit und Flexibilität der einzelnen Gruppenmitglieder, so dass ein Aufgabentausch **(Job Rotation)** sowie eine qualitative Anreicherungen der Tätigkeit **(Job Enrichment)** möglich werden;
– Förderung der Eigenverantwortlichkeit und damit der Arbeitssorgfalt, die sich in Qualitätsverbesserungen niederschlägt;
– Bündelung der Kenntnisse, Fähigkeiten und Fertigkeiten aller Mitarbeiter, wobei Defizite Einzelner verringert und Spezialkenntnisse Einzelner den anderen Gruppenmitgliedern zugänglich gemacht werden, usw.

Von autonomen, also selbstgesteuerten Gruppen wird später noch verschiedentlich die Rede sein. Daher soll dieses Thema hier nicht vertieft werden.

2.2.2.5 Organigramme (Organisationspläne)

Für das reibungslose Funktionieren einer Organisation ist es unerlässlich, dass jeder einzelne Aktionsträger Einblick in die Organisationsstruktur hat. Ihm, aber auch seinen Vorgesetzten, muss – über die Beschreibung der eigentlichen Tätigkeit hinaus – klar sein,

– welche Funktionen er ausüben soll,
– welche Befugnisse er besitzt und welche nicht,
– wofür er zur Verantwortung gezogen werden kann,
– von wem er Anweisungen entgegenzunehmen und wem er zu berichten hat,
– welcher Art seine Beziehungen zu den anderen Stellen im Betrieb sind usw.

Aus der Tätigkeitsbeschreibung gehen diese Informationen in aller Regel nicht hervor. Die erforderliche Transparenz schaffen Stellenbeschreibungen (vgl. Abschnitt 2.2.3.2) und Organisationspläne.

In **Organisationsplänen** werden die Beziehungen zwischen den Stellen innerhalb eines Unternehmens – Über-, Unter- und Gleichstellungsverhältnisse sowie informationelle Beziehungen – grafisch in dargestellt, die die der (in Abschnitt 2.2.3.1.2 erläuterten) **Aufgabensynthese** zugrunde gelegten Gliederungskriterien aufgreifen.

Das Beispiel eines nach dem Stabliniensystem organisierten Industriebetriebes verdeutlicht, dass es sich bei einem Organisationsplan um eine konkrete, auf den speziellen Betrieb bezogene Darstellung der Organisationsstruktur handelt, aus der folgende Informationen entnommen werden können:

– die hierarchische Ordnung, also Über- und Unterstellungen, Leitungstiefe und Leitungsspanne,

- die Weisungsbefugnisse und Informationswege,
- die Organisationsform als Ein- oder Mehrlinien-, Stablinien-, Matrix- oder sonstige Organisation.

Die folgende Abbildung zeigt den (vereinfachten und verkürzten) Organisationsplan eines metallverarbeitenden Industriebetriebs, dessen Aufbauorganisation als Stabliniensystem organisiert ist.

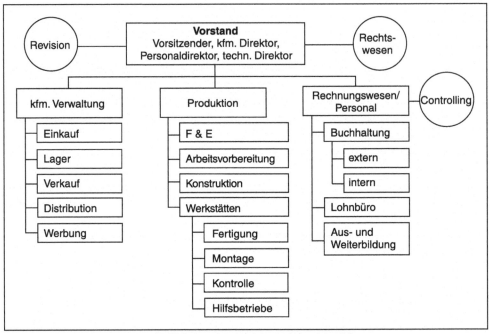

Organisationsplan eines nach dem Stabliniensystem organisierten Industriebetriebs

Meisterstellen finden sich in diesem Betrieb in der 3. und 4. Hierarchieebene unterhalb der Abteilungsleitung »Produktion«. Die Darstellung ist insoweit verkürzt, als sie die Stellen unterhalb der 4. Ebene nicht mehr gesondert ausweist.

Für diesen Betrieb wird angenommen, dass die Stelle des Werkstättenleiters mit einem Geprüften Industriemeister besetzt ist, der einen weiteren Abschluss als Geprüfter Technischer Betriebswirt erworben hat. Ihm unterstehen vier Industriemeister mit den Verantwortungsbereichen Fertigung, Montage, Kontrolle und Hilfsbetriebe. Dem für den Bereich »Fertigung« verantwortlichen Meister untersteht eine Reihe ausführender, mit Industrie-, Fertigungs-, Zerspanungs-, Werkzeugmechanikern, Maschinen- und Anlagenführern besetzter Stellen.

2.2.3 Entwicklung der Aufbauorganisation

Ziel der Aufbauorganisation ist es, die einzelnen Teilaufgaben innerhalb eines Systems bestimmten Aktionsträgern oder Gruppen von Aktionsträgern (also Menschen und/oder Maschinen) zuzuordnen und ein Regelwerk aufzustellen, nach dem die verschiedenen Aktionseinheiten bei der Erfüllung ihrer Aufgaben zusammenarbeiten.

Die Bildung dieser Aktionseinheiten, die im Betrieb als Stellen bezeichnet werden, setzt eine methodische Analyse der zu erfüllenden Aufgaben und eine auf den Analyseergebnissen basierende sinnvolle Zusammenfassung (Synthese) von Aufgaben voraus.

2.2.3.1 Aufgabenanalyse und Aufgabensynthese als Voraussetzung zur Stellenbildung

2.2.3.1.1 Aufgabenanalyse

Bei der Aufgabenanalyse geht es darum, komplexe Gesamtaufgaben gedanklich in ihre verschiedenen Elemente zu zerlegen und diese zu beschreiben.

Für eine solche Zerlegung ist eine Fülle von Kriterien vorstellbar, aber in der einschlägigen Literatur werden fast durchgängig die folgenden »klassischen«, Kriterien der Aufgabenanalyse genannt:

Verrichtung, Objekt, Rang, Phase, Hilfsmittel, Ort und Zeit. Gelegentlich wird auch der Zweckbezug einbezogen.

Nach diesen Kriterien werden die Merkmale der betrachteten Aufgabe hinterfragt und herausgearbeitet:

Verrichtung: Welche Aufgabe (was?) ist zu verrichten? Welche Tätigkeiten sind zu erledigen?

Objekt: An welchem Gegenstand (woran?) ist die Verrichtung vorzunehmen?

Rang: Handelt es sich um eine Entscheidungsaufgabe, oder ist etwas auszuführen?

Phase: Die Planungslehre gliedert alle Vorgänge in die Phasen Planung, Realisation (Durchführung, Steuerung) und Kontrolle. Für die betrachtete Aufgabe ist folglich zu fragen: Handelt es sich um eine Planungs-, eine Realisations- oder eine Kontrollaufgabe?

Hilfsmittel: Welcher Hilfs- und Arbeitsmittel bedient sich die Verrichtung? (**Womit** wird der Arbeitsgegenstand bearbeitet?)

Ort: **Wo** ist die Aufgabe zu vollbringen?

Zeit: Die Frage nach dem Zeitpunkt der Leistung (**Wann** hat die Verrichtung zu erfolgen?) ist nicht unbedingt mit einer konkreten Uhrzeit zu beantworten; ebenso kommt die Angabe zeitlich vor- und nachgelagerter Aufgaben in Betracht. Zeit interessiert aber auch hinsichtlich der für einen Arbeitsgang erforderlichen Dauer (**Wie lange** dauert der Vorgang?) und der Häufigkeit des Auftretens (**Wie oft** ist die Aufgabe – am Tag, in der Stunde... – auszuführen?).

Zweckbezug: In allen Unternehmen gibt es neben denjenigen Aufgaben, die direkt (unmittelbar) mit dem Sachziel im Industriebetrieb also mit Verrichtungen am Produkt) in Zusammenhang stehen, eine Fülle von Aufgaben, die dem Sachziel nur indirekt (mittelbar) dienen (etwa Personalabteilung, Buchhaltung usw.). Demnach können Aufgaben mit unmittelbarem und mittelbarem Zweckbezug unterschieden werden.

Beispiel:

In der Fertigung von Bauelementen sind regelmäßig Rahmenteile vorzubereiten und zu verbinden. Die Zerlegung nach dem obigen Schema bildet unter anderem die folgende Teilaufgabe heraus:

Verrichtung:	*Herstellung einer Rahmeneckverbindung in Form einer doppelten Schlitz- und Zapfenverbindung*
Objekt:	*Normfenster-Rahmenteile*
Rang:	*Ausführung*
Phase:	*Realisation*
Hilfsmittel:	*Schlitz-Zapfen-Schneidmaschine; Leim; Schraubzwinge*
Ort:	*Holzwerkstatt/Aufstellungsort der Schlitz-Zapfen-Schneidmaschine*
Zeit:	*laufend nach Anlieferung der Rahmenteile; 10 Minuten; durchschnittlich 80x werktäglich*
Zweckbezug:	*unmittelbar*

2.2.3.1.2 Aufgabensynthese und Stellenbildung

Der Aufgabenanalyse folgt die Aufgabensynthese. Diese hat zum Ziel, Teilaufgaben oder Funktionen sinnvoll zusammenzufassen, um sie anschließend auf **betriebliche Aktionseinheiten** zu übertragen. Anhaltspunkte für diese Zusammenfassung liefern Zuordnungen, die auf der Auswertung der in der vorangegangenen Zerlegung vorgefundenen Merkmale beruhen.

Die vorangegangene Aufgabenanalyse erbrachte neben der oben geschilderten Teilaufgabe mehrere weitere Teilaufgaben, zu deren Erfüllung der Einsatz einer Schlitz-Zapfen-Schneidemaschine erforderlich ist. Allerdings beziehen sich die gefundenen Aufgaben nicht alle auf die Arbeit an Fensterrahmen, sondern sind ebenfalls an Türrahmen und Zargen zu vollziehen. Aus der vorweg von der Geschäftsleitung getroffenen grundsätzlichen Entscheidung für **Werkstattfertigung** *(→ Abschnitt 2.2.7.4.1) resultiert, dass eine Zusammenfassung nicht nach dem Kriterium »Objekt« erfolgt, sondern nach dem Kriterium »Hilfsmittel« (hier: Betriebsmittel). Es werden also Aktionseinheiten geschaffen, deren Aufgabe die Herstellung von Rahmeneckverbindungen sowohl an Türen und Zargen wie auch an Fensterrahmen ist. Die Häufigkeit und Dauer der Aufgaben macht die Einrichtung zweier voller Arbeitsplätze mit je einem qualifizierten Mitarbeiter und einer Schneidemaschine erforderlich, die nebeneinander in der Holzwerkstatt untergebracht werden.*

Derartige Aktionseinheiten werden in der betrieblichen Praxis als Stellen bezeichnet.

2.2.3.2 Wesen, Zweck und Inhalt von Tätigkeitsbeschreibungen, Stellenprofilen und Stellenbeschreibungen

Tätigkeitsbeschreibung (Arbeitsplatzbeschreibung)

Nach § 2 Abs. 1 des **Nachweisgesetzes (NachwG)** hat der Arbeitgeber spätestens einen Monat nach dem vereinbarten Beginn des Arbeitsverhältnisses die wesentlichen Vertragsbedingungen schriftlich niederzulegen, zu unterzeichnen und dem Arbeitnehmer auszuhändigen. Zu den Mindestinhalten dieser Niederschrift gehört nach § 2 Abs. 1 Nr. 5 NachwG »... eine kurze Charakterisierung oder Beschreibung der vom Arbeitnehmer zu leistenden Tätigkeit«. Über den Umfang und die genaue Ausführung dieser Niederschrift ist nichts Näheres bestimmt. Es macht jedoch aus Arbeitgeber- wie auch Arbeitnehmersicht Sinn, eine **Tätigkeits-** oder Arbeitsplatzbeschreibung so abzufassen, dass sie die Tätigkeiten, die ein Mitarbeiter ausführen soll, mit ihren konkreten Inhalten und den damit verbundenen Rechten und Pflichten so weit beschreibt, dass die Erwartungen an den Arbeitnehmer aus Arbeitgebersicht zweifelsfrei deutlich werden.

2 Betriebswirtschaftliches Handeln 2.2 Aufbau- und Ablauforganisation

Bei der Vorbereitung einer Tätigkeits-/Arbeitsplatzbeschreibung empfiehlt es sich, ein allgemein gehaltenes Schema zu nutzen, das die wesentlichen Merkmale einer Stelle in Kategorien gliedert – etwa in der folgenden Art:

Kategorie »Können«	Kategorie »Belastung«	Kategorie »Verantwortung«	Kategorie »Besondere Bedingungen«
Fachkompetenzen	körperlich	Führungsverantwortung	Gefahren und Risiken
Sozialkompetenzen	geistig	Verantwortung für eigene und fremde Sicherheit	Vertretungs-, Springereinsätze
Methodenkompetenzen	psychisch	Verantwortung für Sachmittel	Atemschutz, Fallsicherung usw.
persönliche Kompetenzen		finanzielle Verantwortung	Arbeit im Freien
Besondere Qualifikationen			Immissionen (Schmutz, Lärm ...) Unterschiedliche Einsatzorte Reisen Mobiles Arbeiten, Homeoffice

Auf dieser Basis können Fragen formuliert und Antworten notiert werden. Dadurch werden einzelne Merkmale weiter in Untermerkmale zerlegt.

Beispiel:

In der Kategorie »Können«, Merkmal »Fachkompetenz« sind u. a. die folgenden Fragen zu beantworten:

– Welches Fachwissen ist für diese Stelle erforderlich?

– Welches fachliche Können (welche Fertigkeiten) ist/sind erforderlich?

– Welche Berufsausbildung sollte daraufhin gefordert werden?

– Welche Art von Berufserfahrung wird erwartet? Kann sie eine Berufsausbildung ersetzen? Wie viele Jahre Berufserfahrung sind mit / ohne Berufsausbildung vorauszusetzen?

– usw.

Stellenbeschreibung

Tätigkeits-/Arbeitsplatzbeschreibungen werden oft mit Stellenbeschreibungen gleichgesetzt. Tatsächlich geht aber eine **Stellenbeschreibung** über die oben genannten Inhalte hinaus: Sie stellt zusätzlich ausführlich die Einbindung in das organisatorische Gefüge des Unternehmens dar. Sie gliedert sich für gewöhnlich in die Beschreibung von

– **Stellenaufgabe:** Tätigkeiten, Rechte, Pflichten und Verantwortungsbereich (dieser Teil kommt der Tätigkeits- oder Arbeitsplatzbeschreibung gleich), Vertretungen;

– **Stellenanforderungen:** Schulische und berufliche Vorbildung, spezielle Kenntnisse, persönliche Eignung usw.;

– **Stelleneingliederung:** Position der Stelle innerhalb der Gesamtorganisation, d. h. Verdeutlichung der Über-, Unter- und Gleichstellungsverhältnisse.

Stellenaufgabe und Stellenanforderungen ergeben gemeinsam das **Stellenprofil**.

ACHTUNG: Die Begriffe »Stellenprofil« und »Stellenbeschreibung« werden häufig synonym oder auch in einzelnen Unternehmen »andersherum« verwendet. Daneben gibt es den Begriff des **Anforderungsprofils:** Damit ist die an Bewerber und Stelleninhaber gerichtete Aufzählung der an ihn gestellten Erwartungen gemeint.

Wichtig auch: Die Inhalte der Stellenbeschreibung sind nicht identisch mit denjenigen einer Stellenausschreibung! Letztere beinhaltet immer auch Aussagen über besondere Bedingungen wie Befristung, Elternzeitvertretung usw. und die mit dem Arbeitsverhältnis verbundenen Offerten des Arbeitgebers zu Einkommen, Vergünstigungen, betrieblichen Sozialleistungen usw.

Mit Stellenbeschreibungen werden folgende Ziele verfolgt und erreicht:

– Die Beziehungen der einzelnen Stellen zueinander werden für jeden Stelleninhaber, aber auch für jede Führungskraft transparent. Dies trägt bei zu
  – reibungsarmen Abläufen,
  – zur Entlastung der Führungsebenen,
  – zur Motivation der Mitarbeiter, denen die eigene Rolle und Bedeutung in den Prozessen, an denen sie selbst beteiligt sind, verdeutlicht werden.
– Dem Stelleninhaber wird zweifelsfrei verdeutlicht,
  – welche Aufgaben er zu erfüllen hat,
  – welche Befugnisse und Rechte ihm übertragen sind,
  – wofür er zur Verantwortung gezogen werden kann,
  – welchen Stellen er unterstellt ist, deren Anweisungen er zu befolgen hat,
  – welchen Stellen er welche Berichte zu erstatten hat, bzw. auskunftspflichtig ist,
  – welche Stellen ihm unterstellt sind,
  – wer ihn vertritt und wen er zu vertreten hat.
– Für das Personalwesen dient die Stellenbeschreibung als
  – Grundlage bei der Stellenausschreibung und -besetzung,
  – Grundlage für die Entgeltbemessung,
  – Orientierungsmaßstab bei anstehenden Beurteilungen,
  – Grundlage für die Zeugniserstellung.
– Anhand der Gesamtheit der Stellenbeschreibungen kann festgestellt werden, ob jede zu erledigende Aufgabe einer Stelle zugewiesen ist und ob sich Aufgabenbereiche ggf. überschneiden. Dies setzt eine vorhergegangene sorgfältige, sämtliche Prozesse im Unternehmen einschließende Aufgabenanalyse voraus.

Funktionsbeschreibungen

Während eine Stellenbeschreibung genau eine (ganz bestimmte) Stelle beschreibt, dienen **Funktionsbeschreibungen** der Beschreibung bestimmter globaler Eigenschaften solcher Funktionen, die auf mehreren Stellen von verschiedenen Mitarbeitenden wahrgenommen werden. Sie sind gewissermaßen Sammel-Stellenbeschreibungen, die überall dort sinnvoll sind, wo mehrere Menschen gleichartige Aufgaben ausführen. Funktionsbeschreibungen enthalten, ähnlich wie Stellenbeschreibungen, Angaben über die Stellenaufgabe, die Stellenanforderungen und die Stelleneingliederung. Teilweise treten sie ergänzend neben eine gleichfalls existierende Stellenbeschreibung. Dort, wo Tätigkeiten tatsächlich vollständig identisch sind, ist es auch möglich, ganz auf individuelle Stellenbeschreibungen zu verzichten.

2.2.3.3 Stellenplan und Stellenbesetzung

Eine Stelle kann aus einem oder mehreren Arbeitsplätzen bestehen und von einem oder mehreren Aktionsträgern ausgefüllt werden. Wie bereits dargestellt wurde, sind unter Aktionsträgern im sozio-technischen System sowohl Menschen als auch Maschinen/Arbeitsmittel zu verstehen. Eine Stelle kann also von einem oder mehreren Mitarbeitern im Zusammenwirken mit Maschinen und anderen Arbeitsmitteln ausgefüllt werden. Eine Maschine kann dagegen nicht allein eine Stelle bekleiden, weil sie weder Verantwortung übernehmen noch Entscheidungen treffen kann und nicht die Fähigkeit der Improvisation besitzt.

Die Stellenbildung kann aber nicht allein auf Basis der Aufgabenmerkmale erfolgen, sondern muss auch die Bedürfnisse der möglichen Stelleninhaber berücksichtigen. Es ist also stets zu fragen, ob eine Stelle, deren Einrichtung sich aufgrund der Aufgabenanalyse und -synthese anbietet, auch ausfüllbar und zumutbar ist oder ob ihr – etwa weil ein menschlicher Stelleninhaber in Erfüllung seiner Aufgabe ständig schädlichen Umwelteinflüssen oder unvertretbaren, weil einseitigen körperlichen Dauerbeanspruchungen ausgesetzt wäre – arbeitswissenschaftliche und rechtliche Einwände entgegenstehen.

Der betriebliche **Stellenplan** weist die benötigten Stellen aus. Im Einzelnen beinhaltet er

– die Anzahl der Planstellen mit ihren Vollzeitäquivalenten (d. h. Teilzeitstellen werden mit ihren Stellenanteilen angegeben),

– die Bezeichnungen und Qualifikationsanforderungen,

– die Eingruppierung (Vergütungsgruppe nach Tarif; ggf. außertariflich).

Planstellen sind Sollstellen. Ihr Ausweis erfolgt unabhängig davon, ob sie besetzt sind oder nicht. Die Ist-Besetzung wird aus dem **Stellenbesetzungsplan** ersichtlich, der besetzte und freie Stellen ausweist und die Stelleninhaber namentlich aufführt.

Die **Stellenbesetzung** schließlich, also die Zuordnung von Mitarbeitern zu Stellen, erfolgt anhand einer Gegenüberstellung der Anforderungen der Stelle einerseits und der Fähigkeiten und Bedürfnisse der möglichen Stelleninhaber andererseits. Kriterien dieses Abgleichs, die in ihren Merkmalsausprägungen möglichst weitgehend zur Übereinstimmung gebracht werden sollen, sind etwa spezielle Fähigkeiten und Fertigkeiten, Spezialwissen, Erfahrung, körperliche und geistige Belastbarkeit, Flexibilität und vieles mehr. Die verschiedenen Stellenarten wurden bereits in Abschnitt 2.2.2.1.1 vorgestellt.

2.2.4 Aufgaben der Unternehmensplanung in Zusammenhang mit Produktion und Fertigung

In der betrieblichen Planung greift eine Vielzahl von Plänen ineinander, die sich wiederum aus den unternehmerischen Zielen ableiten und sich in vielerlei Hinsichten – Planungshorizont, planende Stelle, Planbedeutung, Planungsgrößen und -ziele, usw. – unterscheiden. Die folgende Abbildung soll diesen Zusammenhang verdeutlichen.

2.2 Aufbau- und Ablauforganisation **2 Betriebswirtschaftliches Handeln**

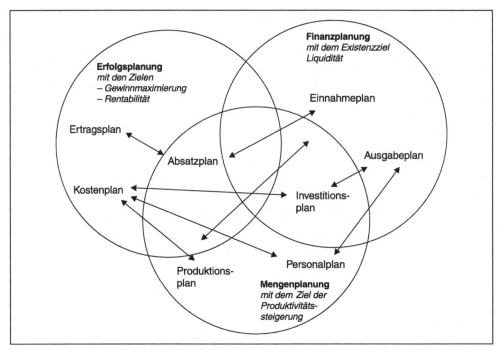

Betriebliche Planungen im Zusammenhang

Für Pläne existiert keine Normung, weswegen ihre äußeren Erscheinungsformen je nach Planer und Unternehmen höchst unterschiedlich sind. Häufig enthalten Pläne neben den Anweisungen, welche Ziele oder Aktionen der Planempfänger realisieren soll (»Entscheidungsprogramm«), Informationen und Argumente, die im Planungsprozess gewonnen und erarbeitet wurden.

Es ist notwendig, diesem Abschnitt einige begriffliche Erklärungen und Abgrenzungen voranzustellen, denn sowohl in der Organisationslehre als auch in der Fertigungswirtschaft werden diverse Planungsbegriffe verwendet, die sich begrifflich sehr ähneln, in der Lehre aber mit unterschiedlichen Sachverhalten verbunden und in der Praxis häufig »unscharf« verwendet und gewissermaßen »in einen Topf geworfen« werden.

Daher folgen hier zunächst einige Definitionen.

Planung: *Die moderne Betriebswirtschaftslehre definiert Planung als »willensbildenden, informationsverarbeitenden, prinzipiell systematischen Entscheidungsprozess mit dem Ziel, zukünftige Entscheidungs- oder Handlungsspielräume problemorientiert einzugrenzen und zu strukturieren« (nach SZYPERSKI/WINAND).*

Die Planung stellt innerhalb eines Unternehmens ein permanent benötigtes Führungsinstrument dar. Das Planungs- und Kontrollsystem ist in die Aufbauorganisation des Unternehmens eingebettet und darin im Sinne einer Ablauforganisation installiert.

Hinsichtlich der Planungsfristigkeiten unterscheidet man die

- **strategische Planung:** Langfristig ausgerichtete Planung, die sich auf die Gestaltung der Unternehmensstruktur und die Sicherung und Verbesserung der Unternehmensposition, etwa durch die Erschließung neuer Geschäftsfelder durch neue Produkte oder Märkte, erstreckt. Hierunter fallen aber auch Planungen bezüglich langfristig wirksamer und nur schwer revidierbarer Entscheidungen über Produktionsverfahren und damit verbundene Investitionen.

- **operative (taktische) Planung:** Kurz- und mittelfristige Planung der konkreten, detaillierten Vorgehensweise, mit der die Ergebnisse der strategischen Planung umgesetzt werden. Oft wird hierfür der Begriff der Fertigungsprogrammplanung verwendet.

Die Planungsbegriffe im Produktionsbereich werden in der einschlägigen Literatur und mehr noch – im Sprachgebrauch sehr uneinheitlich verwendet. Dies hat vor allem damit zu tun, dass die Begriffe »Produktion« und »Fertigung« von etlichen Autoren und auch im betrieblichen Gebrauch als Synonyme verwendet, von anderen Quellen aber gegeneinander abgegrenzt werden. Diese Abgrenzung erfolgt (wie schon bei der Produktionsorganisation und der Fertigungsorganisation → Abschn. 2.2.1.1.5) in der Weise, dass

- der Begriff der **Produktion** als der übergeordnete, allgemeinere Begriff im Zusammenhang mit grundlegenden Festlegungen über den Gegenstand des Unternehmens und langfristig ausgerichtete Aktivitäten verwendet wird, wobei jede Art von Leistungserstellung gemeint sein kann, also z. B. auch Dienstleistungen;
- der Begriff der **Fertigung** auf konkrete Prozesse und detaillierte Arbeitsschritte und auf die mittel- bis kurzfristigen Entscheidungen über den Material-, Arbeits- und Betriebsmitteleinsatz bezogen wird und dabei ausschließlich industrielle Prozesse meint.

Dort, wo zum wesentlichen Teil strategische Gesichtspunkte eine Rolle spielen, ist also von Produktion die Rede, während der Begriff der Fertigung den taktischen / operativen Aspekten zuzuordnen ist.

Bezogen auf die Planung unterscheidet und untergliedert man häufig **Produktionsplanung:** Teile der Produktionsplanung sind die

- **Produktionsprogrammplanung:** Festlegung, welche Produkte im Planungszeitraum hergestellt werden sollen (qualitative Komponente) und welche Mengen davon bis wann produziert bzw. abgesetzt werden sollen (quantitative Komponente). Bei entsprechend langem Betrachtungszeitraum handelt es sich dabei um eine strategische Aufgabe, die die generelle Festlegung der vom Betrieb herzustellenden Produkte umfasst. Die getroffenen Festlegungen werden anschließend im Rahmen der operativen Fertigungsplanung (siehe unten) konkretisiert.
- **Bereitstellungsplanung:** Diese bezieht sich auf die Ermittlung des Arbeitskräfte- und Materialbedarfs, die Planung der Bestellmengen, der Läger und ihrer Nutzung sowie der Lieferantenauswahl und umfasst ebenfalls strategische und operative Elemente.
- **Ablaufplanung (Produktionsprozessplanung):** Strategische wie operative Planung von Losgrößen (Mengen je Produktionsdurchlauf), Zeitbedarfen, Reihenfolgen, Kapazitätsbelegungen und Kosten.

Arbeitsplanung: Dieses Buch folgt einer gängigen Definition des Begriffes der Arbeitsplanung. Danach geht die Arbeitsplanung von einem bereits feststehenden Produktprogramm aus. Ihr Planungsgegenstand sind alle einmaligen, den Arbeitsablauf betreffenden Festlegungen hinsichtlich der Arbeitsvorgänge und ihrer Reihenfolge, der einzusetzenden Hilfsmittel und der benötigten Zeiten.

Achtung: Manche Quellen verwenden den Begriff der Arbeitsplanung eher im Sinne von Arbeitsvorbereitung oder kurzfristiger Fertigungsplanung (hierzu später!).

Fertigungsplanung: wird bisweilen bedeutungsgleich mit Arbeitsplanung (im Sinne der ersten Definition) gebraucht. Meist wird unter Fertigungsplanung aber die kurzfristige Programmplanung verstanden, die sich auf kurze Planperioden und deren konkrete Aufträge bezieht, also zum Beispiel die Auftragsvorbereitung, die Ermittlung von Materialbedarfen anhand von Stücklisten und die Vorkalkulation umfasst. Bisweilen werden für diese Tätigkeiten in Zusammenhang mit konkreten Aufträgen auch die Begriffe **Fertigungssteuerung** oder **Arbeitssteuerung** verwendet.

2.2.4.1 Festlegung des Produktionsprogramms und -volumens

Moderne Unternehmen müssen sich heute am Markt orientieren, wenn sie dauerhaft erfolgreich sein wollen. Die Entscheidung über das Produktionsprogramm wird also nicht allein auf der Basis von Tradition, Erfahrung und vorhandenen Produktionsfaktoren getroffen (»Wir können das, wir haben das immer gemacht, und der Markt hat das hinzunehmen«), sondern muss die Ergebnisse von Marktanalysen, -beobachtungen und -prognosen berücksichtigen (»Produziert wird, was der Kunde verlangt«). Diese Marktorientierung, die nicht nur den klassischen Bereich der Absatzwirtschaft betrifft, sondern die Strukturen und Aktionen des gesamten Unternehmens durchdringt und beeinflusst, wird als **Marketing** bezeichnet.

Welche Produkte für welchen Markt wann und in welchen Mengen bereitzustellen sind, wird in einem marketingorientierten Unternehmen also keinesfalls allein im Fertigungsbereich entschieden. Es wäre aber auch verfehlt, diese Entscheidung nur dem Absatzbereich zu überlassen: Die bereichsübergreifenden Verflechtungen zwischen Beschaffung, Fertigung und Absatz inklusive der Lagerbelegung und die Beziehungen und Abhängigkeiten zwischen den Fertigungsprozessen der verschiedenen Produkte erfordern vielmehr ein hohes Maß an informationellem Austausch und kooperativer Abstimmung.

Die von einem Unternehmen angebotene Produktpalette bestimmt über seinen Erfolg und sein wirtschaftliches Überleben. Aus dieser Schlüsselstellung erklärt sich die Aufteilung der Fertigungsprogrammplanung in eine langfristige, eine mittelfristige und eine kurzfristige Planung.

2.2.4.1.1 Langfristige (strategische) Programmplanung

In der langfristigen (mehrjährigen, hier oft $\geq$ 3 Jahre umfassenden) Programmplanung werden die **Produktfelder** festgelegt, auf dem das Unternehmen tätig sein möchte. Ein Produktfeld ist die Gesamtheit aller Produkte, die sich auf ein Grunderzeugnis zurückführen lassen, und stellt damit eine sehr grobe Richtungsvorgabe dar, die der Präzisierung bedarf.

Aus der Vielfalt der Produkte, die das gewählte Produktfeld darstellen, muss eine Gruppe von Produkten, die **Produktlinie,** bestimmt werden, bevor konkrete Überlegungen hinsichtlich einzelner Produkte angestellt werden können. Diese Überlegungen, die in die eigentliche Produktidee einmünden, erstrecken sich auf

- **Innovation,** das heißt die Aufnahme eines völlig neuen Produktes in das Produktionsprogramm;
- **Produktverbesserung,** also die qualitative Aufwertung eines bereits hergestellten Produktes;
- **Produktdiversifikation,** das heißt die Aufnahme von Produkten außerhalb der bisher verfolgten Produktlinie;
- **Produktdifferenzierung,** also das Angebot desselben, bereits vertriebenen Erzeugnisses in verschiedenen, geringfügig voneinander abweichenden Ausführungen, um verschiedene Käuferschichten anzusprechen, oder aber die Anpassung eines seit längerem vorhandenen Produktes an den geänderten Kundengeschmack.

Überlegungen zur Aufnahme neuer bzw. zur Variation bestehender Produktlinien und Produkte werden nicht nur in der Gründungsphase des Unternehmens angestellt, sondern sind immer wieder nötig, um die Existenz des Unternehmens langfristig zu sichern. Gründe können der technologische Fortschritts, geänderte gesetzliche Rahmenbedingungen oder Veränderung des Kundengeschmacks (»Modewechsel«) sein. Diese gilt es rechtzeitig zu erspüren und aufzugreifen.

Auslöser für Veränderungen des Produktionsprogramms können – wie die oben genannten Gründe – von außen kommen oder auch aus der internen Anwendung strategischer Planungsinstrumente, etwa der Portfolioanalyse und der SWOT-Analyse, resultieren. Den Anstoß liefert jeweils die Absatzwirtschaft, genauer: das Marketing, denn (abgesehen von Entscheidungen über die künftige Eigenfertigung bislang fremdbezogener Teile) dort werden die Kundenbedürfnisse erkundet, erkannt und an die Produktentwicklung herangetragen.

In der Folge gilt es, die Konsequenzen sorgfältig abzuwägen, bevor eine **Innovation** angestoßen wird: Denn die Entwicklung eines neuen Produkts oder gar einer neuen Produktlinie ist in den meisten Fällen aufwändig, langwierig und nicht zuletzt teuer. Die finanziellen und personellen Ressourcen sind begrenzt und Fehlentscheidungen können fatale wirtschaftliche Folgen nach sich ziehen. Oft wird es günstiger sein, ein vorhandenes Produkt zu variieren (differenzieren) oder zu überarbeiten/verbessern und als Quasi-Neuheit wieder auf den Markt zu bringen (»Relaunch«). Unternehmen, die nur ein Produkt oder wenige Produkte herstellen, wählen Diversifizierungsstrategien zur Risikostreuung.

Stehen mehrere Alternativprojekte zur Auswahl, fällt die Entscheidung zugunsten des Projekts mit der höchsten Gewinnerwartung.

2.2.4.1.2 Mittelfristige (taktische) Programmplanung

Die mittlere Frist reicht etwa von 1–3 Jahren. Eher am oberen Rand dieser Spanne, oft auch mit Wirkung für darüber hinausreichende Zeiträume, ist die Festlegung der Breite und Tiefe des Produktionsprogramms zu treffen:

– Die **Programmbreite** bezeichnet die Zahl der Produktfelder und Produktlinien, die das Unternehmen fertigt.
– Die **Programmtiefe** beziffert die Variationen der Grundprodukte.
– Von grundsätzlicherer Natur ist die Festlegung der **Fertigungstiefe.** Damit ist die Anzahl der Produktionsstufen gemeint, die ein Produkt im eigenen Betrieb durchläuft: Werden nur Fremdbauteile bezogen und im eigenen Betrieb zusammengesetzt, oder werden die benötigten Teile selbst hergestellt? Umfasst die eigene Fertigung womöglich auch die Urerzeugung der Rohstoffe?

Gegenstand der mittelfristigen (taktischen) Fertigungsprogrammplanung ist außerdem der Entwurf (die Konstruktion) des einzelnen Produktes mitsamt der möglichen Produktabwandlungen. In dieser Phase werden Entscheidungen über den Fremdbezug von Bauteilen und damit über Art und Umfang der eigenen Produktionsaktivität gefällt. Wegen der ggf. neu zu schaffenden Produktionskapazitäten stellen insbesondere die durch Ergebnisse der Marktforschung fundierten Erwartungen über die Marktperspektiven der vorhandenen und der neu- oder weiterzuentwickelnden Produkte wesentliche Entscheidungshilfen dar.

Simultaneous Engineering

Entwicklungsprozesse kosten Zeit. Angesicht der Dynamik der Unternehmensumwelt, die in immer kürzeren Abständen neue Produkte, Verfahren und Technologien hervorbringt oder fordert, steht Zeit aber nur in begrenztem Maße zur Verfügung. Auf diese Situation reagieren moderne Betriebe zunehmend mit der Bildung interdisziplinärer Teams aus allen mit der Produktentwicklung und späteren Produktion in Verbindung stehenden Abteilungen, häufig auch unter Einbeziehung externer Zulieferer, um auf diese Weise einen ganzheitlichen, zeitlich an mehreren Stellen parallel verlaufenden und die gegenseitigen Verflechtungen und Abhängigkeiten erkennenden und beachtenden Entwicklungsprozess in Gang zu setzen. Dabei kommen die Methoden und Instrumente des modernen **Projektmanagements** zur Anwendung. Dieses als Simultaneous Engineering oder **Parallelentwicklung** bezeichnete Verfahren führt gegenüber der herkömmlichen, sequentiell angelegten Planung in der Praxis zu deutlich verkürzten Entwicklungszeiten und in der Folge meist auch zu einer kostengünstigeren Herstellung.

In diesem Zusammenhang häufig gehörte Schlagwörter sind »**Time-to-Market**«, also die Zeitspanne bis zum Markteintritt, die es so kurz wie möglich zu halten gilt, und »**Time-Cost-Tradeoff**«, womit der Umstand bezeichnet wird, dass der Nutzen eines frühen Markteintritts, vor allem durch Erlangung von Wettbewerbsvorteilen, die u. U. hohen Kosten einer schnellen Entwicklung mindestens kompensiert.

2.2.4.1.3 Volumenplanung in der kurzfristigen Programmplanung

In der kurzfristigen (operativen) Fertigungsprogrammplanung wird festgelegt, welche Produkte in welchen Mengen im festgelegten Planungszeitraum hergestellt werden sollen. Diese Planung richtet sich vorrangig nach den Absatzmöglichkeiten, darf aber Fertigungsengpässe nicht vernachlässigen.

Ausschließliche **Absatzorientierung** ist nur möglich, wenn keine Kapazitätsbeschränkungen – also Einschränkungen in der Verfügbarkeit von Maschinen oder Personal – beachtet werden müssen, also genügend Kapazität vorhanden ist, um diejenigen Produktmengen, die für am Markt absetzbar gehalten werden oder für die bereits Aufträge vorliegen, vollständig produzieren zu können. Die Entscheidung, wie viel produziert wird, richtet sich also vollständig nach den Absatzmöglichkeiten bzw. Aufträgen. Im Einproduktunternehmen kann es dabei zu einer Unterauslastung kommen, der kurzfristig durch eine Vorratsproduktion für eventuelle spätere Nachfragespitzen begegnet werden kann. Langfristig wird zu überlegen sein, ob durch die Aufnahme weiterer Produkte in das Produktionsprogramm eine Auslastungsverbesserung erzielt werden kann. Im Mehrproduktunternehmen ohne Kapazitätsbeschränkungen (ein eher theoretischer Fall) werden diejenigen Erzeugnisse für die Produktion ausgewählt, die den größten, (zweitgrößten usw. ...) positiven Deckungsbeitrag aufweisen.

Bei der Bestimmung der Fertigungsmengen bei Serienfertigung für einen anonymen Markt – wenn also unterschiedliche Produkte nacheinander unter Nutzung derselben Maschinen hergestellt werden –, besteht immer die Notwendigkeit, bei der Entscheidung über die Losgröße (= die hintereinander unterbrechungsfrei produzierte Menge eines Teils/Produkts) die Rüstkosten der Maschinen und die Lagerkosten mitzuberücksichtigen. Die Bestimmung der **optimalen Losgröße** kann mittels der **Andler'schen Formel** erfolgen, die in Abschnitt 2.2.9.2.5 besprochen wird. Die Modifikation dieser eigentlich zur Ermittlung optimaler Bestellmengen entwickelten Formel für Zwecke der Losgrößenermittlung wird dort mitbehandelt.

In der grafischen Darstellung ist die optimale Losgröße durch den niedrigsten Punkt der Gesamtkostenkurve bestimmt. Dieser ist durch den Schnittpunkt der (mit der Losgröße sinkenden) Rüstkosten und der (mit der Losgröße steigenden) Lagerkosten bestimmt.

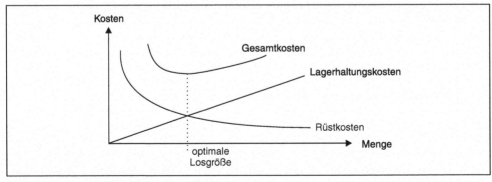

Grafische Bestimmung der optimalen Losgröße

2.2 Aufbau- und Ablauforganisation

Engpassorientierung der Planung bedeutet, dass die Kapazität mindestens einer Fertigungsstelle (z. B. einer Maschine) nicht ausreicht, um alle absetzbaren Mengen herzustellen. Im Mehrproduktunternehmen wird dieses Problem im Allgemeinen noch dadurch verkompliziert, dass mehrere Produkte im Zuge ihres Herstellungsprozesses eben diese Fertigungsstelle durchlaufen und sie dabei in unterschiedlicher Intensität in Anspruch nehmen. Bei Vorliegen eines solchen Engpasses wird dasjenige Produktionsprogramm ausgewählt, das den größten Gesamtertrag erbringt. Welches dies ist, ergibt sich wiederum unter Beachtung der **Deckungsbeiträge**. Hier hilft aber eine »naive« Betrachtung (»produziert wird, was den höchsten Deckungsbeitrag aufweist«) nicht weiter, wie das folgende Beispiel verdeutlichen soll.

Ein im Einschichtbetrieb arbeitender Fertigungsbetrieb stellt die Produkte P1 und P2 her. Diese beanspruchen im Laufe des Fertigungsprozesses jeweils dieselbe Maschine M, jedoch in unterschiedlicher Intensität: P1 nimmt 20 Minuten, P2 35 Minuten der Maschinenverfügbarkeit in Anspruch. Die Maschine steht pro Monat für 8000 Minuten zur Verfügung; Wartungs- und durchschnittliche Ausfallzeiten wurden dabei bereits berücksichtigt. M ist der einzige Engpass innerhalb der Fertigung.

Wenn x1 die Menge von P1 ist und x2 die Menge von P2, so gilt folglich

20x1 + 35x2 < 8000 (Gleichung 1)

Würde nur P1 hergestellt, könnten pro Monat 400 Stück hergestellt werden, während es von P2 allein nur 228 Stück wären. Um nun entscheiden zu können, was tatsächlich produziert werden soll, muss man aber auch die Deckungsbeiträge kennen, **also diejenigen Beträge, die das einzelne Produkt als Überschuss seines Erlöses über die variablen Kosten zur Deckung der fixen Kosten des Betriebes beisteuert.** *Diese gibt die Kostenrechnung mit 1.200 € für P1 und 1.900 € für P2 an.*

Der Deckungsbeitrag für P2 liegt also über demjenigen von P1. Würde daraufhin entschieden, nun nur noch P2 zu produzieren, würde ein Gesamt-Deckungsbeitrag von 433.200 € erzielt. Bei ausschließlicher Produktion von P1 wären es aber 480.000 €!

Komplizierter wird die Sachlage, wenn mehrere Engpässe vorhanden sind. Angenommen, es gäbe zusätzlich eine Fertigungsstelle F mit einer monatlichen Gesamtkapazität von ebenfalls 8000 Minuten, die von P1 für 40 Minuten und von P2 für 15 Minuten beansprucht würde, wäre zur Maximierung der Summe der Deckungsbeiträge zusätzlich die Gleichung

40x1 + 15x2 < 8000 (Gleichung 2)

zu beachten, die die möglichen Produktionsmengen für P1 auf 200 Stück limitieren würde. Das oben gefundene Ergebnis wäre unter dieser zusätzlichen Einschränkung nun nicht mehr erzielbar. Statt dessen nun 228 Stück von P2 herzustellen (Achtung, Gleichung 1 gilt nach wie vor!), kann aber auch nicht die optimale Lösung darstellen, wie folgende Proberechnung ergibt:

Angenommen, es würden nur 200 Stück von P2 hergestellt; dann wären zusätzlich 50 Stück von P1 herstellbar (dieses Limit ergibt sich aus Gleichung 1). Der Gesamtdeckungsbeitrag für diese Kombination wäre 440.000 € und damit höher als bei ausschließlicher Konzentration auf P2.

Das die Summe der Deckungsbeiträge maximierende Fertigungsprogramm ist also im gegebenen Falle eine Kombination aus einer Menge P1 und einer Menge P2.

Eine Lösung dieses Problems, bei dem es sich in der geschilderten Ausprägung um ein Lineares Optimierungsproblem handelt, ist entweder näherungsweise auf grafischem Wege oder durch ein von Carl Friedrich GAUß (1777–1855) beschriebenes mathematisches Verfahren (Gaußsche Elimination) auffindbar. An dieser Stelle soll dies nicht weiter verfolgt werden, da es hier nur darum gehen kann, die Problematik aufzuzeigen.

2.2.4.2 Festlegung des Produktionsablaufs / Gliederung der Erzeugnisse

Der Ablauf der Fertigung hängt von den Erfordernissen des Produkts ab. Einige Produkte erfordern eine ganz bestimmte Abfolge der Fertigungsschritte, wobei häufig auch Zwischenlagerungen zur Trocknung, Reifung, Gärung usw. vorgesehen werden müssen. Bier, Wein und Käse sind Beispiele für eine derartige Zwangslauffertigung. Unterschiedliche Möglichkeiten, den Fertigungsablauf zu gestalten, sind in den Abschnitten 2.2.5 und 2.2.7.4 beschrieben.

Ein industriell gefertigtes Produkt wird in aller Regel in einem mehrstufigen Prozess aus verschiedenen Einzelteilen bzw. Baugruppen zusammengefügt.

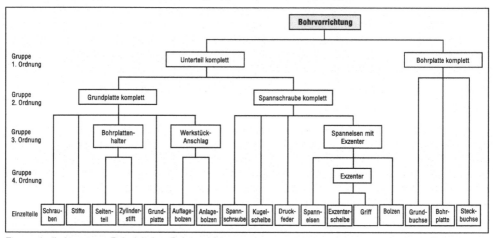

Erzeugnisgliederung am Beispiel einer Bohrvorrichtung

Die Prozessgliederung für jedes Erzeugnis wird in Stücklisten abgebildet.

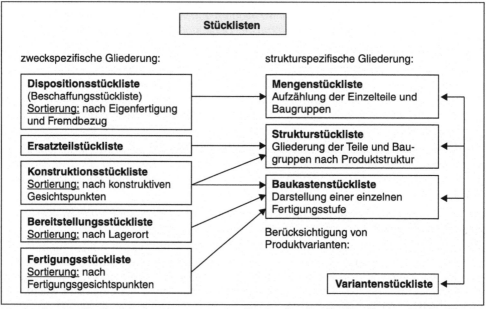

Stücklistenarten

Stücklisten geben nicht nur an, welche Einzelteile und Baugruppen in ein Endprodukt einfließen, sondern vor allem die Reihenfolge, in der sich ihre Zusammenfügung vollzieht. Häufig werden einzelne Teile mehrfach benötigt, und die Mengenbeziehungen zwischen Produkt und Teilen können aus den Stücklisten abgeleitet werden. Je nachdem, welche Informationen aus einer Stückliste gewonnen werden sollen, werden im Wesentlichen folgende Stücklistenarten unterschieden:

– **Mengenstücklisten** geben Auskunft über die für die Herstellung einer Produkteinheit insgesamt benötigten Mengen an einzelnen Einsatzstoffen, d. h. sie differenzieren nicht nach Fertigungsstufen. Damit eignen sie sich nur für die Abbildung sehr einfacher Produktionsprozesse.

Beispiel:

Die folgende Erzeugnisstruktur...   ...wird durch diese Liste bezeichnet:

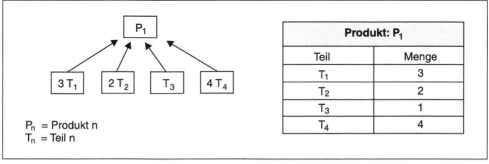

Einstufiger Produktionsprozess und dazugehörige Mengenstückliste

– **Strukturstücklisten** berücksichtigen die Mehrstufigkeit eines komplexeren Produktionsprozesses, indem sie alle Einzelteile und Baugruppen derjenigen Produktionsstufe zuordnen, in der sie benötigt werden. Damit bilden sie die technische Abfolge des Prozesses ab. Allerdings kann ein Teil durchaus an mehreren Stellen eines Prozesses benötigt werden, und es ist ein Nachteil von Strukturstücklisten, dass aus ihnen der Mengenbedarf je Teil nicht erkennbar wird.

Beispiel:

Die folgende Erzeugnisstruktur...   ...wird durch diese Liste bezeichnet.

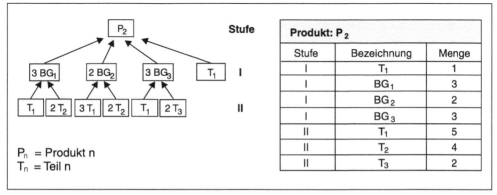

Mehrstufige Erzeugnisstruktur und Strukturstückliste

- Strukturstücklisten werden bisweilen in **Baukastenstücklisten** aufgelöst, die für jedes Element nur die ihm unmittelbar vorangehende Stufe zeigen und damit für die mit der Fertigung dieses Elementes befassten Fertigungsstellen von Nutzen sein können, aber (für sich betrachtet) den Nachteil haben, dass aus ihnen der Produktaufbau nicht erkennbar wird.

Während Stücklisten den Produktionsprozess vom Erzeugnis ausgehend gliedern, geben **Teileverwendungsnachweise** an, in welchen Baugruppen und Produkten ein einzelnes Teil vorkommt.

2.2.4.3 Aufnahme neuer Produkte oder Herstellverfahren

Zur Programmplanung gehört auch die Überlegung, ob neue Produkte in die Produktpalette des Unternehmens aufgenommen werden sollen und welcher Art diese neuen Produkte sein sollen. Auch die gegenteilige Maßnahme, nämlich das nicht nur vorübergehende Einstellen eines Produkts oder einer ganzen Produktlinie, ist Teil der Programmplanung. In beiden Fällen handelt es sich um strategische Entscheidungen, die gravierende Auswirkungen auf das Unternehmen haben können: Im ersteren Falle werden häufig erhebliche Aufwendungen für Forschung und Entwicklung anfallen, denen oft größere Sachinvestitionen, zusätzliche Personalaufwendungen und nennenswerte Kosten der Markteinführung folgen. Dabei besteht immer das nicht vollständig kalkulierbare Risiko, dass der Markt das neue Produkt nicht annimmt. Im letzteren Falle wird zwar in der Theorie davon ausgegangen, dass eine Desinvestition eine Finanzierungsfunktion hat, weil überflüssig gewordenes Anlagevermögen verkauft und das in ihm gebundene Kapital freigesetzt werden kann. Tatsächlich können aber stattdessen zusätzliche Kosten für Demontage und Entsorgung anfallen. Außerdem kann ein Personalabbau notwendig werden, der sich – abgesehen von den sozialen Folgen und dem Imageschaden – zunächst in erheblichem Mehraufwand durch fällig werdende Abfindungen und Sozialpläne niederschlagen kann.

2.2.4.3.1 Finden und Beurteilen von Produktideen

Eine wichtige Quelle für Produktideen sind die Ergebnisse der **Marktforschung**. Weitere interne Quellen für Produktideen sind etwa dauerhaft installierte Forschungs- und Entwicklungsabteilungen, eigens zum Zwecke der Ideenfindung eingesetzte Gremien, die, etwa unter Anwendung verschiedener Kreativitätsmethoden (z. B. Brainstorming), Vorschläge für neue Produkte entwickeln, und das interne Vorschlagswesen.

Anregungen für Produktideen können auch von externen Quellen ausgehen, etwa von Konkurrenten, Handel, Verbrauchern, externen Marktforschungsinstituten.

In der Ideenbeurteilung wird der Frage nachgegangen, ob es lohnenswert ist, eine Produktidee zu verwirklichen. **Kriterien der Beurteilung** sind

- das Vorhandensein von Bedürfnissen am Markt, die das neue Produkt befriedigen soll,
- Umsatz- und Gewinnerwartungen,
- ähnliche Angebote der Konkurrenz und die Marktchancen des eigenen Produktes im Vergleich zu diesen,
- das vorhandene Sortiment und die Frage, ob alte Produkte durch das neue Produkt ergänzt oder eliminiert werden,
- die im Zusammenhang mit der Produktionsaufnahme anfallenden Investitionen für Produktionsmittel.

Die für die Produktentwicklung erforderlichen Kenntnisse über mögliche **Herstellverfahren** können in Lizenz erworben oder im Zuge eigener Forschungen (Produktforschung) gewonnen werden.

2.2.4.3.2 Produktlebenszyklus

Die Entwicklung von Produktideen ist eine Aufgabe, die sich keineswegs nur bei Gründung eines Unternehmens stellt: Die Lebensdauer eines jeden Produktes ist begrenzt, und ein Unternehmen, das langfristig überleben und auf den Absatzmärkten erfolgreich sein will, muss rechtzeitig dafür sorgen, dass Produkte, die keine Erträge mehr liefern und vom Markt genommen werden müssen, durch neue Produkte ersetzt werden.

Die folgende Abbildung zeigt den Lebenszyklus von Produkten, wobei diese Darstellung sehr allgemein gehalten ist: Über die Dauer der einzelnen Phasen und die Gesamtlebensdauer eines Produktes kann tatsächlich keine allgemeingültige Aussage getroffen werden; sie hängen von der Art des Erzeugnisses, aber auch von den Aktivitäten des Unternehmens (Werbung, Preisgestaltung, Service, Änderungen der Produktgestaltung usw.) ab.

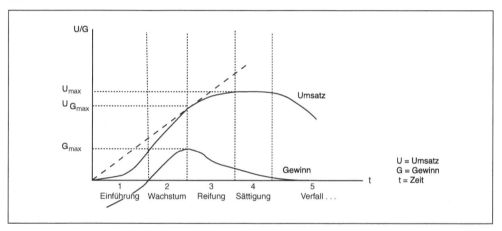

Produktlebenszyklus

2.2.4.3.3 Portfolio-Analyse

Entscheidungsträger in Unternehmen tun gut daran, sich die Gesamtheit ihrer Produktpalette hinsichtlich ihrer Marktsituation in regelmäßigen Abständen zu vergegenwärtigen und über die Notwendigkeit der Entwicklung neuer Produkte zu entscheiden. Ein geeignetes Instrument der strategischen Planung ist die Portfolio-Analyse, bei der die verschiedenen Produkte eines Unternehmens in eine Vier-Felder-Matrix eingestellt werden:

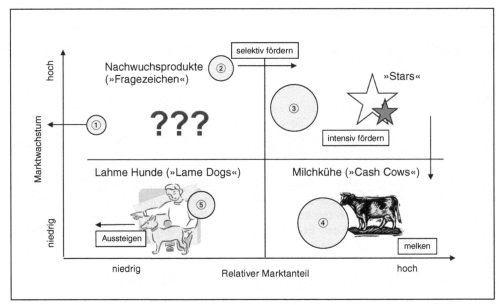

Portfolio-Matrix

Marktreife ① **»Fragezeichen« (Nachwuchsprodukte),** die entweder noch vor der Markteinführung stehen oder bereits auf dem Markt sind, aber bislang nur einen geringen Marktanteil aufweisen, müssen mit erheblichem Mitteleinsatz gefördert werden, um auf dem Markt Fuß fassen zu können. In aller Regel reicht der mit den erfolgreichen Produkten erzeugte Cash Flow nicht aus, sämtliche Nachwuchsprodukte gleichzeitig auf diesen Weg zu bringen. Die empfohlene Strategie ist ein ② selektives Fördern, was für einige Produkte allerdings den Marktaustritt bzw. den (vorläufigen oder endgültigen) Verzicht auf einen Markteintritt bedeutet.

Den Cash Flow, also die verfügbaren finanziellen Mittel, liefern die ④ **»Milchkühe« (Cash cows).** Sie sind durch hohe Ertragsüberschüsse gekennzeichnet, d. h. für sie gilt die Strategie des »Melkens«, um mit den hierbei erwirtschafteten Mitteln die »Nachwuchsprodukte« fördern zu können. Ziel der Förderung ist die Weiterentwicklung von Nachwuchsprodukten zu ③ **»Stars«** mit hohen Zuwachsraten und guten Zukunftsaussichten, die geeignet sind, sich zu »Milchkühen« herauszubilden und das Überleben des Unternehmens in der Zukunft sichern.

Überalterte Produkte, die keinen Ertrag mehr erwirtschaften und möglicherweise – durch hohe Stückkosten – die Verlustschwelle bereits überschritten haben, sind ⑤ **»Lahme Hunde«** (Lame dogs) oder »Lahme Enten«, für die nur ein Marktausstieg in Frage kommt. Nicht immer müssen solche Produkte endgültig »eingemottet« werden: Oft können sie nach einer Pause und nach gründlicher Überarbeitung mit neuem Design oder unter neuem Namen als quasi-neue Produkte wieder in den Markt eingeführt werden, was den Vorteil geringer Entwicklungskosten mit sich bringt. Diese immer beliebter werdende Strategie wird heute als Relaunch bezeichnet.

2.2.5 Grundlagen der Ablaufplanung

2.2.5.1 Formen der Arbeitsteilung und deren Auswirkungen auf die Arbeitsplanung

Bereits in Abschnitt 2.2.1.1.2 wurde dargelegt, in welchem Maße die Arbeitsteilung zur Entwicklung unserer Zivilisation und Wirtschaft beigetragen hat. Im Folgenden soll gezeigt werden, in welchen unterschiedlichen Ausprägungen sich die Arbeitsteilung in industriellen Fertigungsprozessen konkret niederschlägt.

Zunächst ist eine grundsätzliche Unterscheidung nach Mengenteilung und Artteilung vorzunehmen.

Mengenteilung ist dann möglich, wenn sich ein Arbeitsauftrag auf die Herstellung mehrerer gleicher Stücke bezieht; denn dann kann eine Teilung des Gesamtauftrages in mehrere gleichartige Teilaufträge vorgenommen werden, von denen jeder einzelne vollständig an einem Arbeitsplatz ausgeführt werden kann.

Mengenteilung ist, im Gegensatz zum Handwerk, in der industriellen Fertigung kaum anzutreffen. Allerdings wurde bereits in Abschnitt 2.2.1.1.2 auf die Verwirklichung des Objektprinzips und damit einer Mengenteilung in Bezug auf Arbeitsgruppen hingewiesen.

Artteilung ist dagegen die »klassische« Arbeitsteilung, wie sie bereits von Adam SMITH als Spezialisierung beschrieben wurde. Sie besteht darin, eine Gesamtaufgabe in unterschiedliche Teilaufgaben zu zerlegen, und bedient sich in der Vorbereitung der in Abschnitt 2.2.3 beschriebenen Instrumente der Aufgabenanalyse und -synthese. Im industriellen Fertigungsprozess ist Artteilung der Regelfall.

Sind große Stückzahlen zu fertigen, kann innerhalb einer artteiligen Teilaufgabe eine Mengenteilung praktiziert werden.

2.2.5.2 Einflüsse auf die Ablaufplanung in industriellen Fertigungsprozessen

Verfahrenstechnische und produktbedingte Einflüsse

In Abschnitt 2.2.4.2 wurde bereits auf die in der Ablaufplanung zu berücksichtigenden Aspekte hingewiesen: Diese ergeben sich häufig aus der Natur des Produkts, aber ebenso aus dem Produktprogramm und den verfügbaren Ressourcen und Kapazitäten.

Die Ablaufplanung legt die Arbeitsabläufe fest. Sie geht von einem bereits feststehenden Produktprogramm aus und setzt somit voraus, dass eine strategische (langfristige) Planung vorangegangen ist, die jetzt konkret in die Tat umgesetzt werden soll.

Insoweit stellt die Ablaufplanung eine mittelfristige Planung dar; jedoch umfasst sie nur solche Planungstätigkeiten, die in Bezug auf eine bestimmte Fertigung (ein bestimmtes Produkt) nur einmalig vorkommen, wie z. B.

– Festlegung der Art und Weise, in der eine bestimmte Arbeit getan werden soll,
– Festlegung der Reihenfolgen der einzelnen Arbeitsschritte,
– Festlegung der bereitzustellenden Maschinen, Werkzeuge und sonstigen Hilfsmittel und
– Festlegung der für die verschiedenen Vorgänge benötigten Zeiten.

Dabei folgt die Arbeitsplanung der Zielsetzung, die Herstellkosten je Mengeneinheit zu minimieren. Einzelne, diesem Oberziel dienliche Ziele sind dabei die Minimierung von Durchlaufzeiten, wozu wiederum die möglichst effektive Gestaltung von Arbeitsschritten und eine möglichst wegeoptimale Anordnung der Betriebsmittel beiträgt, und eine möglichst hohe Auslastung der vorhandenen Kapazitäten. Nicht alle dieser Ziele werden gleichzeitig in optimaler Weise verwirklicht werden können; auf die Möglichkeit von Zielkonflikten wurde bereits in Abschnitt 2.2.1.1.4 hingewiesen. Hier ist also eine sorgfältige Abwägung unverzichtbar.

Die weitere Feinplanung wird meist als **Arbeitsplanung** bezeichnet. In der Praxis wie in der Literatur ist die Unterscheidung zwischen den Begriffen Ablauf- und Arbeitsplanung allerdings unscharf und uneinheitlich.

Einflüsse auf die Durchlaufzeit

Die Durchlaufzeit eines Erzeugnisses bezeichnet die Zeitspanne zwischen der Erstbearbeitung des Werkstoffes und der Fertigstellung des Produktes bis zu seiner Auslieferung an den Vertriebsbereich. Die Minimierung von Durchlaufzeiten ist ein Optimalitätskriterium der Produktionsplanung.

Werden im Mehrproduktunternehmen bei Werkstattfertigung Maschinen zur Bearbeitung mehrerer Produkte eingesetzt, so entstehen häufig Wartezeiten, während derer ein halbfertiges Produkt nicht weiterbearbeitet werden kann, weil die hierzu benötigte Maschine damit beschäftigt ist, ein anderes Produkt zu bearbeiten.

Auch im Einproduktunternehmen können Wartezeiten auftreten, wenn es nicht gelingt, die Bearbeitungszeiten an den einzelnen Bearbeitungsstationen aufeinander abzustimmen **(Problem der Taktabstimmung).**

Wesentliche weitere Zeitbegriffe im Rahmen der Fertigungsplanung sind

– **Auftragszeit:** Vorgabezeit für das Ausführen eines Auftrages (Rüsten und Ausführen) durch den Menschen; setzt sich zusammen aus der Rüstzeit und der Ausführungszeit.
– **Rüstzeit:** Vorgabezeit für das der Ausführung vorangehende Rüsten; beinhaltet Rüstgrundzeit, Rüsterholungszeit und Rüstverteilzeit.
– **Ausführungszeit:** Vorgabezeit für das Ausführen eines Auftrages; wird auf eine Mengeneinheit bezogen und beinhaltet gleichfalls Grund-, Erholungs- und Verteilzeiten.
– **Belegungszeit:** Vorgabezeit für die Belegung eines Betriebsmittels durch einen Auftrag; beinhaltet Betriebsmittelrüstzeit und Betriebsmittelausführungszeit.
– **Betriebsmittelrüstzeit:** Vorgabe für das Belegen eines Betriebsmittels durch das Rüsten für einen Auftrag; zerfällt in Betriebsmittelrüstgrundzeit und Betriebsmittelrüstverteilzeit.
– **Betriebsmittelausführungszeit:** Vorgabe für das Belegen eines Betriebsmittels durch einen Auftrag; wird auf eine Mengeneinheit bezogen und gliedert sich gleichfalls in Grund- und Verteilzeit.

Im Rahmen der **Zeitermittlung** sind u. a. folgende Daten wesentlich:

– der Zeitbedarf für die Ausführung einzelner Ablaufabschnitte,
– die Einflussgrößen, von denen dieser Zeitbedarf abhängt,
– die Bezugsmengen (Stücke), auf die sich die ermittelte Zeit bezieht.

Einflüsse auf die Ausführungszeit für einen Ablaufabschnitt gehen aus von

– der Person, die die Arbeit ausführt,
– den zum Einsatz kommenden Betriebsmitteln,
– den angewandten Arbeitsmethoden und -verfahren,
– den Arbeitsbedingungen, d. h. den Umgebungseinflüssen am Arbeitsplatz.

Im Rahmen der Fertigungsplanung kommt der Ermittlung von Soll-Zeiten als Planungsgrundlage größte Bedeutung zu. Verfahren der Zeitaufnahme, wie sie die **REFA-Methodenlehre** beschreibt, werden in Abschnitt 2.4 behandelt.

Wirtschaftliche Einflüsse

Bei der Planung des Fertigungsablaufs müssen neben den verfahrenstechnischen Gegebenheiten auch wirtschaftliche Gesichtspunkte beachtet werden.

Diese betreffen vor allem

– die Auslastung der Kapazitäten (Betriebsmittel und Arbeitskräfte) und
– die Materialauswahl und -verwendung.

Maschinelle Anlagen und menschliche Arbeitskraft verursachen auch dann Kosten, wenn sie nicht im produktiven Einsatz sind. Diese Kosten, etwa Arbeitslöhne, Abschreibungen oder Zinsen, stellen Fixkosten (feste Kosten) dar. Es wird das Bestreben des Betriebes sein, durch den Einsatz der Maschinen und Arbeitskräfte eine produktive Leistung zu erbringen, deren Erlöse einen möglichst hohen Beitrag zur Deckung dieser Fixkosten bieten. In aller Regel wird also eine möglichst hohe und gleichmäßige Auslastung der vorhandenen Kapazitäten angestrebt werden.

Oft sind auch **Investitionsüberlegungen** anzustellen. Möglicherweise ist es auf mittel- bis langfristige Sicht günstiger, eine ältere Anlage durch eine neue Anlage zu ersetzen, mit der kostengünstiger produziert werden kann, als die Altanlage weiter zu betreiben: Geringerer Energieverbrauch, sparsamerer Umgang mit Material, Ausschussreduktion und höhere Abschreibungen führen regelmäßig dazu, dass der unter Einsatz von Methoden der Investitionsrechnung ermittelte wirtschaftliche Ersetzungszeitpunkt zeitlich vor dem technischen Ersetzungszeitpunkt, also dem technischen Versagen der Maschine, liegt.

Ein reibungsloser und verzögerungsfreier Fertigungsablauf setzt voraus, dass das hierzu benötigte Material stets zum richtigen Zeitpunkt in der benötigten Art, Güte und Menge am richtigen Ort verfügbar ist. Durch eine auch in Spitzenzeiten hinreichende Bevorratung wird dies sichergestellt.

In wirtschaftlicher Hinsicht befindet sich der Betrieb hier jedoch in einem Zwiespalt, der als »**Optimierungsproblematik der Materialwirtschaft**« bezeichnet wird:

– Einerseits stellt ein hoher Materiallagerbestand die ständige Lieferbereitschaft des Lagers bei Anforderungen durch die Fertigung sicher. Ein solchermaßen hoher **Lieferbereitschaftsgrad** eröffnet dem Betrieb die Möglichkeit, zusätzliche Kundenaufträge auch kurzfristig annehmen zu können. Zudem besteht nicht die Gefahr von Leerkosten infolge eines Produktionsstillstandes wegen Nichtverfügbarkeit von Material.

– Andererseits erfordert ein hoher Lagerbestand auch ein großes Lager mit entsprechenden Bewirtschaftungskosten, deren größten Posten die Kosten des im Lagerbestand **gebundenen Kapitals** darstellen.

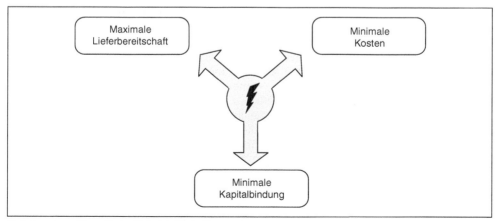

Optimierungsproblematik der Materialwirtschaft

Untersuchungen haben gezeigt, dass ein hoher Lieferbereitschaftsgrad mit überproportional hohen Lagerkosten erkauft wird.

Die folgende Abbildung zeigt den Zusammenhang

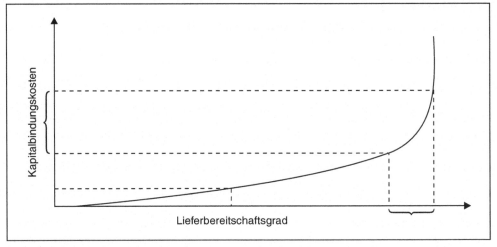

Lieferbereitschaftsgrad und Kapitalkosten

Weitere wirtschaftliche Überlegungen in Hinblick auf das eingesetzte Material betreffen die Bestellpolitik, also die Häufigkeit von Bestellungen und den Umfang der jeweils bestellten Mengen, und die sparsame Verwendung des Materials, etwa im Sinne einer **Verschnittoptimierung.**

Die Arbeitsplanung wird in einem **Arbeitsplan** (oft auch als Fertigungsplan bezeichnet) dokumentiert. Der Arbeitsplan verdeutlicht das Zusammenwirken von Mensch, Betriebsmittel und Arbeitsgegenstand; aus ihm geht hervor, mit welchen Arbeitsvorgängen und in welcher Reihenfolge aus vorgegebenen Material unter Einsatz bestimmter Kapazitäten und festgelegter Arbeitsmethoden sowohl Rohstoffe und Teile als auch Gruppen und Erzeugnisse hergestellt werden. Außerdem sind in Arbeitsplänen die Vorgabezeiten und gegebenenfalls die Lohngruppen angegeben. Auf den Aufbau, die verschiedenen Arten und die Inhaltselemente von Arbeitsplänen wird in Abschnitt 2.2.6 ausführlich eingegangen.

2.2.5.3 Einflüsse auf den Material- und Werkstofffluss

Im Industriebetrieb vollziehen sich vielfältige Austauschvorgänge zwischen den verschiedenen Arbeitsplätzen. Diese machen es notwendig, dass bestimmte Arbeitsplätze zu bestimmten Zeiten oder aus bestimmten Anlässen miteinander in Kontakt treten. Nicht immer ist dabei eine Kontaktaufnahme »unter Anwesenden«, also eine physische Begegnung der Austauschenden, erforderlich, z. B. dann nicht, wenn sich ein Austausch auf Informationen (Anweisungen, Kontrollmeldungen, sonstige Mitteilungen formeller und informeller Art) bezieht. Dank der Möglichkeiten, moderne Kommunikationshilfsmittel einzusetzen, gilt gleiches inzwischen für weite Teile des Belegflusses. Anders verhält es sich jedoch mit dem Fluss des in der Produktion benötigten Materials, dessen physische Anwesenheit zu bestimmten Zeiten an bestimmten Orten unverzichtbar ist.

Eine Methode zur Optimierung des Material- und Werkstoffflusses in der Produktion ist das **Wertstrommanagement.** Dabei wird der zu planende oder zu optimierende Produktionsbereich zunächst einer **Wertstromanalyse** unterzogen, in deren Rahmen die nicht-wertschöpfenden Tätigkeiten identifiziert werden. Auf diese Ist-Analyse folgt der Entwurf des Soll-Zustands als sogenanntes **Wertstromdesign,** in dem alle nicht-wertschöpfenden Tätigkeiten und nicht fertigungstechnisch zwingenden Liege- und Wartezeiten eliminiert sind. In der anschließenden **Wertstromplanung** werden die Maßnahmen geplant, durch die das Wertstromdesign letztlich realisiert wird. Im Idealfall vollzieht sich Wertstrommanagement in einem **PDCA-Regelkreis** (»Plan-Do-Check-Act«), in dem das Ergebnis immer wieder auf Zielerreichung und mögliche Verbesserungen untersucht und entsprechend nachgeschärft wird.

Zu berücksichtigen sind

– der durch fertigungstechnische Umstände bestimmte **Werdegang** des Produktes und damit

– der **Weg,** den das entstehende und zu bearbeitende bzw. zu komplettierende Produkt zu nehmen hat bzw. die Arbeitsplätze und Betriebsmittel, die passiert werden müssen,

– die Zuführung benötigter **Stoffe, Teile oder Baugruppen** zu den Arbeitsplätzen, an denen sie dem Produkt hinzugefügt werden sollen,

– die Zuführung von **Werkzeugen,**

– ggf. die Zuführung begleitender **Belege,** z. B. Konstruktionszeichnungen, Auftragsbegleitscheine, Pendelkarten usw.

Für die notwendigen Transporte dieser Gegenstände müssen Beförderungswege geschaffen werden, die ggf. unter Einsatz von Transportmitteln und Personal zurückzulegen sind. Je nach Länge der Wege und Beförderungsgeschwindigkeit erfordert der Weitertransport des unfertigen Gegenstandes mehr oder weniger Zeit, während der er nicht weiterbearbeitet werden kann. Diese Zeit zu minimieren und zugleich die Kosten für Personal-, Raum- und Betriebsmitteleinsatz gering zu halten ist eine sehr wesentliche Aufgabe der Ablaufplanung, die folglich räumliche, fertigungstechnische und fördertechnische Faktoren zu berücksichtigen hat.

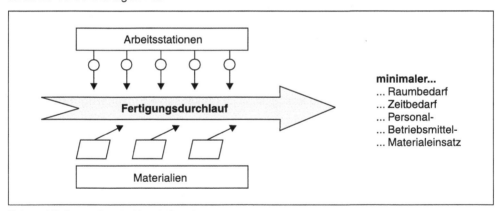

Ziele und Einflussgrößen der Materialflussplanung

2.2.5.3.1 Räumliche Faktoren der Materialflussgestaltung

Die Gestaltung des Materialflusses sollte schon bei der Planung der Errichtung einer Produktionsstätte berücksichtigt werden und in die Entscheidungen über den Betriebsstandort, die Größe und Gestalt der Gebäude und deren Einrichtung inklusive der Beförderungsmittel einfließen.

Betrieblicher Standort: Jeder Betrieb empfängt eine Vielzahl von Materialien von der Außenwelt. Dieser Umstand sollte daher schon bei der Wahl des Betriebsstandortes berücksichtigt werden. Maßgeblich für die Standortentscheidung sind dabei infrastrukturelle Gegebenheiten wie Straßen- und Schienenanbindung, das Vorhandensein von Wasserwegen und Häfen, die Nähe zu einem Flughafen usw.

Betriebsgebäude: Vor der Errichtung von Betriebsgebäuden sollte bereits über die zukünftige Anordnung der Arbeitsplätze entschieden werden. Diese wiederum richtet sich nach der gewählten Förderart, auf die in Abschnitt 2.2.5.3.3 näher eingegangen wird. Vorab soll hier aber schon angemerkt werden, dass eine Anordnung der Arbeitsmittel nach dem Flussprinzip häufig zu einer langgestreckteren Bauweise führt als eine Zusammenfassung von Arbeitsmitteln nach dem Verrichtungsprinzip und dass Produktionsstätten eher ebenerdig angelegt werden, während Lager, Verwaltungsgebäude usw. oft mehrgeschossig sind.

Betriebseinrichtung und Beförderung: Bei der Einrichtung der Produktionsstätten müssen die Wege, auf denen Güter und Personen verkehren sollen, von vornherein vorgesehen werden. Dabei muss darauf geachtet werden, dass diese Wege eine möglichst direkte, umwegfreie Beförderung erlauben, möglichst beidseitig zugänglich und für alle vorkommenden Transporte hinreichend hoch und breit sind. Geraden, ebenen Wegen ist, auch in Hinblick auf den Einsatz von Flurfördermitteln wie Gabelstaplern, der Vorzug zu geben; nicht zuletzt spielen auch Sicherheitsaspekte und damit Faktoren wie gute Einsehbarkeit, Eignung als Fluchtweg, Berücksichtigung von Brandschutzvorkehrungen usw. eine Rolle.

2.2.5.3.2 Fertigungstechnische Faktoren der Materialflussgestaltung

Fertigungstechnik betrifft sowohl die Fertigungsart als auch das in der Produktionsorganisation verwirklichte Ablaufprinzip.

Hinsichtlich der Fertigungsart werden – abgestellt auf die Anzahl der innerhalb eines Planungszeitraums gleichartig zu fertigenden Gegenstände – folgende **Produktionstypen** unterschieden:

Einzelfertigung liegt vor, wenn ein bestimmter Gegenstand genau einmal gefertigt wird. Häufig, aber nicht zwangsläufig, konzentriert sich die Aktivität eines Unternehmens innerhalb eines Zeitraumes allein auf diesen einen Gegenstand; ein neuer Auftrag wird erst begonnen, wenn dieser Gegenstand fertiggestellt ist **(sukzessive Einzelfertigung).**

Beispiele:

Ein Schiffbauunternehmen fertigt im Auftrag einer Reederei ein Kreuzfahrtschiff. Erst wenn dieses Schiff das Dock endgültig verlassen hat, wird mit den Arbeiten an dem nächsten Schiff begonnen.

*Eine andere Werft bearbeitet an verschiedenen Liegeplätzen gleichzeitig ein Containerschiff für die Binnenschifffahrt, einen Seenotrettungskreuzer und die von einem Privatmann in Auftrag gegebene seetüchtige Motoryacht. Dabei wechseln Personal und Werkzeuge auch zwischen den verschiedenen Projekten hin und her (auch hier liegt Einzelfertigung vor; in diesem Falle spricht man aber von **simultaner Einzelfertigung**).*

Serienfertigung bedeutet, dass von einem bestimmen Gegenstand mehrere gleichartige Exemplare gefertigt werden, bevor eine Umrüstung der Betriebsmittel auf die Fertigungserfordernisse eines anderen Produktes erfolgt.

Serienfertigung, die häufig in Abhängigkeit vom mengenmäßigen Umfang einer Serie in Großserienfertigung und Kleinserienfertigung unterschieden wird, ist somit typisch für Mehrproduktunternehmen, deren Produkte keine Massenware sind.

Ein Betrieb fertigt zwei unterschiedliche Gehäusetypen, die von verschiedenen Montagebetrieben abgenommen werden. Die Umstellung der Produktion von einem zum anderen Gehäusetyp erfordert aufwändigere Umrüstungen der Stanz- und Biegemaschinen. Deshalb werden immer mehrere hundert Stück eines Typs gefertigt, bevor auf den anderen Typ gewechselt wird.

Als **Massenfertigung** wird die kontinuierliche Herstellung großer Stückzahlen ein- und desselben Produktes bezeichnet. Alle Betriebsmittel werden an den Erfordernissen dieser Produktion ausgerichtet.

Hinsichtlich der **Produktionsorganisation** unterscheidet man nach

– **Verrichtungsprinzip:** Arbeitsplätze mit gleichen oder ähnlichen Arbeitsaufgaben werden zusammengefasst. Wird das Verrichtungsprinzip in reiner Form praktiziert, liegt **Werkstattfertigung** vor (siehe auch Abschnitt 2.2.7.4.1); es findet sich aber auch in der **Gruppenfertigung** (2.2.7.4.2) wieder.

– **Flussprinzip:** Die Arbeitsplätze innerhalb eines Betriebes werden in der Reihenfolge des Arbeitsablaufes angeordnet und orientieren sich damit am Arbeitsgegenstand. Damit ist im Flussprinzip, das sich in reinster Form in der Fließfertigung widerspiegelt, zugleich das Objektprinzip umgesetzt.

Betriebe, die Einzelfertigung praktizieren, können sich bezüglich der Materialflusswege und der zum Einsatz kommenden Fördermittel nicht dauerhaft an einem bestimmten Produkt orientieren. Für sie ist daher eine Produktionsorganisation nach dem Verrichtungsprinzip und die Entscheidung für universell einsetzbare, eine möglichst große Einsatzbandbreite bietende Fördermittel angebracht. Dagegen bietet sich bei Mehrfach- und Massenfertigung eine Umsetzung des Flussprinzips und der Einsatz von speziell auf die Anforderungen abgestimmten Fördermitteln bis hin zu Fließfertigungsstraßen an.

Einzelheiten zu den Organisationstypen der Fertigung werden in Abschnitt 2.2.7.4 ausführlich behandelt.

2.2.5.3.3 Fördertechnische Faktoren der Materialflussgestaltung

Beförderungsmittel werden zum einen danach unterschieden, ob sie nur in der Ebene (flurgebunden) oder auch in die Höhe (flurfrei) befördern können, und zum anderen nach der Stetigkeit der Förderung. Eine andere wesentliche Unterscheidung betrifft die **Mobilität** (bzw. Ortsgebundenheit).

Beispiele:

Ein Schleppkettenförderer, der einen Baumstamm nach dem anderen zur Aufsägestelle zieht, ist ein flur- und ortsgebundenes Stetigfördermittel.

Flurgebunden, aber nur bedarfsweise eingesetzt und damit nicht stetig fördernd, sind Hubfahrzeuge und Handkarren. Da diese Fördermittel nicht ortsgebunden sind, können sie universell praktisch im ganzen Betrieb eingesetzt werden.

Ein Kreisförderer, der ständig Stoffe zwecks Einfüllen in verschiedene Behälter in die obere Etage befördert, ist ein flurfreies, aber ortsgebundenes Stetigfördermittel.

Ein Kran ist ebenfalls flurfrei, aber unstetig, da nur sporadisch zum Heben unterschiedlicher Lasten eingesetzt. Kräne können je nach Bauart ortsgebunden, also fest installiert, oder mobil sein.

2.2.6 Elemente des Arbeitsplans / Daten des Arbeitsgegenstandes

2.2.6.1 Aufbau und Arten von Arbeitsplänen

Wie bereits in den vorangegangenen Abschnitten deutlich gemacht wurde, zeichnet sich die industrielle Fertigung durch eine umfangreiche Vorarbeit und detailgenaue vorgeschaltete Planung aus. Diese Tätigkeiten sind in aller Regel nicht auftragsbezogen, sondern in Bezug auf eine bestimmte Fertigung (ein bestimmtes Produkt) nur einmalig zu erledigen. Die materiellen Ergebnisse dieser Vorarbeiten, die der Fertigungsdurchführung als Leitfaden dienen und ihr alle erforderlichen Grunddaten liefern, sind Zeichnungen, Stücklisten und Arbeitspläne.

Der Arbeitsplan greift die in Abschnitt 2.2.5 aufgeführten Planungstätigkeiten auf. Ein Beispiel für einen Arbeitsplan (vereinfacht) zeigt die folgende Abbildung:

Arbeitsplan Nr. *BZ126*						
Erzeugnis:	Sachnummer:	*BZ561a*	Bezeichnung:	*Lochplatte*		
Material:	Sachnummer:	*MA122.1*	Bezeichnung:	*Stahlblech*		
			Mengeneinheit:	*Stück*		
Arbeitsablauf:			Menge:	*1*		
Arbeitsgang	AG-Nr.	Arbeitsplatz	Rüstzeit Minuten		Bearbeitungs- zeit / Minuten	Betriebsmittel
Bohren	1	W1-1			8	B-23
Entgraten	2	W1-2			4	F-02
Polieren	3	W1-5	2		2	S-11
...	...	...	...		...	...

Arbeitsplan »Fertigung einer Lochplatte«

Arbeitspläne sollten grundsätzlich die folgenden Angaben enthalten.

Kopfdaten: Diese umfassen mindestens die Sachnummer des Arbeitsgegenstandes und seine Bezeichnung, ggf. auch Angaben zur Art des Arbeitsplanes (siehe unten), eine Arbeitsplannummer und, falls es sich um einen auftragsabhängigen Durchlauf handelt, auch Angaben wie Auftragsnummer, Losnummer und Losgröße.

Materialdaten: Das eingesetzte Material wird mit seiner Bezeichnung, Sachnummer, Mengeneinheit und benötigter Menge angegeben.

Fertigungsdaten: Im Einzelnen sind dies

– Nummer und Bezeichnung des Arbeitsganges (AG),

– Nummer und ggf. nähere Bezeichnung des Arbeitsplatzes, evtl. Angabe der Kostenstelle,

– Zeitvorgaben (Bearbeitungs-, Transport-, Rüstzeiten),

– Nummer und Bezeichnung des eingesetzten Betriebsmittels, ggf. benötigte Menge und Ort, falls dieser nicht der Arbeitsplatz ist.

Arbeitspläne sind unverzichtbare Hilfsmittel bei der Bewältigung folgender konkreter Problemstellungen, die eng miteinander verzahnt sind.

– **Fertigungsdurchführung:** Der Arbeitsplan enthält bindende Anweisungen hinsichtlich der Art und Weise, in der die einzelnen Arbeitsgänge durchzuführen sind.

- **Ablaufsteuerung:** Der Arbeitsplan legt die Reihenfolge der Arbeitsgänge fest.
- **Betriebsmittelbelegung/Arbeitsverteilung:** Aus dem Arbeitsplan ergibt sich die für die Aufgabenerledigung notwendige Belegung von Maschinen bzw. Beanspruchung von menschlicher Arbeitskraft. Diese Angaben sind Voraussetzung für eine die maschinellen Anlagen gleichmäßig auslastende, engpassbedingte Verzögerungen minimierende und Durchlaufzeiten optimierende Kapazitätsauslastung.
- **Terminierung:** Sie umfasst die Festlegung von Anfangs- und Endterminen für Aufträge und, daraus abgeleitet, für einzelne Arbeitsgänge.
- **Kalkulation und Lohnberechnung:** Aus den sich aus dem Arbeitsplan ergebenden Material-, Zeit-, Betriebsmittel- und Arbeitskräftebedarfen lassen sich die Kosten der Herstellung ermitteln.
- **Erstellung von Auftragsunterlagen:** Dies sind solche, die den Auftrag an die einzelnen Arbeitsstationen begleiten (Werkstattpapiere).
- **Qualitätssicherung:** Durch die für alle gleichartigen Aufträge bindenden gleichartigen Vorgaben stellt der Arbeitsplan per se ein Instrument der Qualitätssicherung dar. Zugleich ist er Grundlage für die Bestimmung geeigneter Prüfungen.

Wie schon mehrfach erwähnt wurde, sind Arbeitspläne von Natur aus auftragsunabhängige (auftragsneutrale) Ablaufdokumentationen. Sind konkrete Aufträge auf Basis eines Arbeitsplanes zu erledigen, wird dieser um die auftragsbezogenen Daten ergänzt.

Außerdem werden aus dem Grundaufbau des Arbeitsplanes diverse Arbeitsplanvarianten abgeleitet, die die folgende Abbildung zeigt.

Konventionell werden Arbeitspläne von Arbeitsplanern von Hand erstellt. Im Rahmen der computerunterstützten Planung (CAP = Computer Aided Planning) kann die Erstellung der Arbeitspläne jedoch entweder im Dialog zwischen Computer und Arbeitsplaner oder auch automatisch erfolgen.

Die Aktivitäten des CAP stehen dabei zwischen denjenigen des CAD – der computerunterstützten Konstruktion – einerseits, aus dem die Grunddaten des zu fertigenden Gegenstandes übernommen werden, und denjenigen der Maschinenprogrammierung andererseits.

2.2.6.2 Arbeitsgegenstandsbezogene Daten und Abläufe

Die im industriellen Fertigungsprozess verarbeiteten Roh-, Hilfs- und Betriebsstoffe, selbst vorproduzierten Baugruppen und fremdbezogenen Fertigteile durchlaufen auf dem Weg zum fertigen Produkt die verschiedensten Stadien eines unfertigen/halb fertigen Produktes. Diese durchlaufenden Stücke werden als Arbeitsgegenstände bezeichnet.

Arbeitsgegenstandsbezogene Daten ergeben sich aus

- der **Materialkartei,** aus der für jedes einfließende Material bzw. Teil dessen Benennung bzw. Bezifferung, Rohmaß, Gewicht, Anlieferzustand usw. hervorgeht, und
- den **Stücklisten,** die angeben, welche Materialien und Baugruppen in welcher Anzahl in den Arbeitsgegenstand einfließen.

Zur besseren Beschreibung werden Arbeitsabläufe in der REFA-Methodenlehre in **Arbeitsablauf-Abschnitte** unterschiedlicher Größe unterteilt.

Die einzelnen Ablaufabschnitte werden wie folgt definiert:

- Unter einem **Gesamtablauf** wird der gesamte Arbeitsablauf verstanden, der zur Herstellung eines Erzeugnisses mit einem, wenigen oder auch vielen Baugruppen und Einzelteilen oder zur Durchführung eines sonstigen größeren Vorhabens erforderlich ist.

- Ein **Teilablauf** besteht aus einer oder mehreren Ablaufstufen (z. B. die Herstellung einer Baugruppe).
- Die **Ablaufstufe** besteht aus einer Folge von Vorgängen, die zur Herstellung eines Einzelteils erforderlich sind.
- Der **Vorgang** wird auch als Arbeitsvorgang oder **Arbeitsgang** bezeichnet; er ist die feinste Gliederung der Makroablaufabschnitte (des Gesamtablaufes) und die gröbste Gliederung innerhalb der Mikroablaufabschnitte. Er bezeichnet den Abschnitt eines Arbeitsablaufes, der in der Ausführung aus einer Mengeneinheit eines Arbeitsauftrages besteht. Ein Vorgang wird auch als »der auf die Erfüllung einer bestimmten Arbeitsaufgabe ausgerichtete Arbeitsablauf innerhalb eines Arbeitsplatzes« bezeichnet. Er besteht im Allgemeinen aus mehreren Teilvorgängen.
- Ein **Teilvorgang** besteht aus mehreren Vorgangsstufen, die wegen der besseren Überschaubarkeit als Teil der Arbeitsaufgabe zusammengefasst werden (z. B. Werkstück ein- und ausspannen). Die Größe eines Teilvorganges ist nicht eindeutig festgelegt. Sie hängt von dem Zweck der Unterteilung des Vorganges in Teilvorgänge ab.
- **Vorgangsstufen** sind Abschnitte eines Teilvorganges, die eine in sich abgeschlossene Folge von Vorgangselementen umfassen.
- **Vorgangselemente** sind Teile einer Vorgangsstufe, die weder in ihrer Beschreibung noch in ihrer zeitlichen Erfassung weiter unterteilt werden können. Die Ermittlung von Sollzeiten und Normalleistungen beziehen sich auf Vorgangselemente. Diese werden wiederum in Bewegungselemente und Prozesselemente unterschieden:
    - **Bewegungselemente** sind Grundbewegungen, die vom Menschen ausgeführt werden, wie z. B. Hinlangen zu einem Arbeitsgegenstand, Greifen eines Arbeitsgegenstandes usw.
    - **Prozesselemente** sind Grundelemente die von Maschinen ausgeführt werden, wie z. B. Doppelhub bei Stoßmaschinen, Schweißvorgang beim Punktschweißen.

Im Zuge der Bearbeitung von Arbeitsgegenständen lassen sich folgende Ablaufarten unterscheiden:

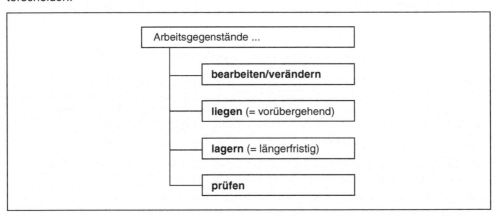

2.2.6.3 Betriebsmittelbezogene Daten und Abläufe

Die Verwaltung der Betriebsmittel erfolgt klassisch in einer Betriebsmittelkartei, wobei für jedes Betriebsmittel (Gerät, Maschine, Fahrzeug, Werkzeug usw.) eine Karteikarte angelegt wird, in der die wesentlichen Informationen über das Betriebsmittel festgehalten sind.

Dies sind zum einen unveränderliche Stammdaten: Bezeichnung, Hersteller und Typ, Baujahr und Anschaffungsjahr, Zeichnungen und Ersatzteillisten. Hinterlegt werden können außerdem Wartungs- und Prüfungsintervalle, durchgeführte Reparaturen, Überholungen, An- und Umbauten usw.

Heute wird die Betriebsmittelverwaltung durchweg IT-gestützt durchgeführt und bietet weitergehende Funktionen wie Betriebsmittelzustand (in Betrieb, in Reparatur, eingelagert usw.), Standortangabe bei beweglichen Betriebsmitteln (wo befindet sich das Betriebsmittel aktuell?), Disposition (wann und wo/von wem ist das Betriebsmittel zukünftig bereits eingeplant?), Zuordnung zu bestimmten Aufträgen, Projekten, Baustellen usw. mit Verknüpfung zur Kostenrechnung, Unterstützung der Inventarisierung und Bewertung im Jahresabschluss und weitere betriebsspezfische Funktionen.

Für die Kennzeichnung der Betriebsmittel durch Nummern kennt die betriebliche Praxis verschiedene Systeme »sprechender«, d. h. das Betriebsmittel klassifizierender und spezifizierender Nummern.

Ein gebräuchliches Verfahren ist die Vergabe einer Arbeitsplatznummer in Verbindung mit der Kostenstellennummer.

Beispiel:

Für Drehmaschinen eines bestimmten Typs wird die Nummer 123 vergeben. Die Reparaturwerkstatt hat die Kostenstelle 320. Die Drehmaschine in der Reparaturwerkstatt wird daher mit der Kennnummer 320/123 bezeichnet.

Ein anderes Verfahren vergibt Nummern, aus denen die Gattung, Art, Größe, Leistung usw. des Betriebsmittels erkennbar werden.

Ein Betrieb legt mit der ersten Ziffer der Betriebsmittelnummer die Gattung des Betriebsmittels fest:

Erste Ziffer... steht für...

1 *Drehmaschine*
2 *Bohrmaschine*
3 *Fräsmaschine*
4 *Schleifmaschine usw.*

Mit der zweiten Stelle wird eine Detaillierung vorgenommen, z. B.

10 *Plandrehmaschine*
11 *Spitzendrehmaschine*
12 *Karusselldrehmaschine*
13... *Revolverdrehmaschine...*
18 *Drehautomat mit 8 Spindeln*

Die dritte und vierte Stelle geben Größendaten einer Maschine, z. B. bei Drehmaschinen die Spitzenhöhe, bei Fräsmaschinen die Tischgröße usw., an.

Die fünfte und sechste Stelle bezeichnen weitere Maschineneigenschaften, z. B. die Spitzenweite bei Drehmaschinen, den Spindeldurchmesser bei Fräsmaschinen.

Die Nummer im Zusammenhang setzt sich also wie folgt zusammen:

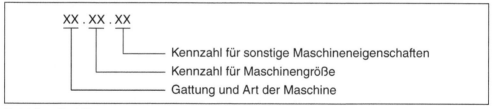

Betriebsmittel-Benummerungssystem

Mit dem vorstehend beschriebenen System kann eine Maschine relativ genau klassifiziert werden. Es gibt eine Vielzahl weiterer Nummernsysteme für Werkzeugmaschinen, auf die hier nicht eingegangen werden kann.

Die Benummerung der Betriebsmittel und Arbeitsplätze kann auch nach den jeweiligen Erfordernissen der im Betrieb eingeführten Betriebsdatenerfassungssysteme erfolgen.

2.2.7 Aspekte der Gestaltung des Arbeitsvorgangs

Im Folgenden steht die Gestaltung ortsgebundener Arbeitsplätze und der sich an ihnen vollziehenden Arbeitsvorgänge im Vordergrund, wobei zunächst Arbeitsbedingungen, Arbeitsmethoden und -verfahren sowie Arbeitsplatztypen behandelt werden sollen. Auf die ergonomischen Aspekte der Arbeitsplatzgestaltung wird dagegen ausführlich in Abschnitt 2.4.4, auf die individuelle Einrichtung des persönlichen Arbeitsplatzes in Lehrbuch 3 eingegangen.

2.2.7.1 Arbeitsbedingungen

Unter dem Begriff »Arbeitsbedingungen« werden die Umgebungseinflüsse zusammengefasst, die auf ein Arbeitssystem einwirken. Im engeren Sinne sind hierunter die direkt den einzelnen Arbeitsplatz betreffenden Umwelteinflüsse, also Belüftung, Klima, Temperatur, Beleuchtung, Farbgebung, Lärm-, Staub-, Schmutz-, Strahlen- und sonstige Belastung am Arbeitsplatz zu verstehen. Wenn hier und an späterer Stelle von Arbeitsbedingungen gesprochen wird, ist dieser enger gefasste Begriff gemeint.

Im weiteren Sinne und immer dann, wenn über den einzelnen Arbeitsplatz hinaus der Betrieb oder das Unternehmen in seiner Gesamtheit betrachtet wird, sind unter Umwelteinflüssen aber auch alle sonstigen technischen, wirtschaftlichen, politischen, rechtlichen, organisatorischen und sozialen Einflüsse zu verstehen.

2.2.7.2 Arbeitsverfahren, Arbeitsmethode und Arbeitsweise

Das **Arbeitsverfahren** trifft bezüglich der zu erledigenden Aufgabe Festlegungen über das fachliche Vorgehen und die organisatorische Lösung.

Fachliches Vorgehen: Falls für die Erfüllung der Aufgabe verschiedene Prozeduren in Frage kommen, ist die Entscheidung für ein bestimmtes Verfahren von richtungsweisender, die Einrichtung und Anordnung der Arbeitsplätze und den Einsatz menschlicher Arbeitsleistung und bestimmter Betriebsmittel und Werkstoffe maßgeblich beeinflussender Bedeutung.

Organisation: Die organisatorische Gestaltung des Fertigungsablaufs drückt sich vor allem in der räumlichen Anordnung der Arbeitsplätze und Betriebsmittel zueinander aus. Von den verschiedenen Organisationstypen der Fertigung wird im folgenden Abschnitt noch ausführlich die Rede sein.

Für die optimale Gestaltung des Arbeitsverfahrens ist es unerlässlich, dass sich die Entscheidungsträger über die verschiedenen in Frage kommenden Technologien auf dem Laufenden halten und befähigt sind, deren Übertragbarkeit auf die konkrete betriebliche Erfordernis einschätzen zu können.

Auf die Festlegung des Arbeitsverfahrens, die, wie schon gesagt, von grundlegender und im Allgemeinen auch langfristiger Bedeutung ist, folgt die Erstellung von Regeln zur Ausführung des Arbeitsablaufes bei Anwendung des bestimmten Arbeitsverfahrens. Diese stellen in ihrer Gesamtheit die **Arbeitsmethode** dar. Gut ist diejenige Arbeitsmethode, die mit geringstem Aufwand zu einem hohen Arbeitsergebnis führt.

Die **Arbeitsweise** schließlich meint die individuelle Ausführung des Arbeitsablaufes durch den Menschen. Bei Einhaltung der Arbeitsmethode ist das der Spielraum, der durch die Persönlichkeit des arbeitenden Menschen ausgefüllt werden kann.

2.2.7.3 Arbeitsplatztypen

Arbeitsplätze im räumlich-materiellen Sinne sind die Orte, an denen Arbeit verrichtet wird. Sie unterscheiden sich naturgemäß aufgrund der Charakteristiken der an ihnen zu vollziehenden Tätigkeiten erheblich: Der Arbeitsplatz eines Arbeiters am Montageband sieht völlig anders aus als derjenige eines kaufmännischen Sachbearbeiters oder eines Reisenden im Außendienst. Bei der Einrichtung des jeweiligen Arbeitsplatzes und der Ausstattung mit Arbeitsmitteln, hat der Arbeitgeber die rechtlichen Bestimmungen zu beachten, die sich aus dem Arbeitsschutzgesetz und der Arbeitsstättenverordnung ergeben. Einzelheiten hierzu werden in Lehrbuch 1 ausführlich behandelt.

Die Anforderungen an die Ergonomie sind in Abschnitt 2.4.5, die bei der Einrichtung des individuellen Arbeitsplatzes zu berücksichtigenden Gesichtspunkte in Lehrbuch 3, Abschnitt 3.2.1 dargestellt.

2.2.7.4 Organisationstypen der Fertigung

Zuvor wurde bereits darauf hingewiesen, dass ein aus einem Menschen oder einer Maschine bestehender **Arbeitsplatz** an der Erfüllung einer oder auch mehrerer **Arbeitsaufgaben** beteiligt sein kann. Die Unterscheidung in verschiedene Arbeitsplatztypen ergibt sich daher aus den verschiedenen Organisationstypen der Fertigung, die die folgende Abbildung zunächst im Überblick zeigt, bevor auf die einzelnen Typen eingegangen wird.

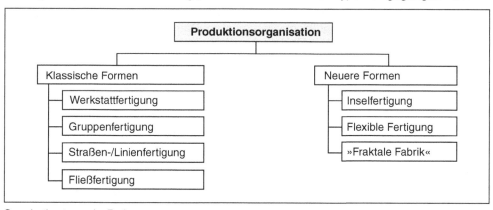

Organisationstypen der Fertigung

2.2.7.4.1 Werkstattfertigung

Die Werkstattfertigung, die auch als Fertigung nach dem Verrichtungsprinzip bezeichnet wird, ist ein ortsgebundenes Organisationssystem, bei dem Arbeitsplätze und Maschinen mit gleicher Arbeitsaufgabe jeweils in einem Raum untergebracht sind: Die einzelnen Werkstätten heißen beispielsweise Dreherei, Fräserei, Schweißerei usw. Diese Form der Arbeitsmittelanordnung orientiert sich an der Verrichtung, nicht jedoch am Arbeitsablauf.

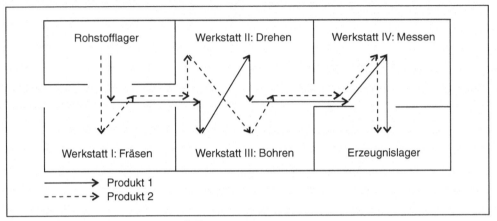

Anordnung der Arbeitsplätze bei Werkstattfertigung

Vorteile:

- Die auf eine bestimmte Verrichtung spezialisierten Arbeitskräfte und Maschinen sind in derselben Werkstatt untergebracht und können sich daher bei Ausfällen leicht gegenseitig vertreten.
- Bei Beschäftigungsschwankungen kann die Arbeit (sowohl im Falle von Mehrarbeit als auch bei Auslastungsrückgang) unproblematisch und gerecht auf die Arbeitsplätze verteilt werden; freie Kapazitäten, aber auch Engpässe, können direkt festgestellt und behoben werden.
- Die Umstellung der Produktion und die Aufnahme neuer Erzeugnisse in das Produktionsprogramm ist relativ unproblematisch möglich. Damit eignet sich diese Anordnung der Arbeitsplätze insbesondere für Betriebe mit häufig wechselnder Auftragsproduktion.
- Es gibt keine direkte Abhängigkeit mit vor- oder nachgelagerten Arbeitsplätzen; die anstehenden Aufgaben können im individuellen Tempo des Ausführenden erledigt werden.

Nachteile:

- Die Anordnung der Arbeitsplätze ist nicht auf den Materialfluss abgestimmt. Hieraus resultieren teilweise lange Materialtransportwege.
- Es werden besondere Transportmittel zur Weitergabe der Arbeitsgegenstände benötigt.
- Der Flächenbedarf für Werkstätten, Wege und Zwischenlager ist bei Werkstattfertigung meist höher als bei anderen Organisationstypen.
- Lange Durchlaufzeiten und daraus resultierende relativ hohe Kapitalbindung.

Hinweis: Ein verwandt klingender, aber eine grundsätzlich andere Organisationsform beschreibender Begriff ist derjenige der Werkbankfertigung. Diese ist häufig im Handwerk anzutreffen und dadurch gekennzeichnet, dass eine einzelne Arbeitskraft alle an einem

Gegenstand vorzunehmenden Arbeiten selbst ausführt. In diesem Falle kann von Verrichtungsorientierung keine Rede sein; es handelt sich vielmehr um Objektorientierung.

2.2.7.4.2 Gruppenfertigung

Die Gruppenfertigung (häufig auch als **Gemischtfertigung** bezeichnet) verbindet die oben geschilderte Werkstattfertigung mit den nachfolgend beschriebenen Verfahren, bei denen die Anordnung der Arbeitsplätze und Maschinen dem Flussprinzip folgt: So werden die Arbeitsplätze zwar in der durch den Arbeitsfluss vorgegebenen Reihenfolge angelegt; die für bestimmte Erzeugnisse oder Baugruppen benötigten Fertigungseinrichtungen werden jedoch verrichtungsorientiert zu homogenen Gruppen zusammengefasst. Damit vereinigt diese Organisationsform der Fertigung die Flexibilität und Übersichtlichkeit der Werkstattfertigung mit der aus der Flussorientierung resultierenden Verkürzung der Transportwege im Materialfluss.

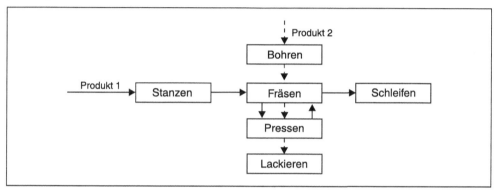

Gruppenfertigung

2.2.7.4.3 Reihenfertigung (Straßen-, Linienfertigung)

Bei der Reihenfertigung, die oft auch als Straßen- oder Linienfertigung (diese Begriffe meinen dasselbe) bezeichnet wird, sind die Fertigungseinrichtungen nach dem **Flussprinzip** angeordnet, also in derjenigen Reihenfolge, die das Material auf dem Weg zum fertigen Produkt durchläuft. Hieraus resultiert eine straßenartige Aufstellung von Maschinen und Arbeitsplätzen und eine Arbeitszerlegung, die den Einsatz von Spezialmaschinen ermöglicht. Jedem Produkt ist eine eigene Fertigungsstraße zugeordnet, woraus ein wesentlicher Kostennachteil resultiert; denn gleichartige Arbeitsgänge innerhalb der Herstellung verschiedener Produkte können (im Gegensatz zu den zuvor beschriebenen Organisationsformen) nicht auf derselben Arbeitsstation erledigt werden. Vielmehr muss jede Straße über einen kompletten Anlagensatz verfügen.

Die Flexibilität dieses Organisationsmodells hinsichtlich der Anpassung der Produktion an geänderte Verfahren oder Markterfordernisse ist relativ gering. Der Vorteil dieses Systems liegt in der Minimierung der Transportwege, die allerdings nicht zwangsläufig mit einer Minimierung der Durchlaufzeit einhergeht: Da bei Straßenfertigung (im Gegensatz zur nachfolgend beschriebenen Fließfertigung) keine zeitliche Festlegung und Abstimmung der einzelnen Arbeitsschritte erfolgt, können Wartezeiten vor einzelnen Arbeitsstationen entstehen.

2.2.7.4.4 Fließfertigung

Die Anordnung der Fertigungseinrichtungen entspricht bei der Fließfertigung der der Straßenfertigung. Der Unterschied zwischen beiden Organisationstypen besteht darin, dass bei der Fließfertigung eine zeitliche Abstimmung der einzelnen Arbeitsschritte erfolgt, sodass das zu bearbeitende Material die verschiedenen Stationen ohne Wartezeiten durchlaufen kann. Die Weitergabe des Arbeitsgegenstandes erfolgt durch ein bewegliches Beförderungsmittel (z. B. ein Fließband oder eine Rollbahn), das sich in gleichbleibender Geschwindigkeit fortbewegt. In älteren Anlagen bewegen sich die Werkstücke an den Bearbeitungskräften vorbei, während modernere Bänder die Arbeiter und Werkzeuge mittransportieren und im Stande sind, die Lage des Arbeitsgegenstandes zwischen den verschiedenen Bearbeitungsgängen zu verändern, ihn also z. B. zu drehen, anzuheben usw.

Bei einigen Produkten (Gas, Bier, Papier) führen chemische Prozesse oder technische Notwendigkeiten zwangsläufig zu einer ganz bestimmten Anordnung der Arbeitsplätze. In diesen Fällen spricht man von **Zwangslauffertigung**.

Ist die Fließfertigung dagegen beabsichtigt, ohne dass hierfür eine zwingende Notwendigkeit besteht, handelt es sich um **organisierte Fließfertigung.** Diese findet sich z. B. in der Automobilherstellung.

Fließfertigung ist immer zugleich Massenfertigung, da die Anpassungsfähigkeit der in sie einbezogenen Fertigungseinheiten äußerst gering ist.

Ihren **Vorteilen,** nämlich

– minimierten Durchlaufzeiten und entsprechend verringerten Transport-, Lager- und Personalkosten,
– qualitativer und quantitativer Leistungssteigerung durch Spezialisierung von Menschen und Maschinen und
– Übersichtlichkeit der Fertigung,

stehen massive **Nachteile** gegenüber:

– Mangelnde Anpassungsfähigkeit,
– Gefahr des Vollausfalls durch Störungen im Ablauf,
– Einseitigkeit der Arbeit.

Vor allem wegen der sozialen Problematik wird die Fließfertigung stark kritisiert. Sie bedingt monotone, langweilige Arbeiten; dem Fließbandarbeiter, der eine bestimmte Verrichtung am entstehenden Produkt ständig wiederholt, geht der Bezug zum fertigen Erzeugnis und damit das unmittelbare Erfolgserlebnis verloren.

In modernen Betrieben wird daher häufig anstelle des geradlinigen Fließbandverlaufs ein durch Schleifen aufgelockerter Ablauf geschaffen, der die Bildung von Arbeitsgruppen erlaubt, innerhalb derer sich die Arbeiter bei ihren verschiedenen Tätigkeiten abwechseln können.

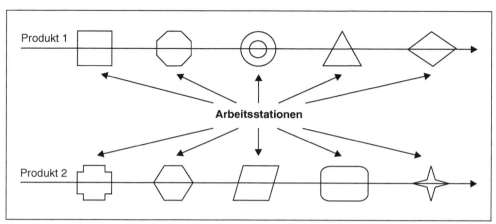

Fertigung nach dem Flussprinzip

2.2.7.4.5 Inselfertigung

Auf die Erkenntnis der nachteiligen Auswirkung der Fließfertigung reagierten zahlreiche Betriebe mit der Umstellung auf **Gruppenarbeit:** In Fertigungsinseln, denen eine überschaubare Anzahl von nicht mehr als zwanzig Arbeitern zugeordnet wird, werden größere Arbeitsaufgaben in kollektiver Verantwortung unter Praktizierung motivationsfördernder Führungselemente erfüllt.

Diese Instrumente sind

- **Job Rotation** (Aufgabentausch): In regelmäßigen Zeitabständen tauschen die Gruppenmitglieder ihre Arbeitsplätze. Im Idealfall kann jeder jede Aufgabe übernehmen und somit auch jeden Kollegen vertreten. Dieses System bietet Abwechslung und wirkt horizonterweiternd, bedingt aber einen hohen Schulungsaufwand und Rationalitätseinbußen, die aber wiederum teilweise durch gestiegene Motivation, sinkenden Krankenstand und

- dank größerer Aufmerksamkeit der Ausführenden – sinkende Unfallhäufigkeit und – schwere aufgefangen werden.

- **Job Enlargement** (Aufgabenerweiterung): Dem einzelnen Mitarbeiter werden abgeschlossene, zusammenhängende Arbeitsgänge übertragen, d. h. es gibt keine Zerstückelung von Arbeitsprozessen bis hin zu einzelnen Handgriffen.

- **Job Enrichment** (Aufgabenanreicherung): Die Stelle wird durch die Übertragung von Verantwortung, Mitspracherechten und Kontrollbefugnissen qualitativ aufgewertet.

- Praktizieren von Selbstregulation, Selbstbestimmung und Selbstverwaltung in **teilautonomen Arbeitsgruppen:** Wenn den Arbeitsgruppen weitgehende Freiheit in der Entscheidung über die Arbeitsverteilung und die Art und Weise der Aufgabenerfüllung gewährt wird, wirkt sich dies häufig sowohl motivationsfördernd als auch – infolge der höheren Eigenverantwortlichkeit und höherem »Team-Bewusstsein« – fehlersenkend aus.

2.2.7.4.6 Flexible Fertigung

Die flexible Fertigung stellt eine neuere Entwicklung innerhalb der Fertigungsverfahren dar. Sie erfordert den intensiven Einsatz computergesteuerter Maschinen – **CAD/CAM-**

und **CIM**-Systeme – (→ Lehrbuch 3). Eine flexible Fertigungszelle ist eine »computergesteuerte Werkstatt« mit einer oder mehreren CNC-Maschinen, deren Verbund als DNC-System (DNC = Direct Numerical Control) bezeichnet wird, ferner einer Versorgungseinrichtung, die diese Maschinen mit wechselnden Werkzeugen versorgt, und einer Beladestation, die das jeweils benötigte Material heranführt und positioniert. Mehrere solcher Zellen können durch die Installation eines gemeinsamen Transport- und Steuerungssystems zu einem flexiblen Fertigungssystem zusammengefasst werden. Im Idealfall können unterschiedliche Werkstücke in beliebiger Reihenfolge automatisch, d. h. ohne jeden manuellen Eingriff, bearbeitet werden. Damit zeichnet sich dieses System durch außerordentliche Flexibilität aus.

Der Einsatz menschlicher Arbeitskraft innerhalb flexibler Fertigungssysteme beschränkt sich auf Dispositions-, Steuerungs- und Kontrollaufgaben. Diese anspruchsvollen Tätigkeiten, die – wie oben unter dem Stichwort »Job rotation« geschildert – im Rotationsverfahren ausgeübt werden können, erfordern eine breitgefächerte Qualifikation der Mitarbeiter, die häufig über eine Spezialausbildung erworben werden muss, sowie das Vorhandensein von Schlüsselqualifikationen wie Kooperations-, Koordinations- und Kommunikationsfähigkeit. Die Schaffung solcher Arbeitsstellen stellt einen bedeutenden Beitrag zur Humanisierung der Arbeitswelt dar, mit ihr geht aber auch ein aktuell in vielen Betrieben beobachtbares Phänomen einher: Durch die Verlagerung verantwortlicher und anspruchsvollerer Aufgaben auf die Ebene der ausführenden Stellen fallen angestammte Aufgaben der vorgelagerten Führungsebene, z. B. auch der Meisterebene, fort.

2.2.7.4.7 Die fraktale Fabrik

Vor allem in Zusammenhang mit dem prozessorientierten Qualitätsmanagement, aber auch bedingt durch immer komplexer werdende und dadurch an Transparenz verlierende Prozessabläufe wird in der modernen Fabrikplanung zunehmend darüber nachgedacht, wie der Übergang von funktionsorientierten Produktionsstrukturen zu einer prozessorientierten Arbeitsstrukturierung geleistet werden kann. Dieser wird insbesondere für Betriebe mit **Variantenfertigung** für notwendig gehalten, bei der typischerweise einzelne Bauteile und Baugruppen in mehreren Produkten Verwendung finden und einzelne Arbeitsstationen von mehreren Produkten durchlaufen werden müssen. Aus letzterer Erfordernis resultiert die Weiterentwicklung der zuvor beschriebenen **Gruppenfertigung** (→ Abschnitt 2.2.7.4.2) zu einer die Vorteile der oben beschriebenen flexiblen Fertigung so weit wie möglich nutzenden Struktur, für die sich inzwischen der Begriff der »fraktalen Fabrik« durchgesetzt hat.

2.2.7.4.8 Sonstige Organisationstypen und -prinzipien

An dieser Stelle sollen einige weitere häufig gehörte Prinzipien und Organisationsformen aus dem Bereich der Fertigungsorganisation erläutert werden.

– **Sternprinzip:** Hierunter ist die sternförmige Anordnung von Arbeitsplätzen um ein Zwischenlager herum zu verstehen. Dabei wird der Arbeitsgegenstand nach jeder Bearbeitung an einem Arbeitsplatz von diesem ans Zwischenlager zurückgegeben und von dort von der im Ablauf folgenden Arbeitsstation abgeholt. Ein direkter Transport des Arbeitsgegenstandes zwischen den einzelnen Arbeitsstationen ist nicht vorgesehen.

– **Baustellenprinzip:** Der Arbeitsgegenstand ist ortsgebunden und kann daher nicht zu den Arbeitskräften oder Betriebsmitteln transportiert werden; vielmehr müssen sich diese zum Arbeitsgegenstand hinbewegen. Dieses Prinzip wird bisweilen auch als Platzprinzip, die dazuhörige Fertigung als Baustellenfertigung bezeichnet.

- **Wanderprinzip:** Menschen und Betriebsmittel bewegen sich entsprechend dem Arbeitsfortschritt an dem Arbeitsgegenstand entlang und entwickeln ihn weiter. Diese Art der Fertigung ist z. B. beim Straßen- und Gleisbau anzutreffen.

2.2.7.5 Qualitätsvorgaben

Industrielle Arbeit ist stark geprägt von Qualitätsvorgaben. Die Herstellung einer gleichbleibenden Qualität ist für das Funktionieren von Lieferketten über Unternehmens- und Ländergrenzen hinweg unerlässlich und Voraussetzung für die Wettbewerbsfähigkeit jedes Unternehmen. Ein integratives Qualitätsmanagementsystem ist heute eine Selbstverständlichkeit.

Die Befassung mit Qualitätsfragen ist im Rahmen der Weiterbildung zum Geprüften Industriemeister erst im fachspezifischen Teil vorgesehen.

2.2.8 Aufgaben der Bedarfsplanung

Zur Aufgabenerfüllung im industriellen Fertigungsprozess sind Arbeitskräfte, Betriebsmittel und Materialien bereitzustellen. Diese drei Faktoren werden auch als die **betriebswirtschaftlichen Produktionsfaktoren** bezeichnet, von denen in den Abschnitten 2.1.3 und 2.1.4 bereits ausführlich die Rede war.

In Lehrbuch 3 wird die im Folgenden angerissene Problematik unter dem Stichwort »Ressourcenplanung« in Bezug auf einzelne Projekte weiter vertieft werden.

Die Bedarfsplanung, die oft auch als **Bereitstellungsplanung** bezeichnet wird, beinhaltet eine technische und eine ökonomische Aufgabe:

- **Technische Aufgabe** der Bereitstellungsplanung ist es, dafür zu sorgen, dass die Produktionsfaktoren in der erforderlichen Art, Menge und Qualität zur richtigen Zeit am richtigen Ort bereitstehen.

- Die **ökonomische Aufgabe** der Bereitstellungsplanung leitet sich aus den Erfolgszielen des Unternehmens ab. Wird Gewinnmaximierung angestrebt, so bedeutet dies für die Bereitstellungsplanung, dass die Minimierung der Bereitstellungskosten anzustreben ist. Diese sind vor allem

    - Beschaffungskosten (direkte und indirekte Kosten des Beschaffungsvorganges),
    - Reservierungskosten (Kosten der Lagerhaltung, Leerlaufkosten bei Betriebsmitteln),
    - Fehlmengenkosten (entgangene Gewinne, Konventionalstrafen).

Die folgenden Betrachtungen bleiben auf die technische Aufgabe beschränkt. Grundsätzlich kann festgestellt werden, dass der Bedarf an Produktionsfaktoren zunächst, unabhängig von konkreten Aufträgen, pro Output-Mengeneinheit angegeben werden kann, d. h. er wird in Bezug auf ein Stück des fertigen Erzeugnisses wiederum als Mengenangabe (Menge der einzusetzenden Roh-, Hilfs- und Betriebsstoffe sowie Baugruppen) oder als Zeiteinheit (Belegung eines bestimmten Betriebsmittels in Minuten, erforderlicher Einsatz menschlicher Arbeit in Minuten) ermittelt. Bezogen auf den Materialeinsatz ergibt sich dieser Bedarf aus den in Abschnitt 2.2.4.2 dargestellten Stücklisten.

Im nächsten Schritt wird der Periodenbedarf, also der Bedarf für einen bestimmten zukünftigen (nahen) Zeitraum, unter Berücksichtigung der benötigten Stückzahl an Fertigerzeugnissen und der vorhandenen Lagerbestände ausgedrückt.

2.2.8.1 Grundfragen der Personalplanung

2.2.8.1.1 Personalbedarfsplanung

Die Personalkosten stellen in den meisten Industriebetrieben den größten Anteil an den gesamten laufenden Kosten dar. Ziel der Personalbedarfsplanung ist es folglich, eine genügende, aber nicht unnötig hohe Anzahl von Arbeitskräften mit geeigneter Qualifikation zur richtigen Zeit bereitzustellen. Sie hat in zeitlicher Hinsicht eine langfristige, eine mittelfristige und eine kurzfristige Komponente, und neben dem quantitativen Aspekt (»wie viel Arbeitskräfte wann?«) ist immer auch der qualitative Aspekt (»welche Qualifikation?«) zu beachten.

Langfristige Personalbedarfsplanung

Die langfristige Personalbedarfsplanung muss im Rahmen der von ihr zu erstellenden **Personalbedarfsanalyse** und **-prognose** die für die Zukunft angestrebte oder erwartete Entwicklung des Unternehmens berücksichtigen und dabei vor allem folgende Einflussfaktoren im Auge behalten:

– die geplante Ausweitung (Expansion) oder Schrumpfung des Produktionsausstoßes,
– Veränderungen in der Produktpalette,
– organisatorische Veränderungen im Unternehmen, etwa die Verlegung von Betriebsstätten,
– die technologische Entwicklung und damit evtl. einhergehende Änderungen der Fertigungsverfahren mit der Folge geänderter Qualifikationsanforderungen,
– politische, rechtliche, soziale und ökonomische Rahmenbedingungen, z. B.
– zu erwartende gesetzliche Auflagen, die die Beschäftigung betreffen,
– Entwicklungen am Beschaffungs-, Absatz-, Kapital- und Arbeitsmarkt,
– Altersstruktur, Neigung zu **Fluktuation** (Unternehmenswechsel), Qualifikationsniveau der Belegschaft.

Diese langfristige Planung zielt damit unmittelbar auf den Stellenplan des Unternehmens.

Mittelfristige Personalbedarfsplanung

Die mittelfristige Personalbedarfsplanung bezieht sich auf die nähere Zukunft und plant den Mitarbeitereinsatz auf Basis der vorhandenen Stellen unter Berücksichtigung von

– Urlauben,
– mittelfristig bekannten Ausfällen, etwa durch längere Erkrankungen, Mutterschaft, Kuren, Besuch von Fortbildungsmaßnahmen,
– Sonderaufgaben einzelner Mitarbeiter oder Mitarbeitergruppen,
– zur Erledigung anstehenden Großaufträgen oder Sondermaßnahmen wie Revision, Betriebsstillstand usw.

Kurzfristige Personalbedarfsplanung

Die kurzfristige Personalbedarfsplanung reagiert umgehend, teils improvisierend, auf

– unerwartete Ausfälle einzelner Mitarbeiter,
– unerwartet anstehende Sonderaufträge, etwa Eilanforderungen von Kunden,
– Reparatur- und sonstige Eingriffsnotwendigkeiten usw.

2 Betriebswirtschaftliches Handeln — 2.2 Aufbau- und Ablauforganisation

Wichtige und in Zusammenhang mit der Personalbedarfsplanung oft gehörte Begriffe sind:

Ersatzbedarf: Dieser bezieht sich auf die Ersetzung ausscheidender Mitarbeiter und ist hinsichtlich der in Ruhestand gehenden Mitarbeiter im Allgemeinen problemlos, bezüglich kündigungsbedingter Abgänge aber nur aufgrund von Erfahrungswerten schätzungsweise ermittelbar.

Nachholbedarf: Dieser bezieht sich auf die Besetzung bislang unbesetzter, im Stellenplan aber vorgesehener Stellen.

Neubedarf: Über den Ersatz- und den Nachholbedarf hinausgehender Bedarf, der sich aus der oben angesprochenen Bedarfsanalyse ergibt.

Freistellungsbedarf: Abzubauender Personalüberschuss.

Bruttopersonalbedarf:
Gegenwärtig bestehende Stellen
\+ im Planungszeitraum neu zu besetzende Stellen
− im Planungszeitraum entfallende Stellen
= Bruttopersonalbedarf

Bruttopersonalbedarf: (anders ausgedrückt)
der für die Aufgabenerfüllung notwendige Personalbedarf
\+ Reservebedarf zur Abpufferung von Ausfällen

= Bruttopersonalbedarf

oder

= Zahl der im Stellenplan genehmigten Stellen

Nettopersonalbedarf:
Bruttopersonalbedarf
− Gegenwärtiger Personalbestand
− feststehende Zugänge des Planungszeitraums
\+ erwartete Abgänge des Planungszeitraums

= Nettopersonalbedarf

(anders ausgedrückt)

Neubedarf
\+ Ersatzbedarf
\+ Nachholbedarf
− Freistellungsbedarf

= Nettopersonalbedarf

(anders ausgedrückt)

= notwendige zahlenmäßige Veränderung des Mitarbeiterbestandes

Für die Abpufferung von **Fehlzeiten** sollte eine Ausfallquote berücksichtigt werden. Als Fehlzeiten sind alle Abwesenheiten eines Arbeitnehmers in Zeiten aufzufassen, für die aufgrund vertraglicher oder tarifvertraglicher Regeln oder aufgrund einer Betriebsvereinbarung grundsätzlich die Pflicht zur Arbeitsleistung bestanden hätte. Hierunter fallen

– krankheitsbedingte Fehlzeiten,
– betrieblich bedingte Fehlzeiten, verursacht z. B. durch Schulungen,
– sonstige Fehlzeiten, etwa Kur/Rehabilitation, Sonderurlaub, Zusatzurlaub für bestimmte Personengruppen, Teilnahme an Übungen zur Ableistung einer Dienstverpflichtung von Reservedienstleistenden,
– unbegründete Fehlzeiten (Absentismus).

Auf gesetzlicher Grundlage gewährte Urlaube und Schutzzeiten (z. B. nach Mutterschutzgesetz) zählen nicht zu den Fehlzeiten, müssen aber selbstverständlich ebenfalls berücksichtigt werden.

Es wird empfohlen, **Absentismus** nicht mit den sonstigen Fehlzeiten zusammenzufassen, damit nicht versäumt wird, den Ursachen nachzugehen: Zum einen darf unentschuldigtes Wegbleiben vom Arbeitsplatz nicht hingenommen werden; zum anderen liegt die Vermutung einer motivationsbedingten Fehlzeit nahe, die ein Hinweis für Störungen im Arbeitsumfeld des »durch Abwesenheit glänzenden« Mitarbeiters sein kann. Solchen Hinweisen nachzugehen ist Aufgabe des unmittelbaren Vorgesetzten – oft also des zuständigen Meisters.

2.2.8.1.2 Personaleinsatzplanung

Aufgabe der Personaleinsatzplanung ist es, die Zuordnung des verfügbaren Personals zu den zu erfüllenden Aufgaben so vorzubereiten, dass

– diese termingerecht durchgeführt werden können,
– die Mitarbeiter ihrer Qualifikation entsprechend eingesetzt werden und
– die Betriebsmittel bestmöglich ausgelastet werden.

Die Personaleinsatzplanung wird im Allgemeinen vom Meister als demjenigen vorgenommen, der sowohl Informationen über Art und Anforderungen der Arbeitsaufgabe als auch über die speziellen Qualifikationen der Mitarbeiter besitzt. Seine Aufgabe ist es, eine größtmögliche Deckung zwischen Aufgabenprofil und Mitarbeiterprofil zu erwirken.

Auf mittlere und lange Sicht wird ihm dies nur gelingen, wenn

– alle (angestammten wie neuen) Aufgaben in ihrer Ausgestaltung die Erkenntnisse der Arbeitswissenschaft umsetzen und somit den physiologischen und psychologischen Anforderungen der Mitarbeiter an ihren Arbeitsplatz bzw. ihre Arbeitsaufgaben gerecht werden;
– die Mitarbeiter durch Maßnahmen der Personalentwicklung in die Lage versetzt werden bzw. durch ständige Anpassungsfortbildung befähigt bleiben, die anstehenden Arbeitsaufgaben zu erfüllen.

Insofern besteht hinsichtlich der Anforderungen der Aufgaben an die Mitarbeiter einerseits und der Ansprüche der Mitarbeiter an die Aufgaben andererseits eine beiderseitige Anpassungserfordernis.

Die kurzfristige Aufgabe der Personaleinsatzplanung besteht in der Reaktion auf kurzzeitig auftretende Bedarfsspitzen und unvorhergesehene Ausfälle. Hier kommen Umbesetzungen, die Hinzuziehung von Zeitarbeitskräften oder auch die zeitlich begrenzte Einführung von Schichtarbeit in Betracht.

Langfristige Bedarfslücken sind, soweit sie durch Umbesetzungen nicht ausgeglichen werden können, durch Neueinstellungen abzudecken.

2.2.8.1.3 Planung von Schichteinsätzen

Eine besondere Anforderung an den Industriemeister stellt die Personaleinsatzplanung für Mehrschichtarbeit dar. Grundlagen für einen Schichtwechselplan sind die tariflich bzw. betrieblich festgelegte Arbeitszeit je Woche sowie die Bestimmungen des Arbeitszeitgesetzes, in dem unter anderem die Ruhezeiten zwischen zwei Schichten geregelt sind. Auf die rechtlichen Anforderungen soll an dieser Stelle nicht ausführlicher eingegangen werden, da sie in Lehrbuch 1 bereits behandelt wurden.

Wesentlich ist aber die Kenntnis, dass die Tarifverträge und das Arbeitszeitgesetz eine Berücksichtigung saisonaler Auslastungsschwankungen heute durchweg zulassen und somit ein System der **kapazitätsorientierten variablen Arbeitszeit (KAPOVAZ)** praktiziert werden kann. Auch hier sind Mindest- und Höchsteinsatzzeiten und – bei »**Arbeit auf Abruf**« – auch Mindestfristen für die Ankündigung erforderlicher Arbeitseinsätze, zu beachten.

Schichtarbeit belastet die betroffenen Mitarbeiter nicht nur physisch und mental, indem sie in natürliche Tages- und Lebensrhythmen eingreifen und gesundheitliche oder seelische Störungen hervorrufen kann, sondern auch in ihrem sozialen Leben. Familienangehörige und Freunde sind ebenfalls betroffen. Deshalb sollten Schichtpläne möglichst für einen längeren (mehrmonatigen) Zeitraum erstellt und weitestmöglich auch verbindlich eingehalten werden, damit den betroffenen Mitarbeitern und ihren Angehörigen eine Freizeitplanung möglich bleibt und keine soziale Isolation eintritt. Eine überschaubare Gestaltung ist anzustreben.

2.2.8.2 Produktionsmittel- und Betriebsmittelplanung

Aufgabe der Betriebsmittelplanung ist die Ermittlung der für die Aufgabenerfüllung erforderlichen Betriebsmittel – Maschinen, sonstige in der Fertigung benötigte Anlagen, Werkzeuge, Prüfmittel – nach Art, Leistungsvermögen, Anzahl, Zeitpunkt und Dauer sowie Einsatzort. Auch diese Aufgabe hat eine langfristige und eine kurzfristige Ausprägung, nämlich

– die Betriebsmittelbedarfsplanung, die der Frage nachgeht, welche Betriebsmittel dauerhaft benötigt werden. Ihre Grundzüge werden im folgenden Unterabschnitt eingehender behandelt;

– die Betriebsmittelbereitstellungsplanung oder Betriebsmitteldisposition, die in mittlerer und kurzer Frist festlegt, durch welchen Auftrag bzw. durch wen und ggf. – bei beweglichen Betriebsmitteln – an welchem Ort ein bestimmtes Betriebsmittel ab einem bestimmten Zeitpunkt und für einen bestimmten Zeitraum zur Verfügung steht. Ihre Grundzüge werden in Abschnitt 2.2.9.1.2 behandelt.

2.2.8.2.1 Planung des Anlagen- und Maschinenparks

Anlagenbedarfsplanung

Der langfristige (dauerhafte) Betriebsmittelbedarf wird aus dem Produktionsprogramm in Verbindung mit den gewählten Fertigungsverfahren und unter Beachtung der prognostizierten bzw. angestrebten Absatzmengen abgeleitet. Ergibt sich daraus im Vergleich mit dem vorhandenen Betriebsmittelbestand eine dauerhafte Unterdeckung, muss eine Beschaffung erfolgen. Handelt es sich um technische Anlagen und Maschinen, in denen beträchtliches Kapital für längere Zeiträume gebunden ist, wird die sinnvollste Beschaffungsalternative unter Einsatz der Verfahren der Investitionsrechnung ermittelt. Einige einfache Verfahren werden in Abschnitt 2.5 vorgestellt. Bei jeder Beschaffung sind die Anforderungen des Qualitätsmanagements zu beachten, damit die gewünschte Produktqualität zuverlässig erreicht werden kann. Insbesondere die Ermittlung des Bedarfs an Prüfmitteln hat sich an den Vorgaben der **Qualitätssicherung** zu beachten.

Layoutplanung/Fabrikplanung

Wiederum in Abhängigkeit vom Fertigungsverfahren ist über die Anordnung der Anlagen und Maschinen zu entscheiden. Angestrebt sind kürzestmögliche Durchlaufzeiten durch die Optimierung des Materialflusses und der zurückzulegenden Wege. Die dabei zu berücksichtigenden Aspekte wurden bereits in Zusammenhang mit der Arbeitsplanung (Abschnitt 2.2.6) und der Gestaltung der Arbeitsvorgänge (Abschnitt 2.2.7, insbesondere 2.2.7.4) erörtert. Große Aufmerksamkeit gilt dabei der Frage nach der Ergonomie der Arbeitsplätze und nach Möglichkeiten der Automatisierung und Selbststeuerung. Die Planung von Produktionslinien und ganzen Fabriken mit IT-Unterstützung ermöglicht Simulationen in Echtzeit, teils unter Einsatz von virtueller Realität (VR).

Bei der Optimierung des Maschinenparks darf der Aspekt möglicher Marktveränderungen nicht außer Acht gelassen werden. Forderungen, das Unternehmen und damit auch die Fertigung »**agil**«, also ganzheitlich flexibel zu gestalten, können nur umgesetzt werden, wenn die vorhandenen Arbeitsplätze und deren Layout hinreichend veränderbar sind, um an geänderte Kundenerfordernisse angepasst werden zu können. Die Grundgedanken eines »agilen Unternehmens« werden in Lehrbuch 3 vertieft.

Bestandsüberprüfung

Im Fall einer **dauerhaften** Minderauslastung der vorhandenen Kapazitäten ist über alternative Auslastungsmöglichkeiten oder über die Stilllegung von Kapazitäten zur Vermeidung sinnloser Leerkosten zu entscheiden.

2.2.8.2.2 Werkzeugplanung

Werkzeuge sind Fertigungshilfsmittel, deren Einsatz ebenso geplant werden muss wie der Einsatz der Maschinen, in denen sie eingesetzt werden. Ihre Vielfalt ist schier unendlich: In der Zerspanungstechnik sind unterschiedlichste Bohr-, Senk-, Entgrat , Ausstech-, Reib- Verzahnungs-, Fräswerkzeuge, Sägeblätter und viele weitere Werkzeugarten im Einsatz, die sich hinsichtlich Größe, Material und Oberflächenbeschichtung unterscheiden. Die richtige Wahl des Werkzeugs für den speziellen Einsatzfall entscheidet über die Qualität des Arbeitsergebnisses; schlecht gewähltes oder abgenutztes Werkzeug kann ganze Fertigungsserien in kurzer Zeit in Ausschuss verwandeln. In der CNC-Fertigung ist eine umfassende, in der Praxis durchweg IT-gestützte Werkzeugverwaltung unverzichtbar, zumal ein Werkzeug dort meist aus mehreren Teilen besteht, die gleichzeitig verfügbar sein und sorgfältig zusammen- und eingesetzt werden müssen.

Werkzeugbestands- und -beschaffungsplanung

Jede Maschine oder Maschinengruppe, aber ebenso die zu verarbeitenden Materialien erfordern passendes Werkzeug, das in ausreichender Anzahl vorzuhalten ist. Die Werkzeugbestands- und beschaffungsplanung hat dabei einerseits den Verbrauch von Verschleißteilen und andererseits die nicht unerheblichen Kapitalbindungs- und Lagerhaltungskosten zu berücksichtigen. Die Praxis wendet hierbei die aus der Materialwirtschaft bekannten (hier in Abschnitt 2.2.9.2 behandelten) Verfahren zur Bestell- und Bestandsoptimierung an.

Vorhandene Werkzeuge werden in der Werkzeugverwaltungssoftware mit ihren Stammdaten erfasst.

Werkzeugeinsatzplanung und Werkzeugbewirtschaftung

Der gegenwärtige Zustand (zusammengebaut, nicht zusammengebaut, in der Maschine montiert) Aufenthaltsort eines registrierten Werkzeugs, Reservierungen und Transportvorgänge sind im Logistikmodul der Software registriert. Auswertungen liefern Daten über Verschleiß/Verbrauch, **Standzeiten** (bei Werkzeugen ist darunter die Zeit zu verstehen, in der das Werkzeug ununterbrochen genutzt werden kann, bis eine Auswechslung erforderlich ist) und stoßen Beschaffungen an.

2.2.8.3 Materialplanung

In der Einleitung zu diesem Abschnitt wurde bereits darauf hingewiesen, dass der Bedarf an einzusetzendem Material je Stück des fertigen Erzeugnisses aus den in Abschnitt 2.2.4.2 ausführlich dargestellten Stücklisten abgeleitet werden kann. Ist bekannt (oder hinreichend sicher bestimmt), wie hoch der Primärbedarf (= der Bedarf an verkaufsfähigen Erzeugnissen) für einen bestimmten zukünftigen Zeitraum sein wird, kann der Materialbedarf hieraus abgeleitet werden. Dabei sind die Produktionsdurchlaufzeiten ebenso zu beachten wie die anfallenden Beschaffungszeiten.

Auch die Materialplanung umfasst langfristige und kurzfristige Aufgaben. Zu den langfristigen Aufgaben, die als **Materialbereitstellungsplanung** bezeichnet werden, gehören die Lieferantenauswahl und Festlegungen bezüglich der Bereitstellungs- und der Bestellpolitik. Je nach Bedeutung einzelner Materialien kann auch die Festlegung von Bestellrhythmen, -zeitpunkten und -mengen auf lange oder mittlere Frist erfolgen. Kurzfristige Aufgaben der Materialplanung werden unter dem Begriff der **Materialbedarfsplanung** erfasst. Zu ihnen gehören vor allem die Überwachung von Lagerbeständen und die Abstimmung zwischen Auftragserfordernissen und Materialverfügbarkeiten. Außerdem ist die Zurverfügungstellung des Materials am Einsatzort zu planen.

Die Materialdisposition wird ausführlich in Abschnitt 2.2.9.2 behandelt.

2.2.9 Produktionsplanung, Auftragsdisposition und deren Instrumente

2.2.9.1 Aspekte der Produktionsplanung

In Abschnitt 2.2.4 wurden die verschiedenen Planungsbegriffe in der Fertigung bereits erklärt. Zur Erinnerung:

Produktionsplanung ist der Oberbegriff für die Produktionsprogrammplanung, die Bereitstellungsplanung und die Produktionsprozessplanung.

– Die Entscheidung über den Output, den Primärbedarf, fällt im Rahmen der **Produktionsprogrammplanung.** Sie legt fest, was überhaupt hergestellt werden soll und – in zweiter Linie – in welcher Menge. Strategisch (langfristig) wird im Rahmen der Programmplanung über die Produktpalette des Unternehmens entschieden: Deswegen ist auch die Produktforschung und -entwicklung Teil der Programmplanung.

– Die Planung der für die Herstellung erforderlichen Ressourcen, also des **Inputs** – menschliche Arbeitskraft, Betriebsmittel, Material – erfolgt in der **Bereitstellungsplanung.** Sie umfasst auch die Entscheidung über die Beschaffungsquellen (= Lieferantenauswahl) und die benötigten Lagerkapazitäten.

– **Produktionsprozessplanung** betrifft die konkrete Umsetzung der Programmplanung, also die Durchführung der Produktion. Dazu gehören die taktische und operative (mittel- und kurzfristige) Mengenplanung (Losgrößenplanung) sowie die Termin- und Reihenfolgenplanung für eine zu planende Periode.

Die praktische Umsetzung der Produktionsplanung ist die **Produktionssteuerung.**

Zusammengefasst stellen sich die Aufgaben der Produktionsplanung wie folgt dar:

- Auswahl des optimalen (=gewinnmaximalen) Fertigungsprogramms und entsprechender Produktionsverfahren,
- Sicherstellen einer reibungslosen fortlaufenden Fertigung (= Vermeidung von Störungen und Leerzeiten),
- Optimierung der Bestände- und Lagerhaltung,
- Sicherstellen einer termingerechten Auftragsabwicklung,
- Optimierung der Ressourcen (Personalbestand, Betriebsmittel),
- Optimierung der Kapazitätsauslastung.

Insbesondere von der erstgenannten Aufgabe geht eine langfristige Bindungswirkung aus, d. h. sie fällt in den Bereich der strategischen Planung. Sie setzt die Rahmenbedingungen für die folgenden operativen Planungen.

Produktionsplanung und –steuerung erfolgt heute meist computergestützt mittels eines auf die individuellen betrieblichen Bedürfnisse angepassten PPS-Systems. Näheres dazu enthält Lehrbuch 3.

In den folgenden Abschnitten werden – entsprechend dem Rahmenplan – folgende Aspekte behandelt:

- Terminplanung im Rahmen der Auftragsdisposition,
- Betriebsmittelbereitstellungsplanung und als deren Sonderfragestellung:
- Maschinenbelegungsplanung (Scheduling),
- Materialbereitstellungsplanung (Überblick; eine ausführliche Darstellung der Materialbereitstellung erfolgt in den Abschnitten 2.2.9.2.2 ff).

Auf die gleichfalls im Rahmenplan an dieser Stelle genannten Aspekte der Personalverfügbarkeit, nämlich »Fluktuation« und »Fehlzeiten«, wurde bereits in Abschnitt 2.2.8.1 einschließlich der Unterabschnitte eingegangen.

2.2.9.1.1 Auftragsdisposition

Viele der vorstehenden und noch folgenden Ausführungen behandeln vorrangig die Situation bei Programm- und Lagerfertigung für einen in seinen Bedürfnissen und Reaktionen weitgehend bekannten Absatzmarkt, wobei jedoch zumindest ein Teil der potenziellen Abnehmer im Zeitpunkt der Fertigung noch unbekannt (anonym) sind. In diesen Fällen orientiert sich die Disposition an den erwarteten absetzbaren Mengen. Je nach Art des Betriebes und seiner Produktpalette werden aber auch vorliegende konkrete Aufträge eine mehr oder weniger große Rolle spielen. In diesem Falle sind es diese Aufträge, die eine Reihe von Dispositionen auslösen, die sich auf die Materialbeschaffung, die Durchlaufplanung und hier insbesondere auf die Betriebsmittelbelegung erstrecken. Die Praxis spricht von Werkaufträgen, da neben Kundenaufträgen auch Aufträge für den Eigenbedarf (z. B. Entwicklungsaufträge in Bezug auf neue Produkte, Anlagenaufträge zur Erstellung einer Anlage für den Eigengebrauch) denkbar sind.

Produktionsausprägungen nach Auftragsabhängigkeit

Folgende Ausprägungen der Produktion können unterschieden werden:

I. **Reine Lagerfertigung (»Make to Stock«):** In keiner Produktionsstufe besteht eine direkte Verbindung mit einem Kundenauftrag. Gefertigt wird ein Standardprogramm auf

Lager, aus dem eingehende Aufträge einer bis dahin anonymen Kundschaft erfüllt werden. Derartige Programm- und Lagerfertigung ist in der Konsumgüterindustrie üblich, denn die Abnehmer (Groß- und Einzelhandel) erwarten kurze Lieferfristen, die nur ab Lager erfüllt werden können.

II. **Kundenauftragsbezogene Endmontage (»Assemble to Order«):** Auf Lager werden Standardteile gefertigt, die für unterschiedliche Produktvarianten benötigt werden. Erst der Eingang eines konkreten Kundenauftrags löst eine Endmontage aus.

III. **Kundenauftragsbezogene Fertigung (»Make to Order«):** Die Produktion erfolgt ausschließlich auftragsbezogen. Die erwartbare benötigten Rohstoffe und Fremdbauteile sind eingelagert.

IV. **Kundenauftragsbezogene Beschaffung und Fertigung (»Purchase and Make to Order«):** Auch die Beschaffung der benötigten Rohstoffe und Fremdbauteile erfolgt erst bei Vorliegen des konkreten Kundenauftrags. Dadurch wird eine höchstmögliche Individualisierung bei der Produktkonfiguration möglich. Dies entspricht der Vorstellung aus dem Konzept »Industrie 4.0«, jedes Stück als Unikat zu fertigen (»Losgröße 1«).

Die Abbildung zeigt die verschiedenen Produktionsausprägungen.

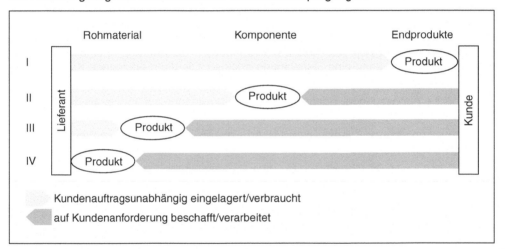

Produktionsausprägungen nach Kundenauftragsentkopplungspunkt

In der Abbildung kennzeichnet das Wort »Produkt« jeweils den **Kundenauftragsentkopplungspunkt KEP** bzw. KAEP (auch bekannt als Vorratsentkopplungspunkt): Von links nach rechts betrachtet kann bis zu diesem Punkt eine auftragsunabhängige Fertigung erfolgen. Liegt der KEP ganz rechts, liegt praktisch eine standardisierte Massenfertigung vor; liegt der KEP ganz links, ist die Produktion vollständig abhängig vom Kundenauftrag und entsprechend individualisiert. Die unterschiedlichen Produktionsausprägungen wirken isch naturgemäß erheblich auf die Bestandsplanung und Bestellpolitik aus: Für die links vom KEP liegenden Materialien und Komponenten gilt eine andere Bestands- und Bestellstrategie (vgl. Abschnitt 2.2.9.2 ff) als für diejenigen, die rechts vom KEP zu finden sind.

Arbeitsverteilung und Arbeitsüberwachung

Die Verteilung der Werkaufträge auf einzelne Arbeitsplätze **(Arbeitsverteilung, Dispatching)** erfolgt kurzfristig im Rahmen der Terminplanung. Sie beinhaltet die **Einlastung,** d. h. eine möglichst fortlaufende und gleichmäßige Zuweisung von Aufträgen zu Arbeitsplätzen, die Sicherung der Termineinhaltung und das Erkennen und Vermeiden von Engpässen, die an einzelnen Arbeitsstationen auftreten können (diese Problematik wird im Rahmen der Maschinenbelegungsplanung in Abschnitt 2.2.9.1.3 noch näher erläutert). Ob die Arbeitsverteilung in die Zuständigkeit des für einen Fertigungsbereich zuständigen Industriemeisters fällt oder zentral, heute durchweg softwaregestützt durch ein entsprechendes ERP- oder PPS-System, vorgenommen wird, hängt vor allem von der Zahl der regelmäßig zu verteilenden Aufträge ab.

Während des Auftragsdurchlaufs erfolgt eine **Arbeitsüberwachung.** Ihre Aufgaben sind die Kontrolle entnommener und produzierter Mengen, des Betriebsmitteleinsatzes, der Einhaltung von Qualitätsstandards und der Kosten.

2.2.9.1.2 Betriebsmittelbereitstellungsplanung

Die Betriebsmittelbereitstellungsplanung verteilt die Aufträge auf die Kapazitäten der hintereinander gelagerten Bereiche (Konstruktion, Fertigung, Montage, Kontrolle, Lagerung, Versand). Im ersten Schritt werden dabei zunächst die mindestens erforderlichen Durchlaufzeiten errechnet, die sich ergeben, wenn die Bearbeitungszeiten, Rüstzeiten und Einstellzeiten der einzelnen Bereiche und Stationen einfach addiert werden – also noch ohne Rücksicht darauf, ob die notwendigen Kapazitäten überhaupt vorhanden sind. Im zweiten Schritt erfolgt die Klärung, ob **konkurrierende Aufträge** vorliegen. Durch die Anwendung von **Prioritätsregeln** (vgl. Abschnitt 2.2.9.1.3) werden die Aufträge in eine Reihenfolge gebracht. Erst dann kann eine Feinplanung erfolgen. Die darin erfolgende Kapazitätsabstimmung beinhaltet

– technische Anpassungen, indem einzelne Arbeitsvorgänge auf andere als die ursprünglich geplanten Kapazitäten ausgelagert werden,

– zeitliche Anpassungen, indem einzelne Arbeitsvorgänge auf einen späteren Zeitpunkt verschoben werden.

Im folgenden Abschnitt wird mit der Maschinenbelegungsplanung (Scheduling) ein besonders in Hinblick auf eine auftragsgesteuerte Disposition wichtiger Aspekt der Betriebsmittelbereitstellungsplanung vorgestellt. Die in Abschnitt 2.2.8.3 und 2.2.9.2 dargestellten Verfahren und Prinzipien der Materialbedarfs- und -bereitstellungsplanung werden im Folgenden vor allem in Hinblick auf die auftragsgesteuerte Materialdisposition noch ergänzt.

2.2.9.1.3 Maschinenbelegungsplanung (Scheduling)

Die kurzfristige Aufgabe der Betriebsmittelplanung besteht darin, festzulegen, welche der vorhandenen technischen Anlagen zu welchem Zeitpunkt und für welche Zeitdauer wofür bereitzustellen sind. Diese **Betriebsmittelbelegungsplanung** leistet also die Zuordnung von Aufträgen und Betriebsmitteln. In der industriellen Fertigung stellt sich häufig das Problem, dass ein Produkt auf mehreren Maschinen bearbeitet werden muss. Während bei Fließfertigung die Anordnung der einzusetzenden Betriebsmittel und Arbeitsplätze an dieser Reihenfolge ausgerichtet ist, stellt sich bei Werkstattfertigung häufig das Reihenfolgeproblem als zentrale Frage der **Maschinenbelegungsplanung (Scheduling).**

Beispiel:

Die ABC-AG führt ihre Aufträge in Werkstattfertigung durch. Sie besitzt fünf verschiedene Maschinen A,B,C,D und E, die in Erledigung zweier verschiedener Aufträge 1,2 zum Einsatz kommen. Jeder dieser Aufträge unterliegt einer unveränderlichen technologischen Reihenfolge (R) der Bearbeitung:

– *R1: A, D, C, B, E*
– *R2: B, E, C, A, D*

2 Betriebswirtschaftliches Handeln — 2.2 Aufbau- und Ablauforganisation

Weiterhin bekannt sind die Operationszeiten tij, die angeben, wie lange Auftrag i auf Maschine j bearbeitet wird (Angabe in Stunden):

```
Maschine  j   A   B   C   D   E
Auftrag   i   1   2   3   3   2   1
              2   1   2   4   2   2
```

*Bei unabhängiger Betrachtung beider Aufträge, also unterstellt, dass jeder Auftrag unmittelbar auf der jeweils erforderlichen Maschine bearbeitet werden kann, ergibt sich die in einem Balkendiagramm (Gantt-Diagramm), dem so genannten **Maschinenfolgegantt**, darstellbare Maschinenfolge.*

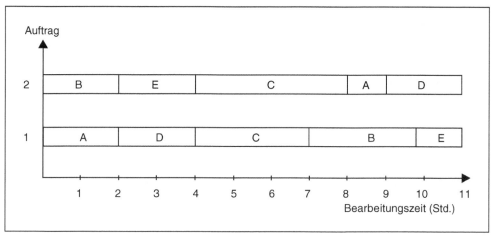

Maschinenfolgegantt

Da jedoch zwischen der 5. und der 8. Stunde beide Aufträge gleichzeitig Maschine C für sich beanspruchen, ist die unabhängige Durchführung nicht möglich.

Die Lösung des Maschinenbelegungsproblems erfolgt in der Praxis mittels nicht-exakter Verfahren, da die exakte Lösung nur auf dem Wege der vollständigen Enumeration (Ermittlung und Vergleich sämtlicher möglicher Varianten) gefunden werden kann.

Die Anzahl der Kombinationen K bei n Aufträgen und m Maschinen errechnet sich aus

$$K = (n!)^m$$

Bei 5 Aufträgen und 5 Maschinen gibt es also $(120)^5$ Kombinationen – eine Anzahl, die die vollständige Enumeration nicht zulässt (zur Erläuterung: Die Fakultät einer natürlichen Zahl n, ausgedrückt durch das Ausrufezeichen in der Form n!, ist das Produkt aller natürlichen Zahlen von 1 bis n, hier also 1 x 2 x 3 x 4 x 5 = 120). Häufig praktizierte **Näherungsverfahren** sind

– **Auswahlverfahren:** Ausgehend von einer zufällig gewählten Bearbeitungsreihenfolge, wird durch Umgruppierung oder paarweises Tauschen versucht, schrittweise Verbesserungen der ersten (Zufalls-)-Lösung zu erzielen. Folgen die Umgruppierungen der Aufträge einer Systematik, so spricht man von gezielter Auswahl.

– **Verfahren mit Prioritätsregeln:** Hierbei werden Regeln aufgestellt, wie für jede einzelne Maschine bei Auftreten von Warteschlangen das Reihenfolgeproblem zu behandeln ist. Bekannte Regeln sind z. B.

- die **KOZ-Regel:** Der Auftrag mit der kürzesten Operationszeit wird zuerst bearbeitet;
- die **WAA-Regel:** Der Auftrag mit den wenigsten noch auszuführenden Arbeitsgängen wird vorgezogen;
- **First come first serve:** Der als erster eintreffende Auftrag wird zuerst bearbeitet;
- die **dynamische Wertregel:** Dasjenige zu bearbeitende Teil, das den bis dahin größten Wert repräsentiert, wird zuerst weiterbearbeitet.
- **Simulationsverfahren:** Mit Hilfe von EDV-Anlagen wird eine willkürlich oder nach bestimmten Kriterien ausgewählte Menge von Kombinationen berechnet und hieraus die günstigste Kombination ausgewählt.
- **Analytische Verfahren:** Diese algebraischen oder grafischen Methoden zielen überwiegend auf die Minimierung der Durchlaufzeit ab.

Wie in Abschnitt 2.2.4.1.3 anhand eines Beispiels gezeigt wurde, kann auch eine Anpassung des Output-Mengenverhältnisses an die vorhandenen Betriebsmittel in Betracht kommen, nämlich dann, wenn in einem Mehrproduktunternehmen eine **Engpasssituation** besteht. Allerdings wird man in diesem Fall zu prüfen haben, ob, wenn langfristig mit einer entsprechenden Nachfrage gerechnet werden kann, eine Erweiterungsinvestition nicht die sinnvollere Alternative wäre.

2.2.9.1.4 Materialbereitstellungsplanung

Bei der Planung der Materialbereitstellung sind zwei wesentliche Entscheidungen zu treffen:

- Entscheidung für ein Bereitstellungsprinzip, also Einzelbeschaffung im Bedarfsfall, Vorratshaltung oder einsatzsynchrone Beschaffung (Just-in-Time);
- Entscheidung für ein Bereitstellungssystem: Die Bereitstellung des Materials kann in der Organisationsform des Bringsystems, des Holsystems oder in einer kombinierten Form beider Organisationsformen erfolgen.

Beide Prinzipien werden ausführlicher im Rahmen der Materialdisposition und Bedarfsbestimmung (Abschnitte 2.2.9.2 ff) vorgestellt. Dort werden auch die für die Materialbereitstellung bedeutenden Prinzipien »Just-in-Time« und »Kanban« behandelt.

Bei der Bereitstellung von **Werkzeugen** wird praktisch häufig ein Holsystem installiert: In Abhängigkeit von dem zu erledigenden Auftrag entscheiden die damit befassten Mitarbeiter, welche Werkzeuge hierfür benötigt werden, und holen sich diese, sofern es sich nicht um am Arbeitsplatz ohnehin ständig vorhandene Werkzeuge handelt, an einer zentralen Ausgabestelle ab.

2.2.9.2 Materialdisposition und Bedarfsbestimmung

Die kurzfristige Produktionsprogrammplanung zieht die Disposition des erforderlichen Materials zwangsläufig nach sich. In Abschnitt 2.2.8.3 wurde diese Aufgabe bereits erläutert. An dieser Stelle sollen die dortigen Ausführungen um die betriebswirtschaftlichen Aspekte der Vorratsplanung erweitert werden.

2.2.9.2.1 Materialbeschaffung

Die Materialbeschaffung erfolgt im Rahmen eines Einkaufsprozesses, für den meist eine Fachabteilung zuständig ist. Lange Zeit galt der **Einkauf**, zumal in der industriellen Fertigung, in der betriebswirtschaftlichen Praxis als wenig beachtenswert: Schließlich diktieren die Absatzmöglichkeiten, was produziert wird, und die Produktion wiederum diktiert, was beschafft werden muss – beinahe folgerichtig wurde der Einkauf als »Erfüllungsgehilfe« der scheinbar »wichtigeren« nachgelagerten Stufen angesehen, der selbst nichts Wesentliches zu entscheiden hätte. Inzwischen aber wird Einkauf als »Materialmanagement« gesehen, dessen Wirken großen Einfluss auf den Erfolg des Gesamtunternehmens und die Erreichung der Unternehmensziele ausübt. »Im Einkauf liegt der Gewinn« – diese alte Kaufmannsregel wird inzwischen in der industriellen Praxis sehr ernst genommen, wie die folgenden Abschnitte zeigen werden.

Der Einkaufsprozess selbst soll hier nur kurz skizziert werden. Er beinhaltet als vorwiegend strategische Aufgaben

– die Suche, Beurteilung und Auswahl von Lieferanten,
– das Aushandeln von Preisen, Lieferzeiten und sonstigen Konditionen,
– den Abschluss von Verträgen, häufig in Form von Rahmenverträgen,

wobei sich der betriebene Aufwand nach der wirtschaftlichen Bedeutung der einzukaufenden Teile richtet.

Die operativen Aufgaben des Einkaufs sind

– das Aufgeben von Bestellungen,
– das Stellen von Anfragen und Einholen von Angeboten, wo keine Rahmenverträge vorliegen,
– die terminliche und stoffliche Überwachung des Wareneingangs und
– die Rechnungskontrolle.

2.2.9.2.2 Materialbereitstellungsprinzipien

In der Materialbeschaffung können folgende **Bereitstellungsprinzipien** verwirklicht werden:

– **Einzelbeschaffung im Bedarfsfall:** Dieses Verfahren ist nur praktizierbar, wenn das benötigte Material am Markt ohne Zeitverlust beschaffbar ist. In der Praxis beschränkt sich die Einzelbeschaffung in der Regel auf den nicht vorhersehbaren Materialbedarf, der sich häufig in Zusammenhang mit eingehenden Kundenaufträgen ergibt (auftragsgesteuerte Disposition).

– **Vorratshaltung:** Dieses Verfahren ist unumgänglich für Material, das nicht ohne Zeitverlust beschaffbar ist, kann aber nur für solche Güter praktiziert werden, die durch die Lagerung keine (nennenswerte) Qualitätseinbuße erleiden. Es erfordert die Betreibung von Lägern und die Festlegung und Überwachung von Mindest- und Höchstbeständen.

– **Einsatzsynchrone Beschaffung (»Just-in-Time«):** Dieses Verfahren ist nur praktizierbar, wenn der Güterbedarf vorab genau quantifiziert werden kann. Es bedingt die (meist langfristige) vertragliche Bindung von Lieferanten an feste Liefertermine und -mengen.

Just-in-Time-Steuerung

»Just-in-Time«, abgekürzt JIT, erfordert eine Teile- und Materialzulieferung in exakter zeitlicher Abstimmung auf den jeweiligen Bedarf: Vielfach wird eine stundengenaue Bereitstellung gefordert. In diesem Zusammenhang wird häufig fälschlich von »rollender Lagerhaltung« gesprochen, bei der LKW und Züge das stationäre Vorratslager ersetzen. Die Vorstellung einer »in Warteschleifen rollenden« mobilen Flotte, die häufig als ökologisch begründeter Einwand gegen die JIT-Konzeption angeführt wird, ist jedoch nicht haltbar. Vielmehr ergibt sich für den Zulieferer in der Regel die Notwendigkeit der Unterhaltung größerer Warenausgangslager mit der Folge der Kostenverlagerung vom Abnehmer zum Lieferanten.

Transportiert wird aus Kostengründen nur, was tatsächlich und **aktuell benötigt** wird. Dennoch erwächst aus der JIT-Konzeption eine Vielzahl von Problemen und Konsequenzen für alle Beteiligten:

- Der Idealfall eines linearen, über einen längeren Zeitraum kontinuierlichen Bedarfs (der den Zulieferer im günstigsten Falle in die Lage versetzt, seinerseits »Just-in-time«-Steuerung mit seinen Vorlieferanten zu praktizieren) ist vielfach nicht gegeben. Zulieferer und Weiterverarbeiter müssen daher in engem, unmittelbarem Austausch stehen: Bedarfe müssen verzögerungsfrei unter Ausnutzung der informationstechnischen Möglichkeiten weitergegeben werden, Reaktionen müssen unmittelbar und ohne organisationsbedingte Verzögerungen erfolgen. Die Umstellung auf JIT erfordert daher weitreichende organisatorische Anpassungen innerhalb des Zulieferbetriebes, die mit Kosten-Vorleistungen, langfristig gesehen jedoch häufig mit rationalisierungsbedingten Ersparnissen einhergehen.

- Die Zulieferer stehen unter dem Druck, termintreu anliefern zu müssen, wollen sie nicht hohe Vertragsstrafen und den Verlust langfristig angelegter Kontrakte riskieren. Insbesondere Straßentransporte sind stets mit Verzögerungsrisiken behaftet. Nach Möglichkeit treffen Zulieferer eine dementsprechende Standortwahl, indem sie die räumliche Nähe zum Abnehmer unter Berücksichtigung der günstigsten Verkehrsanbindung suchen. Starke Konzentration auf bestimmte Regionen und ein »Ausbluten« strukturschwacher, industrieferner Gebiete sind die Folgen.

- Produktionssynchrone Beschaffung macht nur Sinn, wenn eine gleichbleibende, den Anforderungen entsprechende Qualität der angelieferten Teile oder Rohstoffe gewährleistet ist: Aufwändige Wareneingangskontrollen verzögern den Materialeinsatz, und wenn kein »Notfall-Lager« vorhanden ist, kann bei festgestellten Mängeln nur mit Produktions-Stillegung reagiert werden – selbstverständlich ein unannehmbarer Zustand. Zulieferer werden daher zunehmend mit hohen Anforderungen an ihr Qualitätssicherungssystem konfrontiert. Hierzu gehören auch in unregelmäßigen Zeitabständen stattfindende »Qualitätsaudits«, d. h. Qualitätskontrollen seitens des Abnehmers im Zulieferbetrieb, die sich nicht nur auf die Güte des zu liefernden Materials, sondern auf alle die Produktqualität beeinflussenden betrieblichen Prozesse erstrecken.

- Angesichts der Qualitätsanforderungen und der logistischen Probleme wird es für Zulieferbetriebe zunehmend schwieriger, mehrere Weiterverarbeiter gleichzeitig zu bedienen. Hieraus resultiert die Konzentration auf wenige oder sogar nur einen Abnehmer. Konsequenz ist ein eingeschränkter Handlungs-, Entscheidungs- und Preisgestaltungsspielraum. Umgekehrt stützen sich Weiterverarbeiter auf wenige oder einzelne Zulieferer (»**Single-Sourcing**«) mit der Folge einer bilateralen Abhängigkeit.

- Ein Ausbleiben von Anlieferungen führt fast augenblicklich zum Stillstand der Produktion. In Arbeitskämpfen wirkt der Hebel von »Schwerpunktstreiks«, bei denen (zwecks Schonung der Streikkassen) wenige ausgewählte Zulieferbetriebe bestreikt werden, daher unmittelbar: Den Produktionsbetrieben bleibt nur das Mittel der »kalten Aussperrung« mit allen negativen Folgen vor allem für die nicht gewerkschaftlich organisierten Mitarbeiter.

Es ist zu beobachten, dass große Hersteller insbesondere im Bereich der Automobil- und Elektrogerätefertigung immer komplexere Aufgaben auf externe Lieferanten übertragen: Dieses »**Outsourcing**« beinhaltet die Herstellung ganzer Baugruppen von der Entwicklung bis zur Montage, die vordem beim Abnehmer vorgenommen wurde. Für die abnehmenden Betriebe geht hiermit eine Verminderung der Fertigungstiefe und eine – unter Kostengesichtspunkten durchaus erwünschte – »Verschlankung« der Produktion (»**Lean**

Production«) einher, die angesichts der notwendigen Umverteilung der Arbeit auf vorgelagerte Produktionsstätten jedoch erhebliche Auswirkungen auf den Arbeitsmarkt zeigt.

Im Rahmen der getroffenen Grundsatzentscheidungen bezüglich des Bereitstellungsprinzips und der ggf. durch langfristige Verträge gebundenen Lieferanten sind die mittel- und kurzfristigen Entscheidungen der Materialbedarfsplanung zu fällen. Sie betreffen vor allem Liefermengen und -zeitpunkte innerhalb einer vorab definierten Planungsperiode.

2.2.9.2.3 Bedarfs- und Bestellmengenplanung

Der Materialbedarf einer Periode wird ausgehend vom **Primärbedarf** ermittelt. Dieser ist die Menge an Erzeugnissen, die in der betrachteten Periode auf Basis vorliegender Aufträge produziert bzw. für den Absatzmarkt bereitgestellt werden sollen. Unter Heranziehung der Stücklisten kann aus dem Primärbedarf der **Sekundärbedarf** ermittelt werden, also der Bedarf an Rohmaterialien, Einzelteilen, Teilegruppen usw. Der **Tertiärbedarf** schließlich ist der Bedarf an Hilfs- und Betriebsstoffen, der häufig eher aus der Planung der Betriebsmittelbelegung als aus der Materialbedarfsplanung ermittelt wird.

In der Praxis wird der Sekundärbedarf um einen **Zusatzbedarf** erweitert, um Schwund, Ausschuss oder ungeplante Materialentnahmen infolge von kurzfristig angenommenen Aufträgen abzufangen. Hieraus ergibt sich die folgende Rechnung:

> Sekundärbedarf
> + Zusatzbedarf
> ―――――――――
> = Bruttobedarf

Der Bruttobedarf ist also der Bedarf der betrachteten Periode. Der durch die vorhandenen Mengen noch nicht gedeckte Bedarf, der so genannten Nettobedarf, wird aus dem Bruttobedarf durch folgende Berechnung ermittelt:

> Bruttobedarf
> – Lagerbestand
> – Werkstattbestand
> – bestellte Mengen
> + Vormerkbestand
> ―――――――――
> = Nettobedarf

Vormerkbestand ist dabei ein bereits für andere Aufträge reservierter Bestand.

2.2.9.2.4 Das Bereitstellungssystem

Wie die Bereitstellung des Materials an den betrieblichen Einsatzstellen erfolgt, richtet sich nach dem praktizierten Bereitstellungssystem:

– Beim **Bringsystem** werden die für die Durchführung eines Werkauftrages benötigten Materialien und Unterlagen zum Beginntermin am Arbeitsplatz angeliefert. Bei gesamtbetrieblicher oder zwischenbetrieblicher Betrachtung bedeutet dies, dass ein Auftrag am Anfang des Fertigungsprozesses »in Gang gesetzt« wird: Bei Auftragseingang erfolgen die entsprechenden Bestellungen bei den Zulieferbetrieben; die maschinellen Anlagen werden umgerüstet; nach Vollendung einer Fertigungsstufe wird das unfertige Erzeugnis an die unmittelbar nachgelagerte Stelle weitergereicht.

– Beim **Holsystem** sind die benötigten Materialien und Arbeitsunterlagen von den nachgelagerten Stellen bei den vorgelagerten Stellen abzufordern. Anders als beim »Bringsystem« werden eingehende Aufträge am Ende des Fertigungsprozesses eingesetzt; der hier entstehende Bedarf wird der vorgelagerten Stelle gemeldet, die ihren Bedarf wiederum bei der ihr vorgelagerten Stelle deckt, usw. Das Holprinzip wird – nach der japanischen Bezeichnung für die zur Bedarfsmeldung eingesetzten Pendelkarten – mit dem Begriff **»Kanban«** belegt.

- **Kombinierte Systeme** sehen häufig vor, dass Materialien und Arbeitsunterlagen gebracht, Werkzeuge dagegen geholt werden.

2.2.9.2.5 Dispositionsverfahren und optimale Bestellmenge

Die Disposition des benötigten Materials richtet sich zunächst nach der Art der Fertigung:

- bei **Einzelfertigung** ergeben sich Bestellmengen und Bestelltermine aus den vorliegenden Aufträgen, man spricht von **auftragsgesteuerter Disposition;**
- bei **Serien-** und **Massenfertigung** werden folgende Verfahren unterschieden:
  - **plangesteuerte Disposition:** Der Bedarf wird aus den Plandaten der betrachteten Periode abgeleitet, die sich auf Basis von Erfahrungswerten, Schätzungen und erwarteten konkreten Kundenaufträge ergeben;
  - **verbrauchsgesteuerte Disposition:** Aus den Verbrauchsdaten der Vergangenheit werden die zukünfigen Bedarfe rechnerisch abgeleitet.

In der industriellen Fertigung ist der Verbrauch bestimmter Materialien häufig mehr oder minder konstant. Der Bedarf einer Periode kann daher relativ genau vorhergesagt werden. Aus den Ausführungen zur Optimierungsproblematik der Materialwirtschaft (→ Abschnitt 2.2.5.2) geht bereits hervor, dass bei der Entscheidung über die Bevorratungsmenge neben der Lieferbereitschaft auch die Kosten der Kapitalbindung und die Lagerkosten zu beachten sind. Die Bestimmung der optimalen Bestellmenge (bei Eigenfertigung wird von optimaler Losgröße gesprochen) ist mittels der Bestellmengenformel nach Andler (oft auch als **Andlersche Losgrößenformel** bezeichnet) möglich.

Danach lautet die **optimale Bestellmenge** x_{opt}:

$$x_{opt} = \sqrt{\frac{200 \cdot M \cdot B_K}{E_p \cdot (LS + ZS)}}$$

M = Gesamtbedarfsmenge
Bk = Bestellkosten je Bestellung
EP = Einstandspreis je Stück
LS = Lagerkostensatz
ZS = Zinssatz

Die wirtschaftliche Losgröße bei Eigenfertigung wird ermittelt, indem in obiger Formel

- die Bestellkosten durch die Rüstkosten und
- der Einstandspreis durch die Herstellkosten je Stück (ohne Rüstkosten)

ersetzt werden.

Häufig ergibt die Rechnung Bestellmengen bzw. Losgrößen, die die vorhandene Lagerkapazität übersteigen. In diesem Falle kann das gefundene Ergebnis nicht realisiert, die Bestellmenge muss nach unten korrigiert werden. Trotzdem ist die Kenntnis, in welcher Größenordnung die optimale Menge liegt, aus wirtschaftlicher Sicht wünschenswert.

2.2.9.2.6 Bestellstrategien: Zeitraum, Menge und Sicherheitsbestand

Ist die Bestellmenge ermittelt und der Bedarf hinreichend bekannt, können Bestell- und Beschaffungszeitpunkte ermittelt werden. Dabei ist es ratsam, sowohl Sicherheitsbestände für den Fall von Lieferverzögerungen oder überraschenden Mehrbedarfen als auch Sicherheitszeiten bei der Errechnung der Bestelltermine vorzusehen.

Mögliche **Bestellstrategien** sind

– das **Bestellpunktverfahren**: Eine Bestellung wird ausgelöst, sobald der Lagerbestand eine bestimmte Untergrenze, den Bestellpunkt, erreicht hat. Der Bestellpunkt wird unter Einbezug einer Sicherheitsmenge ermittelt; Ziel ist, dass dieser Sicherheitsbestand gerade eben noch vorhanden ist, wenn die bestellten Materialien eingehen. Dieses Verfahren erfordert eine ständige Kontrolle des Lagerbestandes.

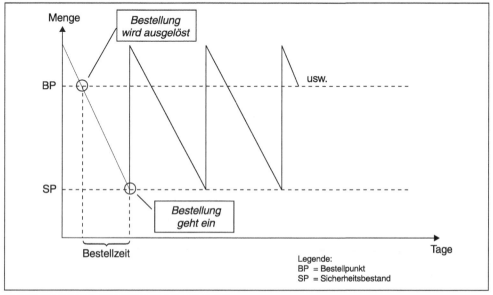

Bestellpunktverfahren (konstantes Verbrauchsmodell)

– das **Bestellrhythmusverfahren:** Der Lagerbestand wird in bestimmten Zeitabständen kontrolliert. Wird dann eine Unterschreitung einer vorab festgelegten Referenzmenge festgestellt, wird eine Bestellung ausgelöst. Bei diesem Verfahren kann es zu Fehlmengen kommen; denn es ist denkbar, dass die Vorratsmenge bei einer Überprüfung noch knapp über dem Referenzpunkt liegt, eine Bestellung also noch nicht ausgelöst wird, und bei der nächsten Überprüfung der Bestand bereits so weit geschmolzen ist, dass er vor Eintreffen der bestellten Menge aufgezehrt sein wird. Umso wichtiger ist in diesem Fall die Berücksichtigung von Sicherheitszeiten und -mengen. Eine Variante des Bestellrhythmusverfahren ist

– die **Höchstbestandsstrategie:** Wenn die in Intervallen erfolgende Lagerbestandsüberprüfung ergeben hat, dass Materialentnahmen stattgefunden haben, wird eine Bestellung ausgelöst, durch die der Bestand zum Zeitpunkt des Bestelleingangs auf den höchstmöglichen Bestand aufgefüllt wird. Diese Strategie ist gut geeignet, Fehlmengen zu vermeiden, bedingt aber einen dauerhaft hohen »Bodensatz« an eingelagerten Materialien mit den bekannten, bereits dargestellten negativen wirtschaftlichen Folgen durch hohe Kapitalbindung und hohen Lagerhaltungsaufwand.

Ein weiterer Aspekt der Vorratsplanung ist die **Lagerhaltung**. Diese kann zum einen durch die in Abschnitt 2.2.9.2.2 dargestellten Alternativen zur Vorratshaltung, nämlich die

Einzelbeschaffung im Bedarfsfall und die **einsatzsynchrone Beschaffung (»Just-in-Time«)** minimal gehalten werden. Eine weitere Alternative ist die **Fremdlagerung,** also die Übertragung der Lagerhaltung an einen externen Logistikdienstleister. Ein Vorteil ist darin zu sehen, dass dieser das Risiko einer schwankenden Lagerauslastung durch die Annahme von Einlagerungsaufträgen anderer Auftraggeber abfedern und daher die Lagerung unter Umständen preisgünstiger anbieten kann, als sie im eigenen Unternehmen realisierbar wäre. Zum anderen verfügt der Logistikdienstleister über Fachkräfte, die der Industriebetrieb häufig nicht vorhalten kann, und über EDV-Systeme und Spezialeinrichtungen, deren Anschaffung für den einzelnen Industriebetrieb nicht lohnt. Oft sind auch die erforderlichen flexiblen Arbeitszeiten aus dem Spediteurs- und Logistikbereich in Industriebetrieben nicht durchsetzbar.

2.2.9.2.7 Beschaffungscontrolling

Aus den voranstehenden Ausführungen ist bereits deutlich geworden, dass die technische Aufgabe der Materialwirtschaft, nämlich das benötigte Material in der benötigten Menge in der geforderten Qualität zu einem bestimmten Zeitpunkt am festgelegten Ort bereitzustellen, mit der ökonomischen Herausforderung verbunden ist, die dabei entstehenden Kosten zu optimieren. Das Optimum ist dort erreicht, wo das benötigte Material unter Berücksichtigung der quantitativen und qualitativen Erfordernisse zu den geringst möglichen Kosten beschafft werden kann, d. h. ein Ausgleich zwischen technischen und wirtschaftlichen Aspekten erzielt worden ist.

Aus dem bereits angesprochenen Dilemma der Materialwirtschaft resultiert die Notwendigkeit einer Abwägung zwischen Abnahmemenge und Kosten. Große Beschaffungsmengen lassen tendenziell größere Preisnachlässe zu, führen zu günstigeren Transportkosten und stellen die Produktions- und Lieferfähigkeit sicher, verursachen aber auch höhere Lagerkosten durch höhere und möglicherweise längere Kapitalbindung sowie ein größeres Lagerrisiko. Aufgabe des Beschaffungs- oder Einkaufscontrollings ist die Bereitstellung der notwendigen Informationen zur Unterstützung der Entscheidungsträger, die diese Abwägung vorzunehmen haben.

Das Beschaffungscontrolling erfüllt, wie jedes Controlling, strategische und operative Aufgaben, indem es unternehmensinterne und -externe Daten erfasst und aufbereitet. Im Beschaffungsbereich existieren häufig datenmäßige Verknüpfungen mit ständigen Lieferanten im Rahmen des Supply Chain Management: Deswegen erstreckt sich die Datenerfassung und -auswertung ggf. auch auf die in diesem Austausch angefallenen bzw. von Lieferanten bereitgestellten, aus dem IT-gestützten Warenwirtschaftssystem zu gewinnenden Daten.

Zu den Aufgaben des Beschaffungscontrollings gehören

– **Ablaufkontrollen,** im Einzelnen

– **Bestellmengenkontrolle:** Operative Überprüfung auf ausreichende Bestellmengen; strategische Überprüfung des Dispositionsverfahrens und ggf. Einflussnahme auf den Wechsel zu einem geeigneteren, kosten- und anforderungsgerechteren Verfahren,

– **Lieferterminkontrolle:** Operative Überprüfung erwarteter Liefereingänge; strategische Überprüfung der Liefertreue von Lieferanten und ggf. Ergreifen von Maßnahmen (Lieferantenentwicklung);

– **Kostenkontrollen,** bezogen auf alle Beschaffungskosten (Einkaufspreise, Transport-, Bestell-, Lagerhaltungskosten einschließlich Personalkosten; Wahrnehmung von Skonti und Rabatten; Fehlmengen-, Leerkosten).

Zu den Instrumenten des Beschaffungscontrollings zählen u. a. die in Lehrbuch 3 behandelten ABC- und Nutzwertanalysen.

2.3 Nutzen und Möglichkeiten der Organisationsentwicklung

2.3.1 Organisationsentwicklung in betrieblichen Abläufen

2.3.1.1 Grundgedanken der Organisationsentwicklung

Organisationsentwicklung (**OE**) ist eine Richtung der angewandten Sozialwissenschaften. Sie bezieht sich ganz allgemein auf Organisationen als soziale Systeme und wurde bzw. wird nicht explizit mit Blick auf Unternehmungen zugeschnitten und weiterentwickelt. Jedoch lassen sich die Erkenntnisse der OE auf Unternehmungen wie z. B. Industriebetriebe anwenden; denn, wie schon in Abschnitt 2.2.1.1.1 dargelegt wurde, sind Unternehmen als Organisationen im Sinne sozio-technischer Systeme aufzufassen.

Häufig wird OE mit **Change Management,** Veränderungsmanagement, gleichgesetzt. Wie noch gezeigt werden wird, ist dies nicht ganz richtig – aber Change, Veränderung, steht auch im Zentrum des OE. Aber warum?

Um die seit Jahrzehnten immer drängender werdende Erfordernis von Betrieben, sich zu verändern, verständlich zu machen, muss die Situation der Unternehmungen im Wettbewerb verdeutlicht werden. Unternehmen sind in zunehmendem Maße dem Druck einer Unternehmensumwelt ausgesetzt, die von den folgenden Merkmalen gekennzeichnet ist.

- **Komplexität:** Es gibt nicht die Umwelt, sondern eine Fülle von Umweltbedingungen und unterschiedlichen Abhängigkeiten zwischen diesen.
- **Diskontinuität:** Die Umweltbedingungen verändern sich unregelmäßig. Anstelle kontinuierlicher Trends (stetiges, gleichmäßiges Wachstum) sind in vielen Bereichen nicht periodische Schwankungen zu beobachten (z. B. Konjunkturentwicklung).
- **Dynamik:** Insbesondere die technologische Entwicklung vollzieht sich mit zunehmender Geschwindigkeit.
- **Unsicherheit:** Zeitpunkt, Richtung und Intensität von Veränderungen entziehen sich häufig jeder Vorhersagbarkeit.

Die Schwierigkeit eines Unternehmens, sich seiner veränderlichen Umwelt anzupassen und in ihr nicht nur zu überleben, sondern wirtschaftlich erfolgreich zu sein, wird in der Literatur als **Adaptationsproblematik** oder **Adaptionsproblematik** bezeichnet. Zu ihrer Bewältigung reicht es nicht aus, wie etwa noch in den fünfziger Jahren, Daten über die Vergangenheit zu sammeln und mittels simpler Extrapolation (Fortschreibung eines Trends unter der Annahme der Stetigkeit und Sicherheit) in die Zukunft zu transferieren. In Zeiten globalisierter Märkte und eines immer härter und unberechenbarer werdenden Wettbewerbs gilt es vielmehr, die Entwicklungen der verschiedensten Faktoren der Unternehmensumwelt ständig und systematisch zu beobachten, ein »Frühwarnsystem« zu installieren, das Veränderungen signalisiert, die eine Gefahr darstellen (aber auch mögliche Chancen), und darauf zu reagieren. Letzteres kann aber nur gelingen, wenn die Organisation des Unternehmens hinreichend flexibel ist und über die nötigen Instrumente verfügt, um auf Veränderungen der Unternehmensumwelt angemessen zu reagieren.

OE ist aber weit mehr als Reaktion auf Umweltreize, sondern es geht auch – wenn nicht sogar in erster Linie

- um die **Veränderung**
    - der Organisationsstruktur,
    - der Unternehmenskultur,

- des Führungsverhaltens,
- der Einstellung der Mitarbeiter zum Unternehmen und zu ihrer Arbeit,
- der Zusammenarbeit im zwischenmenschlichen Bereich sowie
- um die **Schärfung des Bewusstseins** für die Notwendigkeit einer permanenten Änderungsbereitschaft. OE fordert von allen mit der Unternehmung verbundenen Personen die Reflexion und ggf. Revision eigener Einstellungen, Sicht und Denkweisen.

Neue Eigenschaften der Organisation und der in ihr agierenden Menschen rücken in den Fokus, etwa
- **Resilienz** als die Fähigkeit, Veränderungen, die zunächst als negativ empfunden werden (wie Störungen, Krisen) zu bewältigen und aus eigener Kraft zu einem Gleichgewicht zurückzufinden;
- **Kreativität** beim Auffinden besserer Lösungen;
- **Selbstkompetenz** als Bereitschaft und Fähigkeit, als Individuum die eigenen Entwicklungschancen, Anforderungen und Einschränkungen zu klären, zu durchdenken und zu beurteilen, eigene Begabungen zu entfalten sowie (Lebens)pläne zu fassen und fortzuentwickeln. Sie umfasst Eigenschaften wie Selbstständigkeit, Selbstorganisation, Kritikfähigkeit, Selbstvertrauen, Zuverlässigkeit, Verantwortungs- und Pflichtbewusstsein sowie die Entwicklung von und selbstbestimmte Bindung an durchdachte Wertvorstellungen.

Bezogen auf das Führungspersonal wird häufig ein neuer Blick auf ein offensiveres Herangehen an die unternehmerischen Herausforderungen herausgestellt. Es beinhaltet
- Entwicklung der eigenen **Innovationsbereitschaft** und deren Förderung bei allen Mitarbeitern, um Wettbewerbsvorteile zu erreichen und zu bewahren,
- Bereitschaft zum **Eingehen kalkulierter Risiken,**
- **Proaktivität** in Bezug auf die Suche nach neuen Geschäftsfeldern mit Chancen im Wettbewerb.

Dieser Ansatz wird auch als **Corporate Entrepeneurship** bezeichnet – eine Kernidee dabei ist, dass sich langsam und starr gewordene Unternehmen wieder an ihre Anfangszeit erinnern und ihr Tun aus der Perspektive eines Startups betrachten sollen.

OE ist nicht Change Management – diese Aussage vom Anfang dieses Texts erklärt sich damit, dass Organisationsentwicklung, anders als Change Management, **vollständig prozessorientiert** ist: Ihr Kern ist die ständige Weiterentwicklung und Veränderung und nicht das Erreichen eines zuvor definierten Endzustands.

Letzteres spielt beim Change Management eine größere Rolle: Dieses zieht sehr wohl definierte Zwischenziele ein, zielt also darauf ab, vom Ist-Zustand zu einem vorab definierten Sollzustand – gewissermaßen von »A« nach »B« – zu gelangen. Dabei ist durchaus vorgesehen, zu »C« weiterzugehen – aber die Verfechter des Change Management fürchten, dass die Veränderungen im reinen OE ohne definierte Ziele nicht schnell genug eintreten könnten, um die Wettbewerbsfähigkeit des Unternehmens zu erhalten. Insofern ist Change Management eher mittelfristig angelegt und auf punktuelle Optimierungen ausgerichtet. Change Management geht vom Top-Management aus, die Mitarbeiter sind vornehmlich lediglich als Vollziehende der Vorgaben der Führungsspitze beteiligt.

Organisationsentwicklung ist dagegen **evolutorisch** orientiert, indem sie sich mehr für die Übergangsprozesse beim Wandel vom Ist-Zustand in einen veränderten Zustand interessiert als für die Beschreibung der Zustände »vorher« und »nachher«. Sie basiert auf der Vorstellung, dass sich Systeme selbstorganisiert verändern, wenn »etwas Neues« auftritt. Anders als in herkömmlichen Modellen, die dieses »Neue« immer als an das Unternehmen von außen herangetragene Veränderung sehen, auf die das Unternehmen in immer kürzeren Zeitabständen reagieren muss, steht im OE die Weiterentwicklung aus dem eigenen Inneren heraus im Vordergrund. Angestrebt werden ganzheitliche – das ganze Unternehmen durchdringende – und sich über lange Frist vollziehende Veränderungsprozesse. Die Mitarbeiter sind darin in hohem Maße proaktiv mitgestaltend eingebunden.

Die folgende Tabelle enthält Erläuterungen einiger wichtiger Begriffe, die in Zusammenhang mit OE immer wieder fallen und teilweise auch in den folgenden Texten aufgegriffen, dort aber als bekannt vorausgesetzt werden:

Bottom-Up-Prozessverlauf	Veränderungsanregungen, etwa in Form von Verbesserungsvorschlägen, entstehen in den unteren Hierarchieebenen und werden nach oben weitergegeben. Die gegenteilige Richtung wäre **Top-Down.** Das Verfahren, bei dem vorläufige Planungen der Geschäftsleitung in den unteren Ebenen auf Durchführbarkeit geprüft, konkretisiert und mit Verbesserungsanregungen versehen nach oben zurückgespielt werden, heißt **Gegenstromverfahren.**
Business Reengineering (auch: Business Process Reengineering, BPR)	**Reorganisation** (Neugestaltung) der Abläufe innerhalb der Organisation unter – Konzentration auf Kernprozesse und Kernkompetenzen – Orientierung an Kundenanforderungen – unterstützender IT-Nutzung mit den Zielen – Erneuerung (Renewing) – Belebung (Revitalizing) – Einstellungsveränderung (Reframing) und – Neugestaltung (Restructuring)
Gegenstromverfahren	siehe Bottom-Up-Prozessverlauf
Lean Management	Organisationsstruktur mit **flacher Hierarchie,** d. h. wenigen Hierarchieebenen. Vorteile: – Abbau von »Wasserköpfen« und schwerfälligen Prozeduren, – Ausweitung der Arbeitsaufgaben (»Job Enlargement«) und Verantwortung der Mitarbeiter (»Job Enrichment«) – höhere Mitarbeitermotivation – Kurze Informations- und Entscheidungswege
Kaizen	»Wandel zum Besseren«: Methode der kontinuierlichen Prozessverbesserung in kleinen Schritten, wobei jede neue Verbesserung als neuer Standard gesetzt wird, den es wiederum zu verbessern gilt
Organisationsausrichtung:	
Kundenorientiert	Eine kundenorientierte Organisation stellt die Bedürfnisse und die Zufriedenheit der Kunden ins Zentrum ihres Handelns.
Prozessorientiert	Prozessorientierung bedeutet, dass die Kernprozesse der Leistungserstellung im Zentrum der Organisation stehen. Diese ist dann nicht mehr zwingend funktional und hierarchisch ausgerichtet, sondern greift über die Grenzen der klassischen Organisationseinheiten der Aufbauorganisation hinweg.
Gruppenorientiert	Eine gruppenorientierte Organisation richtet ihre internen Einfluss- und Entscheidungsstrukturen so aus, dass Mitbestimmung auf allen Unternehmensebenen praktiziert wird – etwa in teilautonomen Arbeitsgruppen.
Ergebnisorientiert	Die Organisation wird vorrangig auf die Erreichung der Ziele des Gesamtunternehmens ausgerichtet, zu der jede organisatorische Einheit im Rahmen ihrer Aufgaben und Möglichkeiten beizutragen hat. Dazu werden z. B. relativ autonom agierende strategische Geschäftseinheiten nach dem Center-Konzept als Cost-Center, Profit-Center usw. eingerichtet.

Six Sigma (6) / DMAIC-Zyklus	Methode des Qualitätsmanagements und Grundlage des **Total Quality Managements (TQM);** zugleich Managementsystem zur Prozessverbesserung mit Mitteln der Statistik. Im TQM wird eine Null-Fehler-Qualität angestrebt; 6 entspricht einer Fehlertoleranz von 3,4 DPMO (Defekts per Million Opportunities Fehler pro einer Million Möglichkeiten) bzw. einer Fehlerfreiheit von 99,99966 %. Six Sigma als Managementsystem nimmt sich Projekte vor, in deren Rahmen ein bestimmter schon existierender, verbesserungswürdiger Prozess **d**efiniert, gemessen (**M**easure), **a**nalysiert, verbessert (**I**mprove) und nachhaltig sichergestellt (**C**ontrol) wird. Der Regelkreis des Six Sigma wird dementsprechend als **DMAIC-Zyklus** bezeichnet. 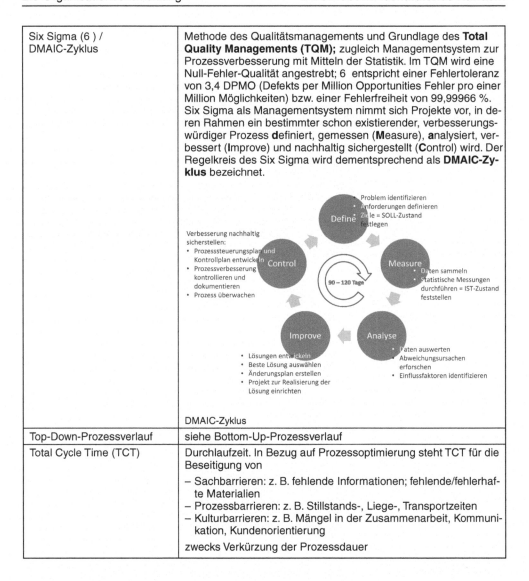 DMAIC-Zyklus
Top-Down-Prozessverlauf	siehe Bottom-Up-Prozessverlauf
Total Cycle Time (TCT)	Durchlaufzeit. In Bezug auf Prozessoptimierung steht TCT für die Beseitigung von – Sachbarrieren: z. B. fehlende Informationen; fehlende/fehlerhafte Materialien – Prozessbarrieren: z. B. Stillstands-, Liege-, Transportzeiten – Kulturbarrieren: z. B. Mängel in der Zusammenarbeit, Kommunikation, Kundenorientierung zwecks Verkürzung der Prozessdauer

2.3.1.2 Auswirkungen der Organisationsentwicklung auf die Prozessgestaltung und Funktionsausübung

OE ist ein auf lange Frist – prinzipiell unendlich – angelegter Prozess, der fortlaufende Eingriffe (Interventionen) in die Organisation vornimmt. Dort rufen sie Reaktionen her vor. Angestrebt ist dabei eine **kontinuierliche Verbesserung** in Richtung auf die formulierten Ziele, wobei es als typisch angesehen werden kann, dass sich das System dem angestrebten Endzustand immer mehr annähert, ohne ihn jedoch jemals zu erreichen. Im Abschnitt über den Organisationszyklus wird dieser Mechanismus noch deutlicher werden.

OE ist selbst ein Prozess und erfasst zugleich alle Kernprozesse der Organisation in allen ihren Elementen. OE berührt sowohl die Aufbau als auch die Ablauforganisation. Deren

Strukturen, die auf einen bestimmten Ablauf von Kernprozessen abgestimmt sind, werden zwangsläufig verändert werden müssen, wenn sich die Prozesse ändern.

Beispiel:

Ein Kernprozess eines metallverarbeitenden Betriebs ist die Produktion von Baugruppen für die weiterverarbeitende Industrie. Diese werden im Werk teils als Spezialanfertigungen nach Kundenanforderungen und teils als Standardprogramm für einen anonymen Markt montiert, wobei die dazu benötigten Teile teils fremdbezogen und teils im eigenen Betrieb gefertigt werden. Die fremdbezogenen Teile wurden bislang, unterschieden nach mehr oder weniger werthaltigen Teilegruppen, in unterschiedlichen Zyklen und Mengen bevorratet. In neuerer Zeit wird die starke Zunahme von Aufträgen für kundenspezifische Anforderungen beobachtet, die bisher nur einen relativ kleinen Anteil an der Gesamtproduktion ausmachten, während der Absatz des bislang dominierenden Standardprogramms dramatisch eingebrochen ist. Will das Unternehmen wettbewerbsfähig bleiben, muss es seine Prozesse auf die neuen Kundenforderungen einstellen und sie vielfältiger, flexibler und ideenreicher gestalten. Diese Umstellung wird alle Bereiche der Fertigung berühren, angefangen beim Bestellwesen über die Warenannahme und Lagerhaltung bis zum betriebsinternen Materialfluss.

Im obigen Beispiel liegt ein **interner Sachgrund** für die Veränderung der Organisation vor. Neben neuen Verfahren und Technologien, die in den Betrieb eingeführt und in die Prozessstrukturen implementiert werden müssen, können interne Sachgründe auch durch die Unternehmenskultur begründet sein. Der Zusammenhang zwischen Wandlungsprozessen und Firmenkultur ist immer gegeben, denn wenn Prozesse mehr Kooperation, Koordination und folglich Kommunikation erfordern, ist der Kulturwandel sozusagen immanent: Er »passiert«. Denkbar ist aber auch, dass ein gewünschter Kulturwandel im Vordergrund steht. Dies ist häufig bei Leitungswechseln der Fall, kann aber auch bewusst eingeleitet werden, wenn dies von der Führungsspitze als notwendig erachtet wird.

OE ist aber kein verordneter »Top-down«-Prozess: Den Anstoß liefert häufig die Umwelt, die neue Arbeitsmodelle, mehr Chancengerechtigkeit, mehr Diversität usw. fordert, und da Mitarbeiter auch Teile dieser Umwelt sind, ist es unausweichlich, dass gesellschaftliche Entwicklungen als **externe Sachgründe** gewissermaßen »Bottom-up« in das Unternehmen eingetragen werden und dort zu internen Veränderungen führen. Weitere externe Sachgründe können Kooperationen sein, die mit anderen Unternehmen und Institutionen eingegangen werden, oder auch Anforderungen von Kunden, die von den Unternehmen, deren Produkte und sonstigen Leistungen sie in Anspruch nehmen, das Leben bestimmter Werte erwarten. In jüngerer Zeit kann dies in Bezug auf Diversität und Geschlechtergerechtigkeit sowie auf Klimaneutralität beobachtet werden.

Daneben sind auch, gerade bei inhabergeführten Unternehmen, **persönliche Gründe** denkbar: Prozesse werden so (um)strukturiert, dass das Unternehmen persönlichen Vorstellungen entspricht und persönliche Ziele und Visionen umzusetzen imstande ist. Ein Beispiel für eine solche Vision lieferte der global agierende Unternehmer Elon Musk (u. a. Tesla, SpaceX) 2013 in einem Interview auf die Frage nach seine Vorstellung von einem guten und visionären Unternehmer:

»Vor allem muss man zusammen mit seinem Team Produkte oder Dienstleistungen entwickeln, die für Menschen sinnvoll sind. Du musst dich ständig vergewissern, dass du den richtigen Weg eingeschlagen hast. Und du musst immer bereit sein, dir Kritik anzuhören« (ZEITmagazin Nr. 52/2013).

Modularisierung von Prozessen

Bei der Gestaltung bzw. Neugestaltung eines Kernprozesses wird kleinschrittig vorgegangen. Wenn der Prozess nicht neu ist – wie etwa im Falle einer Neugründung oder Aufnahme einer neuen Produktlinie –, dient der bisherige Prozess als Ausgangspunkt für die Reorganisation.

Industrielle Prozesse, insbesondere die Kernprozesse der Produktion, sind enorm vielfältig und kleinteilig. Eine wesentliche Ursache hierfür ist die Typenvielfalt der Produkte mit der Folge von immer mehr Aufträgen mit immer kleineren Losgrößen, insbesondere in der kundenindividuellen Massenfertigung **(Mass Customization):** Dabei richtet sich das Unternehmen mit seinem Angebot zwar an den Massenmarkt, bietet aber Möglichkeiten zur Individualisierung.

Beispiel:

Im Automobilbau wird dem Kunden angeboten, sein bestelltes Fahrzeug individuell auszustatten. Dabei steht eine Palette an Möglichkeiten der Konfiguration zur Verfügung. Durch die Vielzahl an möglichen Kombinationen können am Ende ganz unterschiedliche Fahrzeuge entstehen.

Mit den Möglichkeiten einer vollständig individualisierten Fertigung in »Smart Factories« (vgl. Industrie 4.0, Abschnitte 2.1.4.4 und 2.2.9.11) – bis hin zur »Losgröße 1« erwächst auch die Notwendigkeit für kundenauftragsspezifische Prozesse, in denen einzelne bekannte und bereits praktizierte Prozessschritte mit neuen Elementen verknüpft werden. Zum besseren Verständnis: OE betrachtet das Problem nicht allein vom Produkt her (»wie können bestimmte Bauteile im Baukastensystem zu immer neuen Produktvarianten zusammengestellt werden?«), sondern vorrangig vom Prozess aus: Wie können Arbeitsvorgänge, Informations-, Material und Belegflüsse so modularisiert werden, dass Kombinationen zu immer neuen Prozessen möglich werden, die zum gewünschten Ergebnis führen? Es geht also nicht darum, einen komplexen Prozess in einen anderen, neuen, aber ebenso komplexen und geschlossenen Prozess umzuwandeln, sondern die Möglichkeit für eine Vielzahl von Prozessen zu schaffen.

Die Verknüpfung von Prozessschritten kann nur zu ökonomisch vertretbaren Bedingungen (Zeit, Kosten) gelingen, wenn einzelne Prozesselemente wie Steinchen in einem Baukasten vorliegen, diesem entnommen und – ggf. modifiziert und unter Schaffung bisher nicht vorhandener Verbindungsschritte – kombiniert werden können. Diese Zerlegung in definierte »Steinchen« ist Aufgabe der **Prozessmodularisierung.** Ein bekannter oder beschriebener Prozess wird in einzelne Prozessschritte zerlegt, die wiederum weiter zerlegt werden, bis die Abfolge der einzelnen Aktivitäten, aus denen sich der Prozess bislang zusammensetzt, völlig transparent ist. Dieser Vorgang, der an das Vorgehen bei der Aufgabenanalyse (vgl. Abschnitt 2.2.3.1) erinnert, wird auch **Prozessdekomposition** genannt.

Geschäftsprozessmodellierung

Aus den Modulen können dann wiederum neue Prozesse moduliert werden. Das schrittweise Vorgehen bei der Prozessmodellierung kann wie folgt ablaufen:

– Die aus der Modularisierung hervorgegangenen Prozessschritte werden analysiert: Sind sie notwendig? Wo finden sie statt, wie lange dauern sie? Was genau passiert dort, wer oder was ist dabei im Einsatz?

– Die Prozessschritte können dann, analog zu der gleichfalls in Abschnitt 2.2.3.1 beschriebenen Aufgabensynthese, entsprechend der Aufgabenstellung und Zielsetzung neu zusammengestellt werden. Dabei wird die optimale Reihenfolge gesucht. Dazu sind einige Fragen zu beantworten: Was muss eventuell sachlogisch vorangehen, was folgen? Können Elemente parallel durchgeführt werden? Sind Verbesserungspotenziale erkennbar?

– Zur Optimierung der Gesamt-Durchlaufzeit müssen die Übergänge zwischen den Prozessschritten besonders sorgfältig untersucht werden: Gibt es Liege oder Transportzeiten, die verkürzt werden können?

– Letztlich ist die Verantwortung für die einzelnen Schritte zu klären.

Prozessmodularisierung und -modellierung werden heute durchweg IT-unterstützt realisiert. Moderne ERP-Programme bieten entsprechende Hilfen und ermöglichen die Verknüpfung von Prozessschritten zu einem über »wenn, dann ...« Entscheidungen situationsangepassten Workflow.

Diese Aufzählung verdeutlicht, wie zuvor starre Strukturen aufgebrochen und flexibilisiert werden. Die Änderungen in der Ablauforganisation gehen mit Rückkopplungen zur Aufbauorganisation einher. Diese muss ebenfalls angepasst werden. Auch hier entstehen kleinere Einheiten:

– Bezogen auf das gesamte Unternehmen kann eine Umstellung auf Spartenorganisation, reines Projektmanagement (→ Lehrbuch 3) oder Profit Center erfolgen.

– Durch die Reorganisation von Prozessketten können Fertigungssegmente entstehen. Dies sind Organisationseinheiten, die mehrere oder alle Fertigungsschritte ausführen und dabei Fließfertigung und Werkstattfertigung verbinden.

– Die Arbeitsorganisation verändert sich in Richtung teilautonomer Arbeitsgruppen, in denen Job Rotation praktiziert wird. Damit werden zuvor nicht abgerufene Kompetenzen der Mitarbeiter herausgefordert, etwa Übernahme von Verantwortung, Selbstorganisation, Kreativität, Flexibilität, Kooperations- und Koordinationsfähigkeiten, die insgesamt geeignet sind, die Motivation zu steigern und die Identifikation mit der Arbeit und dem Unternehmen zu stärken.

Analyse der Instrumente und Prozess-/Arbeitspapiere

Im Zuge der OE sind vor allem die zur Steuerung von zeitlichen und räumlichen Abläufen eingesetzten Instrumente auf ihre grundsätzliche Eignung, ihren Durchlauf im Unternehmen und ihre Gestaltung zu untersuchen, also

– Daten und Belegflusspläne,
– Arbeitsauflaufdarstellungen,
– Stücklisten,
– Vorgangslisten usw.

Die im Rahmen der OE entfalteten Aktivitäten setzen eine gründliche Organisationsdiagnostik voraus, die die Schwachstellen, aber auch die Potenziale innerhalb der Organisation offenlegt. Auf ihrer Basis können Handlungsbedarfe und Entwicklungsziele festgelegt werden.

2.3.1.3 Phasen des Organisationszyklus

In der Organisationslehre kursieren zahlreiche Zyklusmodelle zur Darstellung des sich permanent erneuernden Prozesses der Organisationsentwicklung. Typischerweise beschreiben diese Modelle einzelne Phasen, die in einem Endloskreis immer wieder durchlaufen werden. Die Anzahl der Phasen ist dabei jedoch von Modell zu Modell unterschiedlich, und auch dort, wo sie »zufällig« übereinstimmen, sind die Phasenbezeichnungen nicht einheitlich.

2.3 Organisationsentwicklung — 2 Betriebswirtschaftliches Handeln

Ein allgemein anerkanntes Modell ist der **Management-Regelkreis, der häufig** mit den Phasen

- Zielbildung
- Planung
- Entscheidung
- Durchführung
- Kontrolle

dargestellt wird.

Jede dieser Phasen steht wiederum für ein ganzes Bündel an Aufgaben, die ebenfalls nach ihrem sachlogischen Ablauf in Phasen geordnet werden. Alle Phasen sind durchzogen von den Daueraufgaben des Analysierens, Entscheidens, Delegierens und Kommunizierens.

Die einzelnen Phasen können auch abweichend benannt oder auch erweitert sein: Häufig wird z. B. eine Phase »Analyse« vorgeschaltet. Dies ist auch in dem folgenden **OE-Phasenmodell** der Fall:

Es setzt mit der Situation-(= IST-)Aufnahme ein und sieht zwischen Entscheidung und Durchführung noch eine Organisationsphase vor:

- Situationsaufnahme und Situationsanalyse
- Zielformulierung/Zielsetzung
- Planung (der verschiedenen Handlungsmöglichkeiten)
- Entscheidung (für eine von mehreren Lösungsalternativen – eine Alternative, nämlich das Unterlassen, gibt es immer. Nichts ist alternativlos!)
- Organisation (der Durchführung)
- Durchführung (als Umsetzung der Lösung in die betriebliche Realität)
- Kontrolle (der Zielerreichung).

Kurt LEWIN entwarf 1947 ein Modell, mit dem ursprünglich soziale Veränderungen in Gruppen und Gesellschaften erklärt werden sollen, das aber auch auf Unternehmen und sonstige Organisationen übertragbar ist. Nach heutigem Verständnis beschreibt es Veränderungs- bzw. Change-Management durch **kontinuierliche Verbesserung (KVP)** von Unternehmen mit den folgenden Phasen:

1. Phase **Unfreeze (Auftauen):** Die vorhandenen Strukturen des Unternehmens, d. h. alle organisatorischen Elemente, die zwischen ihnen bestehenden Beziehungen, Regelungen und Verfahren werden einer eingehenden Analyse unterzogen und auf Veränderungsmöglichkeiten untersucht. In dieser Phase ist mit Widerständen zu rechnen. Die blockierenden und die fördernden Kräfte werden identifiziert, auf Veränderungen vorbereitet und in Überlegungen und Aktivitäten einbezogen, wobei ihnen genügend Zeit gegeben wird, sich in die Situation hineinzufinden und Ängste abzubauen. Dies, gepaart mit dem In-Frage-Stellen des Status Quo, lockert das System so weit auf, dass es für Veränderungen offen ist.

2. Phase **Moving (Bewegen):** Die angestrebten Veränderungen werden in einem häufig langwierigen Prozess umgesetzt. Neue Regeln und Verhaltensmuster werden

erprobt. Die Mitarbeiter werden dabei intensiv eingebunden mit dem Ziel, eine positive Grundhaltung gegenüber dem Wandel zu entwickeln und die Identifikation mit dem gewandelten Unternehmen zu stärken.

3. Phase **Refreezing (Wiedereinfrieren):** Wenn das Unternehmen den gewünschten Zustand erreicht hat, werden die neuen Strukturen, Regeln, Beziehungen, Verfahren usw. zum verbindlichen Standard erklärt, stabilisiert gewissermaßen »eingefroren«, um einen Rückfall in die alten Strukturen und Verhaltensweisen zu verhindern. Die im Wandlungsprozess gemachten Erfahrungen werden dokumentiert und ausgewertet, um für spätere Durchläufe des Zyklus herangezogen werden zu können.

Dieses Modell beschreibt damit dem Sinn nach den Zyklus eines **KVP-Regelkreises.** In Lehrbuch 3 wird das Prinzip des Regelkreises in Zusammenhang mit dem Projektmanagement und einem Exkurs zum Qualitätsmanagement noch ausführlich aufgegriffen und erläutert. Auch wenn die Zahl der Phasen und die Bezeichnungen nicht übereinstimmen, ist die Gemeinsamkeit doch unverkennbar.

2.3.2 Organisationsentwicklung als Mittel für Veränderungsprozesse

Ob der organisatorische Wandel durch OE gelingt, hängt in starkem Maße davon ab, ob die Mitarbeiter »mitziehen«. Daher ist es wichtig, dass alle Betroffenen über die Zielvorgaben und deren Bedeutung für ihren persönlichen Arbeitsbereich im Klaren und von einer klaren gemeinsamen Vision geleitet sind. Insbesondere die Mitarbeiter in den unteren Hierarchieebenen, denen der Blick für das »große Ganze« oft nicht möglich ist, müssen dauerhaft von der Vorteilhaftigkeit des Veränderungsprozesses und seiner Ergebnisse überzeugt werden. Hier sind die Vorgesetzten auf allen Ebenen gefordert, ihre eigene Motivation aus ihren Arbeitsgruppen mit Angehörigen der gleichen oder höheren Ebenen in die Gruppe der eigenen Mitarbeiter hineinzutragen.

Das Vertrauen der Mitarbeiter kann vor allem durch eine **offene Informationspolitik,** die die Ziele und Absichten offenlegt und, wenn möglich, mit Zahlen und Fakten belegt, gewonnen werden. Ehrlichkeit auch in Bezug auf unangenehme Einschnitte, wie sie Veränderungen naturgemäß mit sich bringen – etwa die Notwendigkeit, altgewohnte Vorgehensweisen zugunsten neuer Prozeduren aufzugeben – als vertrauensbildende Maßnahme ist unbedingt geboten.

Es liegt zudem in der Natur der Sache, dass die organisatorische Umgestaltung die durchschlagendsten Erfolge zeitigt – aber auch am schwierigsten ist –, wenn nicht Teilbereiche des Unternehmens »optimiert« werden, sondern ein ganzheitliches, integratives Konzept die **gesamte Organisation** erfasst.

Veränderungsprozesse und Lernprozesse

In den letzten Jahren ist der Zusammenhang zwischen Veränderungsprozessen und Lernprozessen zunehmend ins Zentrum der OE-Forschungen gerückt. Nicht zuletzt wird immer wieder von der »lernenden Organisation« gesprochen. Was ist damit gemeint?

– Das klassische Organisationslernen ist ein **Anpassungslernen** oder reaktives Lernen: Auf Veränderungen in der Unternehmensumwelt wird reagiert, z. B. durch die Investition in neue Technologien, die Änderung eines Fertigungsverfahrens, die Aufnahme neuer und Elimination nicht mehr erfolgreicher Produkte usw. Die dabei gesammelten – positiven wie negativen – Erfahrungen werden bei ähnlichen Veränderungen in der Zukunft diejenigen Reaktionen auslösen, die sich als erfolgreich herausgestellt haben. Diese Strategie ist so lange erfolgreich, wie ähnlich gelagerte Veränderungen eintreten und auftretende Probleme denjenigen ähneln, die in der Vergangenheit erfolgreich bewältigt wurden.

– Ein im Gegensatz dazu aktive Strategie ist die des **Erneuerungslernens.** Es wird nicht abgewartet, bis eine Veränderung eingetreten ist, sondern proaktiv vorausgedacht und die Anpassung vorweggenommen. Diesem Verhalten liegt die Erkenntnis zugrunde, dass »nur eines sicher ist, nämlich dass sich etwas verändern wird«. Dieser Denkhaltung folgen tiefgreifende strukturelle Veränderungen innerhalb der Organisation und führen zu flexible Formen der Aufbauorganisation mit **flachen Hierarchien** (»Lean Management«), der Einführung von Projektmanagement (ausführlich behandelt in Lehrbuch 3), einem kooperativen, teamorientierten Führungsstil und einer breit angelegte Personalentwicklung. Diese Maßnahmen sollen das Überleben und den Erfolg der Unternehmung in der Zukunft gewährleisten.

– Heute wird der permanente Problemlösungs- und Verbesserungsprozess als sozialer Lernprozess begriffen, in den alle Betroffenen einbezogen werden. An die Stelle der »klassischen« Delegation der Entwicklung von Problemlösungen an »Experten« tritt ein gemeinsames **Prozesslernen** der Beteiligten. Unternehmen und die in ihnen arbeitenden Menschen müssen »Lernen zu Lernen«; das Bild von der »Lernenden Organisation« prägt heute bereits die Unternehmenskultur vieler großer Unternehmen.

OE im Sinne von »**Organisationslernen**« zielt darauf ab, die Organisation wirksamer und damit überlebensfähiger zu machen. Dabei werden aber nicht nur die Ziele der Organisation verfolgt; OE folgt vielmehr der Erkenntnis, dass ein nachhaltiger Erfolg nur zu erwarten ist, wenn auch die Ziele ihrer einzelnen Angehörigen berücksichtigt und angestrebt werden.

Wesentlich im Rahmen der OE ist weiter die Identifikation der von den Mitarbeitern auf allen Ebenen gemeinsam geteilten Werte, die in eine Leitbildentwicklung einmünden.

OE ist immer auch **Personalentwicklung (PE).** Unter diesem Begriff werden alle Maßnahmen zusammengefasst, die geeignet sind, die Mitarbeiter auf die Anforderungen vorzubereiten, die die neuen Rollen und Führungsmodelle an jeden Einzelnen stellen.

PE ist ein kontinuierlicher Prozess, der alle Potenziale der Mitarbeiter, die zur Erreichung der Unternehmensziele genutzt werden können, weckt und weiterentwickelt und, hieran angepasst, zugleich die Mitarbeiterkompetenzen kontinuierlich erweitert. Dabei werden die individuellen Voraussetzungen des einzelnen Mitarbeiters und dessen eigene Zielvorstellung und Lebensplanung berücksichtigt. Dieser individuelle Zuschnitt, der die Stärken und Defizite des Einzelnen gezielt aufnimmt, macht den wesentlichen Unterschied zwischen der »klassischen Weiterbildung« und PE aus. Langfristig sollen durch PE z. B. folgende Ziele erreicht bzw. folgende Eigenschaften entwickelt werden:

– Hohes, zeitgemäßes Qualifikationsniveau,
– Teamfähigkeit (Kommunikations-, Kooperations-, Koordinations-, Demokratiefähigkeit...),
– Fähigkeit zur systematischen Problemlösung,
– Leistungs- und Ergebnisorientierung.

Experten weisen darauf hin, dass PE nur als »**Top-Down-Prozess**« funktioniert. Dies bedeutet, dass der Prozess von der Führungsspitze ausgelöst werden und vom gesamten Management mitgetragen werden muss und dass jede einzelne Führungskraft im Prozess verantwortlich beteiligt ist.

Letzteres gilt im gleichen Maße für die Organisationsentwicklung insgesamt, wobei Ideen und Feedbacks aller Art dank der geöffneten Kommunikationsstrukturen in hierarchieübergreifenden Teams im Zuge des OE-Prozesses durchaus den umgekehrten Weg, also **»Bottom-Up«,** nehmen können. Im weiteren Verlauf des Prozesses kann auch zu einem **»Multiple Nucleus«** übergegangen werden. Dabei fungieren verschiedene Stellen im Unternehmen als »Keimzellen« für Veränderungen, die sich von dort ausgehend ausbreiten sollen. Gehen Optimierungsvorgänge von den **Kernprozessen** (damit sind die Prozesse gemeint, die im Wesentlichen die »Wertschöpfungskette« des Unternehmens ausmachen, wie etwa »Stahl produzieren« oder »Stahl vermarkten«) aus, von wo aus sie sich über die abgeleiteten Dienstleistungsprozesse ausdehnen, wird von einem **»Center-Out-Ansatz«** gesprochen.

Für die Reduktion von Bereichen durch Abtrennen oder Zusammenführen wird bisweilen auch der Begriff **»vertikale Schnitte«** verwendet.

Es darf nicht vergessen werden, dass bei allen Maßnahmen der Betriebsrat einzubinden ist. Welche Mitwirkungs- oder Mitbestimmungsrechte der Betriebsrat ausüben kann, wurde in Lehrbuch 1 bereits ausführlich dargelegt.

2.3.2.1 Wandel von Kosten und Prozessstrukturen

Der Wandel in den Prozessstrukturen wurde in den vorangegangenen Abschnitten bereits verdeutlicht. Hierauf bezugnehmend lassen sich Veränderungen in den **Kostenstrukturen** ableiten:

Wenn Prozesse modularisiert und einzelne Prozessschritte betrachtet werden, ist es folgerichtig, auch das Kostenmanagement entsprechend zu gestalten. Mit der **Prozesskostenrechnung** bietet die Kosten und Leistungsrechnung ein entsprechend leistungsfähiges Instrument an, das sich allerdings auch durch eine gewisse Kompliziertheit auszeichnet.

Kenntnisse der Prozesskostenrechnung werden in der Prüfung der Geprüften Industriemeister nicht erwartet. Daher werden hier nur stichpunktartig deren Grundsätze skizziert:

- Logisch zusammengehörige Tätigkeiten, die zu einem gemeinsamen Arbeitsergebnis führen, werden zu Teilprozessen zusammengeführt.
- Bei korrekter Bildung von Teilprozessen ist es möglich, alle in einer Kostenstelle (= der Ort – Betrieb, Maschinenplatz usw. –, an dem Kosten entstehen und Leistungen erbracht werden) angefallenen Tätigkeiten restlos auf die Teilprozesse zu verteilen und die Kosten entsprechend zu verrechnen.
- Danach sollte es möglich sein, für jede Ausführung eines jeden Teilprozesses einen Prozesskostensatz in Bezug auf einen gemeinsamen Kostenverursacher (»Kostentreiber«) zu errechnen, z. B. »60 € pro Lieferung«. Teilprozesse, für die dies nicht möglich ist, werden mit Umlagesätzen auf andere Teilprozesse, für die Maßgrößen gefunden werden konnten, verrechnet.
- Durch die Zusammenfassung von Teilprozessen mit demselben Kostentreiber zu Hauptprozessen können Hauptprozesskostensätze errechnet werden.

Die Prozesskostenrechnung ist auf Fertigungsbereiche gut umsetzbar, erweist sich jedoch für andere betriebliche Bereiche oft als schwierig, da die Anknüpfung an den Kostentreiber als Bedingung für die Zusammenfassung häufig dazu führt, dass nur relativ kurze Prozessketten gebildet werden können.

Wie jede betriebliche Optimierungsmaßnahme hat auch die Organisationsentwicklung letztlich Kostenersparnisse zum Ziel. Ein optimierter Faktoreinsatz (also effizientere Material-, Betriebsmittel-, Arbeitskräftenutzung) kann durch die Modularisierung und Prozessoptimierung erreicht werden.

Auf einen besonderen Kosteneffekt der Modularisierung in der Massenfertigung soll hier noch hingewiesen werden:

Im obigen Beispiel des durch Konfigurationsentscheidungen des Kunden individualisierten Fahrzeugs handelt es sich letztlich doch um Massenfertigung, denn die Merkmale, die variiert werden können, sind in der Anzahl überschaubar, und die dabei kombinierten Bausteine sind, jedes für sich, durchaus standardisiert. Der Preis für das – mehr oder weniger individuelle Produkt ist daher, wenn auch höher als derjenige für das Grundmodell, so doch nicht annähernd so weit von diesem entfernt, wie es bei einem vollständig neu nach Kundenwünschen konstruierten Fahrzeug der Fall wäre.

2.3.2.2 Wandel der Organisations- und Kommunikationsstrukturen

Bedeutung der Kommunikation im OE-Prozess

Immer wieder wurde in den vorangegangenen Abschnitten darauf hingewiesen, dass der Wandel kommuniziert werden muss:

OE ist kontinuierliche Verbesserung. Ein wesentlicher Grundsatz von KVP ist die aktive Beteiligung der Mitarbeitenden im Sinne eines »Ideenmanagements«, das ständig aktiv nach Verbesserungsmöglichkeiten des IST-Zustands sucht. Mitarbeiter sollen angeregt werden, auch und gerade im eigenen Arbeitsbereich nach Verbesserungen zu suchen. Dieses Ziel – wie auch Motivierung der Beteiligung durch jeden Einzelnen – muss durch die Führungsebene kommuniziert werden.

Wandel ruft häufig Widerstand hervor. Mitarbeiter können Veränderungen als Zumutung empfinden. Hierfür sind zahlreiche Gründe vorstellbar:

– Mitarbeiter sorgen sich um ihren Arbeitsplatz oder haben Angst vor Disqualifizierung, die darin bestehen könnte, dass ihr Fachwissen und -können nicht mehr benötigt wird, weil nun »schlaue« computergesteuerte Maschinen ihre Arbeit übernehmen.

– Mitarbeiter sehen ihre bisherige Leistung missachtet (»wenn alles geändert werden soll, habe ich es wohl nicht gut genug gemacht«).

– Die gewohnte Routine ist bequem und wird gut beherrscht – neue Anforderungen fordern Anstrengungen.

– Mitarbeiter fürchten, den neuen Anforderungen nicht gewachsen zu sein.

– Mitarbeiter sperren sich gegen ihnen »von oben« übergestülpte Veränderungen – vor allem dann, wenn sie im Vorwege nicht gefragt und nicht ausreichend beteiligt wurden.

– Die Vorteile der Neuerungen werden nicht gesehen.

– Nicht zuletzt gibt es auch Menschen, die aus Prinzip »dagegen sind«.

Frühes Kommunizieren der geplanten Veränderungen und frühe Beteiligung der Mitarbeiter können helfen, Widerstände erst gar nicht entstehen zu lassen oder früh auszuräumen. Betriebssoziologen beobachten allerdings, dass sich Mitarbeiter für angekündigte Änderungen häufig kaum interessieren, Beteiligungsangebote ausschlagen und erst »aufwachen«, wenn die Prozesse eingeleitet werden – auf die sie dann mit Widerstand reagieren. Veränderungen müssen dann »durchgesetzt« werden, und dies gelingt nur, wenn die Bedürfnisse der Mitarbeiter berücksichtigt werden: Sicherheit, Klarheit, bewältigbare Aufgaben, gute kollegialen Beziehungen usw. Wenn sich Mitarbeiter gegen Veränderungen sperren, kann dies ja nur bedeuten, dass sie den alten Zustand für erhaltenswürdig halten. Es ist daher wichtig zu verstehen, was genau diesen Zustand an Positivem ausmacht und die positiven Aspekte in den angestrebten Soll-Zustand zu integrieren.

Mitarbeiter durch geeignete Kommunikation zu »öffnen« ist eine wesentliche, nicht einfache Aufgabe, die meist den unmittelbaren Vorgesetzten – im Fertigungsbetrieb z. B. den Meistern – zufällt. Bewährt haben sich folgende Kommunikationstaktiken:

- Dringlichkeit und Bedeutung der geplanten Veränderung vermitteln: »Wenn wir dies nicht verändern, dann ...«. Dabei müssen negative Folgen des Nichtstuns ehrlich, aber ohne Übertreibungen verdeutlicht werden, denn es ist nicht zielführend, Angst und Schrecken zu verbreiten.
- Vertrauen gewinnen, indem Bedenken aufmerksam angehört und ernst genommen, Fragen offen beantwortet und auch Probleme im Veränderungsprozess nicht »schöngeredet« werden. Falls Stellenabbau geplant ist: Ehrlich ansprechen, Personalvertretung von Anfang an einbinden und Sozialverträglichkeit zusichern.
- Zuversicht zeigen und versuchen, Aufbruchstimmung zu erzeugen: »Gemeinsam schaffen wir das!«
- Von Veränderungen betroffene Mitarbeiter so früh wie möglich einbeziehen und dabei den Wert ihrer Erfahrungen und eigenen Vorschläge herausstellen.
- Weiterbildungen organisieren, um Ängsten von Mitarbeitern, der neuen Situation nicht gewachsen zu sein, aktiv zu begegnen.
- Soweit möglich, Alternativen für von Veränderungen betroffene Mitarbeiter aufzeigen und anbieten – möglicherweise finden sich weniger oder nicht betroffene, passende Arbeitsplätze.

Nicht nur der Wandel muss kommuniziert werden, sondern auch im Wandel ist Kommunikation vonnöten, denn Verbesserungsprozesse erfordern Koordination und Kooperation in – naturgemäß kommunikationsintensiver – Teamarbeit.

Wie Kommunikation verläuft, hängt wesentlich von der Organisationsstruktur des Unternehmens ab. Hierauf wird in Lehrbuch 3 ausführlich eingegangen.

Kommunikationsstörungen durch Veränderungsprozesse

Strukturen, innerhalb derer Informationen weitergegeben werden, sind häufig informell, d. h. sie orientieren sich nicht an den formalen hierarchischen Strukturen. Für die Führungsebene sind diese Kanäle nicht ohne weiteres wahrnehmbar und daher auch kaum nutzbar. Wird »von oben« versucht, informelle Kommunikation zu unterbinden oder werden die gewachsenen Strukturen durch Veränderungsprozesse in Verbindung mit umfangreichen Versetzungen oder Personalabbaumaßnahmen gen- oder gar zerstört, tritt ein Vertrauensverlust mit der Folge eines erheblichen Rückgangs des Informationsaustauschs ein. Die Folgen sind meist deutlich negativ: Informationen werden bewusst zurückhalten oder nur selektiv weitergegeben, Ratschläge und Hilfestellungen unterbleiben. Im OE-Prozess ist daher unbedingt darauf zu achten, dass Kommunikationsbeziehungen erhalten und ggf. neue Netzwerke geknüpft werden.

2.4 Anwenden von Methoden der Entgeltfindung und der kontinuierlichen betrieblichen Verbesserung

2.4.1 Formen der Entgeltfindung

Lohn ist Entgelt für geleistete Arbeit. Im Betrieb wird in Bezug auf gewerbliche Arbeitnehmer von Lohn und bei Angestellten von Gehalt gesprochen. Im öffentlichen Dienst sind die Begriffe Vergütung und Besoldung üblich.

Rechtliche Grundlagen zur Entlohnung bilden der Lohntarifvertrag, Lohnrahmentarifvertrag, das Tarifvertragsgesetz, Betriebsverfassungsgesetz, das Handelsgesetzbuch und Bürgerliche Gesetzbuch sowie das Grundgesetz (GG).

Regelungen zur Entlohnung sind außerdem den einzelnen Manteltarifverträgen zu entnehmen.

2.4.1.1 Anforderungs- und leistungsabhängige Entgeltdifferenzierung

Das Entgelt ist ein entscheidender Reiz für Mitarbeiter, ihre Arbeitskraft dem Unternehmen zur Verfügung zu stellen. Dabei ist für den einzelnen Mitarbeiter häufig nicht allein die absolute Einkommenshöhe von Bedeutung; vielmehr hängt die Zufriedenheit auch wesentlich davon ab, ob das eigene Einkommen nicht hinter demjenigen von Kollegen mit gleichen oder ähnlichen Arbeitsaufgaben zurückbleibt.

Ein wichtiger Bestimmungsfaktor der Entgeltfindung ist selbstverständlich die Arbeitsleistung. Mit der Forderung »gleicher Lohn für gleiche Arbeit« stellt sich aber das gewichtige Problem der Vergleichbarmachung.

Mittels einer Arbeitsbewertung auf der Basis der vorweg kurz beschriebenen Zeitstudien wird eine Annäherung an eine Objektivierung der Leistungsbeurteilung versucht, aber eine rein objektiven Kriterien folgende und damit absolut gerechte Eingruppierung und Entlohnung erscheint schlichtweg nicht möglich.

Anstelle einer absoluten Lohngerechtigkeit ist folglich die relative Lohngerechtigkeit angestrebt: Diese liegt als Grundgedanke den Verhandlungen zwischen Arbeitgeber- und Arbeitnehmervertretern zugrunde und kommt in den Tarifgruppen und tariflichen Entgeltbeträgen bzw. entsprechenden Betriebsvereinbarungen zum Ausdruck.

Die Entgeltpolitik unterscheidet die folgenden vier Bestimmungsgrößen.

– Das **anforderungsgerechte Arbeitsentgelt:** Dieses berücksichtigt die Arbeitsanforderungen und -bedingungen und erfordert das Vorliegen von Arbeitsplatzbewertungen und Stellenbeschreibungen. Nicht die tatsächliche Leistung, sondern die Anforderungen des Arbeitsplatzes sind Grundlage der Entlohnung.

– Das **leistungsgerechte Entgelt:** Auf Basis von Messungen und Bewertungen wird die individuelle Leistungsabgabe des einzelnen Arbeitnehmers entlohnt.

– Das **verhaltensgerechte Entgelt:** Im Vordergrund der Betrachtung steht die Art und Weise der Aufgabenerfüllung, also z. B. Qualität, Anwesenheit, Unfallfreiheit. Häufig werden am Verhalten orientierte Entgeltanteile in Form von Prämien zusätzlich zum sonstigen Einkommen ausgeschüttet.

– Das **sozialgerechte Entgelt** berücksichtigt persönliche Daten und Lebensumstände des Arbeitnehmers, also z. B. Alter, Familienstand, Zahl der Kinder, Behinderungen, Betriebszugehörigkeit.

In der heute üblichen Entlohnungspraxis finden in der Regel alle vier Bestimmungsgrößen angemessene Berücksichtigung. Im Folgenden wird auf Systeme zur anforderungsgerechten Entlohnung mittels Arbeitsbewertung und Systeme zur leistungsgerechten Entlohnung mittels Leistungskennzahlen eingegangen. Den Unterschied zwischen beiden Entlohnungsformen zeigt die folgende Abbildung.

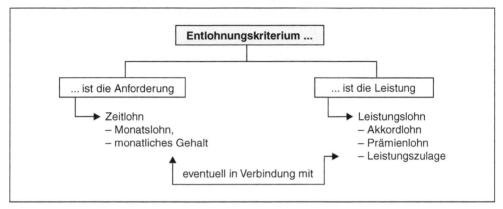

Lohnformen in Abhängigkeit vom Entlohnungsgrundsatz

2.4.1.2 Grundlagen der Arbeitsbewertung

Voraussetzung für eine dem Anforderungsgrad entsprechende Bewertung einzelner Arbeitsverrichtungen ist eine Differenzierung und Klassierung von Tätigkeiten nach

- Fachkenntnissen (Vorbildung, Arbeitserfahrung),
- geistiger Anstrengung,
- körperlicher Anstrengung (Geschicklichkeit, Muskelbelastung, Aufmerksamkeit, besondere Belastung durch Schichtarbeit),
- Verantwortung für Mitarbeiter und Sachen,
- Umgebungseinflüssen (Schmutz, Nässe, Lärm, Arbeit im Freien, Unfallgefahr usw.).

Das im Jahre 1950 auf einer internationalen Konferenz für Arbeitsbewertung entwickelte »Genfer Schema« kennt vier Obergruppen und insgesamt sechs Anforderungsgruppen.

Gruppenzahl	Hauptanforderungen	
I.	Fachkönnen:	1. geistige Anforderungen
		2. körperliche Anforderungen
II.	Belastung:	3. geistige Beanspruchung
		4. körperliche Beanpruchung
III.		5. Verantwortung
IV.		6. Arbeitsbedingungen

»Genfer Schema« zur Klassierung von Tätigkeiten

Qualitative Methoden der Arbeitswertanalyse sind

- die **summarische Methode:** Die Arbeitsverrichtungen werden ohne Aufgliederung nach einzelnen Anforderungsarten als Ganzes bewertet;

2.4 Entgeltfindung/Kontinuierliche Verbesserung 2 Betriebswirtschaftliches Handeln

- die **analytische Methode:** Für jede einzelne Anforderungsart wird ein Wert ermittelt; der Arbeitswert einer Verrichtung ergibt sich aus der Summe der Einzelwerte für die Anforderungen, die im Rahmen dieser Verrichtung an den Ausführenden gestellt werden.

Die Quantifizierung der **Arbeitsschwierigkeit** folgt entweder

- dem Prinzip der **Reihung:** Die zu bewertenden Verrichtungen werden nach abnehmendem Schwierigkeitsgrad geordnet;

- dem Prinzip der **Stufung:** Unterschiedliche Verrichtungen mit gleichem Schwierigkeitsgrad werden innerhalb eines vorab festgelegten Systems mit verschiedenen Anforderungsstufen der gleichen Stufe zugeordnet.

Die Kombination der qualitativen und quantitativen Prinzipien ergibt vier Grundmethoden der Arbeitsbewertung:

Prinzip der Quantifizierung	Prinzip der Qualitätsanalyse	
	summarisch	analytisch
Reihung	Rangfolgeverfahren	Rangreihenverfahren
Stufung	Lohngruppenverfahren	Stufenwertzahlverfahren

Grundmethoden der Arbeitsbewertung

Das **Rangfolgeverfahren** ist ein einfaches, jedoch für kompliziertere Verhältnisse kaum geeignetes Verfahren, das alle in einem Betrieb anfallenden Verrichtungen in eine Rangreihung einstellt. Eine Rangreihung besagt jedoch nichts über die Abstände zwischen den einzelnen Leistungsklassen. Übertragen auf die Arbeitsbewertung bedeutet dies, dass das Rangfolgeverfahren nur unbefriedigende Hilfen zur Lösung des Entlohnungsproblems stellt.

Das **Lohngruppen-** oder **Katalogverfahren** bildet eine Anzahl von Stufen (= Lohngruppen) mit unterschiedlichem Schwierigkeitsgrad, in die alle anfallenden Verrichtungen eingeordnet werden. Zu jeder Stufe werden Richtbeispiele dargeboten, die die Einordnung erleichtern sollen. Dieses Verfahren wird in Tarifverträgen bevorzugt.

Das **Rangreihenverfahren** bringt alle Verrichtungen in eine Rangreihung, betrachtet dabei jedoch – anders als das Rangfolgeverfahren – jede Anforderungsart getrennt: So werden alle Verrichtungen einmal nach den Vorkenntnissen, dann nach der körperlichen Belastung, der Verantwortung usw. sortiert. Die Stellung einer Verrichtung innerhalb einer Reihe wird in einem Prozentwert ausgedrückt. Die Schwierigkeit besteht darin, dass den verschiedenen Anforderungsarten unterschiedliches Gewicht beizumessen ist und daher eine komplizierte Berechnung erforderlich wird, in der die verschiedenen Prozentwerte mit den jeweiligen Gewichtungsfaktoren multipliziert werden.

Das **Stufenwertzahlverfahren** legt für jede Anforderungsart eine Wertzahlenreihe fest, die innerhalb einer Bandbreite von z. B. »äußerst gering« bis »extrem hoch« Punkte vergibt.

Anforderungsart	Bewertung	Punktezahl
Körperliche Beanspruchung	äußerst gering	0
	leicht	2
	mittelschwer	4
	hoch	6
	sehr hoch	8
	extrem hoch	10

Stufenwertzahlverfahren

Die Wertzahlen müssen nicht in gleichen absoluten Abständen festgelegt werden; auch nichtlineare Verläufe sind denkbar. Außerdem kann eine Gewichtung der unterschiedlichen Anforderungsarten erfolgen.

Arbeitsplatzbewertung

Die Bewertung und Eingruppierung eines Arbeitsplatzes erfolgt unabhängig vom Stelleninhaber anhand der Tätigkeitsbeschreibung oder Stellenbeschreibung. Die darin aufgeführten Anforderungen werden z. B. nach dem Genfer Schema oder einem anderen Kriterienkatalog mit einer Wertzahl versehen, wobei die Kriterien mit einem Gewichtungsfaktor versehen werden, da sie in aller Regel von unterschiedlich großer Bedeutung für die Gesamtbewertung sind. Die Summe der mit dem Gewichtungsfaktor multiplizierten Wertzahlen führt zur Eingruppierung des Arbeitnehmers in eine Lohngruppe.

Die Bewertung im Unternehmen ist meist auf Bewertungsausschüsse übertragen, denen Arbeitgeber- und Arbeitnehmervertreter angehören. Das Verfahren soll eine möglichst große Objektivität und Vergleichbarkeit gewährleisten.

2.4.1.3 Lohnarten

2.4.1.3.1 Zeitlohn

Beim Zeitlohn kann unterschieden werden nach

– Zeitlohn ohne Leistungsbewertung,

– Zeitlohn mit Leistungsbewertung.

In der ersten Form des Zeitlohnes wird sowohl die Art der Leistung als auch das Ausmaß der Leistung abgegolten. Der Arbeitnehmer kann im Allgemeinen ohne besonderen Zeitzwang mit einer konstanten Lohnhöhe rechnen.

Zeitlöhne **ohne leistungsbezogene Komponente,** wie sie aus der ausschließlichen Praktizierung der geschilderten Arbeitsbewertung resultieren, sind in den Bereichen der Verwaltung und Dienstleistung gebräuchlich, in gewerblich-technischen Bereichen aber eher die Ausnahme; öfter werden sie dort mit leistungsbewertenden Elementen kombiniert.

Der Zeitlohn mit **Leistungsbewertung** hat als Ziel, eine Leistungssteigerung durch die Quantifizierung der Leistung des Menschen in Form eines Leistungswertes zu erreichen. Die leistungsbezogenen Lohnkomponenten beruhen auf Leistungsbewertungen, die in regelmäßigen Abständen durch die jeweiligen Vorgesetzten vorgenommen werden. Wie die Beurteilung durchgeführt wird und welche Kriterien dabei beurteilt werden, ergibt sich im Allgemeinen aus tarifvertraglichen Regelungen. Von der Höhe des Leistungswertes ist die Höhe der Leistungszulage abhängig. Sie ist vergangenheitsbezogen und wird in der Erwartung gezahlt, dass der Mitarbeiter auch künftig sein Leistungsverhalten nicht verändert. Die **Leistungsbeurteilung** wird in Intervallen, mindestens jedoch einmal im Jahr durchgeführt.

Eine Sonderform ist der **Pensumlohn,** eine Leistungszulage für eine bestimmte Periode (z. B. ein Quartal, ein Halbjahr), die für ein vorab vereinbartes, in der Periode zu erbringendes Arbeitspensum vereinbart wurde. In der Leistungsüberprüfung und vor Festlegung der Leistungszulagen für die Folgeperiode wird rückblickend festgestellt, ob dieses Pensum auch tatsächlich erbracht oder sogar überschritten wurde.

Dem relativ hohen Aufwand, der mit der Ermittlung und Vereinbarung des Pensums einhergeht, stehen als Vorteile eine für den Arbeitnehmer kalkulierbare, weil für die Dauer der Periode feststehende Lohnhöhe und eine aufgrund der Gewährung einer Leistungskomponente gesteigerte Motivation gegenüber.

2.4.1.3.2 Leistungslohn: Akkordlohn, Prämienlohn und Leistungszulagen

Die »klassischen« Formen des Leistungslohns sind der Akkordlohn, der Prämienlohn und sonstige Zulagen.

Bei leistungsbezogenen Löhnen ist zu beachten, dass die gesetzlichen **Mindestlohnvorgaben** nach dem Mindestlohngesetz (MiLoG) bzw., soweit Tarifbindung besteht, die tariflichen Mindestlöhne einzuhalten sind. Die Normalleistung beim Akkord wird daher so bemessen, dass der Mindestlohn erreicht wird. Prämien werden immer zusätzlich zum Zeit- oder Akkordlohn gewährt.

2.4.1.3.2.1 Akkordlohn

Akkordlohn ist eine Lohnform mit direktem Leistungsbezug. Die Leistung wird in Leistungskennzahlen ausgedrückt. Diese sind

– die vom arbeitenden Menschen beeinflussbare Mengenleistung, ausgedrückt im Leistungsgrad,

– der daraus abgeleitete Zeitgrad.

Zur Ermittlung dieser Werte müssen vorab Arbeitszeitstudien durchgeführt werden.

Zeitstudien, Bewegungsstudien und Systeme vorbestimmter Zeiten

Zeitstudien sind exakte Zeitmessungen, mit deren Hilfe der durchschnittliche Zeitverbrauch für eine Verrichtung ermittelt werden soll. Derartige Zeitmessungen werden häufig im Zusammenhang mit Stückakkordlöhnen durchgeführt.

Es gehört dabei zum Wesen der Arbeitsplatzgestaltung, dass Verrichtungen, etwa menschliche Bewegungen, zuvor im Sinne der oben genannten Gestaltungsaspekte optimiert, also vereinfacht, verdichtet, angereichert und um unnötige oder unnötig kräftezehrende Elemente bereinigt werden.

Jede einzelne Zeitmessung ergibt eine Zeit, die eine bestimmte Arbeitskraft für eine Verrichtung benötigt. Da jedoch ein Durchschnittswert gesucht wird, müssen möglichst viele Messungen derselben Tätigkeit durchgeführt werden, wobei die Tätigkeit von wechselnden Arbeitskräften auszuüben ist.

Da jede Arbeitskraft ein individuelles Leistungsvermögen aufweist, wird nach REFA neben der Zeitmessung auch eine Schätzung des individuellen Leistungsgrades vorgenommen. Der normale Leistungsgrad, die sogenannte **Normalleistung,** wird mit 100 % angenommen; Kriterium für eine Normalleistung ist z. B. eine harmonische, koordinierte Bewegungsausführung.

Die durch Zeitstudien ermittelte Normalzeit für eine Arbeitsverrichtung ist nicht identisch mit der **Vorgabezeit,** die auch Unterbrechungen berücksichtigt, die arbeitsablauf- oder störungsbedingt auftreten oder der Erholung bzw. den persönlichen Bedürfnissen der Arbeitskraft dienen.

Um Zeitvorgaben in noch größerem Maße objektivieren zu können, wurden wissenschaftliche Mikro-Bewegungsstudien durchgeführt, deren Ergebnisse aus Tabellenwerken entnommen werden können. Hierin finden sich Standardzeitwerte für diverse, hinsichtlich ihres Schwierigkeitsgrades noch mehrfach differenzierte Grundbewegungen wie Hinlangen, Greifen, Vorrichten usw.

In Deutschland verbreitete Methoden, auf die hier aber nicht weiter eingegangen werden soll, sind das »REFA-Standardprogramm Planzeitermittlung«, MTM (Methods Time Measurement) und WF (Work Factor).

Der **Leistungsgrad** setzt die beobachtete Leistung eines Mitarbeiters, z. B. die Anzahl der hergestellten Stücke, ins Verhältnis zur Normalleistung:

$$\text{Leistungsgrad in \%} = \frac{\text{(Beobachtete Istleistung)}}{\text{(Normalleistung (Bezugsleistung))}} \cdot 100$$

Im Leistungsgrad spiegelt sich das Ergebnis einer Momentaufnahme wider. Aussagefähiger wird er, wenn mehrere Beobachtungen einfließen.

Die **Bezugsleistung** wird in den üblichen Formeln zur Akkordlohnberechnung mit der **Normalleistung** gleichgesetzt. Diese ist nach REFA diejenige in sorgfältigen Untersuchungen ermittelte Leistung, die von jedermann bei ausreichender Eignung, Einarbeitung und Übung auf Dauer ohne gesundheitliche Schäden erbracht werden kann. „Auf Dauer" bedeutet dabei, dass auch vorgegebene Erholungszeiten und Zeiten für die Erledigung persönlicher Bedürfnisse berücksichtigt werden. Eine in einer Momentaufnahme während einer kurzen Zeitspanne, etwa einer Stunde, beobachtete, durchgängig erbrachte Leistung eignet sich daher naheliegenderweise nicht als Bezugsleistung. Bezugsleistung meint hier daher die Normalleistung, die über einen längeren Zeitraum, etwa die Dauer einer Schicht, im Stundenmittel von einer durchschnittlichen Mitarbeiter erbracht werden kann. Aus dieser Normalleistung errechnet sich die Vorgabezeit. Diese wird in der Regel in Minuten angegeben und ergibt sich aus der Verteilung der Normalleistung auf 60 Minuten:

$$\text{Vorgabezeit} = \frac{\text{(60 Minuten)}}{\text{Normalleistung}}$$

Wird exakt die Vorgabezeit erbracht, ist der Leistungsgrad 100 %.

Im Vergleich der Vorgabezeit mit der tatsächlich benötigten Zeit für die Ausführung der betreffenden Tätigkeit ergibt sich der **Zeitgrad:**

$$\text{Zeitgrad in \%} = \frac{\text{Vorgabezeit}}{\text{Istzeit}} \cdot 100$$

Der Zeitgrad kann nur für eine zurückliegende Periode ermittelt werden.

Beispiel:

In eingehenden Messungen wurde eine Normalleistung von 3 Stück pro Stunde ermittelt. Die Vorgabezeit für ein Stück beträgt also

$$\frac{\text{(60 Minuten)}}{\text{(3 Stück)}} = 20 \text{ Minuten/Stück}$$

Mitarbeiterin Müller schafft aber während einer Schicht durchschnittlich 4 Stück pro Stunde. Für ein Stück benötigt sie also

$$\frac{\text{(60 Minuten)}}{\text{(4 Stück)}} = 15 \text{ Minuten/Stück}$$

Ihr Leistungsgrad ist daher

$$\frac{4}{3} \cdot 100 = 133{,}33 \text{ \%}$$

und der Zeitgrad dementsprechend

$$\frac{20}{15} \cdot 100 = 133{,}33 \text{ \%}$$

Die Akkordleistung, die sich aus dem Vergleich der geleisteten Menge mit der Normalleistung bzw. der benötigten Zeit mit der Vorgabezeit ergibt, wird mit dem **Akkord-Grundlohn** multipliziert. Dabei sind zwei Verfahren zu unterscheiden:

- Wird die Menge, die in einer bestimmten Zeit hergestellt wird, als Bezugsgröße herangezogen, liegt Stückakkord (auch: **Geldakkord**) vor.
- Ist die Bezugsbasis die Zeit, die für eine bestimmte Leistung benötigt wird, handelt es sich um **Zeitakkord**.

Der Unterschied zwischen beiden Verfahren besteht lediglich in der Art der Berechnung, denn beide Verfahren führen letztlich zum selben Ergebnis. Allerdings wird in der Praxis fast durchweg dem Zeitakkord der Vorzug gegeben.

Gemeinsam ist beiden Verfahren, dass sie von einem Akkordrichtsatz ausgehen. Dieser errechnet sich auf Basis des Stundenlohns und des Akkordzuschlags aus

Akkordrichtsatz = Stundenlohn + Stundenlohn · Akkordzuschlag

Beispiel-Fortsetzung:

Der tarifliche Brutto-Grundlohn pro Stunde soll mit 14,40 € angenommen werden, der Akkordzuschlag mit 20 %. Der Akkordrichtsatz beträgt in diesem Fall

$$14{,}40 \text{ €} \cdot 1{,}2 = 17{,}28 \text{ €}$$

Bei der Feststellung der Akkordsätze einschließlich des Akkordrichtsatzes hat der Betriebsrat ein Mitbestimmungsrecht (§ 87 Abs. 1 Nr. 11 BetrVG), es sei denn, der Akkordrichtsatz wäre bereits – wie dies häufig der Fall ist – im Tarifvertrag oder der Betriebsvereinbarung festgesetzt. In vielen industriellen Bereichen – so in der Metall-, Textil-/Bekleidungs- und chemischen Industrie, der Holz- und Papierverarbeitung sowie im Druckgewerbe – sind detaillierte Vorgaben für die Anwendung der Lohnformen, darunter des Akkordlohns, anzutreffen. Analog dazu finden sich in Tarifverträgen auch Vorgaben über die Gewährung von Leistungszulagen für Angestellte außerhalb des Fertigungsbereichs. Für das Bauhauptgewerbe gibt es einen Rahmentarifvertrag eigens für Leistungslöhne.

Ist keine verbindliche Vorgabe vorhanden, sind die Vorgabewerte für die Akkordberechnung Gegenstand von Vereinbarungen zwischen Arbeitgeber und Arbeitnehmervertretung.

Errechnung des Stückakkords (Geldakkords):

Wird der Akkordrichtsatz durch die Normalleistung geteilt, ergibt sich das Stückgeld (Stücklohn):

$$\text{Stückgeld} = \frac{\text{Akkordrichtsatz}}{\text{Normalleistung}}$$

Der Akkordlohn eines Mitarbeiters in Bezug auf die von ihm tatsächlich erbrachte Leistung errechnet sich aus

$$\text{Akkordlohn} = \text{geleistete Menge} \cdot \text{Stückgeld}$$

Beispiel-Fortsetzung:

Oben wurde ein Akkordrichtsatz von 17,28 € ermittelt, der sich auf die Normalleistung von durchschnittlich 3 Stück pro Stunde bezieht.

Das Stückgeld beträgt danach

$$\frac{(17{,}28 \text{ €})}{(3 \text{ Stück})} = 5{,}76 \text{ €/Stück}$$

Diesen Betrag erhält der Kollege von Frau Müller, der genau die Normalleistung von durchschnittlich 3 Stück pro Stunde erbringt. Sein Stundenlohn beträgt also 17,28 €.

Frau Müller selbst hat aber 4 Stück pro Stunde geschafft. Damit errechnet sich ihr Akkord-Stundenlohn brutto auf

$$4 \text{ Stück} \cdot 5{,}76 \text{ €/Stück} = 23{,}04 \text{ €}.$$

Der Stück- bzw. Geldakkord hat den Nachteil, dass die Zeitvorgabe für die Beschäftigten aus diesem System kaum zu erkennen ist. Außerdem muss bei jeder Tarifänderung eine neue Berechnung des gesamten Akkordgerüsts erfolgen, also sowohl des Richtsatzes als auch des Stückgelds. Deswegen gibt die Praxis meist dem Zeitakkord den Vorzug.

Errechnung des Zeitakkords

Für die Ermittlung des Akkordlohns beim Zeitakkord wird die Vorgabezeit benötigt. Zudem ist ein Minutenfaktor zu errechnen:

$$\text{Minutenfaktor} = \frac{\text{Akkordrichtsatz}}{(60 \text{ Minuten})}$$

Der Akkordlohn ergibt sich dann aus

$$\text{Akkordlohn} = \text{Minutenfaktor} \cdot \text{Vorgabezeit} \cdot \text{Stückzahl}$$

Beispiel-Fortsetzung:
Der Minutenfaktor beträgt $\frac{17{,}28 \text{ €}}{60 \text{ Minuten}} = 0{,}288 \text{ €/Minute}$

Der Akkordlohn bei Normalleistung beträgt folglich

$$0{,}288 \text{ €/min} \cdot 20 \text{ min/Stück} \cdot 3 \text{ Stück} = 17{,}28 \text{ €}$$

und entspricht wiederum dem Akkordrichtsatz.

Frau Müller, die 4 Stück geschafft hat, erhält als Akkord-Stundenlohn auch nach dieser Methode

$$0{,}288 \text{ €/min} \cdot 20 \text{ min/Stück} \cdot 4 \text{ Stück} = 23{,}04 \text{ €}$$

Beide Methoden kommen also zum gleichen Ergebnis. Der Unterschied besteht darin, dass im Falle des Zeitakkords nur der Minutenfaktor geändert werden muss, wenn sich das tarifliche Entgelt ändert.

Berücksichtigung des Mindestlohns bei Akkordarbeit

Bei reinem Akkordlohn wäre das Verhältnis der Lohnveränderung zur Leistungsveränderung strikt proportional. Allerdings darf der gesetzlich oder tariflich garantierte Mindestlohn (Grundlohn) nicht unterschritten werden: Er wird bei Minderleistung mindestens gezahlt. Bei Unterschreiten einer bestimmten Mindestleistung geht die Entlohnung also automatisch in einen Zeitlohn über. Dieser wird nach unten durch den tariflichen Mindestlohn (Grundlohn) und nach oben durch den Akkordrichtsatz begrenzt. Viele Tarifverträge sehen letzteres vor. Damit erscheint Akkordarbeit zunächst teurer als der – nicht-beaufschlagte – Zeitlohn. Dies relativiert sich jedoch, wenn man bedenkt, dass Akkordarbeiter durch unverschuldete Stillstände und Verzögerungen in der Produktion (Engpässe, Störungen, Drosselung infolge verringerter Nachfrage) gegenüber Zeitlohnempfängern benachteiligt würden. Der Aufschlag, der in der Regel zwischen 10 % und 30 % gewährt wird und auch bei Normalleistung greift, soll hier einen Ausgleich schaffen.

Voraussetzung für die Anwendung von Akkordlohn

Akkordlohn kann nur angewendet werden, wenn die Arbeitsmenge von der Arbeitskraft direkt beeinflusst werden kann: Nur dann ist der Arbeitsprozess akkordfähig und akkordreif.

Beide Eigenschaften – Akkordfähigkeit und Akkordreife – sind unabdingbar. Ein Arbeitsprozess ist **akkordfähig**, wenn

– die Art und Weise, wie er wiederholt ausgeführt werden kann, im Voraus bekannt ist,

– er regelmäßig und hinreichend oft zu wiederholen ist,

– er dabei immer gleich abläuft,

– die Arbeitsergebnisse exakt und einfach messbar sind,

– der Arbeitsplatz so eingerichtet ist, dass die Bedingungen, die bei der Ermittlung der Vorgabezeit herrschten, konstant weiterbestehen.

Ein Arbeitsprozess ist **akkordreif**, wenn

– der Arbeitsablauf ausgereift und frei von Mängeln ist und

– die Arbeitskraft eingearbeitet ist und die Aufgabe dank ausreichender Übung auch ausreichend beherrscht.

Akkordvereinbarungen müssen sich nicht zwangsläufig auf die Leistung der einzelnen Arbeitskraft beziehen und allein deren Lohnhöhe beeinflussen. Dort, wo mehrere Mitarbeiter/innen gemeinsam eine Leistung erbringen, kann auch ein **Gruppenakkord** praktiziert werden. Es gibt keine feste Regel, wie in diesem Fall die Verrechnung und Verteilung zu erfolgen hat, aber üblich ist, dass jedes Mitglied der Gruppe zunächst einen festen Stundenlohn erhält und außerdem zur Erwirtschaftung eines gemeinschaftlichen Mehrverdienstes beiträgt, der anschließend nach einem Verteilungsschlüssel auf die Gruppenmitglieder verteilt wird. Wenn der Verteilungsschlüssel exakt das Verhältnis der Stundenlöhne der Gruppenmitglieder abbildet, führt die Verteilung der gesamten Lohnsumme der Gruppe nach dem Verteilungsschlüssel zum selben Ergebnis.

Vorteile und Nachteile des Akkordlohns

Vor der Entscheidung über die Einführung (ebenso: Abschaffung) eines Akkordlohns sind die Vor- und Nachteile abzuwägen.

Vorteile des Akkordlohns sind

– leistungsgerechte Entlohnung wird von den Beschäftigten tendenziell eher als gerecht empfunden als ein Zeitlohn,

– die hohe Arbeitsproduktivität,

– die einfache Kontrollierbarkeit der Leistung durch die Vorgesetzten,

– die Möglichkeit der Verwendung der Leistungskennzahlen auch für andere Zwecke, etwa in der Kalkulation und Planung.

Nachteile sind

– die notwendige Beschränkung auf akkordfähige und akkordreife Prozesse,

– der hohe Aufwand in Zusammenhang mit der Datenerhebung und Lohnberechnung,

– mögliche negative Auswirkungen auf das Betriebsklima bei unterschiedlicher Arbeitsleistung der Beschäftigten (Vorwurf des »Akkordbrechens« im Sinne von »Hochschrauben der Vorgabezeiten«),

– die fehlende Begrenzung nach oben (die Akkorde können ausufern und »davonlaufen«),

– die Notwendigkeit, die Vorgabezeiten ständig daraufhin zu überwachen, ob sie noch zutreffend und angemessen sind,

– die Erschwernis, die Vorgabezeiten in Reaktion auf Änderungen im Prozess anzupassen.

Mit zunehmender Automatisierung in der industriellen Produktion nimmt die Bedeutung von Akkordarbeit und -lohn ab.

2.4.1.3.2.2 Prämienlohn

Kriterien der Prämiengewährung

Auch der Prämienlohn kombiniert anforderungs- und leistungsabhängige Komponenten. Grundlage der Prämienlohnermittlung sind dabei nicht notwendig nur Mengen- und Zeitleistungen (Mengenprämien), sondern es kommen – je nach Art der zu prämierenden Vorgänge und in Abhängigkeit von den Zielen, die mit der In-Aussicht-Stellung der Prämien verfolgt werden – auch Kriterien wie

- Qualität der Leistung (etwa am Verhältnis von Gutleistung zu Ausschuss zu messen),
- Nutzung des Haupt-Betriebsmittels (gemessen am Verhältnis von Betrieb und Stillstand),
- Ersparnisse (eher heikel, wenn z. B. eingespartes Material belohnt wird: Ersparnisprämien dürfen keinesfalls zu Qualitätsminderung führen!),
- Sicherheit (z. B. Belohnung für arbeitsunfallfreies Arbeiten)

zum Tragen.

Die verschiedenen Prämienarten können auch in einer Verbundprämie vereint werden. Um die Überschaubarkeit nicht zu beeinträchtigen, sollten nicht mehr als drei Prämienarten kombiniert werden. Bei der Kombination muss darauf geachtet werden, dass die Wirkungen der einzelnen Prämienarten sich nicht gegenseitig aufheben. Häufig werden folgende Kombinationen gewählt:

- Menge und Qualität,
- Menge, Qualität und Ersparnis,
- Nutzungsgrad, Qualität und Ersparnis.

Vorteile und Nachteile des Prämienlohns

Vorteile des Prämienlohns sind

- die leistungs- oder verhaltensgerechte Entlohnung auch dort, wo Akkordfähigkeit nicht gegeben ist;
- die Möglichkeit, die Erreichung von Zielen durch die Auslobung von Prämien zu fördern;
- die Möglichkeit zur Begrenzung der Entgelthöhe nach oben;
- die Möglichkeit der Verwendung der Leistungskennzahlen auch für andere Zwecke, etwa in der Kalkulation und Planung.

Nachteilig sind

- der hohe Aufwand in Zusammenhang mit der Datenerhebung und Lohnberechnung;
- mögliche negative Auswirkungen auf das Betriebsklima, wenn die Berechnung der Prämie durch die Entgeltempfänger nicht klar nachvollzogen werden kann oder wenn die Prämiengewährung an eine Gruppen- oder Abteilungsleistung gebunden ist und vermeintliche Fehler eines Kollegen eine Prämie schmälern (besonders häufig ist dies bei »Sicherheitsprämien«, die die Unfallfreiheit einer Arbeitsgruppe belohnen, der Fall).

2.4.1.3.2.3 Sonstige Leistungszulagen

Einige gewichtige Gründe sprechen dafür, die »klassischen« Leistungslohnformen durch modernere Konzepte und Instrumente zumindest zu ergänzen oder sogar zu ersetzen:

- Die bisher genannten Leistungslohnformen weisen – vielleicht mit Ausnahme der erwähnten Sicherheitsprämie – den Nachteil auf, dass sie nur Individualleistungen, nicht aber Gruppenleistungen belohnen und fördern, ja sogar bisweilen der Zusammenarbeit in Gruppen eher entgegenstehen. Moderne Betriebe setzen zwecks Erreichung ihrer unternehmerischen Ziele aber mehr und mehr auf Gruppenarbeit.

- Während sich die Gewinnausschüttungen der Anteilseigner eines Unternehmens am Erfolg des Unternehmens im Wettbewerb und auf den Absatzmärkten orientieren, werden Akkord- und Prämienlohn an der Leistungsabgabe des Einzelnen festgemacht. Es wäre aber im Sinne eines Interessenausgleichs zwischen den Faktoren Arbeit und Kapital wünschenswert, wenn beide Parteien für die Erreichung desselben Ziels belohnt würden.

Als zeitgemäße Instrumente der Leistungsbelohnung wird heute die **Erfolgsbeteiligung** angesehen, die sich nicht – wie das »klassische« Leistungsentgelt« – an innerbetrieblicher Leistung wie Output, Produktivität, Kostenersparnis usw. orientiert, sondern am **Markterfolg**, gemessen am Umsatz, an der Wertschöpfung, am Unternehmensgewinn, am ausgeschütteten Gewinn (an der Dividende), usw.

Erfolgsorientierte Entgeltanteile werden häufig als **Erfolgsbonus** oder Erfolgsbeteiligung bezeichnet.

Insgesamt kann sich das Entgelt eines Arbeitnehmers also aus folgenden **Komponenten** zusammensetzen:

>   Grundlohn
> + Tarifliche Leistungszulage
> + Außertarifliche Zulage
> + Erfolgsbonus
> ─────────────────
> = Entgelt

Wesentliche Festlegungen, die bei einer Erfolgsbeteiligung gelten sollten, betreffen

- die Anknüpfungsgröße (Umsatz, Gewinn, Gewinnausschüttung usw.);
- die Höhe des Belegschaftsanteils (absolut oder prozentual);
- bei Ausschüttungsgewinnbeteiligung: Anteil, der auf die Mitarbeiter entfallen soll (»Belegschaftsquote«);
- die Verteilung der Erfolgsbeteiligung auf die einzelnen Mitarbeiter (»Individualquote«), wobei z. B. folgende Modelle in Betracht kommen:
- Verteilung nach Köpfen (gleicher Betrag für alle),
- Quotierung nach Stellung im Betrieb (z. B. höhere absolute Beträge für leitende Mitarbeiter), Betriebszugehörigkeit (x % je Dienstjahr), Familienstand (x € zusätzlich pro Kind), usw.,
- lohnproportionale Zahlung (x % vom Monats- bzw. Jahreseinkommen);
- die Form der Ausschüttung: Häufig wird anstelle einer Barauszahlung, die dem Unternehmen liquide Mittel entzieht, eine Kapitalbeteiligung oder ein Schuldtitel ausgegeben, damit wird der einzelne Arbeitnehmer Miteigentümer oder Darlehensgeber seines Unternehmens.

2.4.2 Innovation und Kontinuierliche Verbesserung (KVP)

2.4.2.1 Methoden und Instrumente der KVP

»Stillstand ist Rückschritt«: Wie schon unter dem Stichwort **»Adaptationsproblematik«** dargelegt wurde, sind Unternehmen heute mehr denn je Veränderungsprozessen ausgesetzt, die sich durch starke Dynamik auszeichnen; die Intervalle, in denen sich Veränderungen ergeben, auf die sich der Betrieb einstellen muss, werden kürzer und kürzer.

Viele dieser Veränderungen sind in technologischen Weiterentwicklungen begründet, denen der an den neuen Möglichkeiten orientierte gestiegene Anspruch der Märkte auf dem Fuße folgt. Der Betrieb kann diesen Anforderungen nur durch seinerseitige ständige Weiterentwicklung begegnen.

Dies bedeutet nun nicht einfach nur, ständig mit »Neuem« aufzuwarten, sondern vor allem auch, sämtliche Strukturen, Prozesse und Leistungen stets kritisch daraufhin zu sichten, ob es nicht etwas zu verbessern gibt, diese Verbesserung dann auch vorzunehmen – und den neu geschaffenen Zustand wiederum kritisch zu hinterfragen: Sicherlich sind weitere Verbesserungen möglich...

Offensichtlich ist die geschilderte Art der **Qualitätsförderung** kein »Projekt« mit einmaligem Charakter, festgelegtem Endzeitpunkt und feststehendem Endziel, sondern eine Daueraufgabe: Der jeweils erreichte Standard wird als Basis und Ausgangspunkt permanenter Verbesserungen genommen. Solche beständigen Abfolgen von Prüfung, Auswertung, Schwächenermittlung, Ursachenforschung, Ermittlung von Verbesserungsmöglichkeiten, Korrektur und abermaliger Prüfung usw. werden als **Regelkreis** bezeichnet.

Im Zusammenspiel mit der Verschlankung von Strukturen, insbesondere dem Abbau (Verflachung) von Hierarchieebenen, durch die damit einhergehende Beschleunigung von Abläufen und durch verstärkte Teamarbeit wird ein **Kontinuierlicher Verbesserungsprozess (KVP)** in Gang gesetzt. Diese Philosophie wurde zuerst in der japanischen Wirtschaft umgesetzt. Dementsprechend hat sich der dort gebräuchliche Begriff Kaizen (»Der Ersatz des Guten durch das Bessere«) weltweit durchgesetzt.

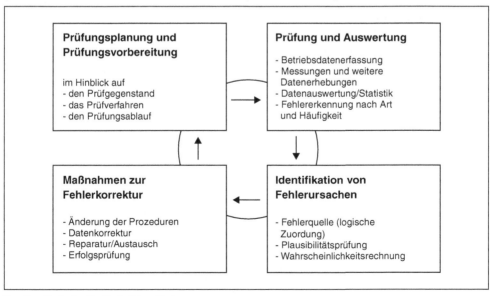

Der Regelkreis der Kontinuierlichen Verbesserung

2.4 Entgeltfindung/Kontinuierliche Verbesserung   2 Betriebswirtschaftliches Handeln

Die Praxis des Kaizen wurde in der japanischen Industrie nach dem Zweiten Weltkrieg vor allem durch den Amerikaner William Edwards DEMING vorangebracht, in den USA und Europa aber erst in den 80er Jahren in ihrer Bedeutung wahrgenommen, als auffiel, dass in den japanischen Betrieben offensichtlich immenser Nutzen aus einer Vielzahl von Verbesserungsvorschlägen von Mitarbeitern gezogen werden konnte, der den Nutzen des praktisch seit Beginn der Industrialisierung weithin praktizierten **Betrieblichen Vorschlagswesens (BVW)** bei weitem übertraf.

Die Untersuchung der Ursachen ergab einen wesentlichen Unterschied zwischen dem »konventionellen« BVW und dem »modernen« KVP:

– BVW-Verbesserungsvorschläge erstrecken sich auf fremde Arbeitsgebiete,

– KVP-Verbesserungsvorschläge beziehen das eigene Arbeitsgebiet mit ein.

Betriebe, die ein BVW eingeführt haben, setzen Prämien für Verbesserungsvorschläge eines Mitarbeiters außerhalb seines eigenen **Aufgaben**gebietes aus: Die optimale Erledigung der eigenen Aufgaben wird schließlich mit dem regulären Lohn abgegolten. Interpretiert wird diese Regelung aber häufig so, dass sich ein prämierungsfähiger Vorschlag auch nicht auf das eigene Arbeitsgebiet erstrecken dürfe, selbst dann nicht, wenn eigene Zuständigkeiten und Pflichten nicht berührt seien. Der Anreiz für den einzelnen Mitarbeiter, über die Dinge, die sich direkt in seinem Arbeitsumfeld abspielen, kritisch nachzudenken, ist folglich nicht unbedingt gegeben. Für KVP- oder Kaizen-Vorschläge gilt die Beschränkung auf fremde Arbeitsgebiete dagegen nicht.

Ein anderer Unterschied zwischen BVW und KVP ist darin zu sehen, dass

– BVW-Verbesserungsvorschläge eher auf **spontane**, ungelenkt entstandene **Ideen** einzelner Mitarbeiter zurückgehen, während

– KVP-Verbesserungsvorschläge aus einer systematischen, **gelenkten Ideenfindung** in moderierten Gruppen resultieren.

In beiden Fällen geht es um Ideenfindung: Deswegen werden BVW und KVP häufig auch unter dem Stichwort »**Ideenmanagement**« zusammengefasst. Während aber die für das BVW zuständigen Personen – ein Vorgesetzter oder auch ein eigens hiermit beauftragter betrieblicher Koordinator – nicht selbst aktiv in die Ideenentstehung eingreifen, indem sie etwa Entwicklungen auf bestimmten Gebieten einfordern, werden im KVP Mitarbeiter systematisch angeregt, über Verbesserungen zu bestimmten Themenfeldern nachzudenken.

KVP wird typischerweise in Teams vorangebracht, die homogen (Mitarbeiter aus demselben Arbeitsfeld; Mitarbeiter einer bestimmten Hierarchieebene, usw.) oder heterogen, also mit Mitarbeitern der verschiedenen Arbeitsbereiche, Hierarchieebenen und Wissensdisziplinen, besetzt sein können. Für diese Teams war in den 80er Jahren der Begriff des »**Qualitätszirkels**« gebräuchlich. In jedem Falle vollzieht sich in ihnen ein systematischer, moderierter Prozess, der häufig als **PDCA-Zyklus** bezeichnet wird:

– plan (planen),
– do (ausführen),
– check (überprüfen),
– act (agieren, anpassen).

2 Betriebswirtschaftliches Handeln   2.4 Entgeltfindung/Kontinuierliche Verbesserung

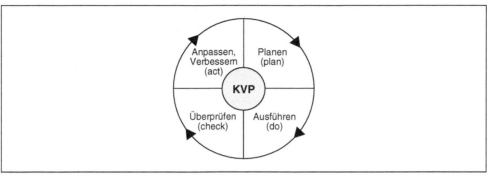

Der PDCA-Zyklus

2.4.2.2 KVP als wesentliches Element von Innovation und Nachhaltigkeit

Die vorstehenden Ausführungen zum Ideenmanagement haben verdeutlicht, dass sich KVP als Motor für innovative Entwicklungen im Betrieb versteht. Dabei werden Innovationen aber nicht im herkömmlichen Sinne als einmalige, »plötzliche« und sprunghafte Neuerungen angestrebt, sondern im Sinne eines »fließenden Prozesses der kleinen Schritte«. Während Innovationen häufig etwas von »Geistesblitz« und Zufälligkeit anhaftet, strebt die Philosophie des KVP nach systematischer Innovation und nach **Nachhaltigkeit (»Sustainability«)** im Sinne von dauerhafter positiver Wirksamkeit.

Eine wirksame Strategie kann sein, Innovationen und KVP zu verknüpfen:

– Innovation ohne das verstetigende Element des KVP führen zu sprunghaften Verbesserungen, denen jedoch meist ein langsamer Wiederabstieg folgt. Dies liegt häufig an der zu langen Zeitspanne bis zum nächsten Innovationssprung, die von Mitbewerbern genutzt wird, ihrerseits am Markt aufzuholen.

– KVP als Methode der kleinen, beständigen Schritte fehlt die Radikalität der Innovation. Diese aber kann dem Unternehmen entscheidende Wettbewerbsvorteile einbringen.

– Innovation, kombiniert mit KVP, bringt das Unternehmen im Idealfall in größeren Schritten nach vorn, wobei das erreichte Level jedoch bis zum nächsten Innovationssprung gehalten wird.

Diese Strategie setzt die systematische Suche nach Innovationsideen und die systematische Anwendung von Methoden zur Entscheidungsfindung voraus. Damit ist die KVP-Strategie geeignet, das Unternehmen langfristig abzusichern und weiterzuentwickeln.

Hinweis: Der Rahmenplan sieht an dieser Stelle die Behandlung der »Aspekte ergonomischer Arbeitsplatzgestaltung« vor. Da der thematische Zusammenhang hier aber nicht unmittelbar gegeben ist, wird diese Thematik in Abschnitt 2.4.4 behandelt.

2.4.3 Bewertung von Verbesserungsvorschlägen

Das oben bereits erwähnte **Betriebliche Vorschlagswesen (BVW)** bezieht möglichst sämtliche Mitarbeiter eines Betriebes ein, wobei allerdings leitende Mitarbeiter meist ausgeschlossen werden, weil das Erkennen und Umsetzen von Verbesserungsmöglichkeiten als ihre originäre Aufgabe betrachtet wird, die nicht gesondert prämiert werden soll. Außerdem soll durch diese Maßnahme sichergestellt werden, dass sich Mitarbeiter mit ihren Ideen vertrauensvoll an ihre Vorgesetzten wenden können, ohne einen »Ideenklau« befürchten zu müssen. Oft werden auch betriebsfremde Personen in das BVW eingeschlossen.

Im Gegensatz zur KVP-Praxis sind Vorschläge aus dem eigenen Aufgabenbereich des Vorschlagenden meist nicht prämienberechtigt.

Das BVW setzt Prämien für Verbesserungsvorschläge aus, die meist nur dann zur Auszahlung kommen, wenn der Vorschlag nicht nur umsetzbar ist, sondern auch tatsächlich umgesetzt wird. Die Höhe der Prämie richtet sich nach dem Nutzen, der oft ein wirtschaftlicher Nutzen ist und in einer Kostenersparnis besteht: Letztlich schlagen sich auch Verbesserungen, die in erster Linie auf organisatorische, sicherheitstechnische oder sonstige Aspekte abzielen, als Kostenersparnisse oder (etwa wenn es um eine imagefördernde Idee geht) als Mehrerträge nieder.

Im Allgemeinen wird vom Betrieb ein BVW-Beauftragter eingesetzt, der die Vorschläge der Mitarbeiter entgegennimmt und selbst nicht prämienberechtigt ist. In manchen Betrieben werden Vorschläge nur angenommen, wenn sie vom jeweiligen Vorgesetzten des Vorschlagenden unterstützt werden; andere Betriebe legen Wert darauf, die Anonymität der Einreichenden zu schützen mit der Begründung, dadurch werde einerseits verhindert, dass der Ideengeber von Kollegen oder Vorgesetzten unter Druck gesetzt werde, und andererseits eine objektive, nicht von Sympathien oder Antipathien geprägte Entscheidung über einen Vorschlag möglich sei.

2.4.3.1 Bewertungsmaßstäbe und Bewertungsfaktoren

Eingehende Vorschläge werden zunächst daraufhin untersucht, ob

– sie wirklich etwas Neues beinhalten (Originalität),
– sie tatsächlich eine Verbesserung des Ist-Zustandes bewirken (Wirksamkeit),
– die Einführung technisch möglich ist (Realisierbarkeit),
– Die Einführung unter wirtschaftlichen oder anderen für wichtig angesehenen Gesichtspunkten sinnvoll ist (z. B. Abschätzung des Arbeitsaufwands),
– der Vorschlag des Mitarbeiters ursächlicher Anstoß für die Umsetzung ist, diese also nicht »über kurz oder lang« zwangsläufig gewesen wäre.

Über die Annahme und Umsetzung eines Vorschlages entscheidet meist ein Gutachter oder ein Gutachtergremium, das sich aus betriebsinternen oder -externen Fachleuten zusammensetzt. In größeren Betrieben können auch mehrere Kommissionen gebildet werden, deren Mitgliederzahl und -zusammensetzung sich nach dem Geldwert des erwartbaren oder vom Vorschlagenden selbst angegebenen Nutzens aus mehr oder weniger vielen Mitgliedern richtet. Um die Objektivität zu gewährleisten, erfolgt in vielen Betrieben die Beurteilung eines Vorschlags anhand einer Tabelle, etwa wie im folgenden Beispiel gezeigt.

2 Betriebswirtschaftliches Handeln   2.4 Entgeltfindung/Kontinuierliche Verbesserung

Verbesserungsvorschlag:	xxx			
eingereicht von:	xxx	Potenzieller Nutzen		
Nutzenhäufigkeit	Nähe des Einreichenden zum Vorschlagsgegenstand	Geldlich (Gewinn/ Ersparnis) bis	Effizienzwirkung auf Arbeitsplätze	Auswirkung auf Menschen/ Motivationsgewinn
Einmalig	im eigenen Arbeitsbereich	5.000 €	ohne	ohne
Einmal pro Jahr	im direkten Wahrnehmungsbereich	10.000 €	auf 1 Arbeitsplatz	auf 1 Mitarbeiter
Einmal pro Halbjahr	außerhalb des eigenen Bereichs	25.000 €	auf mehrere Arbeitsplätze	auf mehrere Mitarbeiter
Einmal pro Quartal		50.000 €	auf Arbeitsgruppe/Team	auf alle Gruppen-/TeamMA
Einmal im Monat		100.000 €	auf Abteilung	auf alle MA der Abteilung
Mehrmals im Monat		250.000 €	auf Gesamtbetrieb/-standort	auf alle MA des Unternehmens
Einmal pro Woche		500.000 €	auf Gesamtunternehmen	auf MA des Kunden
Mehrmals in der Woche		1.000.000 €		auf Unternehmensumfeld
Einmal täglich		< 1.000.000 €		
Mehrmals täglich				

Beispiel für eine Tabelle zur Beurteilung von Verbesserungsvorschlägen (kann ggf. mit Bepunktungssystem verbunden werden)

Wenn ein Vorschlag als prämierungswürdig befunden wurde, obliegt die Berechnung der Prämienhöhe meist einer separaten Bewertungskommission.

2.4.3.2   Bewertungskriterien

Bewertungskriterien für Vorschläge mit errechenbarem Nutzen

Meist ist der Nutzen eines Vorschlags in Geld ausdrückbar. In diesen Fällen wird der Prämienberechnung die **Nettoersparnis** (Ersparnis abzüglich Verwirklichungskosten), bezogen auf einen bestimmten Zeitraum (je nach Bedeutung des Vorschlages für ein Jahr oder mehrere Jahre), zugrunde gelegt, von der ein vorab – z. B. in einer Betriebs- oder Dienstvereinbarung – festgelegter Prozentsatz zur Auszahlung kommt.

Bewertungskriterien für Vorschläge mit nicht errechenbarem Nutzen

Zur Bewertung von nicht in Geld bewertbaren Vorschlägen werden oft **Kriterienkataloge** herangezogen, die bestimmte Merkmale der Person und des Vorschlages nach Punkten bewerten.

Solche Kriterien können sein

- die **Stellung** des Vorschlagenden im Betrieb: Führungskräfte, sofern sie überhaupt prämienberechtigt sind, erhalten dabei weniger Punkte als Fachkräfte, und diese wiederum erhalten weniger Punkte als ungelernte Kräfte oder Auszubildende;
- die **Nähe** des Vorschlags zum eigenen Tätigkeitsbereich: Je ferner die Tätigkeit dem eigenen Aufgabenfeld steht, desto höher ist die Bepunktung;
- die **Ausführungsreife**, wobei für sofort umsetzbare Vorschläge eine höhere Punktzahl gegeben wird als für Vorschläge, an denen noch gearbeitet werden muss;
- die **Neuartigkeit** (Originalität) des Vorschlags, wobei ganz neue Ideen höher eingeschätzt werden als Ideen, die auf – betriebsfremde oder arbeitsfeldfremde – Vorbilder zurückgehen oder die allgemein bekannt sind;
- die **Brauchbarkeit** (Bedeutung) des Vorschlags: Dieses wichtigste Kriterium staffelt die Tauglichkeit von »gering« bis »sehr groß« und sieht bei der Bepunktung häufig eine Bandbreite vor, aus der der Bewertungsausschuss schöpfen kann, z. B.

    sehr große Bedeutung: 50 bis 100 Punkte
    große Bedeutung: 30 bis 49 Punkte

mittlere Bedeutung:	15 bis 29 Punkte
geringere Bedeutung:	5 bis 14 Punkte
wenig Bedeutung:	1 bis 4 Punkte

Diese Punkte werden in einer Berechnungsformel umgesetzt; diese kann eine simple Addition der Punkte und die Bewertung mit einem Geldbetrag je Punkt vorsehen oder auch komplizierter aufgebaut sein, wobei die Punkte zu bestimmten Kategorien als Multiplikatoren dienen.

Beispiel:

Der Vorschlag eines Mitarbeiters wurde wie folgt bepunktet:

− *Stellung des Vorschlagenden im Betrieb (S): 2 Punkte (als Facharbeiter);*

− *Nähe des Vorschlags zum eigenen Tätigkeitsbereich (T): 3 Punkte (der Vorschlag bezieht sich auf einen anderen Bereich);*

− *Ausführungsreife (R): 20 Punkte (der Vorschlag kann sofort umgesetzt werden);*

− *Neuartigkeit (N): 2 Punkte (das Verfahren wird in einem Zweigbetrieb, den der Mitarbeiter während eines Arbeitsaufenthaltes kennengelernt hat, bereits ähnlich praktiziert);*

− *Brauchbarkeit (B): 75 Punkte (der Vorschlag wird als sehr bedeutend eingeschätzt, die Punktevergabe orientierte sich an Vorschlägen der Vergangenheit).*

Die Prämie wird nach der internen Betriebsvereinbarung nach der Formel

$$(B + R) \cdot (N + T) \cdot S \cdot 10 \text{ errechnet.}$$

*Hier beträgt die Prämie also: $(75 + 20) \cdot (2 + 3) \cdot 2 \cdot 10 =$ **9.500,00 €**.*

Der Erfolg des BVW kann mittels der folgenden Kennzahlen gemessen werden:

− Die **Vorschlagshäufigkeit** bezieht die Zahl der in einem Zeitraum eingereichten Verbesserungsvorschläge auf die Zahl der Mitarbeiter. Da es erfahrungsgemäß Mitarbeiter gibt, die sich sehr eifrig am BVW-System beteiligen und durchaus mehrere Vorschläge während eines Zeitraums einreichen, kann diese Kennzahl nicht zu einer Quote der sich insgesamt beteiligenden Mitarbeiter weiterverarbeitet werden.

− Die **Annahmequote** gibt an, welcher Anteil der eingereichten Vorschläge durch den Bewertungsausschuss angenommen wurde. Sie sagt etwas über die Qualität der Einreichungen aus.

− Allerdings werden nicht alle angenommenen Vorschläge auch umgesetzt: Der Anteil der umgesetzten an den angenommenen Vorschlägen ist die **Umsetzungsquote**.

Unter den Instrumenten der kontinuierlichen Verbesserung ist schließlich auch die **Wertanalyse** zu nennen; denn auch sie ist geeignet, Ideen zu erzeugen, zu bewerten und voranzubringen. Sie wird in Lehrbuch 3 noch ausführlich beschrieben.

2.4.4 Aspekte ergonomischer Arbeitsplatzgestaltung

Unter Arbeitsgestaltung oder **Ergonomie** sind zunächst alle Maßnahmen zu verstehen, die geeignet sind, die Arbeit im Betrieb rational zu gestalten. Was rational ist, ergibt sich aus den zuvor zu definierenden Zielen der Organisation. Ergänzend zu diesem auf das wirtschaftliche Ergebnis der Arbeit ausgerichteten Ziel soll moderne Arbeitsgestaltung aber auch menschliche – gesundheitliche, soziale, psychologische – Gesichtspunkte berücksichtigen.

Die Gestaltung von Arbeitsplätzen, an denen Menschen tätig werden sollen, muss »menschengerecht« sein. Was hierunter verstanden wird, ist Forschungsgegenstand der **Arbeitswissenschaften**, die sich mit der Gestaltung von Arbeitsaufgaben, Arbeitsabläufen sowie Arbeitsplätzen und deren Umgebung beschäftigen und die folgenden Teilgebiete umfassen.

- **Arbeitspsychologie:** Untersuchung der Auswirkungen von Arbeitsanforderungen und -bedingungen auf den Menschen in geistiger und seelischer Hinsicht;
- **Arbeitsphysiologie:** Untersuchung der Auswirkungen von Tätigkeiten auf den menschlichen Körper und zur Bestimmung der menschlichen Belastbarkeit;
- **Arbeitspädagogik:** Entwicklung von Methoden zur zeitgemäßen und am Menschen orientierten beruflichen Ausbildung.

Der amerikanische Ingenieur Frederic Winslow TAYLOR (1856–1915), der Begründer des **»Scientific Management«**, ging von der Vorstellung aus, dass der arbeitende Mensch lediglich als Produktionsfaktor anzusehen sei, dessen Einsatz es zu optimieren gelte. Er nahm an, dass ein Arbeiter umso zufriedener sei, je vollständiger seine immer gleichbleibende Tätigkeit geregelt sei, und dass die Produktivität des Einzelnen durch leistungsgerechte Entlohnung gesteigert werden könne. Um zu dieser leistungsgerechten Entlohnung zu gelangen, entwickelte TAYLOR Vorgehensweisen zur Messung und Optimierung von Arbeitsvorgängen, die in ihren Grundzügen heute noch angewendet werden.

Er ging dabei wie folgt vor:

- Auswahl und Beobachtung von Personen, die die zu analysierenden Tätigkeit bekanntermaßen gut ausführen,
- Beobachtung und Protokollierung der Reihenfolge der Ausführung und der eingesetzten Werkzeuge,
- Messung der für jede Einzeloperation benötigten Zeit,
- Identifikation falscher, nutzloser und somit zeitraubenden Bewegungen,
- Feststellung der schnellstmöglichen Ausführung,
- tabellarische Aufstellung der schnellsten Bewegungen und geeignetsten Werkzeuge.

Zugleich experimentierte TAYLOR mit Variationen der Arbeitsumgebung, etwa Licht, Klima und Lärm. Sein Vorgehen, naturwissenschaftlich basierte Experimente zwecks Lösung betrieblicher Problemstellungen durchzuführen, begründete die modernen Arbeitswissenschaften. Sein Ansatz zur Optimierung des »Produktionsfaktors menschliche Arbeitsleistung« durch exakte Vorgaben für hochspezialisierte Arbeitsplätze wurde jedoch häufig als inhuman kritisiert und steht damit im Widerspruch zu moderneren, mit dem Ziel der **Humanisierung der Arbeitswelt** übereinstimmenden Methoden wie **»Job Rotation«**, **»Job Enlargement«**, **»Job Enrichment«**.

Arbeitswissenschaftliche Erkenntnisse sind auch unter rechtlichen Gesichtspunkten zu beachten: So bestimmt § 91 des Betriebsverfassungsgesetzes, dass bei »Änderungen der Arbeitsplätze, des Arbeitsablaufs oder der Arbeitsumgebung, die den gesicherten arbeitswissenschaftlichen Erkenntnissen über die menschengerechte Gestaltung der Arbeit offensichtlich widersprechen, [...] der Betriebsrat angemessene Maßnahmen zur Abwendung, Milderung oder zum Ausgleich der Belastung verlangen« kann.

Die Arten möglicher Belastungen werden unterschieden in physische, psychische und Umgebungsbelastungen. In Lehrbuch 1 wurden die gesetzlichen Vorschriften des Arbeitsrechts und Arbeitsschutzrechts, die die Vermeidung dieser Belastungen und ihrer schädlichen Folgen zum Gegenstand haben, bereits ausführlich besprochen. Zusätzlich ist eine Reihe von DIN EN ISO-Normen zu beachten. Die grundlegende Norm DIN EN ISO 6385

2.4 Entgeltfindung/Kontinuierliche Verbesserung 2 Betriebswirtschaftliches Handeln

stellt dabei den grundlegenden arbeitswissenschaftlichen Rahmen für die Gestaltung von Arbeitssystemen dar. Der Begriff des Arbeitssystems geht über den des Arbeitsplatzes hinaus. Seine Elemente sind

- Mensch,
- Arbeitsmittel,
- Arbeitsgegenstände,
- Arbeitsumgebung,
- Arbeitsaufgabe und
- Arbeitsorganisation.

DIN EN ISO 6385 listet auf, welche Phasen bei der Gestaltung eines ergonomischen Arbeitssystems zu durchlaufen sind. Wie alle Phasenmodelle beginnt diese Auflistung mit der Formulierung von Zielen und Anforderungen, setzt sich fort über Analysen, die Konzeption der Systemgestaltung und der einzelnen Systemelemente und die Umsetzung dieser Konzepte in das reale Arbeitssystem und schließt ab mit einer Bewertung und permanenten Überwachung.

Bei der Gestaltung von Arbeitsplätzen stehen Gesundheitsverträglichkeit und die Förderung eines konzentrierten und möglichst ermüdungsfreien Arbeitens als Ziele im Vordergrund. Viele verschiedene Faktoren spielen dabei eine Rolle:

- **Körperhaltung:** Ein Wechsel zwischen sitzender und stehender Tätigkeit, Ruhe und Bewegung baut Rücken- und Kreislaufproblemen vor;
- **Beleuchtung:** Ein gut ausgeleuchteter Arbeitsplatz verhindert die Überanstrengung der Augen und die damit einhergehende schnelle Ermüdung;
- **Raumklima:** Temperatur und Luftfeuchtigkeit beeinflussen das Wohlbefinden;
- **Umwelteinflüsse:** Stäube, Dämpfe, Schmutz, Feuchtigkeit, Lärm usw. führen auf Dauer zu Gesundheitsschäden;
- **Farbgebung:** Manche Farben steigern das Wohlbefinden und die Motivation, andere dämpfen, regen auf oder sind zur Kennzeichnung von Gefährdungsstellen geeignet;
- **Anordnung der Arbeitsmittel:** Die benötigten Werkzeuge und Hilfsmittel sollen nach Möglichkeit innerhalb des Greifradius angeordnet sein.

Die **REFA-Methodenlehre** unterscheidet hinsichtlich der Arbeitsplatzgestaltung nach verschiedenen Gesichtspunkten, die die folgende Abbildung zeigt:

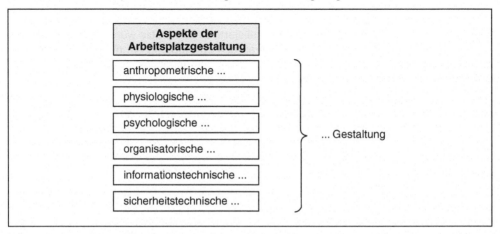

Aspekte der Arbeitsplatzgestaltung

2.4.4.1 Anthropometrische Arbeitsplatzgestaltung

Anthropometrische Arbeitsplatzgestaltung meint die Gestaltung des Arbeitsplatzes unter Berücksichtigung der Körpermaße und der Griffwege. Hierbei sind eine Reihe von DIN-, EN- und ISO- Normen zu beachten. Exemplarisch für die Vielzahl der Regelungen sollen hier nur einige wenige wiedergegeben werden.

- **Arbeitsplatzhöhe:** Diese gilt als günstig, wenn bei angewinkeltem Unterarm die Hand 5 cm tiefer liegt als der Ellbogen. Daraus ergibt sich eine durchschnittliche Arbeitshöhe von 102 cm für Männer und 95 cm für Frauen bei stehend ausgeübter Tätigkeit.
- **Arbeitstisch:** Nach Anordnung der Arbeitsmittel (Rechner, Bildschirm, Tastatur, Maus usw.) muss genügend Ablagefläche frei bleiben. Der Tisch sollte höhenverstellbar sei (68–76 cm); oder er muss 72 cm hoch sein und ausreichend Beinraum (Höhe: 65 cm, Breite: 58 cm, Tiefe: 60 cm) bieten. Die Oberfläche darf nicht spiegeln und reflektieren.
- **Arbeitsstuhl:** Der Stuhl muss leicht beweglich, kippsicher und höhenverstellbar sein. Die Sitzfläche soll gepolstert, die Sitzvorderkante abgerundet sein. Stuhl und Tisch müssen so aufeinander abgestimmt werden, dass die Einnahme einer ergonomisch optimalen Arbeitshaltung (Winkel zwischen Ober- und Unterschenkel bzw. Ober- und Unterarm ca. 90°) möglich ist.
- **Bildschirm:** Die technischen Mindestanforderungen sind in DIN- bzw. EN- und ISO-Normen definiert. Vorgaben betreffen Schärfe, Kontrast, Größe, Abstand und Farbwiedergabe der Zeichen, die Helligkeit (Leuchtdichte) und gleichmäßige Ausleuchtung des Bildschirms und die Stabilität (»Flimmerfreiheit«) des Bildes. Weitergehende Anforderungen bezüglich der elektromagnetischen und elektrostatischen Bildschirmabstrahlung enthält die schwedische Bildschirm-Empfehlung MPR II, auf die sich inzwischen etliche Hersteller beziehen.
- **Griffbereich:** Dieser muss der Länge und Größe menschlicher Gliedmaßen angepasst sein. Ständig benötigte Gegenstände sollten im direkten Gesichtsfeld angeordnet sein. Der maximale Greifraum beträgt 180° bei sitzender Tätigkeit.

Weitere Aspekte der Arbeitsmittelgestaltung betreffen die Beschaffenheit und Abmessungen von Bedienelementen wie Schaltern, Druck- und Drehknöpfen, Hebeln, Kurbeln, Griffen, Pedalen usw.

2.4.4.2 Physiologische Arbeitsplatzgestaltung

Unter physiologischer Gestaltung ist die Anpassung des Arbeitsplatzes an die körperlichen Gegebenheiten des arbeitenden Menschen zu verstehen. Sie soll den Wirkungsgrad der menschlichen Arbeit verbessern, indem unnötiger Kräfteeinsatz vermieden, die Art und Weise des Einsatzes körperlicher Arbeit optimiert und die Leistungsfähigkeit durch Tätigkeitswechsel und Erholzeiten lange erhalten bzw. gesteigert wird.

Die Einflussfaktoren, die auf die körperliche Leistung des arbeitenden Menschen wirken, sind Belüftung, Klima, Temperatur, Beleuchtung, Farbgebung, Lärm, Staub, Schmutz, Strahlen und sonstige Belastungen am Arbeitsplatz, die unter dem Stichwort »Arbeitsbedingungen« zusammengefasst werden können.

2.4.4.3 Psychologische Arbeitsplatzgestaltung

Nicht immer trennbar von der physiologischen Arbeitsplatzgestaltung ist die psychologische Gestaltung, die die Befindlichkeit, das »Wohlfühlen«, des arbeitenden Menschen an seinem Arbeitsplatz betrifft. Auch hier sind Farbgebung, Beleuchtung, Geräuschpegel,

Raumklima usw. wesentlich. Besonders zu erwähnen ist hier die Verwendung bestimmter Farben, um bestimmte gebotene Verhaltensweisen zu signalisieren. Nach DIN 4844 werden folgende Sicherheitsfarben verwendet:

- **rot** im Kreis mit Kontrastfarbe weiß: Verbot; im Quadrat: Brandschutz
- **orange oder gelb** mit Kontrastfarbe schwarz (Warnfarbe für Gefahren oder Verbote),
- **blau** mit Kontrastfarbe weiß (für Gebote und Hinweise),
- **grün** mit Kontrastfarbe weiß als Signal für Gefahrlosigkeit (Fluchtwege, Erste-Hilfe).

2.4.4.4 Organisatorische Arbeitsplatzgestaltung

Stichworte der organisatorischen Arbeitsplatzgestaltung finden sich an vielen Stellen dieses Buches: Hierunter sind die Einzelheiten des Arbeitsablaufs, die Einbettung des Arbeitsplatzes in das Gefüge der Aufbauorganisation, die Gestaltung von Arbeits- und Pausenzeiten, Umfang und Anspruch der Arbeitsaufgabe (»Job Enlargement«, »Job Enrichment«, »Job Rotation«) und im weiteren Sinne auch die Entlohnung zu verstehen.

2.4.4.5 Informationstechnische Arbeitsplatzgestaltung

Informationstechnische Gestaltung meint alle Maßnahmen, die die optimale Aufnahme von Informationen sicherstellen. Die Informationsaufnahme erfolgt durch

- **Sehen:** Hier sind der richtige Sehabstand, hinreichend helle und blendfreie Ausleuchtung, ablesefreundliche Gestaltung von Instrumenten und die Berücksichtigung der üblichen Lese- und Blickrichtungen (von links nach rechts, von oben nach unten) zu beachten;
- **Hören:** Akustische Signale müssen ausreichend laut und von ausreichender Dauer sein (Warnsignale sind oft akustische Signale, weil der Mensch sie auch wahrnimmt, wenn er sie nicht erwartet und sich nicht auf sie konzentriert);
- **Tasten:** Wo es möglich ist, sollten Hebel, Schalter, Drehknöpfe und ähnliche Elemente so gestaltet sein, dass aus ihrer Stellung, die unmittelbar beim Hinlangen und Anfassen wahrgenommen nimmt, Informationen über den Betriebszustand gewonnen werden können.

Wenn zur Informationsweitergabe kommunikationstechnische Geräte (Telefonanlagen, PC usw.) benutzt werden, müssen auch diese in Hinblick auf die Erfüllung ergonomischer Anforderungen ausgewählt werden.

2.4.4.6 Sicherheitstechnische Arbeitsplatzgestaltung

Sicherheitstechnische Gestaltung schließlich meint die Gestaltung des Arbeitsplatzes in Hinblick auf die Unfallverhütung. Die zu treffenden Maßnahmen betreffen den Betriebsmittel-, Brand- und Explosionsschutz, den Schutz vor Elektrizität, Dämpfen, Säuren, Strahlen usw., und äußern sich in einer Fülle von Vorschriften, die bereits Gegenstand ausführlicher Betrachtungen in Lehrbuch 1 waren.

2.5 Durchführen von Kostenarten-, Kostenstellen- und Kostenträgerzeitrechnungen sowie von Kalkulationsverfahren

Anders als die Überschrift dieser Rahmenplan-Hauptziffer vermuten lässt, sieht der Rahmenplan an dieser Stelle eine kurze Einführung in die sonstigen Bereiche des Rechnungswesens vor. Diese Vorbetrachtung ist auch unbedingt sinnvoll, denn viele der Werte, die in der Kosten- und Leistungsrechnung weiterverarbeitet werden, entstammen der aufgrund gesetzlicher Grundlagen geführten Finanzbuchhaltung. Immer wieder gibt es auch Bezüge zum ebenfalls gesetzlich geregelten Jahresabschluss. Kenntnisse wenigstens der Grundzüge dieser sehr wesentlichen Teilgebiete des Rechnungswesens sind daher unerlässlich für das Verständnis der anschließenden Ausführung zur Kostenarten-, Kostenstellen- und Kostenträgerrechnung, die insgesamt die Kosten- und Leistungsrechnung darstellen.

2.5.1 Grundlagen des Rechnungswesens

2.5.1.1 Bereiche des Rechnungswesens im Überblick

Das kaufmännische Rechnungswesen ist das hauptsächliche Kontroll- und Lenkungsinstrument der Unternehmung. Alle Bestände und Vorgänge werden als bewertete Mengen zahlenmäßig erfasst mit dem Ziel, hieraus Erkenntnisse zu gewinnen und das Unternehmen durch zahlenmäßige Zielvorgaben lenken zu können.

Das kaufmännische Rechnungswesen gliedert sich in vier Teile:

1. Finanzbuchhaltung,
2. Kostenrechnung,
3. Planung und
4. Statistik.

zu 1. Finanzbuchhaltung

Die Finanzbuchhaltung (auch »Geschäftsbuchhaltung« oder »externes Rechnungswesen« genannt) ist **der Teil des kaufmännischen Rechnungswesens, der gesetzlich vorgeschrieben ist.** Neben der Buchführung im engeren Sinne, also der Aufzeichnung der Geschäftsfälle während des laufenden Jahres, umfasst sie im weiteren Sinne auch den Jahresabschluss, dessen wesentliche Teile die Bilanz und die Erfolgsrechnung (Gewinn- und Verlustrechnung) darstellen.

Die Aufgaben der Finanzbuchhaltung sind

- die **Dokumentation** aller Geschäftsvorfälle, die die Menge oder/und den Wert des Vermögens oder den Erfolg des Unternehmens beeinflussen, in zeitlicher und sachlicher Ordnung auf Basis von Belegen;
- die **Rechenschaftslegung** und **Information** gegenüber Eigentümern, Finanzbehörden und Gläubigern über die Vermögens- und Erfolgssituation des Unternehmens und zugleich die Erfüllung der gesetzlichen Buchführungspflichten,

– die Ermöglichung der **Kontrolle** der Zahlungsfähigkeit und Wirtschaftlichkeit des Unternehmens.

Die Finanzbuchhaltung ist die Grundlage der Kosten- und Leistungsrechnung und liefert, zusammen mit dieser, die für die Erstellung von **Auswertungen** zur Untermauerung vermögens- und erfolgswirksamer unternehmerischer **Dispositionen** (Planungen und Entscheidungen) notwendigen Werte.

zu 2. Kostenrechnung

Die Kostenrechnung, meist als Kosten- und Leistungsrechnung (KLR), aber auch als »Betriebsbuchhaltung« oder »internes Rechnungswesen« bezeichnet, befasst sich – im Gegensatz zur Geschäftsbuchhaltung – nur mit den Vorgängen, die mit dem eigentlichen Zweck des Unternehmens, der Leistungserstellung (der Gütererzeugung) und ihrem Absatz zusammenhängen, also mit dem Betrieb im engeren Sinne. Die Zahlen der KLR fußen auf Zahlen der Geschäftsbuchhaltung. Die KLR erfasst auf der einen Seite die Leistungen – im Industriebetrieb also die hergestellten Halbfabrikate, Fertigfabrikate sowie Innenleistungen (für Eigenbedarf) – und die Umsatzerlöse und auf der anderen Seite die Kosten, die mit der Erbringung dieser Leistungen in Zusammenhang stehen. Die Kosten stehen dabei im Mittelpunkt des Interesses, weil im Preiswettbewerb hier die Rationalisierungsmöglichkeiten gesucht werden müssen, während auf der Erlösseite meist nur eine Preisanpassung an das Preisniveau der polypolistischen Märkte möglich ist.

Die KLR besteht aus zwei Teilen:

– der **Betriebsabrechnung,** die – ähnlich der Geschäftsbuchführung – Zeiträume umfasst (Zeitraumrechnung) und

– der **Kalkulation,** die sich mit Erzeugniseinheiten befasst (Stückrechnung). Sie wird ergänzt durch die Planungsrechnung und die Statistik.

zu 3. Planung

Die Planungsrechnung will – unter Beachtung der jeweils neuesten Ergebnisse aus der Kosten- und Leistungsrechnung und unter Einbezug der Erkenntnisse aus der Statistik (siehe unten) – Entscheidungsgrundlagen für Planungen zukünftiger Zeiträume liefern. Der Planungshorizont kann je nach Fragestellung kurzfristig (z. B. für die konkrete Mengenplanung der nächsten Produktionsperiode), für das nächste Geschäftsjahr, mittelfristig für die nächsten Jahre oder auch langfristig gewählt werden.

Insbesondere die kurzfristige Planung ist eine Feinplanung, die die Vorgaben für Soll/Ist-Vergleiche nach Abschluss der Periode liefert.

Ebenso wie die Kosten- und Leistungsrechnung und die nachfolgend beschriebene Statistik ist die Planungsrechnung nicht gesetzlich vorgeschrieben; der Unternehmer betreibt sie freiwillig und im eigenen Interesse. Dementsprechend vielgestaltig sind die in der Praxis anzutreffenden Modelle und Begriffe; häufig sind Statistik und Planung Elemente des betrieblichen Controllings.

zu 4. Statistik/Auswertung

Ohne eine qualifizierte Auswertung werden die Zahlen der Kostenrechnung zum nutzlosen Zahlenfriedhof. Die Statistik, auch »Berichtswesen« oder »Auswertung« genannt, soll die im internen und externen Rechnungswesen erfassten Zahlen auswerten, übersichtlich aufbereiten und den Leitungsverantwortlichen als Entscheidungshilfen zur Verfügung stellen. Sie steht in engem Zusammenhang mit der Planungsrechnung und ist wie diese ein Teil des betrieblichen Controllings.

2.5.1.2 Buchführung

2.5.1.2.1 Aufgaben und Bedeutung der Buchführung

Die Buchführung ist der Kern des durch gesetzliche Vorschriften geregelten **externen Rechnungswesens**. Ihre Aufgabe ist es, alle Vorgänge, die

– den Wert des Vermögens oder der Schulden verändern oder/und

– den Erfolg des Unternehmens positiv (Ertrag) oder negativ (Aufwand) verändern oder/und

– zahlungswirksam sind, also eine Geldeinnahme oder -ausgabe bewirken, in einer bestimmten Weise zu verzeichnen.

Diese Vorgänge, die als **Geschäftsfälle** bezeichnet werden, müssen vollständig erfasst und durch Belege nachgewiesen werden. Die Aufzeichnung muss zum einen in zeitlicher und zum anderen in sachlicher Ordnung erfolgen. Dies erfolgt in verschiedenen »Büchern« der Buchführung, nämlich zeitlich geordnet im Grundbuch oder Journal und sachlich geordnet auf Konten im so genannten Hauptbuch (wobei diese Bücher natürlich spätestens seit Einführung der computergestützten Buchhaltung keine Bücher im engeren Sinne mehr sind).

Die Aufzeichnung wird als **Buchung** bezeichnet. Durch die fortlaufende Erfassung im System der doppelten Buchführung (auch als kaufmännische Buchführung oder – altertümlicher – als »Doppik« bezeichnet) kann die Buchführung zu jeder Zeit über den aktuellen Stand des Vermögens und die Erfolgsentwicklung informieren und damit wichtige Grundlagen für Planungen und Entscheidungen liefern. Zugleich ist sie unverzichtbare Grundlage der Preiskalkulation und Beweismittel in Streit- und Zweifelsfragen. Ihre Hauptaufgaben sind somit Dokumentation und Rechenschaftslegung. Zur Abgrenzung von der internen, nicht gesetzlich geregelten Kosten- und Leistungsrechnung (KLR) wird für die Buchführung häufig der Begriff **»Finanzbuchhaltung«** verwendet, während die KLR als **»Betriebsbuchhaltung«** bezeichnet wird.

2.5.1.2.2 Gesetzliche Grundlagen der Buchführung

Vorschriften über die Rechnungslegung sind im Wirtschaftsrecht und im Steuerrecht enthalten. Während die Regelungen in den Wirtschaftsgesetzen – allen voran im Handelsgesetzbuch (HGB) – vor allem auf den Schutz der Geschäftspartner des Kaufmanns (»Gläubigerschutz«; Gläubiger sind nicht nur Lieferanten, sondern auch Arbeitnehmer, denen der Kaufmann für ihre Arbeitsleistung eine Gegenleistung in Geld schuldet) und – bei den Aktiengesellschaften – auf den Aktionärsschutz abzielen, dienen die Regelungen im Steuerrecht der Ermittlung der Besteuerungsgrundlage.

Wirtschaftsgesetze

Die maßgeblichen Vorschriften über die Rechnungslegung des Kaufmanns enthält das **Handelsgesetzbuch (HGB)** im dritten Buch »Handelsbücher«. Das dritte Buch des HGB gliedert sich wie folgt:

– Der **erste Abschnitt (§§ 238–263 HGB)** enthält die für alle Kaufleute geltenden Vorschriften. In ihm ist die Rechnungslegung für Einzelkaufleute und Personengesellschaften abschließend geregelt.

– Der **zweite Abschnitt (§§ 264–335 HGB)** beinhaltet die ergänzenden Vorschriften für Kapitalgesellschaften: Aktiengesellschaften (AG), Kommanditgesellschaften auf Aktien (KGaA) und Gesellschaften mit beschränkter Haftung (GmbH). Sofern ein Sachverhalt im zweiten Abschnitt nicht gesondert geregelt ist, gelten die Regelungen des ersten Abschnitts auch für die Kapitalgesellschaften.

– Der **dritte Abschnitt (§§ 336–339 HGB)** enthält ergänzende Vorschriften für eingetragene Genossenschaften (eG).

Mit dieser systematisch aufgebauten Grundordnung für die Rechnungslegung der Kaufleute ist das HGB gewissermaßen das »Grundgesetz des Kaufmanns«. Das Publizitätsgesetz (PublG) und die rechtsformspezifischen Einzelgesetze: Aktiengesetz (AktG), GmbH-Gesetz (GmbHG), Genossenschaftsgesetz (GenG) ergänzen die Vorschriften des HGB in Bezug auf die jeweilige Rechtsform.

Steuergesetze

Die Vorschriften zur Führung von Büchern ergeben sich im Steuerrecht aus der Abgabenordnung (AO), die als Rahmen- und Verfahrensrecht diejenigen Vorschriften enthält, die mehrere nachgeordnete Einzelgesetze betreffen. § 140 AO bestimmt:

»Wer nach anderen Gesetzen als den Steuergesetzen Bücher und Aufzeichnungen zu führen hat, die für die Besteuerung von Bedeutung sind, hat die Verpflichtungen, die ihm nach den anderen Gesetzen obliegen, auch für die Besteuerung zu erfüllen.«

Diese Verpflichtung wird als **abgeleitete** oder **derivative Buchführungspflicht** bezeichnet. Buchführungspflichten nichtsteuerlicher Art finden sich bekanntlich im HGB.

Unterliegen Gewerbetreibende nicht der abgeleiteten Buchführungspflicht, so kann dennoch eine **originäre steuerliche Buchführungspflicht** bestehen, nämlich dann, wenn die in § 141 AO definierten Grenzen hinsichtlich des **Gesamtumsatzes,** des **Gewinns** und des **Wirtschaftswertes der selbstbewirtschafteten Fläche** (bei Land- und Forstwirten) überschritten sind. Für Land- und Forstwirte kommt in aller Regel nur eine originäre steuerliche Buchführungspflicht in Betracht.

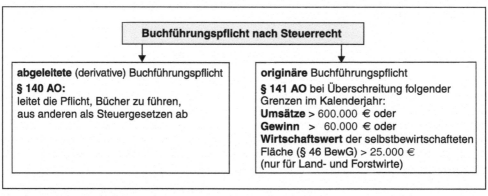

Derivative und originäre Buchführungspflicht nach Abgabenordnung

Unterliegt ein Gewerbetreibender weder der abgeleiteten noch der originären steuerlichen Buchführungspflicht (etwa weil er kein Handelsgewerbe betreibt; vgl. § 1 Abs. 2 HGB) und führt er dementsprechend auch keine Bücher im Sinne einer doppelten Buchführung, kann er seinen Gewinn durch eine **Überschussrechnung** nach § 4 Abs. 3 Einkommensteuergesetz (EStG) ermitteln. Führt er auch hierzu nicht die nötigen Aufzeichnungen seiner Einnahmen und Ausgaben, so schätzt das Finanzamt seinen Gewinn gem. § 162 AO nach den Grundsätzen der Gewinnermittlung des § 4 Abs. 1 EStG. Führt er aber freiwillig Bücher, so unterliegt seine Gewinnermittlung automatisch § 5 EStG (Pflicht zur ordnungsmäßigen Buchführung).

Freiberufler wie Ärzte, Rechtsanwälte, Steuerberater usw. unterliegen weder der abgeleiteten noch der originären Buchführungspflicht. Sie können ihren Gewinn entweder freiwillig nach § 4 Abs. 1 EStG durch Betriebsvermögensvergleich oder aber mit Hilfe einer Einnahmeüberschussrechnung nach § 4 Abs. 3 ermitteln. Bei Nichtvorliegen der erforderlichen Unterlagen erfolgt auch bei ihnen eine Schätzung nach den Grundsätzen des § 4 Abs. 1 EStG.

Internationale Rechnungslegungsstandards

Die zunehmende Globalisierung führt zu einer verstärkten internationalen Kapitalverflechtung. Expansion über die Landesgrenzen hinaus funktioniert fast nur noch über den Zugang zu den internationalen Kapitalmärkten. Hierbei wirken die unterschiedlichen nationalen Rechnungslegungsvorschriften hinderlich. Vergleiche und Analysen von Jahresabschlüssen aus verschiedenen Rechtssystemen sind fast unmöglich. Der internationale Standard IFRS (International Financial Reporting Standards) soll diesen Mangel beheben. Von der Pflicht, einen Konzernabschluss nach IFRS vorzulegen, sind in der Europäischen Union bisher nur kapitalmarktnotierte Unternehmen betroffen.

2.5.1.2.3 Grundsätze ordnungsmäßiger Buchführung (GoB)

Zur Beurteilung der Ordnungsmäßigkeit der Buchführung und des Jahresabschlusses berufen sich § 238 Abs. 1 Satz 1 HGB, § 243 Abs. 1 HGB sowie die §§ 145 ff AO auf die »**Grundsätze ordnungsmäßiger Buchführung«,** in der Praxis üblicherweise als GoB (seltener als GoBuB – Grundsätze ordnungsgemäßer Buchführung und Bilanzierung) abgekürzt. Die GoB sind allgemein anerkannte Regeln, nach denen Bücher zu führen und Bilanzen zu erstellen sind. Dabei handelt es sich nicht um eine einheitliche Rechtsvorschrift, sondern um **Regeln und Methoden,** die sich als gewachsenes Recht in der Kaufmannschaft etablieren konnten, inzwischen größtenteils Eingang in das Handelsrecht gefunden haben und durch die ausdrückliche Bezugnahme in § 238 HGB und weiterer Rechtsquellen zu zwingendem, geltendem Recht geworden sind. Nach wie vor gibt es aber auch Grundsätze ordnungsmäßiger Buchführung, die nicht in gesetzlichen Vorschriften ihren Niederschlag gefunden haben. Sie leiten sich aus Handelsbräuchen oder der Verkehrsanschauung ab, teilweise auch aus der Natur der Sache. Als Beispiel kann das Belegprinzip gelten. Der Grundsatz »Keine Buchung ohne Beleg!« hat auch ohne gesetzliche Regelung Geltung.

Die GoB beziehen sich zum Teil auf die Buchführung des laufenden Jahres, beinhalten aber auch Regeln, die insbesondere den Ansatz und die Bewertung von Positionen des Jahresabschlusses betreffen.

Die GoB lassen sich in einer ersten Grobeinteilung in die folgenden Grundsätze unterteilen:

– Grundsatz der Wahrheit,
– Grundsatz der Klarheit,
– Grundsatz der Vorsicht,
– Grundsatz der Wirtschaftlichkeit.

Diejenigen GoB, die sich auf die Buchführung des laufenden Jahres beziehen, verlangen

– **Handelsgebräuchlichkeit** der Buchführung, d. h. ihre Erstellung nach den anerkannten Regeln, damit sie für einen außenstehenden Dritten verständlich und nachvollziehbar ist,
– **Abfassung in einer lebenden Sprache** (nur bezüglich des Jahresabschlusses verlangt § 244 HGB ausdrücklich die deutsche Sprache!),

- Beachtung des **Belegprinzips:** Keine Buchung darf durchgeführt werden, ohne dass ein Beleg – eine Rechnung, Quittung usw.; ggf. auch ein Eigenbeleg, etwa zur Buchung von Abschreibungen – vorliegt,

- **Kontenwahrheit:** Konten dürfen nicht auf falsche oder erdichtete Namen errichtet und geführt werden.

Regeln, die den **Jahresabschluss** betreffen und den Bilanzansatz oder die Bewertung von Vermögensteilen und Schulden zum Gegenstand haben, sind insbesondere

- **Bilanzwahrheit:** Eine Bilanz ist dann wahr, wenn sie objektiv nachprüfbar über die Wirklichkeit informiert (Grundsatz der Richtigkeit), wenn die Bilanzinformationen subjektiv wahrhaftig sind, d. h. der inneren Überzeugung des bilanzierenden Kaufmanns entsprechen (Grundsatz der Willkürfreiheit) und wenn sämtliche Gegenstände nach Auswertung aller zugänglichen Informationen erfasst wurden (Grundsatz der Vollständigkeit).

- **Identitätsprinzip:** Durch die Identität der Schlussbilanz mit der Ausgangsbilanz des Folgejahres ist der Bilanzzusammenhang zu sichern (§ 252 Abs. 1 Nr. 1 HGB).

- **Bilanzklarheit:** Der Jahresabschluss muss klar und übersichtlich sein (§ 243 Abs. 2 HGB).

- **Going-Concern-Prinzip** (Grundsatz der Unternehmensfortführung): Es ist grundsätzlich bei Bewertungen davon auszugehen, dass das Unternehmen in der Folgeperiode weitergeführt wird, d. h. es sind, außer bei hoher Wahrscheinlichkeit der Unternehmenszerschlagung, keine Zerschlagungswerte anzusetzen (§ 252 Abs. 1. Nr. 2 HGB). Das nämlich würde zu einem viel zu geringen Vermögensausweis führen.

- Grundsatz der **Einzelbewertung** (Kompensationsverbot): Bilanzposten sind grundsätzlich einzeln zu bewerten und dürfen grundsätzlich nicht miteinander verrechnet werden (§ 252 Abs. 1 Nr. 3 HGB).

- **Stichtagsprinzip:** Bilanzierung und Bewertung richten sich handels- und steuerrechtlich nach den Verhältnissen an einem bestimmten Stichtag. Dieser Abschlussstichtag ist der letzte Tag des Wirtschaftsjahres (§ 242 Abs. 1 i.V.m. § 252 Abs. 1 S. 3,4 HGB). Viele Unternehmen bilanzieren zum Abschluss eines Kalenderjahres; Stichtag ist dann der 31.12., 24 Uhr.

- **Grundsatz der Vorsicht:** Dieser Grundsatz (§ 252 Abs. 1 Nr. 4 HGB) dient dem Gläubigerschutz und besagt, dass ein Kaufmann in der Bilanz kein höheres Vermögen ausweisen darf, als er tatsächlich sein Eigen nennt: Ein Kaufmann darf sich nicht »reicher machen«, als er ist!

- **Grundsatz der zeitlichen Abgrenzung:** »Aufwendungen und Erträge des Geschäftsjahres sind unabhängig von den Zeitpunkten, zu denen die Zahlungen erfolgten, im Jahresabschluss zu berücksichtigen« (§ 252 Abs. 1 Nr. 5 HGB).

- **Grundsatz der Bewertungsstetigkeit:** »Die auf den vorhergehenden Jahresabschluss angewandten Bewertungsmethoden sind beizubehalten« (§ 252 Abs. 1 Nr. 6 HGB). Hierdurch soll verhindert werden, dass der Bewertende seinen Bilanzgewinn durch einen willkürlichen Methodenwechsel beeinflusst.

2.5.1.3 Inventur und Inventurverfahren

§ 240 HGB verpflichtet den Kaufmann, zu Beginn seines Handelsgewerbes und am Schluss eines jeden Geschäftsjahrs, d. h. spätestens alle 12 Monate, seine Vermögensteile und Schulden mengenmäßig festzustellen und unter Angabe ihrer Werte in einem als **Inventar** bezeichneten Verzeichnis darzustellen. Grundlage für die Erstellung des Inventars ist eine körperliche Bestandsaufnahme, die **Inventur** genannt wird.

2 Betriebswirtschaftliches Handeln 2.5 Kosten- und Leistungsrechnung

Für diese Bestandsermittlung sind unterschiedliche Systeme und Verfahren zulässig. Der Begriff des Inventursystems bezeichnet dabei den Zeitpunkt oder Zeitraum der Inventurdurchführung und -aufstellung, während unter dem Inventurverfahren die Art der Bestandsaufnahme zu verstehen ist.

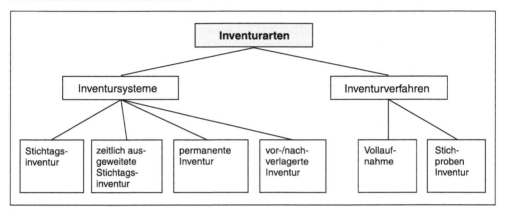

Inventursysteme und -verfahren

2.5.1.3.1 Inventursysteme

Zu den **Inventursystemen** zählen die Stichtagsinventur, die zeitlich ausgeweitete Stichtagsinventur und die permanente Inventur sowie die vor- oder nachverlegte Stichtagsinventur. Bei den drei erstgenannten Inventursystemen fallen der Bilanzstichtag und der Tag, für den das Inventar aufgestellt wird, zusammen. Sie unterscheiden sich durch den unterschiedlichen Aufnahmetag, der nur bei der Stichtagsinventur mit dem Bilanzstichtag übereinstimmt.

Stichtagsinventur

Die als Stichtagsinventur bezeichnete körperliche Bestandsaufnahme zum Bilanzstichtag ist das Standard-Inventursystem. Es ist einfach anzuwenden und zuverlässig, da keinerlei Bestandsfortschreibungen notwendig sind. Es ist zwingend für diejenigen Bestandsarten vorgeschrieben, bei denen eine zuverlässige Bestandserfassung nur zum Bilanzstichtag möglich ist, also insbesondere für Bestände, die einem hohen Verlustrisiko durch Schwund und Verderb oder durch leichte Zerbrechlichkeit unterliegen, und für Bestände von besonderem Wert (z. B. Edelmetalle).

Zeitlich ausgeweitete Inventur

Bei der zeitlich ausgeweiteten Stichtagsinventur liegen die Aufnahmetage kurz vor oder kurz nach dem Bilanzstichtag. Gemäß Abschnitt 30 Abs. 1 Satz 4 der EStR muss diese Inventur zeitnah, in der Regel innerhalb einer Frist von 10 Tagen vor oder nach dem Bilanzstichtag, durchgeführt werden. Dabei muss jedoch sichergestellt sein, dass die Bestandsveränderungen zwischen dem Bilanzstichtag und dem Tag der Bestandsaufnahme anhand von Belegen oder Aufzeichnungen ordnungsgemäß berücksichtigt werden.

Verlegte Inventur

Nach § 241 Absatz 3 HGB kann die jährliche körperliche Bestandsaufnahme ganz oder teilweise innerhalb der letzten drei Monate vor oder der ersten zwei Monate nach dem Bilanzstichtag durchgeführt werden. Der dabei festgestellte Bestand ist nach Art und Menge in einem besonderen Inventar zu verzeichnen, das auch aufgrund einer permanenten Inventur erstellt werden kann.

Der in dem besonderen Inventar erfasste Bestand ist auf den Tag der Bestandsaufnahme (Inventurstichtag) nach allgemeinen Grundsätzen zu bewerten. Der sich danach ergebende Gesamtwert des Bestandes ist dann wertmäßig auf den Bilanzstichtag fortzuschreiben oder zurückzurechnen. Der Bestand braucht in diesem Fall nicht noch einmal zum Bilanzstichtag nach Art und Menge festgestellt werden, es genügt die Feststellung des Gesamtwertes des Bestands auf den Bilanzstichtag.

Die **Bestandsveränderungen** zwischen dem Inventurstichtag und dem Bilanzstichtag brauchen ebenfalls nicht nach Art und Menge aufgezeichnet zu werden; die wertmäßige Erfassung ist ausreichend. Das Verfahren zur wertmäßigen Fortschreibung oder Rückrechnung des Gesamtwertes des Bestandes am Bilanzstichtag muss den Grundsätzen ordnungsmäßiger Buchführung (GoB) entsprechen. Die Fortschreibung des Warenbestands kann dabei nach der folgenden Formel vorgenommen werden, wenn die Zusammensetzung des Warenbestands am Bilanzstichtag von der des Warenbestands am Inventurstichtag nicht wesentlich abweicht:

Wert des Warenbestands am Inventurstichtag

> \+ Wareneingang
> – Wareneinsatz (Umsatz – durchschnittlicher Rohgewinn)
> = Wert des Warenbestands am Bilanzstichtag

Die **Inventurerleichterungen** durch die permanente oder die zeitverschobene Inventur dürfen nicht angewendet werden für Wirtschaftsgüter, die abgestellt auf die Verhältnisse des jeweiligen Betriebs besonders wertvoll sind, und auf Bestände, bei denen durch Schwund, Verdunsten, Verderb, leichte Zerbrechlichkeit oder ähnliche ins Gewicht fallende unkontrollierbare Abgänge eintreten, es sei denn, dass diese Abgänge aufgrund von Erfahrungssätzen schätzungsweise annähernd zutreffend berücksichtigt werden können. Für diese Bestandsarten ist die Stichtagsinventur vorgeschrieben.

Permanente Inventur

Nach § 241 Absatz 2 HGB kann sich bei der permanenten Inventur die körperliche Aufnahme auf das ganze Geschäftsjahr verteilen. Der Bestand für den Bilanzstichtag kann in diesem Fall nach Art und Menge anhand von Lagerbüchern (Lagerkarteien) festgestellt werden, wenn die folgenden Voraussetzungen erfüllt sind:

– In den **Lagerbüchern** und Lagerkarteien müssen alle Bestände und alle Zugänge und Abgänge einzeln nach Tag, Art und Menge (Stückzahl, Gewicht oder Volumen) eingetragen werden. Alle Eintragungen müssen belegmäßig nachgewiesen werden.

– In jedem Wirtschaftsjahr muss mindestens einmal durch körperliche Bestandsaufnahme geprüft werden, ob das Vorratsvermögen, das in den Lagerbüchern ausgewiesen wird, mit den tatsächlich vorhandenen Beständen übereinstimmt. Die Prüfung braucht nicht für alle Bestände gleichzeitig vorgenommen zu werden. Sie darf sich aber nicht nur auf Stichproben oder die Verprobung eines repräsentativen Querschnitts beschränken. Die Lagerbücher bzw. Lagerkarteien sind ggf. nach dem Ergebnis der Prüfung zu berichtigen. Der Tag der Bestandsaufnahme ist in den Lagerbüchern festzuhalten.

– Über die Durchführung und das Ergebnis der körperlichen Bestandsaufnahme sind Aufzeichnungen (Protokolle) anzufertigen, die unter Angabe des Zeitpunktes der Aufnahme von den aufnehmenden Personen zu unterzeichnen sind. Die Aufzeichnungen sind wie Handelsbücher zehn Jahre lang aufzubewahren.

2.5.1.3.2 Inventurverfahren

Eine vollständige körperliche Aufnahme kann mit solchen Gegenständen durchgeführt werden, deren Menge durch Messen, Zählen oder Wiegen ermittelt werden kann. Die körperliche Bestandsaufnahme ist in der Regel eine **Vollaufnahme**.

Bei der Aufstellung des Inventars darf der Bestand nach Art, Menge und Wert aber auch mit Hilfe anerkannter mathematisch-statistischer Methoden auf Basis von Stichproben ermittelt werden. Eine insoweit nur teilweise körperliche Aufnahme unter Anwendung eines geeigneten Stichprobenverfahrens wird auch als **Stichprobeninventur** bezeichnet.

Neben der körperlichen Bestandsaufnahme kommen in Bezug auf bestimmte Vermögensgegenstände und Schulden als weitere Inventurverfahren die **buchmäßige Inventur** (z. B. für Forderungen, Schulden, Bankguthaben anhand von Rechnungsunterlagen und Kontoauszügen) und die Bestandsaufnahme anhand von **Dokumenten** (bei »Unterwegsware«) in Frage.

Nach § 241 Abs. 1 HGB muss das gewählte Inventurverfahren den **Grundsätzen ordnungsmäßiger Buchführung** entsprechen. Der Aussagewert des auf diese Weise aufgestellten Inventars muss dem Aussagewert eines auf Grund einer körperlichen Bestandsaufnahme aufgestellten Inventars gleichkommen.

2.5.1.3.3 Inventar (Bestandsverzeichnis)

Die in der Inventur ermittelten Vermögensteile und Schulden werden unter Angabe der Mengen und Werte im Inventar (Bestandsverzeichnis) aufgezeichnet. Dies erfolgt üblicherweise in Staffelform (»Liste«). Dabei gilt:

- Vermögen wird nach zunehmender **Liquiditätsnähe** gegliedert, d. h. je eher sich ein Vermögensteil in Geld umsetzen lässt, desto weiter unten erscheint es in der Auflistung;
- Schulden werden nach abnehmender **Fristigkeit/Fälligkeit** gegliedert.

A. Vermögen

1. Anlagevermögen
   1.1 Immaterielle Vermögensgegenstände (Patente, Lizenzen...)
   1.2 Sachanlagen (Grundstücke, Gebäude, Fuhrpark, Betriebs- und Geschäftsausstattung – BGA ...)
   1.3 Finanzanlagen (Beteiligungen)
2. Umlaufvermögen
   2.1 Vorräte (Roh-, Hilfs-, Betriebsstoffe...)
   2.2 Forderungen und sonstige Vermögensgegenstände
   2.3 Wertpapiere des Umlaufvermögens
   2.4 Liquide Mittel (Bankguthaben, Kassenbestand) Summe des Vermögens

B. Schulden

1. Langfristige Schulden
   1.1 Anleihen
   1.2 Verbindlichkeiten aus Krediten für Investitionen (von verbundenen Unternehmen, Beteiligungen, Sondervermögen, öfftl. Bereich, Kreditmarkt)
2. Kurzfristige Schulden
   2.1 Verbindlichkeiten aus Lieferungen und Leistungen
   2.2 Sonstige Verbindlichkeiten

   Summe der Schulden

C. Ermittlung des Reinvermögens/Eigenkapitals
Summe des Vermögens
./. Summe der Schulden
Reinvermögen/Eigenkapital

2.5.1.4 Bilanz, Gewinn- und Verlustrechnung (G+V) und Anhang

Nach § 242 HGB hat der Kaufmann mit Ausnahme der Einzelkaufleute gem. § 241a HGB (d. h. mit Umsatzerlösen von höchstens 600.000 € und einem Jahresüberschuss von höchsten 60.000 € in zwei aufeinander folgenden Geschäftsjahren) zu Beginn seines Handelsgewerbes und für den Schluss eines jeden Geschäftsjahres einen Jahresabschluss, bestehend aus **Bilanz** und **Gewinn- und Verlustrechnung (G+V),** aufzustellen. **Kapitalgesellschaften** müssen ihren Jahresabschluss nach § 264 HGB um einen **Anhang** erweitern und außerdem einen **Lagebericht** erstellen, der jedoch nicht Bestandteil des Jahresabschlusses ist.

Der Jahresabschluss soll gem. § 264 Abs. 2 HGB unter Beachtung der Grundsätze ordnungsmäßiger Buchführung und Bilanzierung (vgl. Abschnitt 2.5.1.2.3) ein den tatsächlichen Verhältnissen entsprechendes Bild der Vermögens-, Finanz- und Ertragslage vermitteln.

2.5.1.4.1 Grundlagen der Bilanzierung und Erfolgsermittlung

Aufbau der Bilanz

Bilanz bedeutet »Waage«. Wie eine solche Waage hat die Bilanz am Schluss eines jeden Geschäftsjahres die vom Unternehmen verwendeten Mittel, nach ihrer Herkunft unterschieden in Eigen- und Fremdkapital, auf der einen Seite (nämlich der rechten, der so genannten Passivseite) und die Verwendung dieser Mittel in Vermögen auf der anderen Seite (der linken, der so genannten Aktivseite) so gegenüberzustellen, dass sich ein ausgewogenes Bild ergibt.

Aktiva	Bilanz	Passiva
I. Anlagevermögen II. Umlaufvermögen **Gesamtvermögen** (= Vermögens**verwendung**)		I. Eigenkapital II. Fremdkapital **Gesamtkapital** (= Vermögens**quellen**)
Die **Aktivseite** zeigt, wie das Kapital verwendet wurde.		Die **Passivseite** zeigt, woher das Kapital stammt.

Dabei gilt: Gesamtvermögen = Gesamtkapital, d. h. die Bilanzsummen der Aktiv- und der Passivseite müssen übereinstimmen, wie das folgende- stark vereinfachte – Beispiel einer Eröffnungsbilanz eines Einzelunternehmens zeigt:

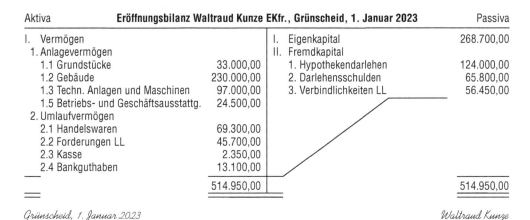

Bilanzierung dem Grunde und der Höhe nach

Bevor ein Vermögensgegenstand oder eine Schuld in die Bilanz aufgenommen wird, ist zu fragen, ob hierfür überhaupt eine Bilanzierungsfähigkeit besteht und ob es sich um eine Pflicht oder eine Kann-Regelung handelt. Diese Überprüfung bezieht sich also auf die **Bilanzierung dem Grunde nach.**

Muss oder kann ein Gegenstand bilanziert werden, stellt sich die Frage nach dem Wertansatz, also nach der **Bilanzierung der Höhe nach.**

Diese Fragen können aus den zuvor genannten Rechtsquellen des Wirtschafts- und des Steuerrechts beantwortet werden.

Wesentliche Bilanzpositionen

Zum **Anlagevermögen** gehören diejenigen Vermögensgegenstände, die dazu bestimmt sind, dem Geschäftsbetrieb dauernd zu dienen. Neben Sachanlagevermögen (Grundstücken, Gebäuden, technischen Anlagen und Maschinen, Betriebs- und Geschäftsausstattung, Fuhrpark usw.) kann hierzu auch Finanzanlagevermögen gehören, etwa Beteiligungen an anderen Unternehmen.

Gegenstände des **Umlaufvermögens** sind durch die Einmaligkeit ihrer Nutzung (die in Verbrauch, Verkauf oder Verarbeitung bestehen kann) charakterisiert. Hierzu gehören im Industriebetrieb Roh-, Hilfs- und Betriebsstoffe, fertige und unfertige Erzeugnisse, Forderungen und liquide Mittel (Kasse und Bank). Ihre Bestände sind stark schwankend. Bilanziert werden die am Stichtag in Lagern oder in der Fertigung vorhandenen Materialien sowie – anhand der Geschäftsbücher – die Forderungen und die Bestände an Geldmitteln auf Konten und in der Kasse. Die **Bestandsveränderungen,** die durch Zukäufe, den Einsatz von Materialien in der Fertigung, Abverkäufe fertiger Produkte und Handelswaren, Schwund usw. eingetreten sind, schlagen sich wertmäßig in der Gewinn- und Verlustrechnung nieder.

Fremdkapital sind Finanzmittel, die dem Unternehmen von Dritten überlassen wurden: langfristige Darlehen, kurzfristige Kredite und Lieferantenverbindlichkeiten und Mittel, die für Dritte (Sozialversicherungsträger, Finanzamt) vereinnahmt wurden. Auch Rückstellungen für spätere Verpflichtungen, die nur unter engen Voraussetzungen gebildet werden dürfen, sind Fremdkapital.

Eigenkapital ist die rechnerische Differenz aus Vermögensteilen (Anlage- und Umlaufvermögen) und Fremdkapital.

Weitere spezielle Positionen wie Rücklagen, Rechnungsabgrenzungsposten, latente Steuern usw. sollen hier nicht behandelt werden.

Aufbau der Gewinn- und Verlustrechnung (G+V)

Während die Bilanz dem Einblick in die Vermögenslage dient, ermöglicht die Gewinn- und Verlustrechnung (G+V) den Einblick in die Ertragslage des Unternehmens. Die Gewinn- und Verlustrechnung muss durch **Gegenüberstellung von Erträgen und Aufwendungen der Periode** mindestens das Ergebnis der gewöhnlichen Geschäftstätigkeit des Geschäftsjahres, das außerordentliche Ergebnis des Geschäftsjahres sowie periodenfremde Aufwendungen und Erträge ausweisen.

Die Aufstellung der Gewinn- und Verlustrechnung kann gemäß § 275 HGB nach dem **Gesamtkostenverfahren** oder dem **Umsatzkostenverfahren** erfolgen. Diese Verfahren unterscheiden sich nach der Behandlung der **Bestandsveränderungen** und führen zum selben Ergebnis.

Gesamtkostenverfahren	**Umsatzkostenverfahren**

1. Umsatzerlöse
2. Erhöhung oder Verminderung des Bestands an fertigen und unfertigen Erzeugnissen
3. andere aktivierte Eigenleistungen
4. sonstige betriebliche Erträge
5. Materialaufwand
  a) Aufwendungen für Roh-, Hilfs- und Betriebsstoffe und für bezogene Waren
  b) Aufwendungen für bezogene Leistungen
6. Personalaufwand
  a) Löhne und Gehälter
  b) soziale Abgaben und Aufwendungen für Altersversorgung und Unterstützung
    – davon für Altersversorgung
7. Abschreibungen
  a) auf immaterielle Vermögensgegenstände des Anlagevermögens und sowie auf aktivierte Aufwendungen für die Ingangsetzung und Erweiterung des Geschäftsbetriebs
  b) auf Vermögensgegenstände des Umlaufvermögens, soweit diese die in der Kapitalgesellschaft üblichen Abschreibungen überschreiten
8. sonstige betriebliche Aufwendungen
9. Erträge aus Beteiligungen
  – davon aus verbundenen Unternehmen
10. Erträge aus anderen Wertpapieren und Ausleihungen des Finanzanlagevermögens
11. sonstige Zinsen und ähnliche Erträge
  – davon aus verbundenen Unternehmen
12. Abschreibungen auf Finanzanlagen und Wertpapiere des Umlaufvermögens
13. Zinsen und ähnliche Aufwendungen
  – davon an verbundene Unternehmen
14. Steuern vom Einkommen und vom Ertrag
15. Ergebnis nach Steuern
16. sonstige Steuern
17. Jahresüberschuss/Jahresfehlbetrag
	1. Umsatzerlöse
	2. Herstellungskosten der zur Erzielung der Umsatzerlöse erbrachten Leistungen
	3. Bruttoergebnis vom Umsatz
	4. Vertriebskosten
	5. allgemeine Verwaltungskosten
	6. sonstige betriebliche Erträge
	7. sonstige betriebliche Aufwendungen
	8. Erträge aus Beteiligungen
	  – davon aus verbundenen Unternehmen
	9. Erträge aus anderen Wertpapieren
	  – davon aus verbundenen Unternehmen
	10. sonstige Zinsen und ähnliche Erträge
	  – davon aus verbundenen Unternehmen
	11. Abschreibungen auf Finanzanlagen und auf Wertpapiere des Umlaufvermögens
	12. Zinsen und ähnliche Aufwendungen
	  – davon aus verbundenen Unternehmen
	13. Steuern vom Einkommen und vom Ertrag
	14. Ergebnis nach Steuern
	15. sonstige Steuern
	16. Jahresüberschuss/Jahresfehlbetrag

2.5.1.4.2 Aussagewert von Bilanz, G+V, Anhang und Lagebericht

Geben Bilanz und G+V zuverlässig Auskunft über die Situation des Unternehmens?

Diese Frage ist nicht uneingeschränkt zu bejahen, denn auch wenn die Bilanz einen guten Überblick über das Vermögen, die Schulden und – als Differenz aus diesen Positionen – die Eigenkapitalausstattung des Unternehmens ermöglicht, zeigt sie doch nur eine Momentaufnahme aus der Vergangenheit, nämlich den Zustand des Unternehmens am Stichtag, 24:00 Uhr. Dieser liegt im Zeitpunkt der Bilanzaufstellung (und erst recht der Bilanzveröffentlichung) oft schon Monate zurück. Schon wenige Augenblicke nach dem Stichzeitpunkt kann die Situation schon eine andere (gewesen) sein, etwa wenn Geldmittel ab- oder zufließen oder Anlagevermögen in der Silvesternacht zu Schaden gekommen ist. Ebenso wie die Bilanz ist auch die Gewinn- und Verlustrechnung vergangenheitsbezogen: Dargestellt wird also nur der Zustand (Bilanz) bzw. das Ergebnis (G+V) des abgelaufenen Jahres.

Zumindest für Kapitalgesellschaften lassen sich weitere Erkenntnisse aus dem Jahresabschluss gewinnen, denn sie müssen einen Anhang und einen Lagebericht veröffentlichen.

Anhang

Die Pflicht, den Jahresabschluss um einen Anhang zu erweitern, ist auf Kapitalgesellschaften beschränkt. Mittels des Anhangs sollen die Positionen der Bilanz und der Gewinn- und Verlustrechnung näher erläutert und zusätzliche Informationen geliefert werden (§ 284 HGB). Zu erläutern sind z. B. die bei der Bewertung und Abschreibung angewendeten Methoden, die Darstellung der Beteiligungen an anderen Unternehmen, die langfristigen Verbindlichkeiten, die Zahl der Beschäftigten, die Bezüge von Geschäftsführung, Vorstand und Aufsichtsrat usw., wobei das Gesetz Pflichtangaben, Wahlpflichtangaben und freiwillige Angaben unterscheidet.

Insgesamt erweitert der Anhang die Aussagekraft von Bilanz und G+V; allerdings sind seine Aussagen gleichfalls rein vergangenheitsbezogen.

Lagebericht

Im Lagebericht, der nicht Teil des Jahresabschlusses und nur für Kapitalgesellschaften vorgeschrieben ist, sollen der Geschäftsverlauf und die Lage des Unternehmens dargestellt werden (§ 289 HGB). Die Darstellung des Geschäftsverlaufs beschränkt sich dabei auf die für die wirtschaftliche Situation der Gesellschaft und für das Ergebnis des abgelaufenen Geschäftsjahres entscheidenden Vorgänge, die erläutert, bewertet und beurteilt werden.

Die Darstellung der Lage der Gesellschaft soll Angaben liefern, die nach vernünftiger kaufmännischer Beurteilung geeignet sind, die Gesamtsituation des Unternehmens in wirtschaftlicher Hinsicht zutreffend darzustellen. Besondere Inhalte des Lageberichts sind der Nachtragsbericht, die Entwicklungsprognose und Angaben zum Bereich Forschung und Entwicklung (F & E).

Der Lagebericht soll auch eingehen auf

– Vorgänge von besonderer Bedeutung, die nach dem Schluss des Geschäftsjahrs eingetreten sind,
– die voraussichtliche Entwicklung der Kapitalgesellschaft,
– den Bereich der Forschung und Entwicklung,
– bestehende Zweigniederlassungen der Gesellschaft.

Der Lagebericht ist damit geeignet, Außenstehenden einen zukunftsbezogenen Einblick in die Situation des Unternehmens zu geben.

2.5.1.4.3 Bestandsveränderungen

Für Industriebetriebe typisch ist, dass die in einer Periode produzierte Menge und die in derselben Periode verkaufte Menge nicht übereinstimmen: Bereits zu Beginn der Periode waren Anfangsbestände vorhanden, und auch am Ende der Periode befinden sich halbfertige und fertige Erzeugnisse in der Produktion bzw. am Lager.

Hierdurch wird bei Anwendung des Gesamtkostenverfahrens das Jahresergebnis verfälscht, denn während sich die Aufwendungen auf die gesamte produzierte Menge beziehen, wer- den als Erträge nur die Umsatzerlöse der tatsächlich verkauften Stücke gebucht. Um dies richtigzustellen, ist es erforderlich, den Wert des Mehrbestands mit seinen Herstellungs- kosten als Ertrag zu verbuchen. Minderbestände, die aus dem Abverkauf von Produkten resultieren, die in einer früheren Periode hergestellt wurden, sind dagegen aufwandswirk- sam zu behandeln. Dieser Aufwand steht in der G+V den Umsatzerlösen der in der Vorperiode hergestellten Produkte gegenüber und »neutralisiert« diese. Auf diese Weise wer- den jeder Periode nur die tatsächlich auf ihre Leistungserstellung entfallenden Kosten und Erträge zugerechnet.

2.5.1.5 Abschreibungen

Das deutsche Handelsrecht wird vom Vorsichtsprinzip dominiert. Hieraus ergibt sich eine Pflicht zum niedrigeren Wertansatz, wenn ein Wirtschaftsgut durch Abnutzung, Substanzverringerung oder aus einem sonstigen Grund an Wert eingebüßt hat. Zu diesem Zweck werden »**Abschreibungen für Abnutzung und Substanzverringerung**«, kurz »**AfA**«, gebildet.

Diese Abschreibungspflicht betrifft nicht nur das abnutzbare Sachanlagevermögen, sondern auch Gegenstände des immateriellen Vermögens und des Umlaufvermögens, und beschränkt sich nicht auf die planmäßige Berücksichtigung vorhersehbarer Abnutzungen, sondern erstreckt sich auch auf Wertkorrekturen aufgrund außerplanmäßiger Umstände.

2.5.1.5.1 Gesetzliche Grundlagen der Abschreibung

Gesetzliche Vorschriften über die Bewertung – und folglich auch Abschreibung – finden sich im Handels- und im Steuerrecht. Sie stimmen oft, aber nicht immer überein, wodurch es häufig notwendig wird, neben der Handelsbilanz auch eine Steuerbilanz zu erstellen.

Wertansätze

Gemäß § 253 HGB Abs. 1 und 2 sind Vermögensgegenstände grundsätzlich höchstens mit ihren Anschaffungs- oder Herstellungskosten anzusetzen. Eine Höherbewertung ist auch dann nicht zulässig, wenn der Wert des Gegenstandes im Zeitverlauf steigt: So wird ein unbebautes Grundstück auch bei steigenden Grundstückspreisen immer nur mit seinen historischen Anschaffungskosten aktiviert. Die Differenz zwischen diesem Bilanzwert und dem tatsächlichen Verkehrswert stellt eine stille Reserve dar, die erst bei Veräußerung des Grundstücks offengelegt wird.

Unterschreitungen der historischen Anschaffungs- bzw. Herstellungskosten gehen auf die Anwendung des **Niederstwertprinzips** zurück, das – in Abhängigkeit von der Zuordnung des Gegenstandes zum Anlage- oder Umlaufvermögen, von der Rechtsform des bilanzierenden Unternehmens und von der Dauerhaftigkeit der Wertminderung – in strenger Form (eine Wertminderung erzwingend) oder in gemilderter Form (eine Wertminderung ermöglichend) anzuwenden ist. Auf Einzelheiten soll hier nicht eingegangen werden.

Planmäßige und außerplanmäßige Abschreibungen

Planmäßige Abschreibungen können nur an abnutzbaren Anlagegütern vorgenommen werden, da nur diese in ihrer Nutzung zeitlich begrenzt sind. Die Vorschrift des § 253 Abs. 3 HGB besagt:

> »Der Plan muss die Anschaffungs- oder Herstellungskosten auf die Geschäftsjahre verteilen, in denen der Vermögensgegenstand voraussichtlich genutzt werden kann«.

Steuerrechtlich ergibt sich diese Pflicht zur Abschreibung aus R 42 Einkommensteuer-Richtlinien (EStR).

Die planmäßige Abschreibung setzt die Bestimmung einer **betriebsgewöhnlichen Nutzungsdauer** voraus.

Handels- und Steuerrecht lassen neben den planmäßigen Abschreibungen auch außerplanmäßige Abschreibungen sowohl auf das abnutzbare als auch auf das nicht abnutzbare Anlagevermögen zu, wenn eine außerplanmäßige technische oder wirtschaftliche Abnutzung eingetreten ist:

Außerplanmäßige technische Abnutzungen sind im Allgemeinen schadensbedingt (Unfall, Brand, Explosion, nachträgliche Aufdeckung einer Bodenverseuchung u. a.), während planmäßige wirtschaftliche Abnutzungen gleichbedeutend sind mit einer Entwertung, etwa dann, wenn wegen geänderter Marktbedingungen (z. B. Innovationen, Modewechsel) ein Preisverfall eingetreten ist.

Die außerplanmäßigen Abschreibungen treten neben die planmäßigen Abschreibungen, sind also zusätzlich vorzunehmen. Sowohl für das abnutzbare als auch für das nicht abnutzbare Anlagevermögen gilt im **Handelsrecht** das **strenge Niederstwertprinzip** (= zwingender Ansatz des geringeren Wertes) im Falle einer dauerhaften Wertminderung. Im Falle einer vorübergehenden Wertminderung darf – außer bei Finanzanlagen – keine Abschreibung erfolgen.

Steuerrechtlich sind außerplanmäßige Abschreibungen nur bei dauerhafter Wertminderung zulässig.

Die betriebsgewöhnliche Nutzungsdauer

Die Dauer der wirtschaftlichen Nutzbarkeit des Vermögensgegenstandes (die nicht identisch mit seiner technischen Nutzbarkeit, sondern im Allgemeinen kürzer ist) ist vorsichtig zu schätzen. Die Praxis hat sich dabei an den Tabellen für die Absetzung für Abnutzung (den so genannten **AfA-Tabellen**), die vom Bundesminister der Finanzen herausgegeben werden, zu orientieren. Diese Tabellen gelten für das bewegliche Anlagevermögen; für unbewegliches Anlagevermögen (Gebäude) vgl. § 7 Abs. 4 und 5 EStG. Abweichungen von den in den Tabellen vorgegebenen Richtwerten sind gegenüber der Finanzverwaltung zu begründen. Die folgende Übersicht enthält einige Beispiele für die Nutzungsdauer häufig vorkommender Wirtschaftsgüter, die der »AfA-Tabelle für allgemein verwendbare Anlagegüter« entnommen wurden.

Anlagegüter	Nutzungsdauer in Jahren
Adressiermaschinen	8
Akkumulatoren	10
Aktenvernichter	8
Alarmanlagen	11
Anhänger	11
Anleimmaschinen	13
Anspitzmaschinen	13
Antennenmasten	10
Arbeitsbühnen (mobil)	11
Arbeitsbühnen (stationär)	15
Arbeitszelte	6
A...	...

Afa-Tabelle

Der konkrete AfA-Betrag wird bei linearer Abschreibung ermittelt, indem der Anschaffungspreis des Wirtschaftsguts durch die in der AfA-Tabelle genannte Nutzungsdauer geteilt wird. Das Ergebnis kann auf volle Euro gerundet werden.

2.5.1.5.2 Abschreibungsverfahren

Nachfolgend wird die planmäßige Abschreibung von Gegenständen des beweglichen abnutzbaren Anlagevermögens behandelt. Hierzu gehören technische Anlagen und Maschinen einschließlich des Fuhrparks sowie die Betriebs- und Geschäftsausstattung.

Bei diesen Gegenständen kann die Absetzung für Abnutzung (AfA) entweder

– in gleichen Jahresbeträgen (linear, § 7 Abs. 1 S. 1 EStG) oder

– nach Maßgabe der Leistung (sofern wirtschaftlich begründet) oder

– für Gegenstände, die nach dem 31.12.2019 und vor dem 1.1.2023 angeschafft wurden, in fallenden Jahresbeträgen nach einem unveränderlichen Hundertsatz vom jeweiligen Buchwert (Restwert) erfolgen[1].

Im Jahr der Anschaffung ist die Abschreibung **zeitanteilig (»pro rata temporis«** = monatsweise, beginnend mit Anfang des Anschaffungsmonats) vorzunehmen.

Falls von vornherein mit der Erzielung eines nennenswerten **Resterlöses** (z. B. eines Schrottwerts) am Ende der Nutzungsdauer zu rechnen ist, muss dieser bei der Berechnung des Basisbetrages für die Abschreibung von den Anschaffungskosten abgezogen werden, damit er nicht mit abgeschrieben wird. Der Restbuchwert nach Vollabschreibung entspricht dann dem Resterlös.

---

[1] Diese in der Corona-Pandemie zum Zweck der Investitionsanregung getroffene Regelung galt auch vor dem 1.1.2008 sowie – als Sonderregelung während der Finanzkrise – im Zeitraum nach dem 31.12.2008 und vor dem 1.1.2011.

Änderungen des **Abschreibungsplanes** bezüglich der Methode, der Rechenbasis oder der Nutzungsdauer dürfen nur mit sachlicher Begründung und auch nur dann vorgenommen werden, wenn sie erforderlich sind, um eine drohende Überbewertung zu verhindern. Ein Verzicht auf die Abschreibung oder ihr zeitweiliges Aussetzen sind generell untersagt.

Die lineare Abschreibung

Bei der linearen Abschreibung werden die Anschaffungs- oder Herstellungskosten in gleichen Jahresbeträgen auf Nutzungsdauer verteilt, d. h. der Abschreibungsbetrag errechnet sich nach der Formel

$$\text{Jahres-AfA} = \frac{\text{Anschaffungskosten}}{\text{betriebsgewöhnliche Nutzungsdauer}}$$

Beispiel:

Die Anschaffungskosten einer am 2. Januar 2022 angeschafften Maschine betragen 100.000 €. Die betriebsgewöhnliche Nutzungsdauer wurde im Anschaffungsjahr mit 10 Jahren festgestellt. Danach ergibt sich die folgende Abschreibungsverteilung:

Datum	Abschreibung in €	Buchwert in € nach Abschreibung
02.01.22		100.000
31.12.22	10.000	90.000
31.12.23	10.000	80.000
31.12.24	10.000	70.000
31.12.25	10.000	60.000
31.12.26	10.000	50.000
31.12.27	10.000	40.000
31.12.28	10.000	30.000
31.12.29	10.000	20.000
31.12.30	10.000	10.000
31.12.31	10.000	0

Lineare Abschreibung

Die geometrisch-degressive Abschreibung

Die degressive Abschreibung ist vielfach die bevorzugte Methode, weil sie – außer bei kurzlebigen Gegenständen – in den ersten Jahren nach der Anschaffung eine höhere Absetzung (und damit einen geringeren Gewinnausweis mit der Folge einer geringeren Ertragsteuerschuld) ermöglicht als die lineare Abschreibung. Allerdings war diese Methode in den vergangenen Jahrzehnten nicht durchgängig zulässig: Möglich war ihre Anwendung zur Abmilderung der Folgen der Finanzkrise der 2000er-Jahre in den Jahren 2009 und 2010 und dann erst wieder infolge der Corona-Pandemie – in den Jahren 2020 bis 2022. Diejenigen Gegenstände, deren Abschreibung in einem Zeitraum, in dem die degressive Methode zulässig war, begonnen wurde, dürfen bis zu ihrer Vollabschreibung bzw. ihrem Ausscheiden aus dem Betrieb degressiv abgeschrieben werden.

Die geometrisch-degressive (kurz: degressive) Abschreibung verteilt die Anschaffungs- oder Herstellungskosten in zunächst größeren, im Zeitverlauf geringer werdenden Jahresbeträgen auf die Nutzungsdauer. Zum einen führt dieses Verfahren bei vielen Wirtschaftsgütern zu einer Anpassung des Buchwerts an die Marktentwicklung des Verkehrswerts, der häufig in den Anfangsjahren stärker abnimmt als in späteren Jahren; zum anderen wird auf diese Weise eine etwa gleichbleibende Summe aus Abschreibungsbeträgen und

Reparaturkosten erreicht: Etwa im selben Maße, in dem erstere fallen, nehmen letztere im Zeitverlauf zu.

Der Abschreibungsbetrag wird Jahr für Jahr dadurch ermittelt, das auf den am Jahresanfang zu Buche stehenden Wert des Gegenstandes (»Restbuchwert«) ein gleichbleibender Prozentsatz angewendet wird. Dabei gilt für Gegenstände, die in 2020, 2021 und 2022 angeschafft wurden, dass der auf den Restbuchwert anzuwendende Prozentsatz maximal das 2,5fache der linearen AfA, dabei aber höchstens 25 %, betragen darf. Die Wahl des Abschreibungssatzes ist also eine Minimierungsaufgabe, die sich wie folgt darstellt:

$$\text{Abschreibungssatz} = (2{,}5 \cdot \frac{100}{\text{Nutzungsdauer}}\,;\, 25\,\%)\text{ min!}$$

Beispiel:

Der Buchhalter der XY-GmbH hat die Anweisung erhalten, alle Bewertungen unter dem Gesichtspunkt der Ertragsteuerminimierung vorzunehmen. Daher entscheidet er sich bei einer zu Beginn des Geschäftsjahres 2022 für 100.000 € neu angeschafften Maschine, deren Nutzungsdauer auf 8 Jahre festgesetzt wurde, für die geometrisch-degressive Abschreibung.

Der Abschreibungssatz ergibt sich aus folgender Überlegung:

100 % : 8   = 12,5 %

12,5 % · 2,5   = 31,25 %

31,25 % > 25 %   → Abschreibung erfolgt mit 25 %

Der Abschreibungsbetrag für das erste Jahr beträgt folglich 25.000 €. Bei linearer Abschreibung wären nur 12.500 € möglich gewesen.

Es liegt in der Natur der geometrisch-degressiven Abschreibung, dass der Restbuchwert niemals den Wert Null erreichen kann. Da Unternehmen aber fast immer daran interessiert sind, »möglichst früh möglichst viel« abzuschreiben, empfiehlt es sich, diese Methode nicht (was zulässig wäre) bis zum Ende der betriebsgewöhnlichen Nutzungsdauer zu verfolgen und an deren Ende den Restbuchwert in einer Summe abzuschreiben, sondern stattdessen einen **Methodenwechsel** vorzunehmen. Obwohl der Grundsatz der Bewertungsstetigkeit (§ 252 Abs. 1 Nr. 6 HGB) gilt, ist ein Wechsel von der geometrisch-degressiven zur linearen Abschreibung des Restwerts (!) zu einem beliebigen Zeitpunkt zulässig. Dieser Wechsel erfolgt idealerweise in derjenigen Periode, in der der Abschreibungsbetrag, der sich ergibt, wenn der Restbuchwert linear auf die Restnutzungsdauer verteilt wird, den planmäßigen geometrisch-degressiven Abschreibungsbetrag übersteigt, wenn also gilt

Restbuchwert : Restnutzungsdauer > Restbuchwert · geom.-degr. AfA-Satz

Fortführung des Beispiels:

Der Buchhalter entscheidet sich für die geometrisch-degressive Abschreibung mit Methodenwechsel in dem Jahr, in dem die lineare Abschreibung zu einem mindestens gleich hohen Abschreibungsbetrag führt. Er erstellt die folgende Tabelle, die neben der Angabe des Restbuchwertes und des geometrisch-degressiven AfA-Betrages auch eine Vergleichsspalte »Restbuchwert (RBW) : Restnutzungsdauer (RND)« enthält. Der Methodenwechsel erfolgt, sobald der in dieser Spalte enthaltene Wert den Wert der Spalte »AfA degr.« übersteigt oder mindestens erreicht.

Nutzungs-dauer/Jahre	Restnutzungs-dauer (RND)	Restbuchwert (RBW)	AfA 25% degr.*	Vergleichswert RBW : RND*
1	10	100.000,00	**25.000,00**	10.000,00
2	9	75.000,00	**18.750,00**	8.333,00
3	8	56.250,00	**14.063,00**	7.031,00
4	7	42.187,00	**10.547,00**	6.027,00
5	6	31.640,00	**7.910,00**	5.273,00
6	5	23.730,00	**5.933,00**	4.746,00
7	4	17.797,00	**4.449,00**	4.449,00
8	3	13.348,00	3.337,00	**4.449,00**
9	2	8.899,00		**4.449,00**
10	1	1,00		**4.450,00****
11	0	0,00		---

Geometrisch-degressive Abschreibung mit Methodenwechsel *auf volle € auf- oder abgerundet ** 1 € resultiert aus Rundungsdifferenz. Bei Weiternutzung der Maschine über die Abschreibungsdauer hinaus würde ohnehin 1 € »Erinnerungswert« stehenbleiben dürfen.

Die Leistungsabschreibung

Eine Abschreibung nach Maßgabe der Leistung (Leistungsabschreibung) ist zulässig, wenn

– das gesamte Leistungsvermögen des Wirtschaftsgutes vorab anhand von Herstellerangaben oder aufgrund von Erfahrungen abgeschätzt werden kann und

– die Voraussetzungen für eine Messung der tatsächlichen Leistungsabgabe vorliegen.

Beispiel:

Die Gesamtfahrleistung eines neu erworbenen Lastkraftwagens wird auf 350.000 km geschätzt. Die Anschaffungskosten des Fahrzeugs betrugen 126.000 €. Auf jeden Fahrtkilometer entfallen somit 126.000 : 350.000 = 0,36 €. Wenn im ersten Nutzungsjahr lt. Kilometerzähler 28.375 km gefahren wurden, beträgt der zu verrechnende Abschreibungsbetrag

$$28.375 \cdot 0,36 = 10.215 \text{ €.}$$

Abschreibungsverfahren bei geringwertigen Wirtschaftsgütern

Für geringwertige Wirtschaftsgüter (GWG) gelten besondere Abschreibungsregeln. Als GWG werden Wirtschaftsgüter bezeichnet, auf die die folgenden Eigenschaften zutreffen:

– Zugehörigkeit zum beweglichen abnutzbaren Sachanlagevermögen,

– Anschaffungs- oder Herstellungskosten bzw. Einlagewert von höchstens 800 € (bei Sammelabschreibung gem. § 6 Abs. 2a EStG: > 250 € bis max. 1.000 €) jeweils ohne Umsatzsteuer,

– selbstständige Nutzbarkeit.

Die Anschaffungs- oder Herstellungskosten derjenigen Gegenstände, auf die dies zutrifft, können im Jahr der Anschaffung, Herstellung oder Einlage in voller Höhe als Betriebsausgaben abgezogen werden.

Übersteigen die Anschaffungs- oder Herstellungskosten dabei 250 € netto, hat zusätzlich die Aufnahme in ein besonderes, laufend zu führendes Bestandsverzeichnis unter Angabe von Anschaffungskosten zu erfolgen.

2.5.1.6 Leasing

2.5.1.6.1 Grundlagen und Formen des Leasings

Beim Leasing überlässt der Leasinggeber dem Leasingnehmer das Leasinggut zur Nutzung gegen Zahlung eines Entgelts.

Rechtlich handelt es sich dabei um einen Mietvertrag (§ 535 BGB) mit besonderen vertraglichen Vereinbarungen, etwa dass Wartungen und Instandsetzungen, die beim Mietvertrag vom Vermieter geschuldet werden, im Falle des Leasings üblicherweise dem Leasingnehmer obliegen. Abgrenzung, Gestaltung, steuerliche und bilanzielle Darstellung von Leasingverträgen sind in vier Leasingerlassen des Bundesministers der Finanzen aus den Jahren 1971–1975 sowie 1991 geregelt. Aus ihnen ergibt sich, welche Finanzierungsformen als Leasing gelten können und die Anerkennung der Leasingraten als Betriebsaufwand rechtfertigen.

Häufigste Leasingform ist das **Finanzierungsleasing (Finance Leasing).** Es ist auf alle Güter anwendbar, wird aber in jedem Falle dann gewählt, wenn der Leasinggegenstand als Spezialanfertigung nur für den Leasingnehmer von Nutzen ist. Finance Leasing ist im Wesentlichen durch folgende Merkmale gekennzeichnet:

– Der Abschluss erfolgt über eine **feste Grundmietzeit,** während derer keine Kündigung möglich ist;

– das **Kreditrisiko** (Amortisationsrisiko) liegt beim Leasinggeber;

– das **Investitionsrisiko** (Wertverlustrisiko) liegt beim Leasingnehmer;

– **werterhaltende Maßnahmen** (Versicherung, Wartung) leistet der Leasingnehmer;

– die **Vertragsdauer** umfasst den größten Teil der erwarteten Lebensdauer (nach Leasingerlass 40–90 %, nach dem US-amerikanischen Standard US-GAAP > 75%).

Üblich ist die Vereinbarung fester Mietraten. Für die Zeit nach Ablauf der Grundmietzeit kann dem Leasingnehmer eine **Kaufoption** oder **Mietverlängerungsoption** eingeräumt werden. Auch Verträge ohne Optionsrecht und mit automatischer Mietverlängerung kommen vor.

Die (meist aus steuerlichen Gründen gewünschte) Bilanzierung des Leasinggegenstandes **beim Leasinggeber** erfolgt, wenn

– kein Optionsrecht oder aber eine Kaufoption mindestens zum Buchwert vereinbart wurde oder

– eine Mietverlängerungsoption vereinbart wurde, in dem die Anschlussmiete die lineare Abschreibungsrate, bezogen auf den Listenpreis, übersteigt.

Auch beim weniger verbreiteten Operate Leasing wird der Leasinggegenstand beim Leasinggeber bilanziert.

Einige weitere Begriffe sowie Formen des Leasings, die in Kombinationen auftreten können, sind

Leasingform	Erläuterung
Direktes Leasing (Herstellerleasing; Vertriebs-/Absatzleasing)	Leasinggeber ist der Hersteller oder eine von ihm gegründete Leasinggesellschaft
Indirektes Leasing	Der Gegenstand wird durch eine unabhängige Leasinggesellschaft verleast, die ihn zu diesem Zweck selbst erwirbt
Mobilien-Leasing:	Gegenstand sind bewegliche Güter, etwa Fahrzeuge, Computer...
Immobilien-Leasing	Gegenstand sind Grundstücke, Gebäude, Schiffe...

Operate Leasing	Kurzfristiges Leasing mit einer Laufzeit von meist weniger als einem Jahr, das in der Regel jederzeit gekündigt werden kann – ein und derselbe Leasinggegenstand wird meist hintereinander an verschiedene Leasingnehmer verleast
Full-Service-Leasing	Wartung, Reparatur, Versicherung usw. werden vom Leasinggeber übernommen
Teil-Service-Leasing	Die Kosten für o. g. Leistungen werden geteilt
Net-Leasing	Die Kosten für o. g. Leistungen trägt der Leasingnehmer
Full-Pay-Out-Leasing	Vollamortisationsvertrag; muss während der Grundmietzeit unkündbar gestellt sein und zum Vertragsende eine Kauf- oder Mietverlängerungsoption beinhalten
Non-Full-Pay-Out-Leasing (Teilamortisationsvertrag; Restwertleasing)	Die Anschaffungs- bzw. Herstellungskosten des Leasinggegenstandes werden nur zu einem vorab festgelegten Prozentsatz amortisiert. Die nicht amortisierten Teile werden durch Ausgleichszahlungen vom Leasingnehmer an den Leasinggeber erstattet

2.5.1.6.2 Leasing als Alternative zum Kauf

Anschaffungen von Sachanlagen steigern zwar das Anlagevermögen, belasten aber bei Bezahlung aus eigenen Mitteln die Liquidität des Unternehmens. Diese wird aber oft an anderer Stelle benötigt, etwa zur Begleichung fälliger Verbindlichkeiten. Mittels Leasings kann der **Mittelabfluss verhindert** werden.

Hinweis: Für die Bilanzsumme ist der Anschaffungsvorgang ohne Auswirkung, denn durch die Abnahme der liquiden Mittel nimmt die Aktivseite um so viel ab, wie sie durch die Erfassung der neuen Sachanlage im Anlagevermögen zunimmt. Bei Fremdfinanzierung wird auch die Passivseite der Bilanz erhöht, so dass eine Erhöhung der Bilanzsumme eintritt. Dies bedeutet aber keineswegs, dass das Unternehmen „reicher" geworden wäre – es hat mehr Vermögen, aber auch mehr Schulden.

Wenn keine Fremdmittel aufgenommen werden müssen, weil kein Kauf stattfindet, kann dies für die **Bonität (Kreditwürdigkeit)** des Unternehmens von Vorteil sein.

Ein weiterer Vorteil von Leasing: Es findet **keine langfristige Bindung** an solche Vermögensteile statt, die infolge der dynamischen technologischen Entwicklung schon in kürzerer, spätestens aber mittlerer Frist nicht mehr auf dem Stand der Technik sind. Gegenstände aus Leasing können nach Ablauf der **Grundmietzeit,** die in der Regel zwischen 40 % und 90 % der betriebsgewöhnlichen Nutzungsdauer angesetzt wird, zurückgegeben und durch aktuellere Anlagen ersetzt werden, die wiederum geleast werden können. Kürzere Leasinglaufzeiten werden meist nur vereinbart, wenn ein anschließender Kauf des Leasingobjekts beabsichtigt ist.

Leasingraten können als **betrieblicher Aufwand** verbucht werden – anders als Kreditraten, bei denen dies nur für die Zinsanteile gilt. Auch deswegen ist Leasing eine weit verbreitete Alternative zur klassischen Kreditfinanzierung. Bei der Beurteilung des Steuerspareffekts durch die Aufwandsverbuchung muss allerdings berücksichtigt werden, dass beim Leasing keine Abschreibungen bezüglich des Leasingobjekts geltend gemacht werden können. Leasing ist nicht zwangsläufig günstig, denn der Leasinggeber muss den Leasinggegenstand über die Leasingraten zurückverdienen (der Gegenstand muss sich amortisieren) und außerdem Gewinne erwirtschaften. Auch deswegen müssen die Vor- und Nachteile des Leasings im Einzelfall sorgfältig geprüft werden.

2.5.2 Ziele und Aufgaben der Kostenrechnung

2.5.2.1 Überwachungs-, Steuerungs- und Bewertungsaufgaben

Entscheidungsträger im Betrieb brauchen Unterstützung bei der Wahrnehmung ihrer Aufgaben, die in der Überwachung, Steuerung und Bewertung des betrieblichen Geschehens in ihrem Verantwortungsbereich bestehen. Die Kostenrechnung soll ihnen Instrumente liefern, mit denen die Wirtschaftlichkeit ihres Handelns gemessen und beurteilt werden kann. Sie ist durch nicht-monetäre Basisdaten, vor allem Mengendaten, zu ergänzen.

Die KLR dient aber nicht nur dazu, schon eingetretene Kosten und Leistungen zu messen und zu verteilen, sondern ihr kommt auch eine Prognose- und Vorgabefunktion zu. Durch Anwendung mathematisch-statistischer Verfahren auf die von der KLR gelieferten Werte wird versucht, zukünftige Kosten mit hohem Verlässlichkeitsgrad vorherzusagen. Dabei kann eine globale Prognose aller Kosten einer zukünftigen Periode nur auf der Basis detaillierter Prognoserechnungen für die einzelnen betrieblichen Bereiche erstellt werden.

2.5.2.2 Ermittlung von Selbstkosten

Wirtschaftlich handeln kann nur, wer seine Kosten kennt. Für einen Produktionsbetrieb ist es unerlässlich, genau zu wissen, welche Kosten anfallen, um ein Stück eines bestimmten Produkts am Markt bereitzustellen.

»Selbstkosten« sind daher mehr als nur reine Fertigungskosten: Sie berücksichtigen auch die Kosten der Produktentwicklung, der Verwaltung und des Vertriebs. Die Selbstkosten für ein Stück eines Produkts, das, wie später noch gezeigt werden wird, als »Kostenträger« bezeichnet wird, errechnen sich wie folgt:

```
    (Angaben jeweils pro Stück)
    Materialeinzelkosten
  + Materialgemeinkosten
  + Fertigungseinzelkosten (Löhne)
  + Fertigungsgemeinkosten
  + Sondereinzelkosten der Fertigung (z. B. Lizenzen, Prüfgebühren...)
  ─────────────────────────────────────────
  = Herstellkosten der Produktion
  + Verwaltungsgemeinkosten
  + Vertriebsgemeinkosten
  + Sondereinzelkosten des Vertriebs
  + Entwicklungskosten
  ─────────────────────────────────────────
  = Selbstkosten
```

Auf den Unterschied zwischen Einzelkosten und Gemeinkosten wird in Abschnitt 2.5.3.2.4 näher eingegangen.

Voraussetzung für eine solche Berechnung ist die detaillierte Erfassung aller im Betrieb anfallenden Kosten nach ihrem Wesen (Kostenarten), ihren Entstehungsorten (Kostenstellen) und ihren Kostenverursachern (Kostenträgern). Auf diese Systematik der KLR und auf ihre Instrumente, die bei der Verrechnung von Kostenarten auf Kostenstellen und die Weiterverrechnung auf Kostenträger zum Einsatz kommen, wird in Abschnitt 2.5.6 noch ausführlich eingegangen.

Die Kenntnis der – dank einer detaillierten Kostenrechnung relativ präzise ermittelten – Selbstkosten fließt ein in betriebliche Entscheidungen, die regelmäßig getroffen werden müssen. Sie betreffen z. B.:

- Das **Produktionsprogramm:** Wie viel wovon soll wann produziert werden? Diese Entscheidung kann allerdings nicht allein aufgrund der Kenntnis der Selbstkosten getroffen werden, sondern hat auch die möglichen Erlöse zu berücksichtigen.
- **Konstruktion und Fertigungsverfahren:** In Kenntnis der Kosten einzelner Arbeitsgänge können konstruktions- oder verfahrenstechnische Veränderungen angestoßen werden. Die Frage lautet: Ist es möglich, durch konstruktive Änderungen oder geänderte Verfahren Kosten einzusparen?
- **Lagerhaltung und Vertrieb:** Auch hier ermöglicht die Kenntnis der detaillierten Kosten die Abschätzung des Einsparpotenzials.
- Die **Preisfestsetzung:** Ohne Kenntnis der Selbstkosten kann kein Preis festgesetzt werden. Die Selbstkosten sind Ausgangspunkt für die Preiskalkulation.

2.5.2.3 Informationen für Planung und Entscheidung

Im Fall konkret anstehender Entscheidungen soll die Kostenrechnung Informationen liefern, die die Entscheidung untermauern.

Beispiele:

Die Verkaufsabteilung drängt auf Bewilligung einer zusätzlichen Vollzeitstelle für eine neue Mitarbeiterin oder einen neuen Mitarbeiter. Zur Untermauerung wird die über mehrere Jahre geführte Statistik vorgelegt, nach der die Verkaufszahlen kontinuierlich gestiegen ist. Ohne Kenntnis weiterer Kennzahlen (hat sich nur der Wert der Bestellungen erhöht, oder ist auch ihre absolute Anzahl gestiegen? Ist die Zahl der Kunden konstant geblieben oder ebenfalls gestiegen?) und der Entwicklung der Erlöse und Kosten bleibt diese Statistik aber ohne Aussagewert.

Die Stadtverwaltung will die Gebühr für die öffentliche Beglaubigung der Kopie eines privaten Dokuments erhöhen. Derzeit muss ein Bürger 2,50 € bezahlen. Ob dieser Preis wirklich zu niedrig ist, kann ohne Kenntnis der diesem Vorgang zurechenbaren Kosten aber nicht beurteilt werden.

Die Mitarbeiter der Buchhaltung sollen in einem Seminar in ein neues Computerprogramm eingewiesen werden. Das Seminar soll durch zwei Mitarbeiterinnen des Zweigwerks durchgeführt werden, die zu diesem Zweck für drei Tage anreisen. Vielleicht wäre eine Schulung durch die örtliche Volkshochschule wirtschaftlicher – aber ohne Kenntnis der relevanten Kosten ist diese Vermutung reine Spekulation.

2.5.2.4 Ermittlung des Betriebsergebnisses

Die Finanzbuchhaltung unterscheidet bei der Ermittlung des Gesamtergebnisses (Gewinn oder Verlust) einer Periode nicht danach, ob die darin eingeflossenen Aufwendungen und Erträge tatsächlich betriebsbedingt sind. In der Kostenrechnung soll dagegen ermittelt werden, welches Ergebnis auf die betriebliche Tätigkeit – den Betriebszweck im engeren Sinn – zurückzuführen ist.

Beispiel:

Das Gesamtergebnis der Periode wurde durch die Folgen eines Sturmschadens erheblich beeinträchtigt. Rechnet man diesen außerordentlichen Aufwand aus dem Ergebnis heraus, ergibt sich ein den Vorjahren vergleichbares Betriebsergebnis.

Das Betriebsergebnis wird also durch Abgrenzung der neutralen Erträge und Aufwendungen ermittelt. Eine differenziertere Bestimmung des Betriebsergebnisses in einer Ergebnistabelle, die zusätzliche kostenrechnerische Korrekturen berücksichtigt, wird in Abschnitt 2.5.6.1 vorgestellt.

2.5.2.5 Kalkulation der Preisgestaltung auf der Grundlage von Vollkosten und Teilkosten

2.5.2.5.1 Vollkosten

Ziel der Vollkostenrechnung ist es, für jedes Produkt einen Preis zu ermitteln, dessen Erzielung die Abdeckung sämtlicher im Betrieb angefallenen Kosten sicherstellt. Hierzu werden alle Kosten zunächst in Einzelkosten und Gemeinkosten (vgl. Abschnitt 2.5.3.2.4) unterschieden. Die Einzelkosten werden direkt auf die Kostenträger (= die einzelnen Produkte) übertragen, während die Gemeinkosten nur unter Anwendung der in einer Kostenstellenrechnung (vgl. Abschnitt 2.5.6.5 ff) ermittelten Verrechnungssätze auf die Kostenträger weiterverrechnet werden können.

Selbstverständlich ist es auf Dauer für das Überleben des Unternehmens unverzichtbar, dass alle angefallenen Kosten – also auch die der Verwaltung, der Leitung usw., die einem Produkt nicht direkt zugerechnet werden können – über die Umsatzerlöse zurückverdient werden. Für kurzfristige Entscheidungen taugen Vollkosten jedoch nur sehr bedingt als Grundlage, wie das folgende Beispiel verdeutlichen soll.

Eine Werkstatt, deren Kapazitäten zurzeit nicht ausgelastet sind, könnte einen Auftrag übernehmen, der mit 110 € je Stunde bezahlt würde. Der verantwortliche Meister lehnt ab: Die Vollkostenrechnung hätte einen Kostensatz von 125 € je Stunde ergeben, und deswegen sei die Auftragsübernahme ein Verlustgeschäft. Tatsächlich aber beinhaltet der Vollkosten-Stundensatz Fixkosten (Gehälter, Gebäudemieten usw.) in Höhe von 80 €, während nur 45 € je Stunde an Material- und Fertigungseinzelkosten anfallen. Folglich könnte jede im Rahmen des Auftrags geleistete Arbeitsstunde mit 65 € (110 € – 45 €) zur Deckung der Fixkosten beitragen. Wenn alternativ kein anderer, höher dotierter Auftrag in Sicht ist, ist die Annahme des Auftrags also durchaus vernünftig!

2.5.2.5.2 Teilkosten

Im Rahmen der Teilkostenrechnung werden nur diejenigen Kosten auf den Kostenträger (= das Produkt) weiterverrechnet, die zu diesem in einer direkten Beziehung stehen (direkt zurechenbare Kosten) und nur anfallen, wenn tatsächlich eine Produktion erfolgt (variable Kosten). Alle anderen Kosten werden (ggf. in einem gestuften Verfahren) in einem Block erfasst. In Gegenüberstellung von variablen, direkt zurechenbaren Kosten für ein Produkt einerseits und den Produkterlösen andererseits ergibt sich der **Deckungsbeitrag**, d. h. der Beitrag, der zur Deckung der Fixkosten/Gemeinkosten geleistet wird.

Damit wird der im vorigen Abschnitt erwähnte und in dem Beispiel verdeutlichte Nachteil der Vollkostenrechnung vermieden.

Verschiedene **Kalkulationsverfahren** werden ausführlich in Abschnitt 2.5.7 behandelt.

2.5.3 Grundbegriffe der Kosten- und Leistungsrechnung

2.5.3.1 Zahlungs- und Leistungsvorgänge

Wie unterscheiden sich eigentlich Auszahlungen von Ausgaben? Ist Aufwand dasselbe wie Kosten? Und was sind Leistungen?

Diese und weitere in der Kosten- und Leistungsrechnung gebräuchlichen Begriffe und ihre Zusammenhänge verdeutlicht das folgende Schema.

Auszahlungen der Periode = tatsächliche Abflüsse liquider Mittel (Kasse, Bankkonto)
+ Geldwert der in dieser Periode empfangenen, aber noch nicht bezahlten Güter
+ Geldwert der in dieser Periode empfangenen, bereits in einer Vorperiode bezahlten Güter
− Zahlungen in dieser Periode für früher bezogene Güter
− Anzahlungen, die in dieser Periode für später eingehende Güter geleistet werden

= **Ausgaben der Periode = Veränderung des Geldvermögens***
− nicht erfolgswirksame Ausgaben (z. B. die Gewährung eines Mitarbeiterdarlehens)
− Investitionsausgaben (weil der Aufwand erst später über Abschreibungen verteilt wird; in dieser Periode wird nur die auf sie entfallende Abschreibung aufwandswirksam)
+ erfolgswirksame Ausgaben früherer Perioden (z. B. Abschreibungen auf in Vorperioden getätigte Investitionen)
+ erfolgswirksame Ausgaben zukünftiger Perioden (z. B. Bildung von Rückstellungen)

= **Aufwand der Periode**
− neutraler Aufwand:
− betriebsfremder Aufwand (z. B. gezahlte Spenden)
− außerordentlicher Aufwand (z. B. Wasser-, Brandschaden)
− periodenfremder Aufwand (z. B. Steuernachzahlung für Vorperiode)
+ Zusatzkosten (»Opportunitätskosten«):
− kalkulatorische Eigenkapitalzinsen
− kalkulatorische Wagnisse
− kalkulatorischer Unternehmerlohn
− kalkulatorische Eigenmiete
± Anderskosten
− kalkulatorische Abschreibungen

= **Kosten** der Periode   * unter »Geldvermögen« werden neben liquiden Mitteln auch kurzfristige Forderungen und Verbindlichkeiten verstanden

Die Finanzbuchhaltung kennt die Begriffepaare »Einzahlungen/Auszahlungen«, »Einnahmen/Ausgaben« und »Ertrag/Aufwand«. Der Begriff der »Kosten« und der ihm entsprechende positive Begriff der »Leistung« gehört dagegen in die Kosten- und Leistungsrechnung, also die Betriebsbuchhaltung. Wie sich diese unterschiedlichen Begriffe zueinander verhalten bzw. wie sich die eine aus der anderen Größe entwickeln lässt, zeigte die Übersicht am Beispiel der Begriffskette »Auszahlungen – Ausgaben – Aufwand – Kosten«.

Analog zur gezeigten Abgrenzung sind auch die Begriffe »Einzahlung«/»Einnahme«/»Ertrag«/»Leistung« voneinander abzugrenzen.

2.5.3.2 Kostenarten

Die Kosten- und Leistungsrechnung unterscheidet eine Reihe von Kostenbegriffen, von denen die wichtigsten hier vorgestellt werden sollen.

2.5.3.2.1 Grundkosten

Als Grundkosten werden diejenigen Kosten bezeichnet, die in der Kosten- und Leistungsrechnung genauso bewertet werden wie die entsprechenden Aufwendungen in der Finanzbuchhaltung.

Beispiel:

Die an ein befreundetes Unternehmen in dieser Periode zu zahlende Miete für eine von unserem Betrieb genutzte Lagerhalle stellt Aufwand in der Finanzbuchhaltung und – in gleicher Höhe – Kosten in der Kosten- und Leistungsrechnung dar.

2.5.3.2.2 Zusatzkosten

Zusatzkosten sind Kosten, die – auch, weil es gar nicht zulässig wäre – in der Finanzbuchhaltung nicht erfasst wurden. Sie führen zu Gewinnaufschlägen in der Preiskalkulation unserer Produkte, die gewissermaßen eine »Entschädigung für entgangene Erlöse« darstellen: Deswegen werden sie auch als »Opportunitätskosten« bezeichnet. Im Einzelnen handelt es sich um die folgenden Positionen.

– **Kalkulatorische Zinsen:**

Die Finanzbuchhaltung erfasst nur solche Zinsen, die auf in Anspruch genommenes Fremdkapital gezahlt werden, nicht dagegen Zinsen auf das Eigenkapital. Natürlich soll sich aber auch das Eigenkapital im Unternehmen verzinsen, und zwar in Form von Gewinn: Betriebswirtschaftlich wird der erzielte Periodengewinn als Verzinsung des Eigenkapitals aufgefasst. Damit diese Verzinsung auch stattfindet, muss aber in die Kalkulation der Preise für unsere Güter und Dienstleistungen ein bestimmter Eigenkapitalzins eingerechnet werden. Dieser muss mindestens dem Zins entsprechen, den der Eigenkapitalgeber bei einer anderweitigen Geldanlage erzielen würde.

– **Kalkulatorische Wagnisse:**

Die Finanzbuchhaltung darf Risiken nur erfassen, wenn sich in der laufenden Periode konkrete Anlässe für ihr Eintreffen ergeben haben. Beispiele sind Gerichts- und sonstige Kosten in Zusammenhang mit einem schon angestrengten Gerichtsverfahren oder konkrete Reparaturnotwendigkeiten mit noch nicht konkret bezifferbaren Kosten. Allgemeine Risikoeinschätzungen (»irgendwas passiert immer«; »es ist schon lange kein Auto mehr kaputtgegangen«) dürfen dagegen in der Finanzbuchhaltung nicht berücksichtigt werden. In der Kostenrechnung kann hierfür der Ansatz von Wagniskosten vorgenommen werden.

– **Kalkulatorischer Unternehmerlohn:**

Diese Position hat in der Kalkulation unserer Verkaufspreise die Funktion eines Gewinnaufschlags für eine entgangene Unternehmervergütung: Schließlich könnte der Unternehmer als nichtselbstständig beschäftigter Geschäftsführer eines anderen Unternehmens ein sicheres Einkommen erzielen.

– **Kalkulatorische Eigenmiete:**

Die eigenen Räume, in denen wir unser Geschäft betreiben, könnten auch entgeltlich an Dritte vermietet werden. Uns entgeht also eine Mieteinnahme, die als Gewinnaufschlag kalkuliert werden muss.

2.5.3.2.3 Anderskosten

Bei den Anderskosten handelt es sich um Positionen, die in der Finanzbuchhaltung zwar ebenfalls als Aufwand erfasst wurden, die aber in die Kostenrechnung mit einem anderen Betrag einfließen sollen.

Praktisch einziges Beispiel für Anderskosten sind die kalkulatorischen Abschreibungen.

Beispiel:

Abschreibungen werden aufgrund der gesetzlichen Vorgaben in der Finanzbuchhaltung an den historischen Anschaffungs- bzw. Herstellungskosten orientiert. Wird aber tatsächlich eine Wiederbeschaffung notwendig, ist von abweichenden – meist höheren – Kosten auszugehen. Die Kostenrechnung berücksichtigt dies, indem sie Abschreibungen meist an Wiederbeschaffungswerten orientiert. Hieraus resultieren durchweg abweichende Beträge in der Finanz- und der Betriebsbuchhaltung.

2.5.3.2.4 Einzel- und Gemeinkosten

Nach ihrer Zurechenbarkeit auf einzelne Kostenverursacher können Kosten in Einzelkosten und Gemeinkosten unterschieden werden.

Einzelkosten können einem bestimmten Produkt zugerechnet werden.

Beispiel:

Für die Herstellung einer Maschine für den Eigengebrauch wird ein Motor fremdbezogen. Die Anschaffungskosten des Motors sind den Herstellungskosten der Maschine eindeutig zurechenbar.

Gemeinkosten können keinem bestimmten Produkt zugerechnet werden und müssen nach einem »Schlüssel« verteilt werden.

Beispiel:

Die Gehälter der Mitarbeiter in der allgemeinen Verwaltung, zu der unter anderem die Buchhaltung und die Personalabteilung gehören, können keinem Produktionsbereich und keinem Produkt direkt zugerechnet werden. Man hat sich daher entschieden, die Verteilung dieser Kosten nach dem Verhältnis der in den verschiedenen Produktionsbereichen angefallenen Einzelkosten vorzunehmen.

2.5.3.2.5 Fixe und variable Kosten

Fixe Kosten fallen nicht in Abhängigkeit von einer Ausbringungsmenge, sondern in jedem Falle an – auch dann, wenn gar nicht produziert oder keine Leistung abgerufen wird.

Beispiel:

Für ein Firmenfahrzeug fällt Kraftfahrzeugsteuer an, unabhängig davon, ob, wie oft und über wie viele Kilometer das Fahrzeug bewegt wird. Der Kostenverlauf ist konstant.

Konstante Fixkosten – für alle Mengen ab 0 immer gleich hoch

Variable Kosten: Diese verändern sich mit der Ausbringungsmenge.

Beispiel:

*Die Ausgaben für Benzin sind umso höher, je mehr mit dem Fahrzeug gefahren wird. Unter der Annahme immer gleicher Bedingungen (»cet. par.« = »ceteris paribus« = »alles andere bleibt gleich; was hier bedeutet: Fahrstil, Klima, Tempo usw. spielen keine Rolle) entwickeln sich die Kosten **proportional** zur Anzahl der gefahrenen Kilometer (x), d. h. für jeden einzelnen Kilometer wird dieselbe Menge an Sprit verbraucht.*

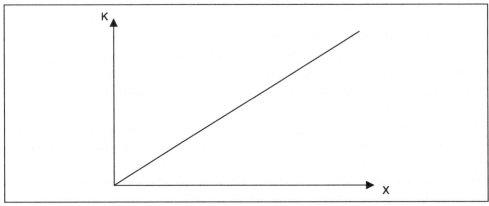

Variable Kosten bei proportionalem Kostenverlauf

2.5.4 Aufbau der Kosten- und Leistungsrechnung

Aufgabe der Kostenrechnung ist

– die **Erfassung** von Kosten (**welche Kosten** sind in welcher Höhe angefallen?)

– ihre **Verteilung** auf die verursachenden Stellen (**wo** sind die Kosten angefallen?) und

– die **Verrechnung** auf einzelne Produkte bzw. Produktbereiche (**wofür** sind die Kosten angefallen?)

– und letztlich Verrechnung mit den **Leistungen.**

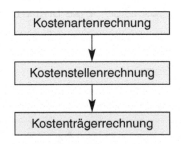

Ausführliche Darstellungen zur Durchführung der Kostenrechnung enthält Abschnitt 2.5.6.

2.5.5 Leistungs- und Kostendaten/Erfassung und Belegwesen

Leistungs- und Kostendaten mit Relevanz für die Kosten- und Leistungsrechnung laufen nicht allein in der Finanzbuchhaltung auf: Deswegen dienen auch Verbrauchsbelege wie Materialentnahmescheine und Lohnzettel als Buchungsbelege.

Auf allen Verbrauchsbelegen muss genau angegeben werden, wodurch die mit dem Verbrauch entstandenen Kosten verursacht sind oder – anders ausgedrückt – wofür das Material, die Arbeitszeit usw. verbraucht wird. Dies geschieht durch »Kontierung« auf den Belegen, die auch deswegen sorgfältig vorgenommen werden muss, weil es sich häufig nicht von selbst versteht, ob es sich bei den verursachten Kosten um Einzelkosten eines bestimmten Auftrags oder um Gemeinkosten einer Kostenstelle handelt:

– Geht es um einen Verbrauch, der einem konkreten Fertigungsauftrag (Kundenauftrag, Lagerauftrag oder Innenauftrag für Eigenbedarf der Unternehmung) zugeordnet werden kann, wird neben der Kostenart auch die Nummer des Auftrags in das für die Kontierung vorgesehene Feld eingetragen. Damit können die Kosten dieses Verbrauchs diesem bestimmten Auftrag, dieser bestimmten Produktionscharge usw. zugeordnet werden.

– Kann der Verbrauch dagegen keinem bestimmten Auftrag zugeordnet werden, ist er als Gemeinkostenbedarf für die Kostenstelle zu behandeln, die den Werteverzehr vornimmt. In diesem Fall muss der Veranlassende die Kostenstellennummer der verbrauchenden Kostenstelle und die zutreffende Kostenart, die er dem Kostenartenplan (vgl. Abschnitt 2.5.6.2) entnommen hat, auf dem Beleg eintragen.

Der Beleg (bzw. bei computergestützter Verarbeitung: der entsprechende Datensatz) ist die Grundlage der Kostenzurechnung.

Der Grundsatz: »**Keine Buchung ohne Beleg!**« erweitert sich aus der Sicht des Werkstattmeisters zum Grundsatz: »Keine Arbeit ohne Auftrag!« – denn ohne Auftragsnummer gehen alle Kosten zu Lasten der Gemeinkosten der eigenen Kostenstelle.

Ein Materialentnahmeschein muss beispielsweise die folgenden Angaben enthalten:

– Materialart,
– Materialmenge,
– Kontierung je nach dem Grund des Verbrauchs,
– Entnahmedatum,
– Kostenstellennummer,
– Unterschrift des Veranlassenden.

Auf Lohnzetteln muss auch dann die Kostenstellennummer der leistenden Stelle vermerkt werden, wenn Fertigungslohn (Einzelkosten für einen Fertigungsauftrag) vorliegt; denn der Fertigungslohn ist eine wichtige statistische Bezugsbasis für die Weiterverrechnung der Gemeinkosten der leistenden Kostenstellen.

Alle Belege werden in der Geschäftsbuchführung verbucht, wobei die Einzelkosten getrennt nach Fertigungsmaterial und Fertigungslöhnen erfasst werden. Die Kontierung der Buchungsbelege ermöglicht der Betriebsabrechnung die statistische Zuordnung zu den Fertigungsaufträgen, sodass es monatlich oder bei Bedarf möglich ist, durch eine Zwischenaddition die aufgelaufenen Einzelkosten auftragsweise festzustellen.

Die übrigen Kosten finden als Gemeinkosten ihren Niederschlag auf Kostenartenkonten entsprechend dem Kostenartenverzeichnis des Betriebes.

2.5.6 Durchführung der Kostenrechnung: Kostenarten-, Kostenstellen-, Kostenträgerzeit- und -stückrechnung

2.5.6.1 Unternehmensbezogene Abgrenzung von Aufwendungen/Erträgen und Kosten/Leistungen

Jede erfolgswirksame Buchung, die in der Finanzbuchhaltung auf einem Aufwands- oder Ertragskonto vorgenommen wird, wird zunächst daraufhin betrachtet, ob sie überhaupt ins **Betriebsergebnis** (vgl. Abschnitt 2.5.2.4) hineingehört und dementsprechend in der Kostenrechnung überhaupt zu erfassen ist, d. h. ob es sich bei dem gebuchten Aufwand auch um Kosten bzw. bei dem gebuchten Ertrag tatsächlich auch um eine Leistung handelt. Dies ist immer dann der Fall, wenn der Aufwand bzw. Ertrag nicht neutral ist.

Erster Schritt auf dem Weg zur Erfassung von Kosten und Leistungen ist also die Abgrenzung neutraler Aufwendungen und Erträge.

Neutral ist ein Aufwand dann, wenn er

- **betriebsfremder Aufwand** ist, also nicht im Rahmen der betriebstypischen Tätigkeit anfällt. Dies trifft z. B. meist auf geleistete Spenden zu;
- **außerordentlicher Aufwand** ist, also einmalig anfällt. Aufwendungen in Zusammenhang mit Unfällen und Schäden sind außerordentlich;
- **periodenfremder Aufwand** ist, also wirtschaftlich eine andere als die Buchungsperiode betrifft. Dies trifft auf solche Aufwandsbuchungen zu, die in der Vorperiode noch nicht vorgenommen werden konnten, etwa weil eine Abrechnung (z. B. für eine Dienstreise) noch nicht vorlag, und im laufenden Jahr nachgeholt werden.

Zweiter Schritt ist die kostenrechnerische Abgrenzung. Für die Aufwendungen und Erträge, die nun noch zur kostenrechnerischen Erfassung verblieben sind, muss geprüft werden, ob sie in gleicher Höhe wie in der Finanzbuchhaltung als Kosten bzw. Leistungen übernommen werden können oder **betragsmäßig korrigiert** werden müssen. Außerdem muss geprüft werden, ob ggf. zusätzliche Kosten und Leistungen aufzunehmen sind, die in der Ergebnisrechnung der Finanzbuchhaltung gar nicht erfasst wurden: Damit sind die kalkulatorischen Kosten und Leistungen angesprochen, die als Zusatzkosten und -leistungen bezeichnet werden.

Ein (bewusst einfach gehaltenes) Beispiel aus der Buchhaltung eines Industriebetriebs soll das Vorgehen bei der Ermittlung des Betriebsergebnisses verdeutlichen:

In der betrachteten Periode wurde ein Ertrag aus Umsatzerlösen von 220.000 € in der Finanzbuchhaltung verbucht. Diese stellen eine Leistung im Sinne der KLR dar.

An Personalaufwendungen wurden 154.000 € als Aufwendungen gebucht. Darin enthalten ist der Lohn für eine Aushilfskraft in Höhe von 3.200 €, der zu einem Viertel aber Arbeitseinsätze des Vorjahrs betrifft. 800 € stellen also neutralen (weil periodenfremden) Aufwand dar. Kosten sind daher nur in Höhe von 153.200 € in der KLR anzusetzen.

In der Finanzbuchhaltung wurde eine Abschreibung auf ein Fahrzeug in Höhe von 4.000 € vorgenommen. Diese wurde nach den in der FiBu anzuwendenden Abschreibungsregeln berechnet. Da es sich um betrieblichen Aufwand handelt, wird die Abschreibung in den Rechnungskreis der Kostenrechnung übertragen. In der Kosten- und Leistungsrechnung soll die Abschreibung aber auf die – mittlerweile gestiegenen – Wiederbeschaffungswerte vorgenommen werden. Danach sind 4.500 € abzuschreiben. Die KLR übernimmt diesen höheren Betrag.

Ebenso verhält es sich in Bezug auf das Geschäftsgebäude: Die Abschreibung in der Finanzbuchhaltung beträgt 15.000 €; die KLR setzt auf Basis des Wiederbeschaffungswerts 25.000 € an.

Da in der betrachteten Periode kein Fremdkapital eingesetzt wurde, kamen in der Finanzbuchhaltung keine Zinsaufwendungen zum Ansatz. Rechnungskreis 1 weist folglich hierfür keine Position aus. Bei Errichtung des Kostenrechnungssystems wurde aber beschlossen, eine kalkulatorische Verzinsung des eingesetzten Eigenkapitals mit 5 % anzusetzen. Als betriebsnotwendiges Kapital wurden 230.000 € ermittelt. Die kalkulatorischen Zinsen sind demnach mit 11.500 € in die KLR zu übernehmen.

Die Gegenüberstellung erfolgt in einer **Ergebnistabelle,** die

– in Rechnungskreis I die Ergebnisrechnung der Finanzbuchhaltung beinhaltet,

– in Rechnungskreis II

– einen Abgrenzungsbereich für die unternehmensbezogenen Abgrenzungen (neutrale Aufwendungen und Erträge) und die kostenrechnerischen Abgrenzungen (Anders- und Zusatzkosten/-leistungen) und

– den KLR-Bereich mit dem Ausweis der Kosten- und Leistungsarten beinhaltet.

In die **Ergebnistabelle** sind die Zahlenwerte des obigen Beispiels bereits eingearbeitet.

Rechnungskreis I			Rechnungskreis II					
Ergebnisrechnung der FiBu			Abgrenzungsrechnung				KLR-Bereich	
			Unternehmensbezogene Abgrenzungen		Kostenrechnerische Abgrenzungen		Betriebsergebnisrechnung	
Position	Aufwand	Ertrag	neutraler Aufwand	neutraler Ertrag	betriebl. Aufwand	verrechnete Kosten	Kosten	Leistungen
Erlöse		220.000						220.000
Personal	154.000		800		153.200	153.200	153.200	
AfA Fuhrpark	4.000				4.000	4.500	4.500	
Afa Gebäude	15.000				15.000	25.000	25.000	
Zinsen						11.500	11.500	
Summen	173.000	220.000	800	0	172.200	194.200	194.200	220.000
Salden	**47.000**			**–800**		**22.000**	**25.800**	
	Gesamtergebnis = 47.000 =			Neutrales Ergebnis + 21200		+	Betriebsergebnis 25.800	
Summen	220.000	220.000	800	–800	194.200	194.200	220.000	220.000

Ergebnistabelle

2.5.6.2 Gliederung der Kosten nach Verbrauchsarten

Die Kostenrechnung beginnt damit, dass alle Kosten getrennt nach **Kostenarten** erfasst werden. Diese Kostenarten werden in einem Kostenartenplan oder -verzeichnis zusammengestellt, der zweckmäßigerweise einheitlich für den gesamten Betrieb gilt. Die Kostenartenrechnung selbst kann separat in den einzelnen Produktbereichen erfolgen. Fällt eine Kostenart in einem Bereich nicht an, bleibt die entsprechende Stelle im produktspezifischen Kostenartenplan unausgefüllt.

2.5 Kosten- und Leistungsrechnung   2 Betriebswirtschaftliches Handeln

In der Praxis greift der Kostenartenplan in der Regel die Gliederung der ordentlichen Aufwendungen in der Gewinn- und Verlustrechnung auf und gliedert diese wiederum entsprechend den Sachkonten der Finanzbuchhaltung weiter auf.

Das folgende Beispiel zeigt einen Kostenartenplan.

1. Schritt: Untergliederung der Kostenarten in Hauptgruppen

Kostenarten-Hauptgruppen

0 Löhne
1 Gehälter
2 Sozialkosten zu 0 und 1
3 Materialkosten
4 Kapitalkosten
5 Fremdleistungskosten

Arbeitskosten

6 Steuern und Abgaben für allgemeine Zwecke
7 frei
8 frei
9 frei

2. Schritt: Untergliederung der Hauptgruppen in Kostenartengruppen

Jede dieser Hauptgruppen wird weiter in Kostenartengruppen unterteilt. Dabei steht die vordere Ziffer für die Hauptgruppe. Exemplarisch werden hier die Kostenartengruppen 0, 2 und 3 ausführlicher dargestellt.

Kostenartenhauptgruppe 0, Löhne

Kostenartengruppen:
00 Fertigungslöhne
01 Gemeinkostenlöhne für Arbeit
02 Übrige Gemeinkostenlöhne
03 Freiwillige Zuwendungen
04 Prämien für Verbesserungsvorschläge
05 Sachbezüge
06 Vergütungen an gewerbliche Auszubildende
07 – 09 frei

Kostenartenhauptgruppe 1, Gehälter

Kostenartengruppen 10 – 19 entsprechend Hauptgruppe 0

Kostenartenhauptgruppe 2, Sozialkosten zu Löhnen und Gehältern

Kostenartengruppen:
20 Arbeitgeberanteile zur Sozialversicherung (Lohnbereich)
21 Arbeitgeberanteile zur Sozialversicherung (Gehaltsbereich)
22 Beiträge zur Berufsgenossenschaft
23 Sonstige gesetzliche Sozialkosten
24 Kosten der freiwilligen Altersversorgung und Unterstützung
25 Sonstige freiwillige Sozialkosten
26 – 29 frei

Kostenartenhauptgruppe 3, Materialkosten

Kostenartengruppen:
30 Rohstoffe (= Hauptbestandteile der Erzeugnisse)
31 Vorproduktion von Fremdfirmen (»verlängerte Werkbank«)
32 Hilfsstoffe (= untergeordnete Bestandteile der Erzeugnisse; z. B. Schrauben, Leim u. a.)
33 Betriebsstoffe (= Brennstoffe, Schmiermittel, Kühlmittel, Büromaterial, Putzmittel u. a.)
34 Verschleißwerkzeuge
35 Energie
36 Handelswaren
37 Verpackungsmaterial
38 Reparaturmaterial
39 Sonderabschreibungen auf Stoffe und Handelswaren

In **Kostenartenhauptgruppe 4,** Kapitalkosten, wären als Kostenartengruppen die kalkulatorischen Kostenarten Zinsen, Abschreibungen und Wagnisse einzuordnen.

In **Kostenartenhauptgruppe 5,** Fremdleistungskosten, gehören als Kostenartengruppen die Leistungen fremder Betriebe: Fremde Instandhaltung, Mieten, Werbekosten, Postkosten, Frachten, Beratungskosten, Schornsteinfeger-, Straßenreinigungs-, Müllabfuhrgebühren, Beiträge an Verbände u. ä.

In **Kostenartenhauptgruppe 6,** Steuern und Abgaben, wären als Kostenartengruppen die Gewerbe-, Vermögen-, Grund-, Kraftfahrzeug-, Gesellschaftsteuer, Ausfuhrzölle, Verbrauchsteuern und andere Abgaben ohne spezielle Gegenleistung aufzunehmen.

3. Schritt: Untergliederung der Kostenartengruppen in einzelne Kostenarten

Von den im Beispiel zweistellig nummerierten Kostenartengruppen aus erfolgt die Untergliederung in Kostenarten, was an der Kostenartengruppe 02 »übrige Gemeinkostenlöhne« verdeutlicht werden soll.

Kostenartengruppe 02, übrige Gemeinkostenlöhne

Kostenarten:
020 Lohnfortzahlung
021 Urlaubslohn
022 Feiertagslohn
023 Betriebsratssitzung
024 Betriebsversammlung
025 Wartezeiten
026 Ausfallzeiten
027 Arzt- und Behördenbesuche
028 Einstellung/Entlassung
029 Sonstige GK-Löhne

2.5.6.3 Zurechnung der Kosten auf die Kostenträger

Nachdem mit der Ergebnistabelle (vgl. Abschnitt 2.5.6.1) festgestellt wurde, welche Kosten in welcher Höhe angefallen sind, stellt sich das Problem, wie diese verursachungsgerecht auf die Kostenträger verteilt werden können. Kostenträger sind identisch mit Leistungseinheiten: Im Industriebetrieb kann ein einzelnes Erzeugnis, eine Charge oder Serie oder auch ein einzelner Auftrag als Kostenträger angesehen werden – wie man sich entscheidet, hängt wesentlich vom Fertigungsverfahren ab: Während bei Einzelfertigung das einzelne Stück, bei Auftragsfertigung der einzelne Auftrag und bei Serienfertigung die Serie zum Kostenträger erklärt wird, kann bei kontinuierlicher Massenfertigung die in einem bestimmten Zeitraum (z. B. Fabriktag, Schicht) hergestellte Menge als Kostenträger aufgefasst werden.

Vom Fertigungsverfahren hängt maßgeblich auch die Verrechnung der Kosten ab:

– Bei **sukzessiver Einzelfertigung** (d. h. bei Produktion jeweils nur eines Stückes oder bei Bearbeitung nur eines Projekts zur Zeit) stellen alle angefallenen Kosten mit Ausnahme der Verwaltungskosten direkt zurechenbare Kosten dar. Sie können ohne Umweg über eine Kostenstellenrechnung direkt auf das Produkt/Projekt – also auf den Kostenträger – verrechnet werden.

– Bei **Serienfertigung** und **simultaner Mehrproduktfertigung** müssen die angefallenen Kosten in direkt zurechenbaren Kosten (Einzelkosten) und Gemeinkosten unterschieden werden. Die Gemeinkosten werden über Zuschlagssätze, die sich an den Einzelkosten orientieren und im Rahmen einer Kostenstellenrechnung errechnet werden, auf die Kostenträger verteilt. Instrument der Kostenstellenrechnung ist der **Betriebsabrechnungsbogen** (vgl. Abschnitt 2.5.6.6), beim Kalkulationsverfahren die **Zuschlagskalkulation** (vgl. Abschnitt 2.5.7.2).

– Bei Massenfertigung im Einproduktbetrieb können aufwändige Kostenaufschlüsselungen unterbleiben; Kostenverteilungsmethode der Wahl ist in diesem Falle die **Divisionskalkulation** (vgl. Abschnitt 2.5.7.1).

2.5.6.4 Verhalten bei Beschäftigungsänderung

Ziel der Kostenrechnung ist es, die Kosten, die durch die Erstellung einer Leistung verursacht werden, so exakt wie möglich zu ermitteln. Kann aus dem Ergebnis, das aufgrund von Vergangenheitswerten ermittelt wurde, zuverlässig auf die Kosten künftiger Perioden geschlossen werden?

Für die meisten Leistungserstellungen kann dies wohl verneint werden: Denn zum einen stellen die Gesamtkosten meist einen Mix aus variablen und fixen Kosten dar, und zum anderen verändert sich die Auftragslage und damit die Ausbringungsmenge der Produktion von Periode zu Periode. Wenn sich aber die Ausbringungsmenge und damit der Beschäftigungsgrad (vgl. Abschnitt 2.5.9) verändert, so sinken zwar die Gesamtkosten, nicht aber die Stückkosten, denn nun müssen die Fixkosten auf eine kleinere Stückzahl verteilt werden. Es ist daher wichtig, dass das Unternehmen seine Kostenfunktion, mit deren Hilfe die Höhe der Kosten in Abhängigkeit von der Beschäftigung errechnet werden kann, kennt.

2.5.6.5 Zuordnung der Kosten zu Kostenstellen

Nicht alle Kosten sind direkt auf Kostenträger (z. B. Endprodukte) verrechenbar. Ihre Verrechnung macht es nötig, einen Zwischenschritt einzuziehen, indem die Kosten den »Stellen« zugerechnet werden, an denen sie angefallen sind, und anschließend von dort weiterzuverteilen. Dazu ist es notwendig, Kostenstellen zu bilden. Dies kann nach unterschiedlichen Kriterien erfolgen, etwa nach Funktionsbereichen oder Verantwortungsbereichen.

Im Industriebetrieb kommen etwa die folgenden Funktionsbereiche in Betracht:

– **Allgemeiner Bereich:** Dieser stellt seine Leistungen allen anderen Kostenstellen zur Verfügung (Grundstücks- und Gebäudeverwaltung, Wasser-, Strom-, Gas-, Dampfversorgung, Heizung, Werkschutz, Sozialeinrichtungen u. a.).

- **Materialbereich:** Der Materialbereich beschafft und verwaltet das zur Leistungserstellung erforderliche Material (Einkauf, Warenannahme und -prüfung, Materialverwaltung, -lager und -ausgabe).
- **Fertigungsbereich:** Hier erfolgt die Leistungserstellung, teils durch Fertigungshilfsstellen (unmittelbare Fertigungsvorbereitung und -einleitung, evtl. Zwischenlager für Material und Werkzeuge), vor allem aber durch die Fertigungshauptstellen (Werkstätten).
- **Forschungs- und Entwicklungsbereich:** In Großbetrieben ist »F&E« oft ein selbstständiger Bereich mit der Aufgabe der ständigen Aktualisierung der technischen Leistungsfähigkeit (Forschungs- und Entwicklungslabors, Konstruktionsbüros, Musterbau, Prüffelder).
- **Verwaltungsbereich:** Oft auch »kaufmännischer Bereich« genannt; er umfasst vielfältige Verwaltungsaufgaben (kaufmännische Leitung, Rechnungswesen, Personalverwaltung, Organisation, Rechtsabteilung, Steuerabteilung, Übersetzerbüro, Büromateriallager u. a.).
- **Vertriebsbereich:** Dem Vertrieb obliegt der Absatz der erstellten Leistungen (Marktforschung, Werbung, Verkauf, Rechnungs- und Dokumentenerstellung, Verwaltung der Fertigfabrikatelager, Versand, Kundendienst).

Ein entsprechender **Kostenstellenplan** (Kostenstellenverzeichnis) kann wie folgt aussehen:

0   Allgemeiner Bereich
000 Grundstücke und Gebäude
001 Wasser
002 Dampferzeugung
003 Stromerzeugung
004 Sozialeinrichtungen
005 Werkschutz

1   Materialbereich
100 Einkaufsabteilung
101 Materialannahme und -prüfung
103 Materiallager

2   Fertigungsbereich
20 Fertigungshilfsstellen
200 Technische Leitung
201 Konstruktionsbüro
202 Fertigungsplanung
203 Arbeitsvorbereitung
203 Revision
204 Maschinenwartung
21 Fertigungshauptstellen
210 Stanzerei
211 Blechnerei
212 Dreherei,
213 Fräserei
214 Bohrerei
215 Gestellbau
216 Leitungsbau
...
299 Endmontage

3 Verwaltungsbereich
300 Kaufmännische Leitung
301 Auswertung und Berichtswesen
302 Planungsrechnung
303 Geschäftsbuchhaltung
304 Betriebsbuchhaltung
305 Kalkulation
306 Personalbüro
307 Telefonzentrale
308 Fahrdienst

4 Vertriebsbereich
400 Fertigfabrikatelager
401 Verkaufsbüro
402 Versandbüro
403 Expedition

Instrument zur Durchführung der Kostenstellenrechnung ist der Betriebsabrechnungsbogen (BAB).

2.5.6.6 Aufbau und Struktur des Betriebsabrechnungsbogens (BAB)

Die vornehmliche Aufgabe der Kostenstellenrechnung in einer Vollkostenrechnung (vgl. Abschnitt 2.5.2.5.1) ist die Erfassung der Gemeinkosten, also derjenigen Kosten, die einzelnen Kostenträgern nicht direkt zugerechnet werden können, und ihre möglichst verursachungsgerechte Weiterverrechnung auf die Kostenträger.

Im Rahmen einer Teilkostenrechnung (vgl. Abschnitt 2.5.2.5.2), die auf die Weiterverrechnung von Gemeinkosten verzichtet, dient die Kostenstellenrechnung vorrangig der Kontrolle der Kosten, die in organisatorischen Teilbereichen verursacht werden, und als Voraussetzung für deren wirtschaftliche Steuerung. Voraussetzung hierfür ist, dass die gebildeten Kostenstellen mit selbständigen Verantwortungsbereichen oder -teilbereichen übereinstimmen.

Im Folgenden wird eine Vollkostenrechnung unterstellt. Die dabei notwendige Gemeinkostenverrechnung kann in einem mehrstufigen Prozess geschehen, der die Gemeinkosten unter Anwendung von (gleichfalls aus der Kostenstellenrechnung zu bestimmenden) Umlageschlüsseln auf Bereichskostenstellen verteilt und schließlich auf die Kostenträger weiterverrechnet.

Eine derart aufgebaute Kostenstellenrechnung unterscheidet zwischen

– **Endkostenstellen,** deren Kosten direkt auf Kostenträger weiterverrechnet werden können, weil sie sich als direkt zurechenbare Einzelkosten auf eine (bestimmte, einzige) Leistungserstellung beziehen. Endkostenstellen können weiter unterschieden werden in

  – **Hauptkostenstellen,** die wesentliche Leistungen im Sinne der Aufgabenstellung (des öffentlichen Auftrags) des Produktbereichs erbringen (und z. B. als »Fertigungshauptstelle 1, 2 usw. bezeichnet werden können), und

  – **Nebenkostenstellen,** die Leistungen erbringen, die nicht als Kernaufgaben des Produktbereichs angesehen werden.

(Häufig ist diese Aufteilung aber nicht erforderlich, weswegen Endkostenstellen dann sämtlich als Hauptkostenstellen bezeichnet werden.)

- **Vorkostenstellen,** deren Kosten nicht direkt zurechenbare Gemeinkosten darstellen, die nach einem festzulegenden Schlüssel auf andere Kostenstellen umgelegt werden müssen. Die hier erfassten Leistungen stellen Vorleistungen dar, die innerhalb der Verwaltung für andere Verwaltungsbereiche erbracht werden. Es handelt sich also um Leistungen für den eigenen Bedarf. Unterschieden werden dabei
  - **Allgemeine Kostenstellen,** die Leistungen für alle (oder nahezu alle) anderen Kostenstellen erbringen;
  - **Hilfskostenstellen** für solche Stellen, die Leistungen für mehrere andere Kostenstellen erbringen.

  Beispiel:

  Die Verwaltung arbeitet sowohl der Leitung als auch allen anderen Kostenbereichen zu. Ihre Kosten – in der Hauptsache Personalkosten – werden daher in einer allgemeinen Kostenstelle »Verwaltung« erfasst.

  Die Arbeitsvorbereitung arbeitet allen Fertigungshauptstellen zu, nicht jedoch der Verwaltung, dem Materialbereich, dem Fuhrpark usw. Ihre Kosten werden daher in einer Hilfskostenstelle erfasst.

Die Kostenstellenrechnung wird in einem **Betriebsabrechnungsbogen (BAB)** durchgeführt.

Die zuvor geschilderte **Mehrstufigkeit** der Verrechnung schlägt sich folgendermaßen nieder:

1. Stufe: In der so genannten **Primärkostenverrechnung** werden die nach Kostenarten getrennt aufgeführten Kosten auf die Kostenstellen verteilt. Direkt zurechenbare Kosten (»Kostenstelleneinzelkosten«) werden den betreffenden Endkostenstellen direkt zugerechnet, während nicht zurechenbare Kosten (»Kostenstellengemeinkosten«) auf Vorkostenstellen erfasst werden.

2. Stufe: In der so genannten **Sekundärkostenverrechnung** werden die auf den Vorkostenstellen erfassten Gemeinkosten auf die Endkostenstellen weiterverrechnet. Hierbei kommen Verrechnungsschlüssel (Zuschlagssätze) zur Anwendung, die sich aus dem BAB ergeben.

In einem Betriebsabrechnungsbogen werden im Allgemeinen nur Gemeinkosten erfasst, da die Einzelkosten ohne Umweg direkt über die Einzelkostenstelle auf die entsprechenden Kostenträger weiterverrechnet werden können. Enthält ein BAB dennoch Einzelkosten, dann nur, wenn ihre Angabe für die Anwendung von Verrechnungsschlüsseln notwendig ist.

Das folgende Beispiel zeigt einen Betriebsabrechnungsbogen (BAB) nach der Primärkostenverrechnung. Darin ist die Verrechnung der Kosten aus den Vorkostenstellen auf die Hauptkostenstellen noch nicht erfolgt.

Die Unterscheidung der Vorkostenstellen in allgemeine Kostenstellen und Hilfskostenstellen wurde vorgenommen, weil in diesem Beispiel die allgemeinen Kostenstellen Leistungen an die meisten anderen Kostenstellen und damit auch an andere Vorkostenstellen abgeben, während die Hilfskostenstellen ihre Leistungen nur an einige Kostenstellen – und zwar im Beispiel ausschließlich an Endkostenstellen – abgeben.

Es folgt das Beispiel eines Betriebsabrechnungsbogens nach erfolgter Primärkostenverrechnung

2.5 Kosten- und Leistungsrechnung — 2 Betriebswirtschaftliches Handeln

Kostenart	Summe	Vorkostenstellen					Endkostenstellen				
		Allgemeine Kostenstelle 1	Allgemeine Kostenstelle 2	Allgemeine Kostenstelle 3	Hilfskostenstelle 1	Hilfskostenstelle 2	Materialkostenstelle	Fertigungshauptstelle 1	Fertigungshauptstelle 2	Fertigungshauptstelle 3	Verwaltungstelle	Vertriebsstelle
Kostenart 1	169.800	17.000	12.000	11.000	300	1.500	18.000	19.000	21.000	23.000	23.000	24.000
Kostenart 2	32.800	4.000	0	0	300	600	7.000	3.000	4.000	5.000	7.000	1.900
Kostenart 3	47.700	6.000	12.000	13.000	2.000	3.000	2.000	2.500	1.500	1.000	2.900	1.800
Kostenart 4	24.800	6.000	1.000	1.000	500	500	3.000	4.500	2.300	1.200	2.300	2.500
Kostenart 5	23.000	0	2.000	2.000	0	0	3.000	3.000	3.000	4.000	3.000	3.000
Kostenart 6	18.000	500	1.000	200	500	500	4.000	3.000	3.000	2.000	2.000	1.300
Kostenart 7	14.000	200	200	300	100	100	1.500	1.600	1.800	2.200	3.100	2.900
Kostenart 8	8.400	500	300	300	200	0	1.000	1.200	1.100	1.200	1.300	1.300
Summe	338.500	34.200	28.500	27.800	3.900	6.200	39.500	37.800	37.700	39.600	44.600	38.700

Beispiel eines Betriebsabrechnungsbogens nach der Primärkostenverrechnung

2.5.6.7 Umlage von Kosten im BAB

Mit der Verteilung der Gemeinkosten auf die Endkostenstellen wird eine verursachungsgerechte Kostenerfassung angestrebt. Das in der Industrie-Kostenrechnung häufig beschriebene Anbauverfahren vereinfacht (und verfälscht) die Verrechnung insofern, als es nicht berücksichtigt, dass in der Praxis die Vorkostenstellen nicht nur für die Endkostenstellen, sondern auch füreinander – teils gegenseitige – Leistungen erbringen. Die Fortführung des Beispiels zeigt dagegen ein Verfahren, das diese interne Leistungsverrechnung vorsieht.

Im gegebenen Beispiel wird davon ausgegangen, dass die Vorkostenstellen so angeordnet werden konnten, dass jede Stelle (= Tabellenspalte) nur Leistungen an nachgelagerte (= weiter rechts angeordnete) Kostenstellen abgibt. Deswegen kann die Weiterverteilung der Kosten nun so erfolgen, dass

1. zunächst die in der allgemeinen Kostenstelle 1 erfassten Kosten auf die nachgelagerten Stellen – sowohl Vor- als auch Endkostenstellen – verteilt werden, anschließend werden neue Spaltensummen errechnet;

2. danach die in der allgemeinen Kostenstelle 2 erfassten Kosten in gleicher Weise weiterverrechnet werden, usw.;

3. schließlich die auf den Hilfskostenstellen erfassten Kosten auf die Endkostenstellen weiterverrechnet werden. Danach sind alle Vor- und Hilfskostenspalten vollständig geleert, so dass Spaltensummen nur noch für die Hauptkostenstellen zu errechnen sind.

Bei der Verteilung wird im Beispiel wie folgt vorgegangen:

– Die allgemeinen Kostenstellen leisten Dienste für nahezu alle anderen nachgelagerten Kostenstellen. Die Verteilung erfolgt nach zuvor festgelegten Verteilungsschlüsseln, die auf Schätzungen beruhen oder an andere maßgebliche Größenordnungen anknüpfen (z. B. bietet es sich an, die Verteilung von Raumkosten nach Flächen in qm zu verteilen). Beispielsweise wird für die Verteilung der auf der Allgemeinen Kostenstelle 1 aufgelaufenen Kosten auf die nachfolgenden Kostenstellen des BAB der Verteilungsschlüssel 2:1:0:0:4:4:3:1:3:2 vereinbart.

– Die Kosten der Hilfskostenstellen 1 und 2 werden ebenfalls nach zuvor ermittelten Schlüsseln auf die Endkostenstellen verteilt; z. B. erfolgt für die in Hilfskostenstelle 2 erfassten Kosten eine Verteilung zu gleichen Teilen auf die Fertigungshauptstelle 1 und die Vertriebsstelle.

Jetzt sind die Allgemeine Kostenstelle und die Hilfskostenstellen entleert. Der verbleibende BAB hat nun das auf der folgenden Seite gezeigte Aussehen.

Die Summe der auf die Endkostenstellen verrechneten Gemeinkosten (»Stellengemeinkosten«) muss der Summe der Kostenarten in Spalte 2 entsprechen: Mit dieser Kontrolle ist sichergestellt, dass die Gemeinkosten vollständig auf Endkostenstellen übertragen wurden.

Das geschilderte Verfahren wird als **Stufenleiterverfahren** bezeichnet (siehe auch die folgende Abbildung). Es ist aber nicht für alle Anwendungsfälle geeignet; denn es unterstellt, dass die Vorkostenstellen wie im gezeigten Beispiel in eine Reihenfolge gebracht werden können, in der die am weitesten links außen angeordnete Kostenstelle nur Leistungen abgibt, aber keine Leistungen empfängt. Vielfach werden die wechselseitige Leistungsbeziehungen aber viel stärker verflochten sein. In der Praxis, die sich für diese Berechnungen ohnehin durchweg der EDV bedient, wird die interne Leistungsverrechnung daher im so genannten (hier nicht behandelten) **Gleichungsverfahren** vorgenommen, das die Leistungsbeziehungen in einem System von Gleichungen abbildet.

2.5 Kosten- und Leistungsrechnung

Kostenart	Summe	Vorkostenstellen					Endkostenstellen			
		Allgemeine Kostenstelle 1	Allgemeine Kostenstelle 2	Allgemeine Kostenstelle 3	Hilfskostenstelle 1	Hilfskostenstelle 2	Material-kostenstelle	Fertigungs-hauptstelle 1	Fertigungs-hauptstelle 2	Fertigungs-hauptstelle 3	Verwaltungsstelle	Vertriebsstelle
Kostenart 1	169.800	17.000	12.000	11.000	300	1.500	18.000	19.000	21.000	23.000	23.000	24.000
Kostenart 2	32.800	4.000	0	0	300	600	7.000	3.000	4.000	5.000	7.000	1.900
Kostenart 3	47.700	6.000	12.000	13.000	2.000	3.000	2.000	2.500	1.500	1.000	2.900	1.800
Kostenart 4	24.800	6.000	1.000	1.000	500	500	3.000	4.500	2.300	1.200	2.300	2.500
Kostenart 5	23.000	0	2.000	2.000	0	0	3.000	3.000	3.000	4.000	3.000	3.000
Kostenart 6	18.000	500	1.000	200	500	500	4.000	3.000	3.000	2.000	2.000	1.300
Kostenart 7	14.000	200	200	300	100	100	1.500	1.600	1.800	2.200	3.100	2.900
Kostenart 8	8.400	500	300	300	200	0	1.000	1.200	1.100	1.200	1.300	1.300
Summe	**338.500**	**34.200**	**28.500**	**27.800**	**3.900**	**6.200**	**39.500**	**37.800**	**37.700**	**39.600**	**44.600**	**38.700**
Umlage allg. Kostenstelle 1		-34.200	3.420	1.710	0	0	6.840	6.840	5.130	1.710	5.130	3.420
Umlage allg. Kostenstelle 2			-31.920	1.920	1.000	1.000	4.000	3.000	4.000	5.000	4.000	8.000
Umlage allg. Kostenstelle 3				-31.430	0	1.430	5.000	5.000	5.000	5.000	5.000	5.000
Zwischensumme					4.900	8.630	55.340	52.640	51.830	51.310	58.730	55.120
Umlagen Hilfskostenstellen HKS 1					-4900	0	900	1.000	2.000	1.000	0	0
HKS 2						-8630	0	4315	0	0	0	4.315
Stellengemeinkosten	**338.500**	**0**	**0**	**0**	**0**	**0**	**56.240**	**57.955**	**53.830**	**52.310**	**58.730**	**59.435**

Kostenumlage im BAB nach dem Stufenleiterverfahren

2.5.6.8 Ermittlung von Zuschlagssätzen

Wie eingangs bereits dargelegt, verrechnet der Betriebsabrechnungsbogen nur Gemeinkosten. Als Ergebnis liefert er Stellengemeinkosten für die End- oder Hauptkostenstellen, denen ihre Einzelkosten (Material-, Fertigungseinzelkosten; Sondereinzelkosten) im Vorwege direkt, d. h. ohne Umweg über eine Kostenstellenrechnung und den BAB, zugerechnet werden konnten. Aus dem Verhältnis zwischen diesen Einzelkosten und den ermittelten Gemeinkosten können nun Zuschlagssätze ermittelt werden. Diese Zuschlagssätze können in Kalkulationen verwendet und zu Vergleichszwecken – etwa zur Kostenkontrolle im Periodenvergleich – herangezogen werden. Aus dem Rechnungswesen sind die folgenden Werte bekannt:

Fertigungsmaterial	281.200
Fertigungslöhne Werkstatt A	57.955
Fertigungslöhne Werkstatt B	43.064
Fertigungslöhne Werkstatt C	62.772
Herstellkosten d. Umsatzes	605.326

Die folgende Tabelle zeigt die entsprechende Fortentwicklung des BAB:

Stellengemeinkosten	338.500	0	0	0	0	0	56.240	57.955	53.830	52.310	58.730	59.435
Zuschlagsbasis:												
Fertigungsmaterial							281.200					
Fertigungslöhne								57.955	43.064	62.772		
Herstellkosten des Umsatzes											605.326	
Zuschlagssätze in %:							20,0	100,0	125,0	83,3	9,7	9,8

Diese Zuschlagssätze können im Rahmen der Zuschlagskalkulation (vgl. Abschnitt 2.5.7.2) weiterverarbeitet werden.

2.5.6.9 Kostenträgerzeitrechnung mithilfe eines Kostenträgerblatts

Durch die Kostenträgerrechnung werden Kosten auf diejenigen Kostenträger verrechnet, die für die Kostenentstehung ursächlich waren: Dies sind im Allgemeinen die Erzeugnisse, die zugleich auch die Leistungseinheiten des Betriebs darstellen. Indem Kosten und Leistungen auf denselben Gegenstand bezogen und einander dort direkt gegenübergestellt werden, ist die letzte Stufe der Kostenrechnung erreicht. Die Kostenträgerrechnung kann als Zeitrechnung oder als Stückrechnung durchgeführt werden;

– Als **Zeitrechnung** beantwortet sie auf Basis der von der Kostenstellenrechnung gelieferten Werte die Frage, wie viele Kosten in der betreffenden Periode in Zusammenhang mit der Erbringung einer bestimmten Leistung angefallen sind. In einer fortlaufenden Produktion werden dabei auch die in die betreffende Periode fallenden Kosten für noch nicht fertig gestellte Leistungen einbezogen. Die Kostenträgerzeitrechnung ist eine meist kurzfristige Betriebserfolgsrechnung.

– Als **Stückrechnung** beantwortet sie die Frage nach der Höhe der Kosten pro einzelnem Kostenträger (= pro produziertem Stück eines bestimmten Produkts = pro Leistungseinheit). Dabei bedient sie sich verschiedener Kalkulationsverfahren.

2.5 Kosten- und Leistungsrechnung

An dieser Stelle wird zunächst nur die Kostenträgerzeitrechnung behandelt. Die Kalkulationsverfahren im Rahmen der Kostenträgerstückrechnung enthält Abschnitt 2.5.7.

Die Kostenträgerzeitrechnung wird auf Basis des Betriebsabrechnungsbogens auf einem Kostenträgerblatt durchgeführt, das häufig auch als »BAB II« bezeichnet wird.

Aus dem Rechnungswesen und aus den Produktionsbereichen sind zusätzlich die folgenden Werte bekannt:

	gesamt	Produkt 1	Produkt 2	Produkt 3	Produkt 4
Fertigungsmaterial	281.200	81.200	68.000	71.000	61.000
Fertigungslöhne Werkstatt A	57.955	12.455	15.000	12.500	18.000
Fertigungslöhne Werkstatt B	43.064	11.530	12.400	8.754	10.380
Fertigungslöhne Werkstatt C	62.772	16.800	9.672	15.600	20.700
Mehrbestand an Fertigerz.	60.000	11.000	14.500	24.000	10.500
Umsatzerlöse	876.300	286.910	153.925	172.650	262.815
Produzierte Menge in Stück	120.000	35.000	28.000	32.000	25.000
Abgesetzte Menge in Stück	113.000	32.000	27.000	31.000	23.000

Diese werden in einem Kostenträgerblatt (BAB II) wie folgt verarbeitet:

Kalkulationsgrößen	gesamt	Kostenträger			
		Produkt 1	Produkt 2	Produkt 3	Produkt 4
Fertigungsmaterial	281.200	81.200	68.000	71.000	61.000
+ Mat.-GK-Zuschlag 20,0 %	56.240	16.240	13.600	14.200	12.200
Materialkosten	337.440	97.440	81.600	85.200	73.200
Fertigungslöhne Werkstatt A	57.955	12.455	15.000	12.500	18.000
+ Fert.-GK-Zuschlag 100,0 %	57.955	12.455	15.000	12.500	18.000
Fertigungskosten Werkstatt A	115.910	24.910	30.000	25.000	36.000
Fertigungslöhne Werkstatt B	43.064	11.530	12.400	8.754	10.380
+ Fert.-GK-Zuschlag 125,0 %	53.830	14.413	15.500	10.943	12.975
Fertigungskosten Werkstatt B	96.894	25.943	27.900	19.697	23.355
Fertigungslöhne Werkstatt C	62.772	16.800	9.672	15.600	20.700
+ Fert.-GK-Zuschlag 83,333 %	52.310	14.000	8.060	13.000	17.250
Fertigungskosten Werkstatt C	115.082	30.800	17.732	28.600	37.950
= Herstellkosten der Fertigung	665.326	179.092	157.232	158.496	170.505
− Mehrbestand Fertigerzeugn.	60.000	11.000	14.500	24.000	10.500
= Herstellkosten d. Umsatzes	605.326	168.092	142.732	134.496	160.005
+ Verwaltg.-GK-Zuschlag 9,7 %	58.717	16.305	13.845	13.046	15.520
+ Vertriebs-GK-Zuschlag 9,8 %	59.322	16.473	13.988	13.181	15.680
= Selbstkosten des Umsatzes	723.364	200.870	170.565	160.723	191.206
Umsatzerlöse	876.300	286.910	153.925	172.650	262.815
Betriebsergebnis	152.936	86.040	−16.640	11.927	71.609

Kostenträgerblatt (BAB II)

Mit Hilfe des Kostenträgerblattes kann die Ertragskraft der einzelnen Produkte für die betrachtete Periode (daher Kostenträgerzeitrechnung) beurteilt werden. Es dient als Instrument der kurzfristigen Erfolgsrechnung, weil nun Betriebserfolg und Wirtschaftlichkeit je Produkt errechnet werden können:

		Produkt 1	Produkt 2	Produkt 3	Produkt 4
Betriebserfolg in %	$\dfrac{\text{Betriebsergebnis}}{\text{Selbstkosten}}$	42,83	−9,76	7,42	37,45
Wirtschaftlichkeit	$\dfrac{\text{Umsatzerlöse}}{\text{Selbstkosten}}$	1,43	0,90	1,07	1,37

Offensichtlich erzielten Produkt 1 und Produkt 4 hohe Gewinne, während Produkt 2 sogar einen Verlust zum Ergebnis beisteuerte. Hier wird eine nähere Kostenanalyse nötig sein, um die Verlustgründe eingrenzen zu können. Möglicherweise handelt es sich bei Produkt 2 um ein neues, am Markt noch nicht durchgesetztes Produkt: In diesem Falle wird der Verlust in Hinblick auf künftige Entwicklungsmöglichkeiten verschmerzt werden können.

Die Zuschlagssätze im gezeigten Beispiel wurden auf der Basis so genannter Istkosten, also tatsächlich angefallener, nachträglich festgestellter Kosten ermittelt. Im Vergleich verschiedener aufeinanderfolgender Perioden werden sich hier naturgemäß Abweichungen zeigen, die vielerlei Ursachen haben können:

– **Preiserhöhungen** beim Material;

– **Lohnerhöhungen;**

– **Beschäftigungsschwankungen** wegen nachfragebedingter Mehr- oder Minderproduktion, wegen notwendiger Stillstände und entsprechend vor- oder nachgeholter Mehrarbeit mit zusätzlichen Kosten oder anderer Ursachen;

– **Verbrauchsabweichungen,** etwa wegen außerplanmäßiger Mehrarbeit oder außerplanmäßigen Mehrverbrauchs, z. B. durch Ausschuss wegen eines Maschinen- oder Bearbeitungsfehlers oder durch Sonderschichten, weil eine mängelbehaftete Produktionscharge nachbearbeitet werden musste. Im Falle von Verbrauchsabweichungen muss der Ursache unbedingt nachgegangen werden!

In der Vorkalkulation bzw. in einer im Vorhinein zur Abschätzung des voraussichtlichen Betriebserfolgs angefertigten Kostenträgerzeitrechnung ist es daher sinnvoller, mit »geglätteten« Durchschnittssätzen zu kalkulieren. Diese werden als **Normalzuschlagssätze** (im Gegensatz zu den **Ist-Zuschlagssätzen**) bezeichnet.

Zusätzlich können Schwankungen bei den Material- und Fertigungseinzelkosten ausgeglichen werden, indem auch hier durchschnittlichen Materialpreise und Lohnsätze **(Normalkosten)** angenommen werden.

2.5.7 Kalkulationsverfahren

In der zuvor behandelten Kostenträgerzeitrechnung wurden nicht die Kosten eines einzelnen Kostenträgers ermittelt, sondern diejenigen Kosten, die für die Erstellung einer bestimmten Art von Kostenträger in der Betrachtungsperiode angefallen sind. Diese wurden den Umsatzerlösen – den am Markt bewerteten Leistungen – gegenübergestellt.

Die **Kostenträgerstückrechnung** ermöglicht dagegen die Errechnung der Selbstkosten für einzelne Kostenträger im Rahmen von **Kalkulationen** mit dem Ziel, Preisuntergrenzen und Angebotspreise zu ermitteln. Übliche Verfahren sind die

– Divisionskalkulation,
– Zuschlagskalkulation und
– Äquivalenzziffernkalkulation.

Sie können in der Vor-, Zwischen- und Nachkalkulation eingesetzt werden.

Im Folgenden werden die Divisions- und die Zuschlagskalkulation vorgestellt.

2.5.7.1 Divisionskalkulation

2.5.7.1.1 Einfache Divisionskalkulation

Diese einfachste Form der Divisionskalkulation ermittelt die Kosten je Kostenträger (= Stückkosten) durch einfaches Teilen der im Betrieb angefallenen Gesamtkosten durch den mengenmäßigen Output. Sie eignet sich nur für »Ein-Produkt-Unternehmen«, in denen außerdem auch keine unfertigen oder halbfertigen Kostenträger vorkommen.

Beispiel:

Das betriebseigene Kraftwerk »produziert« und vertreibt nichts als Strom. Vor- und Halbfertigprodukte kommen dabei naturgemäß nicht vor. Die Kosten je kW/h können daher sehr einfach dadurch angegeben werden, dass die im Kraftwerk während einer Periode angefallenen Gesamtkosten durch die Outputmenge derselben Periode geteilt werden:

$$\text{Kosten pro kW/h} = \frac{\text{Gesamtkosten}}{\text{Gesamtleistungsabgabe (kW/h)}}$$

Diese einfache Rechnung, die ohne Kostenstellenrechnung auskommt, wird nur in wenigen Betrieben anwendbar sein.

2.5.7.1.2 Mehrstufige Divisionskalkulation

Auch die mehrstufige Divisionskalkulation ist nur für Ein-Produkt-Betriebe geeignet. Sie kommt dort zum Einsatz, wo Leistungen nicht zwangsläufig vollständig in der Periode abgesetzt werden, in der sie erzeugt wurden. Würde man dies nicht berücksichtigen und eine einfache Divisionskalkulation durchführen, würden die Selbstkosten nicht verursachungsgerecht ausgewiesen. Es empfiehlt sich daher eine Trennung der Kosten mindestens in Herstellkosten einerseits und in Vertriebskosten andererseits. Die Kalkulation wird dann wie folgt durchgeführt:

$$\text{Selbstkosten je Einheit/Kostenträger} = \frac{\text{Herstellkosten}}{\text{produzierte Menge}} + \frac{\text{Vertriebskosten}}{\text{abgesetzte Menge}}$$

2.5.7.2 Zuschlagskalkulation

In Abschnitt 2.5.2.2 wurde bereits ein Schema zur Selbstkostenermittlung vorgestellt. Die Gemeinsamkeiten mit dem schematischen Aufbau des Kostenträgerblattes (BAB II) in Abschnitt 2.5.6.9 sind offensichtlich. Sind die aktuellen Materialkosten und Fertigungslohnkosten, die auf die Herstellung eines Stückes entfallen, bekannt, kann die Zuschlagskalkulation unter Verwendung der Normalzuschlagssätze vorgenommen werden.

Beispiel:

Es wird ein Auftrag vorkalkuliert, der zwei Fertigungsstellen durchläuft. Dabei sind folgende Normalzuschlagssätze zu berücksichtigen:

Normalzuschlagssätze	%
Materialgemeinkostenzuschlag	14,5
Fertigungsgemeinkostenzuschlag FHS 1	112,5
Fertigungsgemeinkostenzuschlag FHS 2	95,0
Verwaltungsgemeinkostenzuschlag	11,0
Vertriebsgemeinkostenzuschlag	9,0

Außerdem fallen Gebühren für eine externe technische Prüfung in Höhe von 3.500 € an, die als Einzelkosten der Fertigung einbezogen werden müssen. Insgesamt ergibt sich die folgende Kalkulation:

Zuschlagskalkulation für Auftrag XYZ		
Fertigungsmaterial	23.500,00	
+ Mat.-GK-Zuschlag 14,5 %	3.407,50	
Materialkosten		26.907,50
Fertigungslöhne FHS 1	7.600,00	
+ Fert.-GK-Zuschlag FHS1 112,5 %	8.550,00	
Fertigungskosten FHS 1		16.150,00
Fertigungslöhne FHS 2	12.550,00	
+ Fert.-GK-Zuschlag 95,0 %	11.922,50	
Fertigungskosten Werkstatt B		24.472,50
Sondereinzelkosten der Fertigung		3.500,00
= Herstellkosten		71.030,00
+ Verwaltungs-GK-Zuschlag 11,0 %		7.813,30
+ Vertriebs-GK-Zuschlag 9 %		6.392,70
= **Selbstkosten**		**85.236,00**

Dem Kunden wird ein Rabatt von 5 % eingeräumt. Außerdem wird ein Skontoabzug von 2 % gewährt. Das Unternehmen kalkuliert generell mit einem Gewinnzuschlag von 15 %. Die Vorkalkulation des Preises sieht – ausgehend von den oben ermittelten Selbstkosten – wie folgt aus:

Selbstkosten	85.236,00
+ Gewinnaufschlag 15 %	12.785,40
Barverkaufspreis	98.021,40
+ Kundenskonto 2 %	2.000,44
Zielverkaufspreis	100.021,84
+ Kundenrabatt 10 %	11.113,54
Angebotspreis	**111.135,38**

Die Zuschlagskalkulation ist das typische Kalkulationsverfahren für Betriebe mit **Serienfertigung.**

2.5.7.3 Vor- und Nachkalkulation

Die Vorkalkulation wird, wie zu Ende des Abschnitts 2.5.6.9 erörtert, zweckmäßigerweise unter Anwendung von Normalkosten und Normalzuschlagssätzen durchgeführt. Zur Kontrolle, ob ein Auftrag zu diesen Kosten tatsächlich durchgeführt und überdies noch ein Gewinn realisiert werden konnte, wird nach Abschluss des Auftrags – bei großen Aufträgen mit bedeutendem Finanzvolumen auch zwischendurch – eine Kalkulation mit den im BAB für die betreffende Periode ermittelten Istkosten und Istzuschlagssätzen erstellt und der Vorkalkulation gegenübergestellt.

Die so ermittelten Über- oder Unterdeckungen müssen analysiert werden, damit aus ihnen Anhaltspunkte für künftige Kalkulationen und Preisgestaltungen gewonnen werden können.

2.5.8 Maschinenstundensatzrechnung in der Vollkostenrechnung

2.5.8.1 Gründe für die Einführung einer Maschinenstundensatzrechnung

Die bisher gezeigten Verfahren räumen den Fertigungslöhnen einen prominenten Rang als Bemessungsgrundlage für die Gemeinkosten ein. Tatsächlich aber stehen die meisten Gemeinkosten nicht in Zusammenhang mit den Fertigungslöhnen, sondern mit dem Maschinenpark. Daher erscheint es sinnvoll, kostenintensive Maschinen als Fertigungshauptstellen zu erfassen.

2.5.8.2 Maschinenabhängige Fertigungsgemeinkosten und Restgemeinkosten

Bei den maschinenabhängigen Fertigungsgemeinkosten handelt es sich vorrangig um Abschreibungen, Kapitalbindungskosten, Reparatur- und Platzkosten. Die auf diese Positionen entfallenden Kosten einer Periode, die auf die betreffende Maschine (die im BAB als Fertigungshauptstelle geführt wird) entfallen, werden durch die Anzahl der Maschinenlaufstunden derselben Periode geteilt. Ergebnis ist der **Maschinenstundensatz,** dessen Ermittlung im folgenden Abschnitt an einem Beispiel gezeigt wird.

Auf den Maschinenplatz entfallen aber auch lohnabhängige Fertigungsgemeinkosten, etwa anteilige Gehälter, Arbeitgeberanteile zur Sozialversicherung, sonstige kalkulatorische Kosten und andere Positionen, die nicht als maschinenabhängig angesehen werden können. Diese sogenannten Restgemeinkosten werden separat für den Maschinenplatz erfasst und auf die Fertigungseinzelkosten (Fertigungslöhne) bezogen; die Errechnung des Zuschlagssatzes erfolgt im BAB wie oben gezeigt.

In einem BAB mit einem Maschinenplatz als Kostenstelle werden für diese Kostenstelle also zwei Spalten geführt: Eine für die maschinenabhängigen Fertigungsgemeinkosten und eine für die Restgemeinkosten.

Der folgende Auszug aus einem BAB zeigt dies:

2 Betriebswirtschaftliches Handeln   2.5 Kosten- und Leistungsrechnung

Gemeinkostenarten	Fertigungs-hauptstelle 1	Fertigungs-hauptstelle 2	Fertigungshauptstelle 3 Maschine XY		Fertigungs-hauptstelle 4	usw.
			maschinen-abhängige FGK	Restgemein-kosten		
Kostenart 1	19.000	21.000	20.000	3.000	...	...
Kostenart 2	3.000	4.000	5.000	0	...	...
Kostenart 3	2.500	1.500	1.000	0	...	...
Kostenart 4	4.500	2.300	1.000	200	...	...
Kostenart 5	3.000	3.000	3.000	1.000	...	...
Kostenart 6	3.000	3.000	2.000	0	...	...
Kostenart 7	1.600	1.800	2.200	0	...	...
Kostenart 8	1.200	1.100	1.200	0	...	...
Zwischensumme	37.800	37.700	35.400	4.200	...	...
Umlage AKSt 1	6.840	5.130	1.710	0	...	...
Umlage AKSt 2	3.000	4.000	2.500	2.500	...	...
Umlage AKSt 3	5.000	5.000	4.000	1.000	...	...
Zwischensumme	52.640	51.830	43.610	7.700	...	...
Umlage HKSt 1	1.000	2.000	1.000	0	...	...
Umlage HKSt 2	4315	0	0	0	...	...
Stellengemeinkosten	57.955	53.830	44.610	7.700	...	...
Stellengemeinkosten	57.955	53.830	44.610	7.700	...	...
Zuschlagsbasis:						
Maschinenstunden			300		...	...
Fertigungslöhne	57.955	43.064		62.772	...	...
			Maschinen-stundensatz = 148,70 €		...	...
Zuschlagssätze in %:	100,0	125,0		12,3	...	...

Zur Verfeinerung der Kalkulation kann es ratsam sein, die maschinenabhängigen Fertigungsgemeinkosten noch weiter in variable und fixe Kosten aufzugliedern. In diesem Falle würde die Spalte »maschinenabhängige FGK« im BAB noch einmal unterteilt.

2.5.8.3   Ermittlung des Maschinenstundensatzes

Die Berechnung des Maschinenstundensatzes zeigt das folgende Beispiel.

Für eine in der Montage eingesetzte Maschine soll der Maschinenstundensatz berechnet werden. Folgende **Daten** stehen zur Verfügung:

2.5 Kosten- und Leistungsrechnung — 2 Betriebswirtschaftliches Handeln

- **Abschreibungsrelevante Maschinengrunddaten:** Anschaffungskosten 180.000 €; Wiederbeschaffungskosten 220.000 €; Restwert nach Nutzungsdauer 25.000 €; Nutzungsdauer lt. amtlicher AfA-Tabelle 12 Jahre; betriebsgewöhnliche Nutzungsdauer für gleichartige Maschinen 15 Jahre.
- **Platzkostenrelevante Daten:** Standfläche der Anlage 60 m^2; kalkulatorische Gebäudeabschreibung 90 €/m^2 pro Jahr; Wartung und Instandhaltung (fix) 6.600 € pro Jahr; Werkzeugkosten (fix) 3.000 € pro Jahr; Gebühren für techn. Überwachung (fix) einmal jährlich 1.200 €.
- **Verbrauchsrelevante Daten:** Elektrischer Anschlusswert 60 kW; durchschnittliche Auslastung der Nennleistung 75 %; Grundgebühr Strom 189 €/Monat; Arbeitspreis Strom 0,168 €/kWh; sonstiger Betriebsstoffverbrauch (fix) 950 €/Monat.
- **Maschineneinsatz pro Jahr:** 48 Wochen (Arbeitswoche = 40 Stunden); Umrüstzeiten pro Woche 5 Stunden.
- Als **kalkulatorischer Zinssatz** sind 7,0 % auf das durchschnittlich gebundene Kapital zugrunde zu legen.

Die Berechnung des Maschinenstundensatzes wird wie folgt durchgeführt:

- Kalkulatorische Abschreibung:

  Üblicherweise wird auf die Wiederbeschaffungskosten abgeschrieben, wobei die betriebsgewöhnliche (und nicht die für die Finanzbuchhaltung maßgebliche »amtliche«) Nutzungsdauer zugrunde gelegt wird:

$$\frac{220.000 - 25.000}{15} = 13.000\ €$$

- Kalkulatorische Zinsen:

  Auch hier wird üblicherweise mit den Wiederbeschaffungskosten gerechnet:

$$\frac{220.000 - 25.000}{2} \times 0{,}07 = 8.575{,}00\ €$$

Platzkosten pro Jahr:

60 m^2 x 90 € + 6.600 € + 3.000 € + 1.200 € =   6.200,00 €

- Betriebskosten pro Jahr:
  - Planbeschäftigung = 48 Wochen x (40 – 5) Std.   = 1680 h
  - Stromverbrauch = 0,75 x 60 kWh   = 45 kWh
  - Stromkosten je Stunde:
    45 kWh x 0,168 €   = 7,56 €/Std.
  - Stromkosten jährlich:
    1680 h x 7,56 € + 189 € x 12 Monate   = 14.968,80 €
  - Sonstiger Betriebsstoffverbrauch jährlich:
    950,00 € x 12 Monate   = 11.400,00 €

jährliche Betriebskosten gesamt   26.368,80 €

jährliche Maschinenkosten   64.143,80 €

$$\text{Maschinenstundensatz} = \frac{\text{Maschinenkosten}}{\text{Planbeschäftigung}} = \frac{64.143{,}80\ €}{1680\ h} = 38{,}18\ /h$$

2.5.9 Zusammenhänge zwischen Erlösen, Kosten und Beschäftigungsgrad

2.5.9.1 Veränderungen des Beschäftigungsgrades und die Auswirkungen auf die Erlöse und Kostenstruktur

2.5.9.1.1 Begriff des Beschäftigungsgrads

Der Begriff »Beschäftigungsgrad« ist missverständlich. Er bezieht sich nicht auf Personen und deren Beschäftigung, sondern auf die Beschäftigung des Unternehmens im Sinne von »Nutzung der verfügbaren Produktionskapazität«.

Vollbeschäftigung (Beschäftigungsgrad = 100 %) ist jedoch nicht gleichbedeutend mit hundertprozentiger Ausnutzung der technischen Kapazität: Würde man die technische Produktionskapazität ständig zu hundert Prozent nutzen, wäre unverhältnismäßig hoher Verschleiß die Folge, Wartungszeiten kämen zu kurz; selbst kleine Ausfälle würden die Produktion erheblich stören. Deshalb wird eine geringere als die technisch mögliche Maximalausnutzung der Kapazität, nämlich die wirtschaftlich optimale Kapazitätsausnutzung angestrebt, sodass das wirtschaftliche Optimum der Kapazitätsausnutzung als Vollbeschäftigung gilt:

Vollbeschäftigung = optimale Kapazitätsausnutzung

Beispiel:

Angenommen, die wirtschaftlich optimale Kapazitätsausnutzung liegt bei 80 % der technischen Kapazität, dann ist

Kapazitätsausnutzungsgrad 80 % = Vollbeschäftigung = Beschäftigungsgrad 100 %.

Zur Ausrechnung des Ist-Beschäftigungsgrades wird ein Maßstab benötigt, etwa die ausgebrachte Stückzahl pro Tag oder die gefahrenen Stunden pro Woche. Der jeweilige Ist-Beschäftigungsgrad ergibt sich aus der Formel

$$\text{Ist-Beschäftigungsgrad} = \frac{\text{Istmenge} \cdot 100}{\text{Vollbeschäftigungsmenge}} = n\,\%$$

Der Beschäftigungsgrad bezieht sich auf die Planbeschäftigung, der Kapazitätsausnutzungsgrad auf die verfügbare technische Kapazität.

Da sich der Begriff Vollbeschäftigung auf die wirtschaftlich optimale Kapazitätsausnutzung bezieht, kommen Beschäftigungsgrade von über 100 % vor, z. B. wenn mehr produziert wird als planmäßig vorgesehen ist. Der Kapazitätsausnutzungsgrad, der den Grad der Ausnutzung der technischen Kapazität angibt, kann nie über 100 % liegen; der Beschäftigungsgrad aber, der die Ausnutzung bezogen auf die wirtschaftlich optimale (Plan-)Beschäftigung angibt, kann über 100 % (der Planbeschäftigung) liegen.

2.5.9.1.2 Auswirkungen auf die Gesamtkosten und -erlöse – rechnerisch und grafisch

Die folgenden Überlegungen gehen davon aus, dass die im Rahmen einer gegebenen Produktionskapazität herstellbare Menge durchweg zu einem bestimmten Stückpreis absetzbar ist.

Die **Erlöskurve (E)** ist demnach das Produkt aus **Stückpreis (e) x Stückzahl (m).** Es ergibt sich ein bei Null beginnender, zur Menge proportionaler, daher linearer Verlauf der Erlöse (vergl. die folgende Abbildung):

$$E = e \cdot m$$

Eine graphische Gegenüberstellung der Erlöskurve und der **Gesamtkostenkurve** zeigt als Saldo (Differenzbetrag) das **Ergebnis** für jede im Rahmen der gegebenen Kapazität herstellbare Produktmenge:

Erlöse − Gesamtkosten = Ergebnis

Die **Gesamtkostenkurve** enthält Fixkosten (= Kapazitätskosten, Bereitschaftskosten, beschäftigungsunabhängige Kosten, feste Gemeinkosten) und variable Kosten. Sie hat also schon bei der Produktionsmenge »Null« die Höhe der Fixkosten und verläuft entsprechend dem Verhältnis von variablen Kosten zur produzierten Stückzahl mit der Menge ansteigend. Steigen die variablen Kosten (mengenabhängige Kosten = Einzelkosten + beschäftigungsabhängige Gemeinkosten) proportional (linear) zur hergestellten Stückzahl, dann verläuft bei unveränderter Kapazität auch die Gesamtkostenkurve linear.

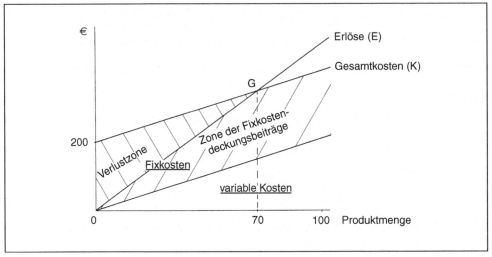

Das Ergebnis aus Erlös und Gesamtkosten (mit mengenproportionalen variablen Kosten) in Abhängigkeit vom Beschäftigungsgrad (E = Erlöskurve; K = Gesamtkostenkurve; G = Gewinnschwelle)

Die Darstellung zeigt, dass eine geringe Umsatzmenge noch nicht die Erlöskurve über die Gesamtkostenkurve kommen lässt. Über die variablen Kosten hinaus müssen die Fixkosten gedeckt werden, ehe man am Punkt G (hier bei der Menge 70.000 Stück) aus der Verlustzone über die **Gewinnschwelle** in die **Gewinnzone** kommt. Die Gewinnschwelle wird zumeist (aus dem Englischen) »**Break-even-Point**« genannt.

Der Systemdarstellung liegt die Gesamtkostenformel zugrunde:

Gesamtkosten = Gesamtfixkosten + gesamte variable Kosten

$K = K_f + K_v$

Während die Fixkosten für die unterschiedlichen Beschäftigungsgrade einer unveränderten Kapazität Monat für Monat unverändert fest sind, verändern sich die als mengenproportional angenommenen variablen Gesamtkosten K_v mit der gefertigten Menge. Handelt es sich der Art nach nur um ein einziges Produkt, dann schreibt man für K_v besser $k_v \cdot m$, wobei k_v die variablen Kosten je Produkteinheit und m die Menge bezeichnet. Das ergibt:

$K = K_f + k_v \cdot m$

Bei der Menge, bei der sich die lineare Erlöskurve und die lineare Gesamtkostenkurve schneiden, beginnt der Betrieb Gewinn zu machen.

Der **Break-even-Point** liegt also bei der Menge, bei der sich $E = e \cdot m$ und $K = K_f + k_v \cdot m$ schneiden. Beide Funktionen haben hier die gleiche Größe:

$$e \cdot m = K_f + k_v \cdot m$$

Löst man die Gleichung nach m auf, dann erhält man für die Gewinnschwellenmenge (mG) bei linearer Erlös- und linearer Gesamtkostenkurve folgenden Ausdruck:

$$m_G = \frac{K_F}{e - k_v}$$

Unterstellt man, dass die variablen Kosten durchweg mengenproportional anfallen, dann führt das zu dem Schluss, dass stets die höchstmögliche Beschäftigung, nämlich die hundertprozentige Kapazitätsausnutzung, den größten Gewinn bringt.

Empirische Kostenaufnahmen haben jedoch gezeigt, dass die variablen Kosten in unterschiedlichem Maße auch unterproportional (degressiv) oder überproportional (progressiv) anfallen können.

Einen Gesamtkostenverlauf mit teils proportionalem, teils unter- und teils überproportionalem Verlauf der variablen Kosten zeigt die nächste Abbildung im oberen Teil. Die Kurve verläuft spiegelbildlich s-förmig.

Während die Fixkosten beschäftigungsunabhängig bei jeder Produktmenge die gleiche Höhe haben (im Beispiel: 200.000 €), steigen die in der Darstellung darübergelegten variablen Kosten im unteren Beschäftigungsbereich proportional (linear) zur produzierten Menge an; das heißt, jede zusätzliche Produkteinheit verursacht so viel variable Kosten wie die vorangehende. Im weiteren Kurvenverlauf nehmen die variablen Kosten unterproportional gegenüber der produzierten Menge zu. Die Kurve krümmt sich nach rechts. Die Betriebsmittelkapazität lässt hier in einem gewissen Bereich eine Produktionsmengensteigerung zu, ohne dass für einige fertigungsbedingte Kostenarten die Kosten in gleichem Maße steigen. So steigen z. B. die Energiekosten eines laufenden Betriebsmittels prozentual nicht im selben Maße wie seine Kapazitätsausnutzung. Dasselbe Betriebsmittel kann aber bei weiter steigender Produktionsmenge je bearbeiteter Mengeneinheit überproportional steigende Kosten mit sich bringen, wenn seine Nutzung die Grenze der Kapazität erreicht.

Wird die Beschäftigung wegen guter Auftragslage oder aus anderen Gründen so gesteigert, dass Überstundenlöhne, Leistungsprämien und überdurchschnittliche Instandhaltungskosten hinzukommen, steigen die variablen Kosten im Verhältnis zur gleichmäßig steigenden Produktmenge drastisch überproportional an (Linkskrümmung der Kurve).

Die Erlöskurve (E) ist mengenproportional als Produkt aus Stückerlös (hier 11 €) und Menge eingezeichnet.

Die Differenz zwischen Gesamtkostenkurve und Gesamterlöskurve, das Ergebnis (es entspricht dem Betriebsergebnis der Kosten- und Leistungsrechnung) kann für jeden Kapazitätsausnutzungsgrad abgelesen werden.

2.5.9.1.3 Der Zusammenhang zwischen Gesamt- und Stückkosten

Den Zusammenhang zwischen Gesamt- und Stückkosten verdeutlichen die folgenden Abbildungen.

2.5 Kosten- und Leistungsrechnung   2 Betriebswirtschaftliches Handeln

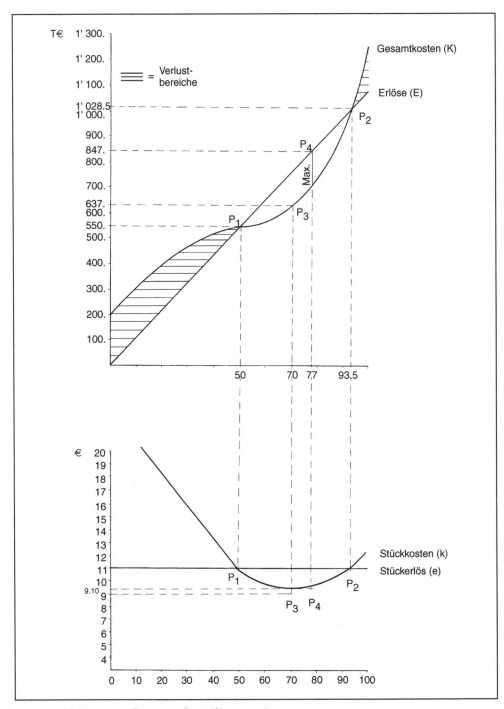

Kosten- und Erlöskurven in Bezug zum Beschäftigungsgrad

Teilt man die in der Abbildung dargestellten Gesamtkosten (K) schrittweise für jede realisierbare Produktionsmenge durch die Stückzahl, dann ergibt sich jeweils ein Durchschnittskostenbetrag für eine Produkteinheit. Das Vorgehen entspricht dem der einfachen

2 Betriebswirtschaftliches Handeln — 2.5 Kosten- und Leistungsrechnung

Divisionskalkulation. Es ergeben sich **Stückkosten** oder, allgemeiner gesagt, **Einheitskosten.**

Im unteren Teil der Abbildung kann man sehen, wie die aus der darüber befindlichen Gesamtkostenkurve errechnete Einheitskostenkurve (Durchschnittskostenkurve für eine Produkteinheit) aussieht. Sie zeigt, dass sich die Durchschnittskosten für die Herstellung einer Produkteinheit bei unterschiedlicher Kapazitätsausnutzung ändern.

Die Tabelle im folgenden Abschnitt gibt denselben Sachverhalt in den Spalten 3 und 5 in Zahlen wieder.

2.5.9.1.4 Vier »kritische Punkte«

Kostenkurven und Erlöskurven zeigen als Differenz das Ergebnis für jeden beliebigen Beschäftigungsgrad. Eine Reihe von Punkten auf den Kostenkurven (Wendepunkte und Schnittpunkte mit anderen Kurven) geben nützliche Hinweise für Entscheidungen.

Tabelle 1		Grobanalyse			
	Stück Menge m	Gesamterlös (E) € bei 11 €/Stück	Gesamtkosten (K) € Statistisch ermittelt	Ergebnis € Sp.2 – Sp.3	Stückkosten (k) € Sp.3 : Sp.1
	1	2	3	4	5
	0	–	200.000	– 200.000	–
	10.000	110.000	300.000	– 190.000	30,00
	20.000	220.000	385.000	– 165.000	19,25
	30.000	330.000	455.000	– 125.000	15,17
	40.000	440.000	510.000	– 70.000	12,75
P1	50.000	550.000	550.000	± 0	11,00
	60.000	660.000	585.000	+ 75.000	9,75
P3	70.000	770.000	637.000	+ 133.000	9,10
	80.000	880.000	741.600	+ 138.400	9,27
	90.000	990.000	922.500	+ 67.500	10,25
P2	93.500	1.028.500	1.028.500	± 0	11,00
	100.000	1.100.000	1.270.000	– 170.000	12,70

Der Maximalgewinnpunkt P4 muss zwischen dem Minimalkostenpunkt P3 und der Gewinngrenze P2 liegen. Um P4 zu finden, wird der in der Ergebnisspalte (Spalte 4) positive Bereich in Schritten von je 1.000 Stück Mengenänderung in Tabelle 2 analysiert:

Tabelle 2		Feinanalyse			
	71.000	781.000	646.384	+ 134.616	9,104
	72.000	792.000	655.848	+ 136.152	9,109
	73.000	803.000	665.322	+ 137.678	9,114
	74.000	814.000	674.806	+ 139.194	9,119
	75.000	825.000	684.300	+ 140.700	9,124
	76.000	836.000	693.880	+ 142.120	9,130
P4	77.000	847.000	703.780	+ 143.220	9,140
	78.000	858.000	714.870	+ 143.130	9,165
	79.000	869.000	726.800	+ 142.200	9,200

Der Maximalgewinnpunkt P4 ist bei **77.000 Stück** Produktionsmenge.

Tabellarische Darstellung zu »Kosten- und Erlöskurven«

Es werden hier vier »kritische Punkte« erörtert, die für die Planung des Beschäftigungsgrades besonders wichtig sind.

Im Gegensatz zur vereinfachten Darstellung mit durchgehend linearen Kostenkurven verlaufen im ersten Schnittpunkt (P 1) der Erlöskurve mit der Gesamtkostenkurve die variablen Gesamtkosten unterproportional, steigen bald aber zunehmend an, so dass sich eine linsenförmige Gewinnzone (Gewinnlinse) bildet, an deren Ende der zweite Schnittpunkt (P 2) der Gesamtkostenkurve mit der Erlöskurve, die **Gewinngrenze,** liegt.

Die Stückerlöskurve (e) im unteren Teil der Abbildung zeigt, dass unabhängig von der umgesetzten Menge je Produkteinheit 11 € erzielt werden. Die (lineare) Stückerlöskurve schneidet die Stückkostenkurve bei denselben Erzeugnismengen bei denen die Gesamterlöskurve die Gesamtkostenkurve schneidet.

P 1: In der graphischen Darstellung ist bei 50.000 Stück der erste Schnittpunkt der Erlöskurve mit der Kostenkurve; Erlös und Kosten sind hier gleich (Ergebnis = 0). Hier ist der **Break-even-Point,** die Gewinnschwelle. Die Gewinnzone beginnt.

P 2: Bei 93.500 Stück, am zweiten Schnittpunkt von Erlös- und Kostenkurve, ist die **Gewinngrenze** (Ergebnis auch hier = 0).

Sowohl aus der Gesamtkostenkurve als auch aus der Einheitskostenkurve ergibt sich, dass die **Gewinnzone** bei einer Fertigung von 50.000 Stück beginnt und bei 93.500 Stück durch Kostenanstieg endet. Bei beiden Mengen sind die Gesamtkosten gleich den Erlösen und die Stückkosten gleich dem erzielbaren Stückpreis (11 €). Das Ergebnis ist bei beiden Mengen ± 0.

Selbstverständlich wird man stets einen Beschäftigungsgrad anstreben, der in der Gewinnzone liegt. Aber welchen?

P 3: Die Stückkostenkurve k (= Durchschnittskostenkurve – im unteren Teil der Abbildung) hat hier den **Minimalkostenpunkt** (auf der Gesamtkostenkurve nennt man diesen Punkt den optimalen Kostenpunkt). Aus der Stückkostenkurve geht hervor, dass bei einer Fertigung von 70.000 Stück dieser Minimalkostenpunkt mit den niedrigsten Stückkosten (9,10 €) erreicht wird.

Da am Minimalkostenpunkt der Unterschied zwischen Stückkosten und Stückpreis am größten ist, könnte man annehmen, dass die Produktmenge dieses Punktes auch das Gewinnmaximum erbringt. Das ist aber nicht so; denn eine geringfügig größere Menge kann zwar nur mit höheren Stückkosten gefertigt werden, sie bringt jedoch, wenn auch mit zunehmender Menge immer weniger, zusätzlichen Gewinn, bis zu dem Punkt, an dem der Kosten**zuwachs** gleich dem Erlös**zuwachs** ist.

Vom Minimalkostenpunkt (P 3) an ist demnach bei weiterer Erhöhung der Produktionsmenge der Kostenzuwachs pro Stück größer als die durchschnittlichen Stückkosten. Das bedeutet, dass der Kostenzuwachs für jede weitere Produkteinheit die durchschnittlichen Stückkosten erhöht. Der Gesamtgewinn nimmt aber noch zu bis zum Punkt P 4.

P 4: Der **Maximalgewinnpunkt** wird durch diejenige Produktmenge erreicht, bei der der senkrechte (!) Abstand zwischen Gesamtkosten- und Gesamterlöskurve am größten ist. Bei dieser Menge ist der Kostenzuwachs pro Stück ebenso groß wie der zusätzlich erzielbare Erlös.

In der »Tabelle 1« wird dieser Punkt durch schrittweise Analyse des Bereichs zwischen den beiden besten Ergebniszahlen (+ 133.000 € und + 138.400 €, oberhalb des Minimalkostenpunktes) ermittelt. Der genauer zu untersuchende Bereich wurde in der Tabelle 2 in Schritten von je 1.000 Stück Produktionsmengenunterschied analysiert. Dabei zeigt sich das Gewinnmaximum von 143.220 € bei 77.000 Stück. Die durchschnittlichen Stückkosten betragen bei dieser Menge 9,14 €.

Bei weiterer Erhöhung der Menge ist der Gesamtkosten-Zuwachs größer als der Erlöszuwachs, so dass trotz Mehrumsatzes der Gewinn sinkt (Spalte 4 der Tabelle), bis er an der Gewinngrenze = ± 0 ist (P 2). Bei darüber hinausgehender Menge macht der Betrieb Verlust. Die Ermittlung der Gewinngrenze (P 2) ist von geringer praktischer Bedeutung, da bereits von der gewinnmaximalen Menge P 4 an jede Mehrproduktion den Gewinn mindert.

Aus den Kostenkurven und ihren Beziehungen zum Beschäftigungsgrad erkennt man, dass bei Konkurrenz am Absatzmarkt Gewinnerhöhung kaum durch Preiserhöhung zu erreichen ist.

Vielmehr muss zur Gewinnerhöhung ein Beschäftigungsgrad angestrebt werden, der etwas oberhalb der Minimalkostenkombination der Produktionsfaktoren liegt.

2.5.9.2 Besondere Kostenverläufe

In der Praxis geben die Gefahren der Überbeschäftigung häufig Anlass, die Planbeschäftigung nicht zu hoch anzusetzen. Der Grund ist die **Kostenremanenz**.

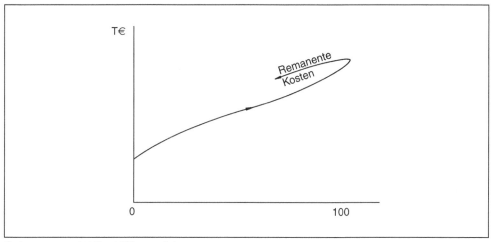

Kostenremanenz bei Beschäftigungsrückgang

Kosten, die einmal veranlasst sind, lassen sich nämlich bei Produktionseinschränkung nicht so schnell abbauen, wie sie zugenommen haben. Sie verharren, vor allem infolge vertraglicher Bindungen, auf wirtschaftlich unvertretbarer Höhe und verschlechtern das Ergebnis.

Bestellte Waren treffen noch ein, obgleich sie nicht mehr benötigt werden. Sie binden Kapital, kosten Zinsen und müssen evtl. mit Verlust verwertet werden. Arbeitskräfte, die man bei Hochbeschäftigung zusätzlich einstellte, können nicht sofort entlassen werden.

Die Kosten sind remanent, d. h. sie bleiben zurück und folgen dem Produktionsrückgang nicht sogleich.

Sicherheitshalber strebt man deshalb als Planbeschäftigung nicht den Maximalgewinnpunkt an, sondern den Bereich zwischen dem optimalen Kostenpunkt (P 3) und dem Maximalgewinnpunkt (P 4).

Eine möglichst genaue Gemeinkostenauflösung in fixe und variable Anteile ist Voraussetzung nicht nur für jede ordentliche Fixkostendeckungsrechnung, sondern auch für die Ermittlung

– der Gewinnschwelle,
– des optimalen Kostenpunktes (Minimalkostenpunkt auf der Stückkostenkurve),

– des Maximalgewinnpunktes und
– der Planung eines wirtschaftlich optimalen Beschäftigungsgrades.

Um zum Abschluss dieses Abschnittes einen Eindruck zu vermitteln, wie unterschiedlich sich Kurven der Gesamtkosten wie auch von Teilkosten im Verhältnis zur Produktionsmenge verhalten können, gibt die folgende Abbildung einen Überblick.

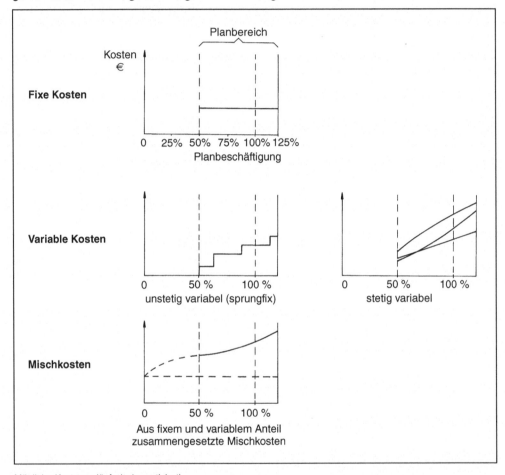

Mögliche Kostenverläufe (schematisiert)

2.5.10 Grundzüge der Deckungsbeitragsrechnung

2.5.10.1 Vergleich zwischen Vollkosten- und Teilkostenrechnung

Die bisherigen Ausführungen waren der Vollkostenrechnung gewidmet, also einem Verfahren, bei dem alle im Unternehmen anfallenden Kosten vollständig auf die Kostenträger verrechnet werden. Dieses Verfahren stellt sicher, dass alle Kosten in der Kalkulation berücksichtigt werden; und auf lange Sicht ist es ja auch unerlässlich, dass alle Kosten wieder »hereinverdient« werden.

Die Vollkostenrechnung vereinfacht und verfälscht allerdings notgedrungen die Zusammenhänge zwischen Einzel- und Gemeinkosten, indem sie die Gemeinkosten unabhängig davon, ob es sich um fixe oder um variable Kosten handelt, über die Ermittlung von Zuschlagssätzen »proportionalisiert«, sie also so behandelt, als würden sie sich proportional zu den Einzelkosten verändern. Tatsächlich ist dies aber für die Fixkosten nicht der Fall, und auch für die variablen Kosten sind andere als lineare Kostenverläufe denkbar.

Regelrecht problematisch ist die Vollkostenrechnung dann, wenn kurzfristige Entscheidungen zur Verbesserung des Betriebserfolgs in einer aktuellen Unterbeschäftigungssituation anstehen (in Abschnitt 2.5.2.5 wurde dies bereits an einem Beispiel gezeigt).

Einen geeigneteren Ansatz stellt die Deckungsbeitragsrechnung als Ausprägung der Teilkostenrechnung dar, die lediglich die variablen Kosten als kurzfristig entscheidungsrelevant betrachtet.

Ein Produkt ist demnach lohnend, wenn

– die damit erzielten Erlöse mindestens die variablen Kosten vollständig abdecken,
– aus den Erlösen ein Beitrag zur Deckung der fixen Kosten erbracht wird.

Der Überschuss der Erlöse über die variablen Kosten wird als **Deckungsbeitrag I (DB I)** bezeichnet.

Der Deckungsbeitrag I trägt zur Deckung der fixen Kosten bei und verbessert damit die Ertragssituation.

Eine weitergehende Betrachtung unterscheidet diese fixen Kosten in

– spezifische, der Produktart zurechenbare Fixkosten, und
– allgemeine Fixkosten.

Der Deckungsbeitrag, der nach Abzug der spezifischen Fixkosten noch zur Deckung der allgemeinen Fixkosten verbleibt, wird als **Deckungsbeitrag II (DB II)** bezeichnet.

Generell lässt sich feststellen:

– Langfristig müssen die Vollkosten gedeckt sein. Deswegen ist die Vollkostenrechnung die Grundlage der Ergebnisrechnung und der Kostenkontrolle.
– Kurzfristig kann die Vollkostenrechnung zu Fehlentscheidungen führen. Die Teilkostenrechnung liefert geeignetere Entscheidungsgrundlagen.

Für die Preiskalkulation bedeutet dies:

– Ein Preis kann nicht allein auf Basis einer Vollkostenrechnung kalkuliert werden; Grundlage für die Kalkulation muss vielmehr der am Markt erzielbare Preis sein.
– Alle Kosten müssen nach variablen und fixen Kosten differenziert werden. Nach Abzug der variablen Kosten ergibt sich der Betrag, der zur Deckung der Fixkosten verbleibt.

2.5.10.2 Deckungsbeitragsrechnung als Stückrechnung im Einproduktunternehmen

Die folgenden Betrachtungen beschränken sich auf die Situation im Einproduktunternehmen. Hier stellt sich nicht die Frage, welche Produkte überhaupt in einer Periode hergestellt werden sollen, und auch nicht die nach dem Mengenverhältnis: Wesentlich für die betrieblichen Entscheidungsträger ist vielmehr die Kenntnis, welchen Beitrag das einzelne Stück zur Deckung der Fixkosten beiträgt, und welche Menge mindestens abgesetzt werden muss, um angesichts der bekannten Kosten und eines bekannten Marktpreises einen Gewinn zu erzielen.

Beispiel:

Aus der Kostenrechnung ergeben sich folgende Werte für die abgelaufene Periode, in der 10.000 Stück gefertigt wurden:

Roh-, Hilfs-, Betriebsstoffaufwendungen	570.000,00 €
Löhne (variabel) inkl. Sozialaufwand	336.000,00 €
Gehälter inkl. Sozialaufwand	217.000,00 €
Abschreibungen	88.000,00 €
Sonstige Fixkosten	130.000,00 €
Sonstige variable Kosten	192.000,00 €
Durchschnittlicher Umsatzerlös pro Stück	169,80 €

Alle variablen Kosten verhalten sich proportional; alle Fixkosten gelten ab Nullproduktion bis zur Maximalkapazität. Errechnet werden soll der Stückdeckungsbeitrag. Hierzu werden zunächst die Kosten in fixe und variable Kosten aufgeteilt:

Kostenart	Variable Kosten €	Fixe Kosten €
RHB-Aufwendungen	570.000,00	
Löhne/Sozialaufwendungen	336.000,00	
Gehälter/Sozialaufwendungen		217.000,00
Abschreibungen		88.000,00
Sonstige Fixkosten		130.000,00
Sonstige var. Kosten	192.000,00	
GESAMT	**1.098.000,00**	**435.000,00**

Die variablen Stückkosten betragen 1.098.000,00 € : 10.000 Stück = 109,80 €

Der Stückdeckungsbetrag errechnet sich wie folgt:

Umsatzerlös pro Stück   169,80 €
– variable Stückkosten   109,80 €
= Stückdeckungsbeitrag   60,00 €

Jedes verkaufte Stück trägt also 60,00 € zur Deckung der Fixkosten bei und verbessert damit den Betriebserfolg.

2.5.10.3 Bestimmung der Gewinnschwelle

Als Gewinnschwelle wird diejenige Menge bezeichnet, bei deren Absatz die Fixkosten gerade eben abgedeckt sind oder, anders ausgedrückt, für die gerade eben kein Verlust mehr gemacht wird. Mit jedem Stück, das über die Gewinnschwellenmenge hinaus abgesetzt wird, wird ein Gewinn erzielt. Die Kenntnis dieser Menge ist naheliegenderweise besonders wichtig, da eine länger anhaltende Unterschreitung der Gewinnschwelle die Existenz des Unternehmens gefährdet.

Fortführung des Beispiels:

Die Gewinnschwelle lässt sich nun ermitteln, indem die Fixkosten durch den Stückdeckungsbeitrag geteilt werden:

435.000 : 60 = 7.250

Die Gewinnschwelle liegt bei 7.250 Stück. Ab dem 7.251. Stück wird Gewinn erzielt.

2.5.10.4 Deckungsbeitragsrechnung als Periodenrechnung im Einproduktunternehmen

Der Betriebserfolg einer Periode kann ermittelt werden, indem der gesamte in dieser Periode erwirtschaftete Deckungsbeitrag den gesamten fixen Kosten der Periode gegenübergestellt wird.

Fortführung des Beispiels:

In einer späteren Untersuchungsperiode wurden 12.500 Stück gefertigt, von denen 12.000 Stück auch abgesetzt wurden. Aus der Vorperiode waren keine Bestandsüberhänge zu berücksichtigen.

Auch in dieser Periode wurden 169,80 € je verkauftem Stück erlöst. Der Umsatzerlös betrug also

12.000 Stück · 169,80 € =   2.037.600,00 €

Die variablen Kosten je Stück sind – siehe oben – mit 109,80 € bekannt; Änderungen sind nicht eingetreten. Insgesamt ergeben sich variable Kosten des Umsatzes von

12.000 Stück · 109,80 € =   1.317.600,00 €

Der umsatzbezogene Betriebsgewinn beträgt also   720.000,00 €

Dieser hätte sich auch aus der Anwendung des zuvor errechneten Deckungsbeitrags auf die abgesetzte Stückzahl ergeben:

12.000 Stück · 60,00 € =   720.000,00 €

2.5.11 Statische Investitionsrechnung

Regelmäßig sind im Betrieb Entscheidungen über Investitionen zu treffen. Unter einer Investition wird die Anschaffung von (materiellen oder immateriellen) Gegenständen verstanden, die dem Unternehmen längerfristig zum Zweck der Ertragserzielung dienen sollen.

Damit geht naturgemäß eine entsprechend langfristige Kapitalbindung einher, die sorgfältig erwogen werden muss: Welche alternativen Investitionsgüter stehen zur Auswahl? Gibt es ggf. andere Möglichkeiten, die Mittel erfolgversprechender anzulegen?

Wer investiert, muss zunächst Geld für die Anschaffung ausgeben. Der Zeitpunkt, in dem dies geschieht, ist fast immer t = 0 oder, einfacher ausgedrückt, »heute«. In gewinnorientierten Unternehmen ist diese Ausgabe an die Erwartung geknüpft, dass in der Folgezeit – also im Zeitraum von t = 1 bis t = n , wobei n für das Ende der Nutzungsdauer steht – Geld verdient wird, das an das Unternehmen zurückfließt. Natürlich soll mindestens das eingesetzte Kapital wieder zurückfließen, aber darüber hinaus sollen Überschüsse erwirtschaftet werden – je mehr, desto besser!

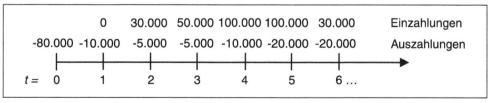

Zahlenstrahl

Der vorstehende Zahlenstrahl zeigt eine solche Investition (z. B. den Kauf einer Maschine), deren Anschaffung heute 80.000 € kostet. In den Folgeperioden ereignen sich sowohl weitere Auszahlungen (z. B. für Betrieb und Wartung) als auch Einzahlungen (z. B. Umsatzerlöse für die auf dieser Maschine hergestellten Güter). Der Einfachheit halber wird unterstellt, dass die Ein- und Auszahlungen jeweils am Ende einer Periode (die z. B. ein Jahr sein könnte) erfolgen. Der Zeitraum von t=0 bis t=1 ist die erste Periode. An ihrem Ende gibt es in diesem Beispiel noch keine Einzahlung, aber eine weitere Auszahlung in Höhe von 10.000 €.

Bis auf die Anschaffungsauszahlung sind alle Zahlungen natürlich mehr oder weniger ungewiss. Fast alle erwarteten Ein- und Auszahlungen (vielleicht mit Ausnahme von Wartungsausgaben aufgrund geschlossener Verträge oder von festen Eingängen aufgrund eingegangener Lieferkontrakte) sind Prognosewerte, die je nach Risikobereitschaft und Optimismus des Planenden größer oder kleiner angesetzt werden. Je weiter dabei in die Zukunft zu blicken versucht wird, desto ungewisser werden die angenommenen Werte.

Die Werte entlang des Zahlenstrahls geben tatsächliche Geldzu- und -abflüsse an. Daneben verursacht eine Investition Abschreibungen, also Aufwand ohne Auszahlung. Am Ende der Laufzeit kommt es häufig zur Einzahlung eines »Restwerts« durch die Verwertung des Investitionsgutes.

Kurz gesagt:

Eine Investition

– beginnt in der Regel mit einer Anschaffungsauszahlung,

– verursacht laufende Kosten, bedingt also laufende Auszahlungen,

– bedingt Abschreibungen (= Aufwand ohne Auszahlung),

– erwirtschaftet Erträge, bedingt also laufende Einzahlungen,

– ist in erwerbswirtschaftlich orientierten Einrichtungen mit der Erwartung von Einzahlungsüberschüssen verbunden,

– erbringt ggf. eine Abschluss-Einzahlung durch Verkauf/Verwertung,

– ist mit Unsicherheit behaftet.

Die statischen Verfahren der Investitionsrechnung werden, da sie zwar einfach und schnell anwendbar sind, andererseits aber auch stark vereinfachen und damit häufig verzerrte Ergebnisse erbringen, auch als **Hilfsverfahren der Praxis** bezeichnet. Vorgestellt werden folgende Verfahren:

– Kostenvergleichsrechnung,
– Gewinnvergleichsrechnung,
– Rentabilitätsrechnung,
– statische Amortisationsrechnung.

Ihr Hauptmanko besteht darin, dass sie den Zeitverlauf nicht berücksichtigen und nicht auf finanzmathematischen Grundlagen beruhen. Letzteres trifft nur auf die dynamischen Verfahren der Investitionsrechnung zu, die hier aber nicht behandelt werden sollen.

Es ist nicht sinnvoll, eine Investitionsentscheidung auf Basis eines einzelnen Verfahrens zu treffen: Vielmehr sind verschiedene Berechnungen anhand verschiedener Verfahren durchzuführen!

2.5.11.1 Kostenvergleichsrechnung

Die Kostenvergleichsrechnung vergleicht die **Durchschnittskosten** je Periode für verschiedene Investitionsvorhaben. Dabei werden Erlöse nicht berücksichtigt.

2 Betriebswirtschaftliches Handeln — 2.5 Kosten- und Leistungsrechnung

Folglich wird die Alternative mit den geringsten Kosten als am günstigsten beurteilt. Wegen dieser Einschränkungen eignet sich die Kostenvergleichsrechnung nur sehr bedingt für die Entscheidungsfindung. Ihre Anwendung beschränkt sich auf folgende Fälle:

– Gesamtkostenvergleich bei Anlagen mit identischen Merkmalen,
– Stückkostenvergleich zwischen Anlagen mit unterschiedlicher Kapazität (Ausbringung),
– Kostenvergleich bei Ersatzinvestition.

2.5.11.1.1 Gesamtkostenvergleich

In den Gesamtkostenvergleich fließen folgende Größen ein:

– Betriebskosten (vorwiegend variabel): anteilige Löhne, Materialverbrauch, Energie,
– Betriebskosten (vorwiegend fix): Wartung, Raumkosten,
– Kapitalkosten: Abschreibungen und Zinsen.

Bei der Ermittlung der kalkulatorischen Abschreibung **AfA** wird mit linearen Beträgen gerechnet; dabei kann ein eventueller Restwert **R** durch vorherigen Abzug von der Abschreibungsbasis (= Anschaffungswert) **A** berücksichtigt werden. Notwendig ist die Abschätzung der betriebsgewöhnlichen Nutzungsdauer n.

$$\frac{A}{n} \qquad \frac{A-R}{n}$$

Die kalkulatorischen Zinsen werden ermittelt, indem der gewählte Kalkulationszinsfuß **i** (z. B. der Zins für Fremdkapital) auf das gebundene Kapital angewendet wird.

Als gebundenes Kapital wird dabei

– entweder der volle ursprüngliche Investitionsbetrag oder
– die Hälfte des ursprünglichen Investitionsbetrages (= durchschnittlich gebundenes Kapital = üblicher Ansatz)

angesehen.

Wird der letztere Ansatz des durchschnittlich gebundenen Kapitals zugrunde gelegt, ergibt sich also ein kalkulatorischer Zinsbetrag z von

$$z = \frac{A}{2} \cdot i$$

Für den Fall, dass für den Investitionsgegenstand am Ende der Nutzungsdauer ein Restwert erzielt werden kann, gilt

$$z = \frac{A-R}{2} \cdot i + R \cdot i$$

Umgeformt ergibt sich

$$z = \frac{A-R}{2} \cdot i + \frac{+2R}{2} \cdot i$$

$$z = \frac{A+R}{2} \cdot i$$

Diese – auf den ersten Blick oft unplausible – Berechnung begründet sich dadurch, dass der Restwert in der Abschreibung nicht berücksichtigt wird, damit die ganze Zeit in dem Gegenstand gebunden ist und in die Durchschnittsberechnung nicht einfließt:

Er muss während der gesamten Nutzungsdauer voll verzinst werden!

Kapitalbindung in Form eines Restwertes erhöht also die Zinskosten.

2.5 Kosten- und Leistungsrechnung — 2 Betriebswirtschaftliches Handeln

Zwei Anlagen weisen die gleichen Ausbringungsdaten und die gleiche Nutzungsdauer auf, unterscheiden sich aber hinsichtlich der Anschaffungskosten, des Restwertes und der Betriebskosten. Welche sollte angeschafft werden? Folgende Ausgangsdaten sind bekannt

	Anlage 1	Anlage 2
Anschaffungskosten	1.500.000,00	1.800.000,00
jährliche Betriebskosten:		
– Lohnkosten[1]	100.000,00	110.000,00
– Wartungskosten[2]	50.000,00	35.000,00
– Energiekosten[1]	24.000,00	26.000,00
– Materialkosten[1]	160.000,00	180.000,00
betriebsgewöhnliche Nutzdauer	8 Jahre	8 Jahre
Restwert	0,00	200.000,00
anteilige Raumkosten[2]	40.000,00	40.000,00
Zinssatz der Darlehens-Vollfinanzierung	8 %	8 %

1) vorwiegend variable Kosten, die mit der Ausbringungsmenge variieren; angegeben sind die Kosten bei Volllast
2) fixe Kosten, d. h. unabhängig von der Ausbringungsmenge

Die Kostenvergleichsrechnung als Gesamtkostenvergleich ergibt die Gegenüberstellung:

	Anlage 1	Anlage 2
A. Betriebskosten		
1. variable Betriebskosten:		
– Lohnkosten	100.000,00	110.000,00
– Energiekosten	24.000,00	26.000,00
– Materialkosten	160.000,00	180.000,00
variable Betriebskosten gesamt	284.000,00	316.000,00
2. fixe Betriebskosten		
– Wartungskosten	50.000,00	35.000,00
– Raumkosten	40.000,00	40.000,00
fixe Betriebskosten gesamt	90.000,00	75.000,00
B. Kapitalkosten		
– AfA	187.500,00	200.000,00
– kalkulatorische Zinsen	60.000,00	80.000,00
Kapitalkosten gesamt	247.500,00	280.000,00
Fixkosten (Betrieb+Kapital) gesamt	337.500,00	355.000,00
Gesamtkosten	**621.500,00**	**671.000,00**
Rang	**1**	**2**

Darin erweist sich Anlage 1 hinsichtlich ihrer durchschnittlichen jährlichen Gesamtkosten als die günstigere Anlage. Dies gilt jedoch nur unter der Annahme der Vollauslastung.

2.5.11.1.2 Stückkostenvergleich

Für Anlagen mit unterschiedlichen Leistungsmerkmalen wäre ein Gesamtkostenvergleich unsinnig. Daher wird in diesem Falle ein Stückkostenvergleich betrieben.

Beispiel:

Ausgangsdaten wie oben; jedoch weisen die beiden Anlagen unterschiedliche Maximalkapazitäten auf: Mit Anlage 1 können jährlich 80.000 Stück, mit Anlage 2 jedoch 100.000 Stück hergestellt werden. Welche sollte eingedenk dieses Unterschieds angeschafft werden?

Die oben errechneten Kosten bei Volllast müssen nunmehr auf die Stückzahl bezogen werden. Dabei wird vereinfachend unterstellt, dass sich die variablen Stückkosten mit der Ausbringungsmenge nicht verändern und deswegen einfach ermittelt werden können, indem die für Volllast bekannten gesamten Lohn-, Energie- und Materialkosten kurzerhand durch die Stückzahl geteilt werden. Diese Annahme ist zwar eher praxisfern; denn tatsächlich werden Mengenrabatte bzw. Mindermengenzuschläge beim Materialeinkauf, verbrauchsabhängige Tarifunterschiede des Energieversorgers, Mindestlöhne usw. fast immer Auswirkungen auf die variablen Stückkosten haben, aber es handelt sich bei der Kostenvergleichsrechnung bekanntlich um ein »Hilfsverfahren der Praxis« mit den entsprechenden Verzerrungen.

Dabei ergeben sich folgende Stückkosten:

	Anlage 1	Anlage 2	Anlage 1	Anlage 2
Maximale Kapazität/Stück			80.000	100.000
variable Betriebskosten gesamt/Stück	284.000,00	316.000,00	3,55	3,16
Gesamtkosten (bei Volllast) total/Stück	621.500,00	671.000,00	7,77	6,71
Rang			2	1

In der Gegenüberstellung erweist sich Anlage 2 als die bessere Wahl unter der Voraussetzung, dass die Maximalkapazität der jeweiligen Maschine auch ausgeschöpft wird.

Bitte unbedingt den folgenden Zusammenhang beachten:

– Die variablen Betriebskosten von 3,55 € bzw. 3,16 € je Stück gelten bei jeder Stückzahl.
– Die Stück-Gesamtkosten von 7,77 € bzw. 6,71 € gelten nur unter der Annahme, dass die jeweilige Maximalkapazität tatsächlich produziert wird.

Interessant ist im Zusammenhang mit solchen Beispielen die Antwort auf die Frage nach der kritischen Menge, also der Menge, ab der eine Anlage kostengünstiger produziert als die andere.

Zu ihrer Ermittlung müssen die Kosten in variable und fixe Anteile gespalten werden. Die kritische Menge ist dort erreicht, wo die fixen und variablen Kosten der einen und der anderen Anlage übereinstimmen.

$$k_{v1} \cdot x + K_{f1} = k_{v2} \cdot x + K_{f2}$$

Diese Gleichung muss nach x aufgelöst werden.

2.5 Kosten- und Leistungsrechnung — 2 Betriebswirtschaftliches Handeln

Für das obige Beispiel sind folgende Kostenbestandteile bekannt:

	Anlage 1	Anlage 2	Anlage 1	Anlage 2
variable Betriebskosten Stück			3,55	3,16
Fixkosten (Betrieb+Kapital) gesamt	337.500,00	355.000,00		

Hieraus errechnet sich die folgende **kritische Menge**:

$$3,55x + 337.500 = 3,16x + 355.000$$
$$3,55x - 3,16x = 355.000 - 337.500$$
$$0,39x = 17.500$$
$$x = 17.500/0,39$$
$$x = 44.871,8 = \mathbf{44.872}$$

Ab 44.872 Stück ist der Nachteil der höheren Fixkosten, der Anlage 2 zunächst belastet, durch den Vorteil der geringeren variablen Stückkosten mehr als kompensiert; und Anlage 2 überholt die zunächst »führende« Anlage 1 in der Vorteilhaftigkeit.

Eine näherungsweise Lösung kann auch zeichnerisch ermittelt werden. Dabei werden die Kostenverläufe (hier: Geraden) für beide Alternativen in ein Koordinatensystem mit einer Kosten- und einer Mengenachse übertragen. Zunächst wird für jede Anlage eine Gerade der variablen Gesamtkosten erzeugt, indem die Stückkosten für verschiedene Mengen in das Koordinatensystem übertragen und miteinander verbunden werden (Geraden K_{v1} und K_{v2}). Diese Geraden werden durch Parallelverschiebung auf die (für jede Menge gleich hohen) ebenfalls in Form einer Gerade eingetragenen Fixkosten der jeweiligen Anlage (K_{f1} und K_{f2}) aufgesetzt. Die verschobenen Geraden bilden nun die Gesamtkosten der Anlagen (K_1 und K_2) ab. Im Schnittpunkt beider Gesamtkostengeraden liegt die **Kritische Menge**.

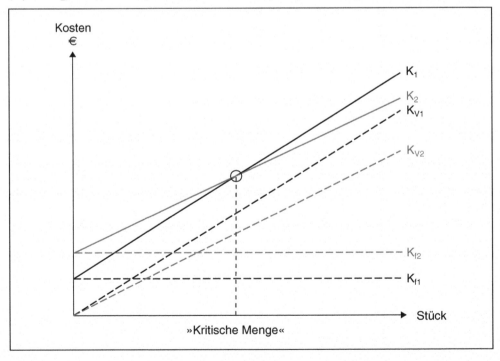

2.5.11.1.3 Kostenvergleich bei Ersatzinvestition

Häufig wird in der Praxis zu prüfen sein, ob der Ersatz einer vorhandenen Anlage jetzt oder erst später sinnvoll ist.

Dabei wird meistens wie folgt vorgegangen:

– Verglichen werden die Kosten eines Jahres der **Restnutzungsdauer** der alten Anlage mit den Kosten eines Betriebsjahres der neuen Anlage.

– Wenn die alte Anlage noch nicht bis zum Ende abgeschrieben und/oder abgezahlt ist, laufen diese Kosten auch im Falle einer Stilllegung weiter; sie fallen also »sowieso« an. Deswegen werden **Abschreibungen** und **Zinsen** der Altanlage nicht in den Vergleich eingebunden (für die neue Anlage, für die sie nur anfallen, wenn diese auch angeschafft wird, aber schon!).

– Der Restwert der Altanlage ist umso höher, je früher sie verkauft wird. Fällt die Entscheidung zugunsten ihres Weiterbetriebs, entsteht ein Erlösverlust (den man als **Opportunitätskosten** ansehen muss). Zugleich entsteht ein Zinsverlust dadurch, dass der erzielte Erlös nicht angelegt bzw. zur Minderung der Finanzierungskosten der Neuanlage verwendet wird. Diese Kosten sind der Altanlage anzulasten. Berücksichtigt werden bei ihr:

  – sowohl die **durchschnittliche Verkaufserlösminderung der Altanlage** (die wie AfA, allerdings hier nur auf die Restnutzungsdauer und den aktuellen Verkaufserlös abzüglich des Restwerts am Ende der Nutzungsdauer bezogen, berechnet wird),

  – als auch der **theoretische (kalkulatorische) Zinsverlust** auf den **nicht realisierten Liquidations-Mehrerlös**.

Beispiel:

Es wird erwogen, eine alte Anlage durch eine neue Anlage zu ersetzen, denn die Altanlage benötigt aufgrund ihres Alters ein verkürztes Wartungsintervall mit entsprechend hohen Kosten, und auch ihr Energieverbrauch und ihr Ausschussanteil sind inzwischen beträchtlich. Beide Anlagen bieten dieselbe Kapazität. Folgende Daten sind bekannt:

	Anlage 1 (Altanlage)	**Anlage 2 (Neuanlage)**
Anschaffungskosten		1.800.000,00
Restwert (fiktiver Erlös)	450.000,00	
jährliche Betriebskosten		
– Lohnkosten[1]	100.000,00	110.000,00
– Wartungskosten[2]	100.000,00	35.000,00
– Energiekosten[1]	52.000,00	26.000,00
– Materialkosten[1]	220.000,00	180.000,00
betriebsgewöhnl. Nutzdauer	3 Jahre (Restdauer)	8 Jahre
Restwert	0,00	200.000,00
anteilige Raumkosten[2]	40.000,00	40.000,00
Zinsfuß	8 %	8 %

1) vorwiegend variable Kosten, die mit der Ausbringungsmenge variieren; angegeben sind die Kosten bei Volllast
2) fixe Kosten, d. h. unabhängig von der Ausbringungsmenge

Soll ein vorzeitiger Ersatz durch Anlage 2 erfolgen? Der Vergleich ergibt folgendes Bild:

	Anlage 1	Anlage 2
A. Betriebskosten		
1. variable Betriebskosten		
– Lohnkosten	100.000,00	110.000,00
– Energiekosten	52.000,00	26.000,00
– Materialkosten	220.000,00	180.000,00
Maximale Kapazität		
variable Betriebskosten Stück	372.000,00	316.000,00
2. fixe Betriebskosten		
– Wartungskosten	100.000,00	35.000,00
– Raumkosten	40.000,00	40.000,00
fixe Betriebskosten gesamt	140.000,00	75.000,00
B. Kapitalkosten		
– AfA		200.000,00
– kalkulatorische Zinsen		80.000,00
– Verkaufserlösminderung	150.000,00	
– kalkulatorischer Zinsverlust	18.000,00	
Kapitalkosten gesamt	168.000,00	280.000,00
Fixkosten (Betrieb+Kapital) gesamt	308.000,00	355.000,00
Gesamtkosten (bei Volllast)	**680.000,00**	**671.000,00**
Rang	**2**	**1**

Der Vergleich ergibt die Vorteilhaftigkeit einer sofortigen Ersatzinvestition.

Neben dem hier gezeigten Verfahren sind auch andere Berechnungsweisen – etwa der »Bruttovergleich«, der, genau wie in der »gewöhnlichen« Gesamtkostenvergleichsrechnung, die Betriebs- und Kapitalkosten der zu vergleichenden Anlagen auf Basis ihrer (historischen) Anschaffungswerte vergleicht. Auch die Ersatzinvestitionsberechnung kann – bei unterschiedlicher Kapazität der zu vergleichenden Anlagen – stückkostenbezogen durchgeführt werden.

Auf ein Beispiel soll hier allerdings verzichtet werden.

Kritik der Kostenvergleichsrechnung

Die Kostenvergleichsrechnung unterstellt einen gleichmäßigen Kostenverlauf für alle Perioden und alle Mengen, ignoriert also z. B. die Möglichkeit der Kostenregression durch steigende Einkaufsmengen.

Vor allem aber geht sie von immer gleichen Erlösen aus, indem sie diese vollständig ausklammert. Im Falle unterschiedlich erwarteter Erlöse kann dieses Verfahren daher nicht zielführend angewendet werden: Stattdessen ist eine Gewinnvergleichsrechnung durchzuführen.

2.5.11.2 Gewinnvergleichsrechnung

Die in der Kostenvergleichsrechnung unterstellte Annahme immer gleicher Erlöse ist unrealistisch, vor allem bei der Betrachtung von Anlagen mit unterschiedlicher Kapazität. Die Berücksichtigung der Erlöse führt dazu, dass nicht die Kosten, sondern die mit der jeweiligen Anlage erzielbaren Gewinne miteinander verglichen werden.

Ein **Gesamtgewinnvergleich** erfordert lediglich die Gegenüberstellung der in der Kostenvergleichsrechnung ermittelten Kosten mit den (bekannten) Periodenerlösen; damit ist die Kostenvergleichsrechnung lediglich um die Zeilen »durchschnittlicher Gesamterlös je Periode« und »durchschnittlicher Gewinn je Periode« zu erweitern. Dieser – einfachste – Fall soll hier nicht dargestellt werden. Das folgende Beispiel behandelt vielmehr die **Stückgewinnvergleichsrechnung** bei gleichem Produkt, aber unterschiedlichen Preisen und Kapazitäten.

Es gelten die Daten des obigen Beispiels zum Stückkostenvergleich. Zusätzlich ist bekannt, dass je Stück der Produktion ein Erlös von 12,00 € (Anlage 1) bzw. 10,75 € (Anlage 2) erzielt werden kann. Dieser Preisunterschied ist in diesem Beispiel nicht auf den – in der Praxis häufig zu beobachtenden – Effekt zurückzuführen, dass bei höheren Produktmengen die am Markt erzielbaren Preise sinken, sondern hier wird vereinfachend angenommen, dass er auf einem Qualitätsunterschied beruht und vom ersten bis zum letzten produzierten Stück durchgängig gilt.

Die Gewinnvergleichsrechnung ergibt das folgende Bild:

	a) **Gesamt**gewinnvergleich		b) **Stück**gewinnvergleich	
			80.000	100.000
	Anlage 1	Anlage 2	Anlage 1	Anlage 2
A. Betriebskosten				
1. variable Betriebskosten:				
– Löhne	100.000,00	110.000,00		
– Energie	24.000,00	26.000,00		
– Material	160.000,00	180.000,00		
variable Betriebskosten ges.	284.000,00	316.000,00	3,55	3,16
2. fixe Betriebskosten:				
– Wartung	50.000,00	35.000,00		
– Raumkosten	40.000,00	40.000,00		
fixe Betriebskosten gesamt	90.000,00	75.000,00		
B. Kapitalkosten				
– AfA	187.500,00	200.000,00		
– kalkulatorische Zinsen	60.000,00	80.000,00		
Kapitalkosten gesamt	247.500,00	280.000,00		
Fixkosten (Betrieb+Kap.) gesamt	337.500,00	355.000,00		
Gesamtkosten (Volllast)/Stückk.	**621.500,00**	**671.000,00**	**7,77**	**6,71**
C. Erlöse (Volllast/Stück)	960.000,00	1.075.000,00	12,00	10,75
Gewinn (Volllast/Stück)	**338.500,00**	**404.000,00**	**4,23**	**4,04**
Rang	2	1	1	2

2.5 Kosten- und Leistungsrechnung — 2 Betriebswirtschaftliches Handeln

Während der – hier aufgrund der unterschiedlichen Produktionsmenge nur unter dem Vorbehalt der Volllastproduktion und ihrer vollständigen Absetzbarkeit am Markt zulässige – Gesamtgewinnvergleich die Vorteilhaftigkeit der Anlage 2 ausweist, spricht der Stückgewinn für Anlage 1. Es kann vermutet werden, dass Anlage 1 bis zu einer – hier noch nicht bestimmten – Menge unterhalb der Maximalkapazität von Anlage 2 vorteilhafter sein könnte als Anlage 2.

Zur Berechnung dieser »gewinnkritischen Menge« müssen die **Deckungsbeiträge** für die jeweiligen Produktionen ermittelt werden, also diejenigen Beträge, die der Verkaufserlös eines Stückes aus einer Produktion zur Deckung der Fixkosten beiträgt, und in die folgende Formel eingesetzt werden:

$$db_1 \cdot x - K_{f1} = db_2 \cdot x - K_{f2}$$

Im Beispiel ergeben sich die folgenden Deckungsbeiträge:

Variable Stückkosten			3,55	3,16
Stückerlöse			12,00	10,75
Deckungsbeiträge (= Stückerlöse – variable Stückkosten):			8,45	7,59

Setzt man diese sowie die Fixkosten in die Gleichung ein, erhält man jedoch ein negatives Ergebnis – warum? Der Grund liegt darin, dass zum einen der Deckungsbeitrag eines auf Anlage 1 produzierten Stücks deutlich höher als der vergleichbare Wert für Anlage 2 ist und zugleich die Fixkosten der Anlage 1 geringer als diejenigen der Anlage 2 sind. Logischerweise muss Anlage 1 also »eigentlich« immer zum besseren Ergebnis führen. Dass dies in der obigen Gesamtgewinnberechnung nicht der Fall ist, liegt schlichtweg daran, dass Anlage 1 gegenüber Anlage 2 einen Kapazitätsnachteil aufweist. Könnte sie mit 125 % Leistung betrieben werden und so ebenfalls 100.000 Stück auswerfen, wäre sie auch dann – wie für alle anderen denkbaren Mengen – die bessere Wahl.

Das Beispiel zeigt, dass weder eine Fixierung auf den Gesamtgewinn noch auf den Stückgewinn oder Deckungsbeitrag allein zur richtigen Entscheidung führt, sondern die Gesamtumstände und insbesondere die langfristig für absetzbar gehaltenen Mengen in die Betrachtung einbezogen werden müssen.

2.5.11.3 Die Rentabilitätsvergleichsrechnung

Die Rentabilitätsrechnung vergleicht die Verzinsung von Investitionen, indem sie den Gewinn in Bezug zum investierten Kapital setzt:

$$\text{Rentabilität } r = \frac{\text{Periodengewinn} + \text{Zinsen} \cdot 100}{\text{gebundenes Kapital}}$$

Die höchste Verzinsung (= Rentabilität) kennzeichnet die vorteilhafteste Investition. Bezogen auf die unterschiedlichen Entscheidungssituationen bedeutet dies:

Betrachtet wird ...	Rentabilitätsmerkmal ist ...
eine einzelne Investition	ein vorab definierter Mindest-Zinssatz
eine Menge alternativer Investitionen	die höchste Verzinsung, die aber über einem vorab definierten Mindestzinssatz liegen muss
eine Ersatzinvestition	die jährliche Kosteneinsparung, die in Bezug zum Kapitaleinsatz der Neuanlage gesetzt wird

2 Betriebswirtschaftliches Handeln — 2.5 Kosten- und Leistungsrechnung

Zu den verwendeten Größen ist folgendes anzumerken:

- **Zum Periodengewinn:** Gemeint ist der Nettogewinn, der auf das eingesetzte Kapital (die Investition) entfällt.
- **Zu den Zinsen:** Tatsächliche oder kalkulatorische Zinsen, die zuvor gewinnmindernd berücksichtigt worden sind, müssen hier wieder hinzugerechnet werden.
- **Zum gebundenen Kapital:** Im Allgemeinen wird wiederum das durchschnittlich gebundene Kapital angesetzt. An dieser Stelle soll aber auch ein weiterer Ansatz vorgestellt werden, bei dem der Berechnung des gebundenen Kapitals der Restbuchwert der Investition zugrunde gelegt wird. Dieser Buchwert nimmt von Jahr zu Jahr ab, was zur Folge hat, dass bei gleichbleibenden Gewinnerwartungen die Rentabilität kontinuierlich steigt. Dieser (praxisferne und unlogische) Aspekt wird durch Errechnung einer durchschnittlichen Rentabilität kompensiert.

Beispiel 1:

Ein Unternehmen plant den Ersatz einer älteren Anlage durch eine neue. Hierdurch soll eine jährliche Ersparnis von 100.000 € erzielt werden. Die Investitionskosten betragen 600.000 €, die betriebsgewöhnliche Nutzungsdauer wird mit 5 Jahren veranschlagt. Es wird (wie für kostenrechnerische Zwecke üblich!) von einer linearen AfA ausgegangen.

t (Jahr)	Buchwert am Jahresbeginn	Rentabilität des jew. Jahres
1	600.000	$\dfrac{100.000 \cdot 100}{600.000} = 16{,}67\ \%$
2	480.000	$\dfrac{100.000 \cdot 100}{480.000} = 20{,}83\ \%$
3	360.000	$\dfrac{100.000 \cdot 100}{360.000} = 27{,}78\ \%$
4	240.000	$\dfrac{100.000 \cdot 100}{240.000} = 41{,}67\ \%$
5	120.000	$\dfrac{100.000 \cdot 100}{120.000} = 83{,}33\ \%$

Der Mittelwert M der jeweiligen Jahresrentabilitäten ergibt sich aus

$$M = \frac{16{,}67 + 20{,}83 + 27{,}78 + 41{,}67 + 83{,}33}{5} = 38{,}06$$

r = 38,06 %

Zum Vergleich: Die Rentabilitätsberechnung unter Zugrundelegung des durchschnittlich gebundenen Kapitals erbringt

$$r = \frac{100.000 \cdot 100}{300.000} = 33{,}33\ \%$$

Sollen mit Hilfe der Rentabilitätsvergleichsrechnung verschiedene Alternativen miteinander verglichen werden, stellt sich häufig das Problem, dass die Anschaffungsauszahlungen und die erwarteten Gewinne in ihrer Höhe voneinander abweichen. In diesem Fall wäre es nicht ausreichend, lediglich die für die Alternativen jeweils ermittelten Rentabilitäten miteinander zu vergleichen; vielmehr muss die Möglichkeit der Anlage des nicht benötigten Anschaffungsbetrages berücksichtigt werden.

Beispiel 2:

Ein Unternehmen hat zwei Aufträge erhalten, kann aber aus Kapazitätsgründen nur einen davon annehmen. Jeder der beiden Aufträge erfordert die Anschaffung einer neuen Maschine. Hinsichtlich der Nutzungsdauer unterscheiden sich diese Maschinen nicht, wohl aber bei den Anschaffungskosten.

– Auftrag 1: Anschaffungskosten 250.000 €, erwarteter Restwert 50.000 €, angenommener Durchschnittsgewinn pro Jahr 42.000 €.

– Auftrag 2: Anschaffungskosten 200.000 €, erwarteter Restwert 40.000 €, angenommener Durchschnittsgewinn pro Jahr 30.000 €.

Hieraus ergeben sich folgende Rentabilitäten:

Auftrag 1: $r = \dfrac{42.000 \cdot 100}{150.000} = 28\,\%$

Auftrag 1: $r = \dfrac{30.000 \cdot 100}{120.000} = 25\,\%$

Würde man sich auf diese Betrachtung beschränken, wäre Auftrag 1 der lukrativere. Berücksichtigt man aber die Differenz der Anschaffungskosten von 50.000 €, ergibt sich folgende weitere Überlegung:

Würde der durchschnittliche Kapitaleinsatz beim ungünstigeren zweiten Auftrag von 120.000 € ebenfalls mit 28 % verzinst, betrüge der Gewinn 33.600 €, also 3.600 € mehr als veranschlagt. Diesen Betrag müsste das durchschnittlich nicht gebundene Kapital von

$$\dfrac{50.000 + 10.000}{2} = 30.000\,€$$

(10.000 stellen dabei die Differenz der Restwerte dar!)

mindestens erwirtschaften, wenn die zweite Alternative der ersten mindestens gleichwertig sein sollte. Dies wiederum entspricht einer Rentabilität des Differenzbetrages von

$$\dfrac{3.600 \cdot 100}{30.000} = 12\,\%$$

Lässt sich also mit dem Differenzbetrag ein Ertrag von mehr als 12 % erzielen, ist Auftrag 2 der lukrativere!

Die Rentabilitätsrechnung weist, ebenso wie die zuvor behandelten Verfahren, wesentliche **Schwächen** auf:

– Die zukünftige Kosten- und Erlösentwicklung wird als gleichförmig angenommen; mögliche Schwankungen im Zeitverlauf werden nicht berücksichtigt;

– im Falle einer Ersatzinvestition wird ein eventueller Erlös aus dem Verkauf der alten Anlage nicht berücksichtigt;

– die Berechnung der Differenz-Rendite ist unrealistisch.

2.5.11.4 Amortisationsvergleichsrechnung

Die Amortisation (auch Pay-off oder Pay-back genannt) gibt an, in welcher Zeit die durch eine Investition verursachten Anschaffungsausgaben durch auf die Investition zurückzuführende Einzahlungsüberschüsse wiedergewonnen sind. Diese Größe interessiert sicherheitsbewusste Investoren meist in besonderem Maße: Sie möchten ihr eingesetztes Kapital in kürzest möglicher Zeit wieder »heraushaben«.

Im Allgemeinen wird eine Vorgabezeit festgelegt, innerhalb derer eine Investition spätestens amortisiert sein muss. Stehen mehrere Investitionen zur Auswahl, wird man sich für diejenige entscheiden, die sich innerhalb der Vorgabezeit am schnellsten amortisiert.

Zu unterscheiden sind folgende Methoden:
– **Durchschnittsmethode:** Es wird von einem durchschnittlichen Jahresrückflussbetrag ausgegangen;
– **Kumulationsmethode:** Die geschätzten Rückflüsse von unterschiedlicher Höhe werden kumuliert.

Beispiel:

Von einer Investition mit einer Anschaffungsauszahlung von 700.000 € und einem Restwert von 100.000 € nach Ende des Investitionszeitraumes erwartet der Investor innerhalb von sieben Jahren einen Rückfluss von 1.400.000 €.

Bei Anwendung der Durchschnittsmethode wird von Rückflüssen in gleichbleibender Höhe ausgegangen: 1.400.000/7 = 200.000 €. Die Amortisation tritt damit nach

$$\frac{700.000 - 100.000}{200.000} = 3 \text{ Jahren ein.}$$

Die Anwendung der Kumulationsmethode setzt die Schätzung der unterschiedlich hohen Rückflüsse für jedes einzelne Jahr voraus.

Im gegebenen Fall wird die folgende Reihe von Rückflussbeträgen erwartet:

Jahr	Rückflussbetrag
1	0
2	90.000
3	100.000
4	410.000
5	350.000
6	300.000
7	150.000

Die Rückführung der Anfangsinvestition gestaltet sich damit wie folgt:

Jahr	Rückflussbetrag	Restbetrag (von 600.000)
1	0	– 600.000
2	90.000	– 510.000
3	100.000	– 410.000
4	410.000	0
5	350.000	ab hier: positiv
6	300.000	
7	150.000	

Der Anschaffungsbetrag ist unter den gegebenen Annahmen erst nach Ablauf des vierten Jahres vollständig zurückgeflossen.

Häufig wird die Amortisation von Entscheidungsträgern in Wirtschaftsunternehmen als Ausschlusskriterium »per se« gehandhabt: Projekte, die die (oft sehr kurzfristige, bisweilen nach Monaten bemessene) Amortisations-Vorgabezeit überschreiten, werden von vornherein ausgeschlossen und keiner weiteren Betrachtung unterzogen. Für Unternehmen, die gegenüber ihren Gesellschaftern zur möglichst schnellen Wiedergewinnung des eingesetzten Kapitals verpflichtet sind und als Oberziele die Minimierung des Risikos und die Gewährleistung der Liquidität verfolgen, mag dies eine verständliche Politik sein, gegen die aber gravierende Einwände vorgebracht werden können:

– Eine einzelne Investition, die wegen Überschreitens der Vorgabezeit ausgeschlossen wird, kann bei langfristiger Betrachtung über die Vorgabezeit hinaus durchaus vorteilhaft (und insbesondere vorteilhafter als eine kurzfristig amortisierte Investition) sein. Es besteht die Gefahr, dass die vorteilhafteste Alternative nicht realisiert wird.

– Die Konzentration auf kurze Zeiträume birgt die Gefahr »kurzsichtiger« Entscheidungen: Das »schnelle Geld« wird Projekten, die langfristig den Unternehmensbestand zu sichern imstande wären, vorgezogen, die Existenzsicherung damit vernachlässigt.

– Es findet keine Rentabilitätsbetrachtung statt; Investitionen mit gleicher Amortisationsdauer werden als gleichwertig herausgestellt; unterschiedlich hohe Anschaffungskosten und daraus resultierende Notwendigkeiten zur Anlage der Differenzbeträge, wie sie die Rentabilitätsrechnung vorsieht, werden nicht berücksichtigt.

Insgesamt ist zu allen statischen Verfahren festzustellen, dass sie gravierende Mängel im Sinne von – teils sehr groben – Ungenauigkeiten und Vernachlässigung wesentlicher Einflussfaktoren aufweisen und damit Entscheidungsprozesse allenfalls unterstützen können; es wäre aber fahrlässig, allein auf Basis dieser Verfahren (womöglich nur aufgrund eines einzigen) eine Entscheidung zu treffen!

2.5.12 Zweck und Ergebnis betrieblicher Budgets

Ein Budget ist die Vorgabe eines finanziellen Ziels, etwa

– für eine bestimmte Kostenstelle,
– für ein bestimmtes Vorhaben,
– für einen betrieblichen Bereich.

Bei Budgetierung ist also nicht nur an zeitlich begrenzte Projekte zu denken, die mit festgelegten Finanzmitteln ausgestattet werden, sondern auch an die Erfüllung von Daueraufgaben, für die bestimmte Mittel zur Verfügung gestellt werden, über die der für den betreffenden Bereich Verantwortliche – im Rahmen vorab getroffener, mehr oder weniger starrer Verabredungen zur Erreichung bestimmter Ziele innerhalb bestimmter Zeiträume – eigenverantwortlich verfügen kann.

Voraussetzung für Budgetierung ist eine Abgrenzung der verschiedenen Einheiten voneinander, die es zulässt, Budgets bestimmten Verantwortlichen zuzuordnen, zu überwachen und hinsichtlich ihrer Einhaltung zu beurteilen. Dementsprechend ist in budgetierenden Betrieben meist eine **Spartenorganisation** anzutreffen, wobei die einzelnen Sparten weitgehend autonom nach einem Center-Konzept gestaltet sind.

Budgetarten und zeitlicher Rahmen

Im Rahmen der Budgetplanungen wird mehr als ein Budget erstellt. Bezüglich der budgetierten Mittel sind grundsätzlich zwei Arten von Budgets zu unterscheiden:
- **Finanzbudgets** beziehen sich auf Einzahlungen und Auszahlungen und damit auf die Liquiditätsplanung.
- **Erfolgsbudgets** beziehen sich auf Kosten und Erlöse und damit auf die Erfolgsplanung. Dabei sind wiederum zwei grundsätzliche Ausgestaltungen der Budgets zu unterscheiden:
  - **Kostenbudgets** »deckeln« die Kosten, die im jeweiligen Verantwortungsbereich anfallen dürfen. Diese Form des Budgets eignet sich nur für **Cost Center;** für Einheiten, die Mehrerträge zu erwirtschaften imstande sind, wäre ein Kostenbudget ein unsinniger Hemmschuh.
  - **Ergebnisbudgets** setzen eine Untergrenze für Erträge und eine Obergrenze für Aufwendungen, wobei alle Aufwendungen gegenseitig deckungsfähig sind: Mehraufwendungen in einer Aufwandsposition sind zulässig, wenn sie bei einer oder mehreren anderen Aufwandspositionen eingespart werden können. Mehrerlöse, die in eigener Verantwortung erzielt wurden, berechtigen zu Mehraufwendungen. Es handelt sich dabei um die geeignete Budgetform für **Profit Center.**

In zeitlicher Hinsicht sind **Jahresbudgets** üblich, die auf kürzere Zeiträume, oft als Quartalsbudgets oder Monatsbudgets, heruntergebrochen werden können.

Budgetierungszwecke

Budgetierung ist heute übliches Steuerungsinstrument in öffentlichen Verwaltungen. Hier besteht ihr Zweck vor allem in der Sicherstellung einer vollständigen Aufgabenerfüllung vor dem Hintergrund begrenzter verfügbarer Mittel und geringer Möglichkeiten zur Einnahmensteigerung.

Auch in Unternehmen sollen Budgets dafür sorgen, dass alle Prozesse unterbrechungsfrei ablaufen und alle für wesentlich gehaltenen sonstigen Aktivitäten umgesetzt werden können. Darüber hinaus soll mit Budgetierung eine Ausrichtung an den strategischen Unternehmenszielen und eine Abstimmung der kürzerfristigen Zielausrichtungen erreicht werden.

Über die Budgetplanung klärt sich für die **Finanzplanung** zunächst der **Liquiditätsbedarf,** also

- welche finanziellen Mittel wann für Auszahlungen bereitgestellt werden müssen,
- welche Einzahlungen über erzielte Erlöse wann erwartet werden,
- ob gegebenenfalls (zeitweilig oder permanent) eine Unterdeckung besteht und in welcher Höhe für welche Zeiträume Mittel zu deren Deckung bereitgestellt werden müssen.

Für die Geschäftsleitung und Eigentümer (Gesellschafter, Anteilseigner) des Unternehmens klären sich **Renditeerwartungen.**

Die Budgetplanung steht in Wechselbeziehung mit allen betrieblichen Planungsfeldern, z. B.
- Absatzplanung,
- Umsatzplanung,
- Produkt- und Fertigungsplanung,
- Investitionsplanung,
- Betriebsmittel-, Material-, Personalbeschaffungsplanung,
- Kapazitätsplanung,
- Marketingplanung

und viele weitere, für die auf diesem Wege wiederum **Teilbudgets** hergeleitet werden können: Absatzbudget, Umsatzbudget, Investitionsbudget usw.

2.5.12.1 Aufstellung von Budgets

Budgets sind Gegenstand von Planungen, aber auch von Verhandlungen: Denn die insgesamt verfügbaren Mittel sind begrenzt, und jede betriebliche Einheit, die ein Budget bei der dafür zuständigen Stelle im Finanzwesen anmeldet, befindet sich in Konkurrenz mit anderen Einheiten, die ihrerseits um ihr Budget »kämpfen«.

Die Planung von Budgets ist daher immer ein Abstimmungsprozess zwischen den Bereichsverantwortlichen mit der Führungsebene, wobei letztere die Abstimmung der Bereichsplanungen vornimmt.

Dabei sind unterschiedliche **Planungsrichtungen** möglich:

– **Top-Down:** Budgetvorgaben der Unternehmensleitung werden nach unten weitergegeben. Die nachgeordneten Stellen schätzen den Umfang der mit den gewährten Mitteln möglichen Aktionen ein und geben ggf. Meldungen in die Gegenrichtung ab, wenn abzusehen ist, dass verabredete Ziele mit den zugestandenen Zielen nicht erreicht werden können.

– **Bottom-Up:** Die nachgeordneten Stellen planen ihre Aktionen und beziffern den dafür erforderlichen Finanzmittelbedarf, den sie nach oben melden. Im Falle von Deckelungen der geforderten Mittel muss die Aktionsplanung angepasst werden.

– **Gegenstromverfahren:** Alle beteiligten Ebenen erarbeiten in einer Abfolge von Aktions- und Budgetanpassungen im Dialog eine letztlich einvernehmlich verabschiedete Planung.

Wenn die Summe der angemeldeten Budgets die finanziellen Möglichkeiten des Gesamtbetriebs übersteigt, ist es Aufgabe des Managements, die Budgets in Abstimmung mit den Bereichsverantwortlichen so aufeinander abzustimmen, dass alle Pflichtaufgaben erfüllt und alle wesentlichen Ziele des Unternehmens erreicht werden können.

Die Planungen der verschiedenen betrieblichen Bereiche können zueinander finanziell, aber auch inhaltlich in Konkurrenz stehen. Wenn mehrere Bereiche Mittel für ehrgeizige Projekte einfordern, wird über die Budgetierung zugleich eine **Priorisierung** vorgenommen.

Vorgehen bei der Budgetplanung

Industriebetriebe – wie alle gewerblichen, auf Gewinnerzielung ausgerichteten Betriebe – setzen sich ein bestimmtes (Mindest-)Gewinnziel. Eine solide Zielsetzung basiert auf realistischen Erwartungen hinsichtlich der den Gewinn beeinflussenden Größen. Bekanntlich gilt:

    Gewinn = Umsatz – Kosten,

    Umsatz = Absatz x Preis

Wie in den bisherigen Ausführungen zur Kostenrechnung deutlich wurde, stehen Absatz, Preis und Kosten zueinander in Abhängigkeitsbeziehungen. Wo soll man mit der Planung anfangen?

Budgetplanung fußt – außer bei neu gegründeten Unternehmen oder neu geschaffenen Tätigkeitsbereichen – meist zu einem guten Teil auf der Auswertung von Vergangenheitswerten. Bei der Ermittlung des Budgetbedarfs für die nächste Periode leitet die bereichsverantwortliche Person Schätzungen der erwartbaren Einnahmen und Ausgaben aus den Ist-Kosten und –Erträgen abgelaufener Perioden ab. Ausnahme sind **Zero-Budget-**Planungen (Planning from Base Zero), bei denen Vergangenheitswerte bewusst nicht zugrunde gelegt werden, um echte Überlegungen anzustoßen und ein „Wie-immer-plus-x-Prozent" zu verhindern. Im Industriebetrieb können Budgetplanungen häufig aber auch schon auf Erkenntnisse aus den Auftragsbüchern zugreifen: Eingegangene Aufträge und bereits geschlossene Verträge in Verbindung mit Erfahrungen aus der jüngeren Vergangenheit geben Anhaltspunkte für die **Absatzplanung,** die folgerichtig zum Ausgangspunkt der weiteren Überlegungen wird.

Aus dem geplanten Absatz ergeben sich Planzahlen für die Produktion und aus diesen wiederum für die Personal-, die Kapazitäts- und die Materialplanung, in deren Rahmen Kosten beziffert und nach **Einzel- und Gemeinkosten, Fix- und variablen Kosten** unterschieden werden. Die reine Orientierung an geplanten Absatzmengen ist jedoch nur möglich, wenn keine **Engpässe** in anderen betrieblichen Bereichen – Personalmangel, Kapazitätsbeschränkungen bestimmter maschineller Anlagen usw. – eine Limitierung erzwingen: In diesen Fällen wird der Engpassbereich zum Ausgangspunkt der Planung, die ggf. auch die Beseitigung des Engpasses zum Inhalt haben kann.

Der für seinen Fertigungsbereich verantwortliche Industriemeister wird bei der Aufstellung seines Budgets vor allem folgende Kostenbereiche im Auge haben müssen:

– Materialkosten
– Lohnkosten
– Sondereinzelkosten der Fertigung
– Maschinenkosten einschließlich Energie- und Instandhaltungskosten
– Werkzeugkosten
– Kosten der Qualität einschließlich Prüfkosten, Fehlerbehebungskosten und Berücksichtigung von Ausschusskosten

Die Kostenplanung erfolgt vor dem Hintergrund eines realistisch geplanten **Beschäftigungsgrades**.

2.5.12.2 Maßnahmen zur Budgetkontrolle

Die Budgetkontrolle, das heißt die Überwachung der Einhaltung der Vorgaben, muss sich auf alle oben aufgezählte sowie weitere Kostenbereiche erstrecken. Sie ist keine Ex-post-Kontrolle, die erst nach Ablauf des gesamten Planungszeitraums erfolgt, sondern muss regelmäßig in kürzeren Zyklen – bei einer Jahresplanung idealerweise monatlich – durchgeführt werden. Dabei wird jede im Budgetbereich gebildete Kostenstelle einer Plan-Ist-Kontrolle (oft auch einer Ist-Ist-Kontrolle als Abgleich mit Vorperiodenwerten) unterzogen und darauf überprüft, ob sie »im Plan« ist.

Dies setzt eine genaue, auftragsweise bzw. projektorientierte Kontierung aller Verbräuche voraus, wofür wiederum eine entsprechende Gestaltung des Kostenstellenplans erforderlich ist.

Ob sich ein Budget »im Rahmen« entwickelt, kann gerade bei Projekten, für die ein kontinuierlicher Ein- und Auszahlungsfluss eher untypisch ist, nur im Vergleich mit der zuvor erstellten Planung und den dabei ermittelten Planzahlen, die zu bestimmten »Checkpoints« erreicht sein sollen, beurteilt werden. Diese »Checkpoints« können Zeitpunkte (Monats-, Quartalsende) oder Ereignisse (Erreichen eines bestimmten Fertigstellungsgrades, z. B. Rohbauabnahme, Fertigstellung eines Teilabschnitts...) sein. Für das Projektmanagement nennt DIN 69901-3 verschiedene Methoden des Projektcontrollings, etwa

- die **Earned-Value-Analysis,** ein komplexes kennzahlenbasiertes Verfahren, mit dem die im Projekt bis zum Betrachtungszeitpunkt tatsächlich erbrachte Leistung mit derjenigen Leistung verglichen wird, die im Vorhinein zu genau diesem Zeitpunkt aufgrund der Planungen zu erwarten war. Angezeigt werden sowohl Zeit- als auch Kostenabweichungen.
- die **Meilensteintrendanalyse,** die aus dem Projektfortschritt seit Projektbeginn bis zum Betrachtungszeitraum einen Trend ableitet, eine Prognose über die zukünftige Projektentwicklung liefert und die Entwicklung visualisiert. Dieses relativ schlichte Verfahren eignet sich allerdings nicht für Projekte von hoher wirtschaftlicher Bedeutung und Tragweite.

In der Praxis wird das betriebliche computergestützte Controlling die drohende Überschreitung des Budgets bei Erreichen vordefinierter Warngrenzen melden. Durch die Verarbeitung der vom Controlling übernommenen Werte in einem **Dashboard (»Business-Cockpit«)** können sich die budgetverantwortlichen Mitarbeitenden rasch über die Entwicklung ihres Budgets informieren. Ein solches Cockpit ist eine grafische Oberfläche zur Visualisierung der wichtigsten Informationen auf einem Bildschirm in der Weise, dass sie auf einen Blick erfasst werden können. Zugleich kann es Analysen zur Unterstützung der unerlässlichen Ursachenforschung anbieten. Programmintern werden komplexe Sachverhalte zu einer überschaubaren Zahl besonders aussagefähiger Kennzahlen verarbeitet, anhand derer die tatsächliche Leistungserbringung zum Abrufzeitpunkt mit den zu diesem Zeitpunkt erwarteten Planwerten verglichen werden kann. Zeichnen sich Abweichungen ab, müssen die Ursachen erforscht und ggf. steuernde Eingriffe vorgenommen werden.

Mit der **Plankostenrechnung** wird im Rahmen des Prüfungsteils »Handlungsspezifische Qualifikationen« ein Instrument vorgestellt, mit dessen Hilfe eine wirksame Kontrolle durchgeführt und – was besonders wichtig ist – eine Analyse der festgestellten Abweichungen vorgenommen werden kann.

Die Budgetkontrolle obliegt zunächst den Bereichsverantwortlichen selbst, dann der nächst höheren Leitungsebene, zugleich aber der zuständigen Auswertungsstelle im kaufmännischen Rechnungswesen bzw. Controlling. Letztere liefert regelmäßig, meist monatlich, der Abteilungs-, der Werks- oder der Unternehmensleitung (je nach interner Organisation) Abweichungsberichte und unterbreiten in Abstimmung mit den Bereichsverantwortlichen Vorschläge für gegensteuernde Maßnahmen. Die Entscheidung über das weitere Vorgehen obliegt dann der Bereichs- oder Geschäftsleitung.

2.5.12.3 Maßnahmen zur Budgeteinhaltung

Die vorgenannten Kontrollen dienen dazu, Abweichungen zu erkennen und Informationen zur Ursachenanalyse zu liefern. Diese Erkenntnisse sind wertvoll für künftige Planungen, aber Budgetkontrolle kann sich nicht damit zufriedengeben, dass es »nächstes Mal besser gemacht wird«: Vielmehr findet sie engmaschig in kurzen Intervallen statt, damit noch während des laufenden Planungszeitraums (bei Jahresplanung also »unterjährig«) gegensteuernde Maßnahmen eingeleitet werden können und das Budget (und damit der Bereich, das Projekt, die Kostenstelle ...) wieder »auf Kurs gebracht« werden kann.

Korrekturentscheidungen können nur getroffen werden, wenn die Ursachen für die Abweichung bekannt sind. Häufig treten mehrere Abweichungen gleichzeitig ein, und es kann vermutet werden, dass ein ganzes Bündel an Ursachen verantwortlich ist, wodurch die die Auswahl wirksamer gegensteuernden Maßnahmen erschwert wird. In solchen Fällen muss eine Konzentration auf die absolut größten Abweichungen und deren Hauptursachen stattfinden, um den bestmöglichen spürbaren Effekt zu erzielen.

2 Betriebswirtschaftliches Handeln — 2.5 Kosten- und Leistungsrechnung

Beispiel:

Der Plan-Ist-Vergleich des Budgets eines Fertigungsbereichs hat folgende Erkenntnisse zutage befördert:

Abweichung der Materialkosten:	*+ 3 % / 60.000 €*
Abweichung der Personalkosten:	*+ 9 % / 5.000 €*

Als Abweichungsursachen werden festgestellt:

– *Die Materialkostenerhöhung geht darauf zurück, dass wegen eines technischen Problems in einem Zulieferbetrieb kurzfristig auf einen anderen Lieferanten ausgewichen werden musste, der – auch wegen der notwendigen Expresslieferung – einen höheren Preis verlangt hat. Den Anfall derartiger einmalige Kosten gilt es zukünftig zu verhindern. Bisher wird in Bezug auf die betreffende Materialgruppe Single Sourcing praktiziert, d. h. die Gesamtmenge wird von einem einzigen Lieferanten bezogen, mit dem ein längerfristiger Rahmenvertrag besteht. Nach Absprache mit der Bereichsleitung wird als Sofortmaßnahme von einem Sonderkündigungsrecht Gebrauch gemacht und eine intensive Lieferantenrecherche gestartet. Es wird erwartet, dass der bisherige Lieferant ein Angebot mit einem günstigeren Angebotspreis vorlegen und Ausfallgarantien anbieten wird, um den Kontrakt nicht zu verlieren. Damit können die entstandenen Mehrkosten bis zum Ende der Planperiode im günstigsten Falle vollständig kompensiert werden.*

– *Die Personalkostenerhöhung geht auf einen höher als erwartet ausgefallenen Tarifabschluss zurück. Als Gegenmaßnahme soll geprüft werden, wie die permanent anfallenden Mehraufwendungen mittel- bis längerfristig durch personelle Verschiebungen im praktizierten Schichtbetrieb aufgefangen werden können. Die absoluten Mehraufwendungen sind aber vergleichsweise gering, weswegen diese Überlegungen zunächst zurückgestellt werden.*

Ob beschlossene und durchgeführte Maßnahmen in gewünschter Weise (oder überhaupt) erfolgreich waren, muss wiederum überprüft werden. Gegebenenfalls werden weitere nachsteuernde Eingriffe erforderlich sein.

Literaturverzeichnis

Bartling, H.; Luzius, F., Fichert, F.: Grundzüge der Volkswirtschaftslehre, 18. Aufl., München 2019

Baßeler, U., Heinrich, J., Utecht, B.: Grundlagen und Probleme der Volkswirtschaft, 19., bearbeitete Aufl., Köln 2010

Coenenberg, A.G.: Jahresabschluss und Jahresabschlussanalyse, 26. Aufl., Stuttgart 2020

Däumler, K.D., Grabe, J.: Betriebliche Finanzwirtschaft, 10. Aufl., Herne, Berlin 2013

Däumler, K.D., Grabe, J.: Kostenrechnung 1 – Grundlagen, 11. Aufl., Herne, Berlin 2013

Däumler, K.D., Grabe, J.: Kostenrechnung 2 – Deckungsbeitragsrechnung, 10. Aufl., Herne, Berlin 2013

Falterbaum, H., Beckmann, H., Bolk, W., Kirchner, T.: Buchführung und Bilanz, 23. Auflage, Achim 2020

Gabler Kompakt Lexikon Wirtschaft, 11. Aufl., Wiesbaden 2013

Generaldirektion für Kommunikation der Europäischen Kommission: Europa.eu (offizielle Webseite der Europäischen Union)

Grochla, E.: Unternehmungsorganisation, 4. Aufl., Reinbek b. Hamburg 1981

Güllemann, D. (Hrsg.), NWB-Textausgabe: Wichtige Gesetze des Wirtschaftsprivatrechts, 24. Aufl., Herne 2023

Kaune, A.: Change Management mit Organisationsentwicklung, Berlin 2004

Klimmer, M.: Unternehmensorganisation. 5. Aufl., Herne 2020

König, R., Maßbaum, A., Sureth-Sloane, C.: Besteuerung und Rechtsformwahl: Personen-, Kapitalgesellschaften und Mischformen im Vergleich, 8. Aufl., Herne 2021

Kosiol, E.: Organisation der Unternehmung, Wiesbaden 1962

NWB-Textausgabe: Wichtige Steuergesetze mit Durchführungsverordnungen, 73. Aufl., Herne 2023

Oeldorf, G., Olfert, K.: Material-Logistik. 14. Aufl., Baden-Baden 2018

Schierenbeck, H., Wöhle, C.B.: Grundzüge der Betriebswirtschaftslehre. 19. Aufl., München 2016

Schmalen, H., Pechtl, H.: Grundlagen und Probleme der Betriebswirtschaft. 16. Aufl., 2019

Statistisches Bundesamt Deutschland: Amtliche Statistik, www.destatis.de

Theile, C.: Bilanzierung nach Handels- und Steuerrecht, 32. Aufl., Herne 2022

Wöhe, G., Döring, U.: Einführung in die allgemeine Betriebswirtschaft, 27. Aufl., München 2020

Stichwortverzeichnis

Ablauforganisation	58 ff, 67 ff	Augmented Reality (AR)	54
Ablaufplanung	97 ff		
Absatz	43 f	**B**aukastenstücklisten	94
Abschreibung, geometrisch-degressive	183 ff	Baustellenprinzip	114
Abschreibung, lineare	183	Bedarf	13
Abschreibungen, -sverfahren	180 ff	Bedarfsplanung	115 ff
Absentismus	118	Bedürfnisse	13
Adaptations-, Adaptionsproblematik	65, 133	Bereitstellungsplanung	115, 121
AfA-Tabellen	181 f	Bereitstellungssysteme	129 f
Agile Fertigung	120	Beschaffung, -sfunktionen	41 f
Akkordfähigkeit, -reife	154	Beschaffungscontrolling	132
Akkordlohn	150 ff	Beschäftigungsänderung	200
Aktiengesellschaft (AG)	20, 28	Beschäftigungsgrad	51, 215
Amortisationsvergleichsrechnung	236 ff	Bestandsveränderungen	174, 177, 180
Analytische Methode (Arbeitsbewertung)	148	Bestandsverzeichnis	175 f
Anderskosten	192 f	Bestellmengenplanung	129
Andler´sche Losgrößenformel	90, 130	Bestellpunktverfahren	131
Anhang	179	Bestellrhythmusverfahren	131
Anlagenbedarfsplanung	119	Bestellstrategien	131 f
Anlagevermögen	177	Betriebe	18
Anpassungsfähigkeit des Unternehmens	65	Betriebliches Vorschlagswesen	158 ff
Anpassungslernen	141	Betriebsabrechnung	168
Arbeit als Produktionsfaktor	15, 44 ff	Betriebsabrechnungsbogen (BAB)	200, 202 ff
Arbeitsablauf-Abschnitte (nach REFA)	105 f	Betriebsergebnis	189, 196
Arbeitsbewertung	147 ff	Betriebsmittel als Produktionsfaktor	48 ff
Arbeitsgang	106	Betriebsmittelbelegungsplanung	124 ff
Arbeitsgruppen	79	Betriebsmittel-Benummerung	106 f
Arbeitsgruppen, teilautonome	113	Betriebsmittelbereitstellungsplanung	124
Arbeitsleistung, menschliche	45 ff	Betriebsmittelkartei	106
Arbeitsmethode	108 f	Betriebsmittelplanung	119 ff
Arbeitsplan	100, 104 ff	Betriebsstoffe	55
Arbeitsplanung	87	Bewegungsstudien (nach REFA)	150
Arbeitsplatz	46	Bezugsleistung	151
Arbeitsplatzbeschreibung	82 ff	BGB-Gesellschaft	20, 24
Arbeitsplatzbewertung	149	Bilanz	176 ff
Arbeitsplatzgestaltung nach REFA	164	Boden als Produktionsfaktor	15
Arbeitsplatzgestaltung, ergonomische	162 ff	Bottom-Up-Prozess	135
Arbeitsplatztypen	109	Break-even-Point	216 f
Arbeitsproduktivität	61	Brexit	36
Arbeitssteuerung	87	Bringsystem	129
Arbeitsstoffe	54 ff	Buchführung	169 ff
Arbeitssystem	45 ff	Buchführungspflicht	170
Arbeitsteilung	53, 58, 60 ff, 97 ff	Budget, betriebliches	238 ff
Arbeitsüberwachung	123 f	Budgetaufstellung, -planung	240 f
Arbeitsverfahren	108 f	Budgetkontrolle	241 f
Arbeitsverteilung	123 f	Business-Cockpit	242
Arbeitsvorbereitung (AV)	68		
Arbeitsvorgangsgestaltung	108 ff	**C**AD/CAM-Systeme	113 f
Arbeitsweise	108 f	Center-Out-Ansatz	143
Arbeitswertanalyse	147 f	Change Management	133 f
Arbeitswissenschaften	163	Chargenfertigung	43
Arbeitszeitstudien (nach REFA)	150	CIM	114
Artteilung	47, 97	Controlling	168
Assemble to Order	123	Cost-Center	77
Aufbauorganisation	58 ff, 67 ff		
Aufgabenanalyse	81 f	**D**ashboard	242
Aufgabensynthese	79, 81 f	Deckungsbeitrag	91, 190
Auftragsabhängigkeit	122 f	Deckungsbeitragsrechnung	222 ff
Auftragsdisposition	121 ff	Dezentralisation	70 ff

Stichwortverzeichnis

Dispatching	123 f
Disposition	63
Dispositionsverfahren (Material)	130 ff
Dispositive Arbeit, -r Faktor	39, 44
Divisionale Organisation	74
Divisionskalkulation	200, 210
DMAIC-Zyklus	136
Durchlaufzeit	53, 98
Earned-Value-Analysis	242
Eigenkapital	177
Einkauf	126
Einlastung	52, 123
Einliniensystem	73 f
Einproduktunternehmen	223 ff
Einsatzsynchrone Beschaffung siehe Just-in-Time	
Einzelbeschaffung	127
Einzelfertigung	43, 102, 130, 200
Einzelkosten	193
Einzelunternehmen, -unternehmung	20, 23
Elementarfaktoren	15
Energie	54 ff
Engpass, Kapazitäts-	52
Engpassorientierung	91
Entgeltdifferenzierung, -findung, -politik	146 ff
Entlohnungskriterien	147 ff
Erfolgsbeteiligung	156
Erfolgsziele	64
Ergebnisorientierte Organisationseinheiten	77 ff
Ergebnistabelle	197
Ergonomie, ergonomische Arbeitsplatzgestaltung	162 ff
Erneuerungslernen	142
Ersatzinvestition	49, 231 f
Erzeugnisgliederung	92 ff
Europäische Gesellschaft SE	22, 29 f, 37
Europäische wirtschaftliche Interessenvereinigung (EWIV)	22, 30 f, 37
Fabrikplanung	119
Fehlzeiten	117
Fertigung, agile	120
Fertigung, flexible	113 f
Fertigung, Organisationstypen	109 ff
Fertigung, -splanung, Begriffe	87
Fertigungsbereich, Organisation	65 ff
Fertigungssteuerung	87
Fertigungstiefe	89
Finanzbuchhaltung	167 ff
Finanzziele	64
Firma	18, 21
Fixe Kosten	193
Flexible Fertigung	113 f
Fließfertigung	112
Fluktuation	116
Flussprinzip	103, 111
Förderer, Förderfahrzeuge, -mittel	103
Formalziele	64
Fraktale Fabrik	114
Fremdkapital	177
Fremdlagerung	132
Führung, Funktionen	38
Führungsstil, patriarchalischer	39

Funktionale Organisation	61, 74, 77
Funktionen in Unternehmen, Haupt-, Kern-, Neben-	37 ff
Funktionsbeschreibung	84
Funktionsmeistersystem	75 f
Fusion	35
Gebundenes Kapital	99
Gegenstromverfahren	135
Geldakkord	152
Gemeinkosten	193
Gemischtfertigung	111
Genossenschaft	20, 29
Geringwertige Wirtschaftsgüter (GWG)	185
Gesamtkosten	217 ff
Gesamtkostenkurve	216
Gesamtkostenverfahren (G+V)	178
Gesamtkostenvergleich	227 f
Geschäftsführung	21
Geschäftsprozessmodellierung	138 f
Gesellschaft bürgerlichen Rechts (GbR)	20, 24
Gesellschaft mit beschränkter Haftung (GmbH)	20, 27
Gesellschafter	21
Gesellschaftsrecht	19 ff
Gesellschaftsunternehmen	22
Gewinn- und Verlustrechnung (G+V)	176 ff
Gewinngrenze, -zone	220
Gewinnschwelle	216, 224
Gewinnvergleichsrechnung	233 f
Globalisierung	36
GmbH & Co.KG	26
GoB	171 ff
Greenwashing	56
Grundkosten	192
Grundsätze ordnungsmäßiger Buchführung (GoB)	171 ff
Gruppenakkord	154
Gruppenarbeit	47, 113
Gruppenfertigung	103, 111, 114
Güter, freie, knappe, wirtschaftliche	13
Haftung	21
Handelsgesetzbuch (HGB)	21, 169
Hierarchie, -einheiten	68 ff
Hilfsstoffe	55
Höchstbestandsstrategie	131
Holdinggesellschaft	35, 78
Holsystem	126, 129 f
Humanisierung der Arbeitswelt	163
Ideenmanagement	158
IFRS, Internationale Rechnungslegung	171
Improvisation	59, 63
Industrie 4.0	54
Innovation	88, 134, 157 ff
Inselfertigung	113
Instandhaltungsmanagement	52
Instanzen	68
Interessengemeinschaft	34
Interkulturelle Kompetenz	37
Internationalisierung	36
Inventar	172, 175 f
Inventur, -systeme, -verfahren	172 ff

Stichwortverzeichnis

Investition, Merkmale	226
Investitionen	48 ff
Investitionsrechnung, statische Verfahren	225 ff
Job Enlargement	113, 163
Job Enrichment	79, 113, 163
Job Rotation	79, 113, 139, 163
Just-in-Time	127, 132
Kaizen	135
Kalkulation	168, 190 ff
Kalkulationsverfahren	209 ff
Kalkulatorische Kosten	192
Kanban	130
Kapazitätsauslastung, -sgrad	50 f
Kapazitätsausnutzung, -sgrad	51, 215
Kapazitätsengpässe	52
Kapital als Produktionsfaktor	15
Kapitalbindung	55, 99
Kapitalgesellschaften	20 ff, 26 ff, 176
KAPOVAZ	119
Kartell	33 f
Katalogverfahren	148
Klimaneutralität	56
Knappheit	13
Kommanditgesellschaft (KG)	20, 26
Kommanditgesellschaft auf Aktien (KGaA)	28 f
Kommunikation, -sstörungen (im OE-Prozess)	144 f
Kompetenzen, Stellen-	72 f
Konglomerat	32
Konjunktur	17
Konsortium	33
Kontinuierliche Verbesserung	136, 140 f, 146 ff, 157 ff
Kontrollspanne	69
Konzentration, Unternehmen	32 ff
Konzern	35
Kooperation, Unternehmen	32
Kosten- und Leistungsrechnung	167 ff
Kosten- und Leistungsrechnung, Aufbau	194
Kostenarten	191 ff
Kostenartenplan	198 f
Kostenermittlung	191
Kostenremanenz	221
Kostenstellen, -plan	200 ff
Kostenträger	167, 188, 199 f
Kostenträgerblatt	207 ff
Kostenträgerzeitrechnung	207 ff
Kostenvergleichsrechnung	226 ff
Kostenverrechnung, primär, sekundär	203
Kreativität	134
Kreislaufwirtschaftsgesetz (KrWG)	56 f
Kritische Menge	230
Kundenauftragsabhängigkeit	122 f
Kundenauftragsentkopplungspunkt (KEP)	123
Kuppelfertigung	42
KVP siehe Kontinuierliche Verbesserung	
Lagebericht	179
Lagerhaltung	131 f
Layoutplanung	119
Lean Management	142
Lean Production	66, 128 f
Leasing	186 f
Lebenszyklus, Produkt-	95
Leerkosten	51
Leistungsabschreibung	185
Leistungsbewertung	149
Leistungsgrad	47 f, 151
Leistungslohn	150 ff
Leistungsziele	64
Leistungszulagen	156
Leitung, Funktionen	38
Leitungsebenen	68 ff
Leitungsspanne, -tiefe	69
Lernprozesse (Organisationen)	141 ff
LEWIN-Modell (Kontinuierliche Verbesserung)	140 f
Lieferbereitschaftsgrad	52, 99 f
Linienfertigung	111
Lohnarten	149 ff
Lohngruppenverfahren	148
Losgröße, optimale	90, 130
Ltd.	37
Make to Order	123
Make to Stock	122
Managementebenen	68 ff
Management-Regelkreis	140
Marktforschung	94
Marktwirtschaft	60
Maschinenbelegungsplanung	124 ff
Maschinenfolgegantt	125
Maschinenstundensatzrechnung	212 ff
Massenfertigung	42, 103, 130
Materialbedarfsbestimmung	126 ff
Materialbereitstellungsplanung	126
Materialbereitstellungsprinzipien	127 ff
Materialbeschaffung	126 ff
Materialdisposition	126 ff
Materialfluss, -gestaltung, -planung	100 ff
Materialplanung	121
Materialwirtschaft, Optimierungsproblematik	99
Matrixorganisation, -system	76 f
Maximalgewinnpunkt	220
Maximalprinzip	14
Mehrliniensystem	75 f
Mehrproduktfertigung	200
Meilensteintrendanalyse	242
Mengenstücklisten	93
Mengenteilung	47, 97
Mindestlohn	150, 153
Minimalkostenkombination	14, 42
Minimalkostenpunkt	220
Minimalprinzip	14
Mitarbeiterprinzip	39
Nachhaltigkeit	159
Nachkalkulation	212
Nettoinvestition	50
Neutraler Aufwand	196
Niederstwertprinzip	180 ff
Normalkosten	209
Normalleistung	47, 150 ff
Normalzuschlagssätze	209
Nutzungsdauer, betriebsgewöhnliche	181

Stichwortverzeichnis

Objektorientierung	62
Objektzentralisation	71
OE-Phasenmodell	140
Offene Handelsgesellschaft (OHG)	20, 25
Öffentliche Betriebe	20
Öffentliches Recht	19 f
Öko-Bilanzen	57
Ökonomisches Prinzip	14
Operationale Organisation	77
Optimale Bestellmenge, - Losgröße	90, 130
Optimierungsproblematik der Materialwirtschaft	99
Organe einer Gesellschaft	21
Organigramm	70, 79 f
Organisation, betriebliche	58 ff
Organisation, divisionale, funktionale	74
Organisation, funktionale, operationale	77
Organisationsausrichtung	135
Organisationseinheiten, ergebnisorientierte	77 ff
Organisationsentwicklung (OE)	133 ff
Organisationslernen	141 ff
Organisationsplan	75, 79 f
Organisationssysteme	73 ff
Organisationstypen der Fertigung	109 ff
Organisationszyklus, Phasen	138 ff
Outsourcing	128
Partiefertigung	43
Partnerschaftsgesellschaft (PartGG, PartGmbB)	20, 24 f
Pay-back, Pay-off	236
PDCA-Regelkreis, -Zyklus	101, 158 f
Pensumlohn	149
Personalbedarfsplanung	116 ff
Personalentwicklung (PE)	142
Personalplanung	116 ff
Personen, juristische, natürliche	19
Personengesellschaften	20, 22 ff
Plankostenrechnung	242
Planung	59, 168
Planung, operative (taktische), strategische	86 ff
Portfolio-Analyse, -Matrix	95 f
Prämienlohn	155
Preisgestaltung	190
Primärkostenverrechnung	203
Prioritätsregeln	124 f
Privatrecht	20 f
Proaktivität	134
Produktdifferenzierung	88
Produktdiversifikation	88
Produktfeld	88
Produktidee	94 ff
Produktion	42 f
Produktion, -splanung, Begriffe	87
Produktionsfaktoren	15
Produktionsfaktoren, betriebswirtschaftliche	44 f
Produktionsgüter	49
Produktionsmittelplanung	119 ff
Produktionsorganisation	103, 109 ff
Produktionsplanung	87, 121 ff
Produktionsprogramm	88 ff
Produktionsprogrammplanung	121
Produktionsprozessplanung	121

Produktionssteuerung	121
Produktionstypen	102 ff
Produktionsvolumen	88 ff
Produktlebenszyklus	95
Produktlinie	88
Produktverbesserung	88
Profit-Center	35, 77, 239
Programmbreite	89
Programmplanung, mittel-, langfristige	88 ff
Programmtiefe	89
Projektorganisation	78
Prozessdekomposition	138
Prozesskostenrechnung	143
Prozesslernen	142
Prozessmodularisierung	138
Purchase and Make to Order	123
Qualitätsförderung	157
Qualitätsvorgaben	115
Qualitätszirkel	158
Rangfolgeverfahren	148
Rangreihenverfahren	148
Rationalisierung	53
Rechnungswesen	167 ff
Rechtsformen	19 ff
Rechtspersönlichkeit	21
Regelkreis, KVP	157
Regelkreis, Management	140
Reihenfertigung	42, 111
Rentabilitätsvergleichsrechnung	234 ff
Resilienz	134
Rohstoffe	55
Sachgrund für OE, externer, interner	137
Sachziel	64
Scheduling	124 ff
Schichteinsatzplanung	118 f
Sektoralorganisation	78
Sektoren, Wirtschafts-	18
Sekundärkostenverrechnung	203
Selbstkompetenz	134
Selbstkosten	188, 211
Serienfertigung	43, 102 f, 130, 200
Simultaneous Engineering	89 f
Single-Sourcing	128
Six Sigma	136
Smart Factories	54
Sortenfertigung	42
Sozio-technisches System	58
Spartenorganisation	61 f, 74, 138
Sperrminorität	32
Stabliniensystem	74 f, 80
Stabsstellen	68
Standzeiten	120
Statistik	168
Stelle	46
Stelle, -narten	68 ff
Stellenbeschreibung	70, 82 ff
Stellenbesetzung, -splan	85
Stellenbildung	82
Stellenplan	85
Stellenprofil	82 ff
Sternprinzip	114

Steuergesetze	170	**V**ariable Kosten	193 f
Stille Gesellschaft	23	Variantenfertigung	114
Straßenfertigung	111	Veränderungsprozesse	141 ff
Strategische Geschäftseinheiten (SGE)	77 f	Verbesserungsvorschläge	159 ff
Strukturstücklisten	93 f	Verein	22
Stückakkord	152	Verrichtungsorientierung	61
Stückkosten	217 ff	Verrichtungsprinzip	103
Stückkostenvergleich	229 f	Verrichtungszentralisation	71
Stücklisten	92 ff, 105	Verwaltung, Funktionen	38
Stufenleiterverfahren	205	Virtual Reality (VR)	54
Stufenwertzahlverfahren	148	Volkswirtschaftslehre	15
Substituieren, Substitution	14, 53 f	Vollkosten, -rechnung	190
Substitutionsprinzip der Organisation	72	Vorgabezeit	150 f
Summarische Methode (Arbeitsbewertung)	147 f	Vorkalkulation	212
		Vorratshaltung	127
Supply Chain Management (SCM)	40	Vorschlagswesen	158
Sustainability	159		
Syndikat	34	**W**anderprinzip	115
System, -begriff	58	Werkstattfertigung	103, 110
Systeme vorbestimmter Zeiten	150	Werkstoffe	54 ff
		Werkzeugbereitstellung	126
Taktabstimmung, Problem	98	Werkzeugplanung	120
Tätigkeitsbeschreibung	82 ff	Wertstromanalyse, - design, -management, -planung	100 f
Teams	79		
Teilautonome Arbeitsgruppen	113, 138	Wirkungsgrad der Energieumwandlung	56
Teileverwendungsnachweise	94	Wirtschaften	13
Teilkosten, -rechnung	190	Wirtschaftlichkeit	65
Tensororganisation	77	Wirtschaftsgesetze	169 f
Time-to-Market	65, 90	Wirtschaftskreisläufe	15 ff
Top-Down-Prozess	135, 142	Wirtschaftssektoren	18
Total Cycle Time (TCT)	136	Wirtschaftssubjekte	13, 16
Total Quality Management (TQM)	136		
Trust	35	**Z**eitakkord	152 f
		Zeitbegriffe (nach REFA)	98
Überorganisation	65	Zeitlohn	149
Umlaufvermögen	177	Zeitstudien (nach REFA)	150
Umsatzkostenverfahren (G+V)	178	Zentralisation	70 ff
Unternehmen, Unternehmungen	18	Zero-Budget-Planungen	241
Unternehmensformen	19 ff	Zielsystem, unternehmerisches	64 f
Unternehmensphilosophie	39	Zusammenschlüsse, Unternehmen	33 ff
Unternehmensziele	64 f	Zusatzkosten	192
Unternehmergesellschaft (UG) haftungsbeschränkt	27	Zuschlagskalkulation	200, 210 ff
		Zuschlagssätze, Ermittlung	207
Unterorganisation	65	Zwangslauffertigung	112

Der Weg nach oben beginnt auf Seite eins.
Mit Lehrbüchern von FELDHAUS

AEVO-Prüfung
- Handlungsfeld Ausbildung
- Die Ausbilder-Eignung
- Prüfungs-Check Ausbildereignung

Fachwissen und Praxis der Ausbilder
- Der Aus- und Weiterbildungspädagoge
- Auszubildende richtig auswählen
- Auszubildende objektiv beurteilen
- Wege zur inklusiven Berufsbildung
- Der Ausbilder vor Ort
- Das Ausbilder-Lexikon

Gastgewerbe
- Ausbildungsprogramm Gastgewerbe
- Französisch im Gastgewerbe

Außenhandel/Seeschifffahrt
- Verkehrslehre des Außenhandels
- Der Ausbilder an Bord

Tourismuskaufleute
- Stadt, Land, Fluss – Allgemeine Topografie

Büroberufe
- Office-Management und Assistenz

Planung und Durchführung der Berufsausbildung
- Ausbildungsnachweise für alle Berufe
- Grundwissen-Test für Auszubildende
- Ausbildungsordnungen und -rahmenpläne

Personal/Mitarbeiter
- Personalfachkauffrau/Personalfachkaufmann
- Schwierige Mitarbeitergespräche
- Edition Windmühle (über 100 Titel): www.edition-windmuehle.de

Beruf und Weiterbildung
- Der Aus- und Weiterbildungspädagoge
- Personalfachkauffrau/Personalfachkaufmann
- Der Industriemeister
- Der Technische Betriebswirt
- Der Wirtschaftsfachwirt
- Wirtschaftsbezogene Qualifikationen für alle Fachwirte
- Bilanzbuchhalter/in
- Der Handwerksmeister
- Office-Management und Assistenz
- Fachkraft zur Arbeits- und Berufsförderung
- Ratgeber Fernstudium
- Ratgeber Dozent werden
- Wirtschaftsmathematik und Statistik
- Mathematik und Statistik
- Physik und Chemie
- Grundwissen Qualitätsmanagement

Fremdsprachen
- Handelskorrespondenzen für Französisch, Spanisch, Italienisch, Englisch, Japanisch
- Umgangssprache Spanisch, Japanisch

Inklusion und Integration
- Fachkraft zur Arbeits- und Berufsförderung
- Wege zur inklusiven Berufsbildung
- Edition Hamburger Buchwerkstatt (19 Titel): www.hamburger-buchwerkstatt.de

Personal/Moderation/Coaching
- Edition Windmühle (über 100 Titel): www.edition-windmuehle.de

Sport und Sportwissenschaft
- Edition Czwalina (über 300 Titel): www.edition-czwalina.de

FELDHAUS DER BILDUNGSVERLAG

FELDHAUS VERLAG Telefon 040 679430-0
22122 Hamburg Fax 040 67943030
www.feldhaus-verlag.de post@feldhaus-verlag.de

Fachbücher für Führung und Personalwesen von

Arbeitshefte Führungspsychologie

- Psychologie der Persönlichkeit
- Grundlagen der Führung
- Motivation und Management des Wandels
- Besprechungen zielorientiert führen
- Arbeitsmethodik
- Transaktions-Analyse
- Psychologie der Gesprächsführung
- Psychologie der Auszubildenden
- Anti-Stress-Training
- Konflikttraining
- Erfolgreiche Teamführung
- Das Mitarbeitergespräch als Führungsinstrument
- Psychologische Grundlagen im Führungsprozess
- Methodik der Konfliktlösung
- Führungsethik
- Kommunikation macht gesund
- Innovative Teamarbeit
- Rhetorik und Präsentation
- Neue Ideen mit System
- Der Kontinuierliche Verbesserungsprozess (KVP)
- Führung braucht Coaching
- Customer Relationship Management
- Intervision
- Führen mit Autorität – aber nicht autoritär
- Effizientes Verhandeln
- Talent Management
- Führen in Projekten
- Kreativität und Innovation
- Techniken geistiger Arbeit
- Positive Psychologie in der Führung
- Personalbeurteilungssysteme
- Selbstmotivierung und kompetente Mitarbeiterführung
- Wie Menschen ticken: Psychologie für Manager
- Prozessorientiertes Personalwesen
- Führung ist dreidimensional
- Psychologisches Kapital
- Unternehmensnachfolge
- Aktuelle Trends in der Personal- und Organisationsentwicklung
- Erfolgreiche Mitarbeiterführung in Arztpraxen
- Erfolgsfaktor Problemlösung
- Wir alle sind Unternehmer!
- Alphatiere können nicht führen
- Positive Psychologie und Selbstmanagement
- Positiv Führen mit Neuer Autorität
- Mehr ICH wagen!
- Qualitätsmanagement in der KVP-Praxis
- Die Macht der Nächstenliebe
- Mediation macht gesund
- Mentale Stärke in bewegten Zeiten
- Motivierend Führen mit Zielen – Objectives and Key Results
- Teamentwicklung wirkt!

Arbeitshefte Personalpraxis

- Taschenbuch Personalbeurteilung
- Die Stellenbeschreibung
- Das Vorstellungsgespräch
- Techniken der Personalentwicklung
- Schwierige Mitarbeitergespräche
- Führen, Verhandeln, Überzeugen
- Kündigungsgespräche

Personalentwicklung/Personalführung

- Chefsache!
- Das Prinzip der minimalen Führung
- Lizenz zum Führen?
- Erfolg durch Coaching
- Führung: Theorie und Praxis
- Führung: Übungen für das Training mit Führungskräften

Methodik/Didaktik

- ModerationsMethode
- KurzModeration
- Beratung in Aktion

Seminarkonzepte/Übungen/Ratgeber

- Global Coaching Excellence
- Presentation Excellence
- Organisationen in Resonanz
- Sales Coaching: Wirksam führen im Vertrieb
- So entkommen Sie der Falle Stress
- Gestalt und Orientierungs-Analyse
- Quellen der Gestaltungskraft
- Resilienz-Coaching
- Coaching mit Pferden
- Mehr Erfolg im Team
- Strategien der Konfliktlösung
- Die Teamfibel
- Icebreaker
- Arbeitskatalog der Übungen und Spiele
- Übungen zur Transaktionsanalyse
- Kreativ sein kann jeder
- Das Outdoor-Seminar in der betrieblichen Praxis
- Denkanstöße!

Moderation in der Praxis

- Konfliktmoderation mit Gruppen
- Prozesskompetenz in der Projektarbeit
- Visualisieren in der Moderation
- Potential: Konflikte
- SeminarModeration
- Woran Workshops scheitern

EDITION WINDMÜHLE · PF 730240 · 22122 Hamburg
Telefon +49 40 679430-0 · **www.edition-windmuehle.de**